"十二五"普通高等教育本科国家级规划教材

物华图书奖一等奖

中国物流与采购联合会科技进步奖三等奖

Logistics Management Classics
21世纪物流管理系列教材

Container Multimodal Transport

集装箱多式联运

（第4版）

孙家庆 张 赫 孙倩雯 编著

中国人民大学出版社
· 北京 ·

图书在版编目（CIP）数据

集装箱多式联运 / 孙家庆，张赫，孙倩雯编著. --4版. --北京 ：中国人民大学出版社，2020.8
21世纪物流管理系列教材
ISBN 978-7-300-25208-7

Ⅰ.①集… Ⅱ.①孙… ②张… ③孙… Ⅲ.①集装箱运输-多式联运-高等学校-教材 Ⅳ.①U169.6

中国版本图书馆CIP数据核字（2020）第155664号

"十二五"普通高等教育本科国家级规划教材
物华图书奖一等奖
中国物流与采购联合会科技进步奖三等奖
21世纪物流管理系列教材
集装箱多式联运（第4版）
孙家庆　张　赫　孙倩雯　编著
Jizhuangxiang Duoshi Lianyun

出版发行	中国人民大学出版社		
社　　址	北京中关村大街31号	邮政编码	100080
电　　话	010－62511242（总编室）		010－62511770（质管部）
	010－82501766（邮购部）		010－62514148（门市部）
	010－62515195（发行公司）		010－62515275（盗版举报）
网　　址	http://www.crup.com.cn		
经　　销	新华书店		
印　　刷	北京鑫丰华彩印有限公司	版　　次	2010年3月第1版
规　　格	185 mm×260 mm　16开本		2020年8月第4版
印　　张	21.25 插页1	印　　次	2020年8月第1次印刷
字　　数	465 000	定　　价	46.00元

前　言

大力发展多式联运，是实现交通强国战略、发展综合交通运输体系的重要支撑，是推进运输结构调整、促进物流业降本增效的重要举措，是引领国际物流通道建设、推动国际贸易便利化的基础工程。近年来，一系列突破性的政策和举措以空前力度推动中国多式联运进入提速发展时期。2017 年 1 月，交通运输部等 18 部门联合印发了《关于进一步鼓励开展多式联运工作的通知》，明确了 5 个方面 18 条举措，提出了我国多式联运发展的目标，指明了多式联运发展的行动路线，是我国第一个多式联运纲领性文件，标志着我国多式联运发展上升为国家战略。2017 年 4 月起正式实施的《货物多式联运术语》（JT/T 1092—2016）和《多式联运运载单元标识》（JT/T 1093—2016）两项标准，为多式联运标准化奠定了基础。在此背景下，按照教育部课程改革的最新精神，结合集装箱多式联运行业发展的需要，并参照使用本教材的专家与学者的建议，我们对《集装箱多式联运》（第 3 版）进行了修订。新修订的教材与第 3 版的差别主要体现在以下几个方面：

（1）重新设计了结构和内容。全书由 4 篇 11 章组成：一方面，增设了“专题篇”，对基于大陆桥的集装箱多式联运、特种货物（危险货物、罐式集装箱货物、冷藏货物）集装箱多式联运、特殊多式联运（驮背运输、滚装运输与翻坝运输）、“集装箱多式联运＋”服务模式等内容进行了专题论述，以适应新形势发展的需要；另一方面，进一步整合了“商务篇”的章节，将其调整为 3 章（集装箱多式联运单证与流程、集装箱多式联运通关与计费、集装箱多式联运保险与理赔）。

（2）基于《民法典》、《国际贸易术语解释通则 2020》无船承运人/无车承运人制度、港口及铁路运价政策、海关与检验检疫合一下的通关政策与流程、各口岸单证电子化以及中欧班列铁路运单物权化等法规、政策与标准，对相关内容进行了修改与补充。

（3）在多式联运技术进步中，不仅要实现技术创新和产品创新，还要关注管理创新、市场创新和程序创新，更要以系统创新方式驱动行业进步。为此，新版教材专门增设了“‘集装箱多式联运＋’服务模式”一章，系统分析了集装箱多式联运与配送、集装箱、互联网、无船承运人与无车承运人、金融、供应链等方面的融合互动的必要性、制约因素及推进模式等。

（4）根据集装箱多式联运行业近年来取得的成功经验，更新了有关数据、资料和案例，同时进一步扩充了案例。

本书作为国家社会科学基金资助项目（19BGJ023）的阶段性研究成果，在写作过程中借鉴了有关专家和学者的研究成果，同时，大连海事大学张赫副教授、上海交通大学安泰经济与管理学院博士研究生孙倩雯以及大连海事大学硕士研究生王振宇、杨佳宁、马悦超、曾文文、唐子茵、黄炟、孙淑悦、何高芬、王胜男、郭春升、闫淑贤、韩兴华等参与了部分内容的编著工作，在此表示衷心的感谢。

由于作者水平有限，书中不妥之处在所难免，敬请同行专家和广大读者批评指正。

孙家庆

目 录

基础篇

组织篇

商务篇

专题篇

基础篇

第 1 章

集装箱多式联运：内涵与发展

引导案例　集装箱改变世界

《集装箱改变世界》是美国经济学家马克·莱文森（Marc Levinson）所著的一本关于集装箱的书，该书展现了一项技术的进步是如何改变世界经济形态的。

集装箱最大的成功在于其产品的标准化，以此为基础逐步建立了全球范围内船舶、港口、航线、公路、中转站、桥梁、隧道、多式联运相配套的物流系统。集装箱改变世界可以体现在多个方面。一是更多的货物采用集装箱运输。虽然现在已经有越来越多的货物采用集装箱方式运输，如能源、化工、食品等，但其发展空间仍然巨大。二是集装箱运输已进一步延伸到其他运输领域。目前，发达国家在公路运输方面的主流运输装备是厢式半挂车，它可以看成是集装箱的延伸化应用，其运输效率已经达到很高的水平，而中国的公路运输在厢式半挂车方面还刚刚起步，发展空间十分广阔。三是集装箱所代表的标准化、集成化、组装化等先进的工业化生产方式正在延伸到其他行业，对非物流领域产生了不同程度的影响，这种延伸趋势正引起人们越来越多的关注和积极实践。

1.1　集装箱多式联运及相关术语的概念

1.1.1　集装箱多式联运的概念

多式联运起源于 20 世纪 60 年代的美国。在发展初期，凡是经由两种及以上运输方式的联合运输均被称为多式联运。后来，随着技术的不断进步和发展形式的日趋多样，各国对于多式联运概念和内涵的界定也有所不同，比如，有称多式联运的，也有称联合运输、复合运输、一贯制运输、组合运输的。由于长期以来对多式联运这一概念一直存在诸多争论，这为理论研究和社会实践带来一定的障碍，因而有必要准确地认识和把握多式联运的概念。

1. 欧洲

2001年欧盟发布了《组合运输术语》（Terminology on Combined Transport），对相关概念做了统一规范。从外延自大到小看，涉及以下三个基本概念：

（1）复合运输（multimodal transport），泛指“以两种及以上运输方式完成的货物运输形式”（carriage of goods by two or more modes of transport）。

（2）多式联运（intermodal transport），特指“货物全程由一种且不变的运载单元或道路车辆装载，通过两种及以上运输方式无缝接续且在更换运输方式过程中不发生对货物本身操作的一种货物运输形式”（the movement of goods in one and the same loading unit or road vehicle，which uses successively two or more modes of transport without handling the goods themselves in changing modes）。多式联运运载单元（intermodal transport unit，ITU）是指可以在不同运输方式之间实现快速装卸和转换的标准化储运容器，包括但不限于集装箱（container）、可拆卸箱体（swap-body）和半挂车（semi-trailer）等。其中，可拆卸箱体是一种配备了可折叠支腿的标准化货箱，可实现与卡车脱离以支腿为支撑独立放置于地面，用于公铁联运时支腿可收起，可进行甩箱作业，有关其具体内容将在后面专门予以介绍。此处的半挂车以厢式半挂车为主，当然也包括集装箱半挂车、交换箱体挂车，这些半挂车可以在港口或铁路车站以滚上滚下或吊上吊下作业方式载于船舶或火车，从而形成一种特殊的公铁联运或公海联运。

（3）组合运输（combined transport），是多式联运的特定形式，指“在欧洲旅程中的干线部分尽可能依靠铁路、水路承担，始末端则尽可能少地由道路运输完成的一类多式联运”（intermodal transport where the major part of the European journey is by rail，inland waterways or sea and any initial and/or final legs carried out by road are as short as possible）。之所以强调“在欧洲旅程中”和“尽可能少地由道路运输完成”，是基于欧洲日渐拥堵的道路运输状况及其对土地、能源及环境的负面影响而考虑的。为此欧盟还出台了《成员国之间组合运输通用准则指令》，对组合运输的公路路段、主干线路段（铁路、水路）和运输环节做出详细规定，如：必须使用铁路或水路运输超过100公里；货物必须由距其起讫点最近的铁路车站装卸；使用水路运输时，道路运输距离必须少于150公里；等等 。

上述三个基本概念中，（1）包含（2），（2）又包含（3）；反过来，（3）是（2）的特定形式，（2）是（1）的特定形式。

综上所述，欧盟《组合运输术语》实际上反映了多式联运发展的三个层次。其中，复合运输属于初级层次，仅强调了各种运输方式的“联”，多式联运和组合运输则属于中级与高级层次，前者强调应使用集装箱、半挂车等标准化运载单元来实现“联”，后者不仅在载体上要求使用标准化运载单元，在运输方式选择上，要求干线使用铁路和水路运输，旨在充分利用不同运输方式的优势，以求既提高多式联运的效率，又能获得良好的经济效益。

此外，值得注意的是，此处将 multimodal transport，intermodal transport 和 combined transport 分别译为复合运输、多式联运和组合运输，主要是便于说明欧盟对多式联运概念的界定。实际上，如非特殊说明，在实践中，三者均可译为多式联运。

2. 美国

在美国，intramodal transport 是指同一运输方式下的联运，而 multimodal transport 和 intermodal transport 的概念基本等同，均指不同运输方式下的联运，即多式联运。不过，近年来，在美国许多研究报告中，multimodal transport 更多泛指多种运输方式之间的组合，而 intermodal transport 则侧重于针对标准化运载单元的多种运输方式之间的快速转运，显然，这与欧盟《组合运输术语》中有关多式联运的概念界定趋向一致。

3. 国际规则与公约

（1）国际商会《联合运输单证统一规则》。在国际商会（International Chamber of Commerce，ICC）1973 年制定的《联合运输单证统一规则》（Uniform Rules for a Combined Transport Document）中，多式联运用 combined transport 表示，被定义为“至少以两种不同的运输方式，将货物从一国运往另一国的运输”。同时又规定，“不同的运输方式是指使用两种或两种以上的运输方式，如海运、内河、航空、铁路或公路等运输货物”。显然，该规则下的 combined transport，包括多式联运和江海联运。

（2）《联合国国际货物多式联运公约》。1980 年《联合国国际货物多式联运公约》（United Nations Convention on International Multimodal Transport of Goods）中，多式联运用 multimodal transport 表示。

根据该公约，国际货物多式联运是指“按照多式联运合同，以至少两种不同的运输方式，由多式联运经营人将货物从一国境内接管货物的地点运到另一国境内指定交付货物的地点”。

这是目前关于多式联运最具权威和影响力的定义。与欧美相关术语定义有角度上的不同，该公约更多地规定了多式联运服务主体与服务对象的关系，强调“由一个多式联运经营人一票到底、全程负责”。

（3）国际商会《跟单信用证统一惯例》。国际商会《跟单信用证统一惯例》（UCP 600）在第 19 条“涵盖至少两种不同运输方式的运输单据”（a transport document covering at least two different modes of transport（multimodal or combined transport document））中，将 multimodal transport 和 combined transport 作为多式联运的术语，认为二者可相互替代。

4. 中国

（1）民法典。考虑到多式联运合同与其他一般运输合同相比有许多特殊之处，为了适应运输贸易发展的需要和规范多式联运合同关系，《民法典》在“运输合同”一章专门对多式联运进行了规定，其中尽管未明确定义多式联运合同，但在第八百三十八条规定：“多式联运经营人负责履行或者组织履行多式联运合同，对全程运输享有承运人的权利，承担承运人的义务。”其隐含之意即是多式联运经营人必然与托运人之间有一项多式联运合同，且多式联运人承担全程运输责任。

（2）海商法。《海商法》第四章第八节对多式联运合同做了规定，即多式联运合同“是指多式联运经营人以两种以上的不同运输方式，其中一种是海上运输方式，负责将货物从接收地运至目的地交付收货人，并收取全程运费的合同”。同时，《海商法》第二条第二款规定：“本法第四章海上货物运输合同的规定，不适用于中华人民共和国港口之间的海上货物运输。”显然，《海商法》有关多式联运合同的规定只针对其中一种是国际海上运输方式的多式联运合同。

案例1-1

2000年6月8日，天华运输公司负责将托运人仁和贸易公司托运的货物由天津经海运运至大连后，经大连转公路运至丹东，然后由天华运输公司的丹东代理人安排货物经丹东出境由铁路运抵朝鲜新义州。铁路运单载明从丹东运至朝鲜新义州，收货人为朝鲜真诚公司。货物运至朝鲜新义州后，朝鲜真诚公司作为铁路运单上的收货人，向铁路部门申请提取货物，但事后既未向天华运输公司提交正本多式联运提单，也未向仁和贸易公司支付货款，为此仁和贸易公司凭所持有的正本多式联运提单，以无单放货为由向天华运输公司索赔货款。试分析本案适用中国《海商法》还是《民法典》。

由于本案中的装卸港均位于中国港口，因而其水路运输属于沿海运输范畴，并非国际海上运输，因此，本案不适用《海商法》的规定，而应适用《民法典》。

(3)《物流术语》。国家标准《物流术语》(GB/T 18354—×××××)(征求意见稿)将多式联运(multimodal transport)定义为“货物由一种运载单元装载，通过两种或两种以上运输方式连续运输，并进行相关运输物流辅助作业的运输活动”。

(4)《货物多式联运术语》(JT/T 1092—2016)，分别对联合运输、多式联运、组合运输进行了定义。联合运输(multimodal transport)：从接受委托至到达交付，组织两程或使用两种以上的运输方式完成的货物运输形式；多式联运(intermodal transport)：货物由一种且不变的运载单元装载，相继以两种或多种运输方式连续运输，并且在快速转换运输方式的过程中没有对货物本身进行操作的运输形式；组合运输(combined transport)：主要部分运输过程采用铁路、内河水运或海运等运输方式，且初始和最终的辅助运输过程采用短距离公路运输的运输形式。

显然，长期以来，我国多式联运的定义较多地借鉴了《联合国国际货物多式联运公约》有关国际多式联运的内涵表述，更多地强调“一个承运人”承担“全程运输”，未能突出集装箱、拖车、可拆卸箱体等标准化运载单元在提升多式联运效率中的作用。《物流术语》(GB/T 18354—×××××)(征求意见稿)和《货物多式联运术语》(JT/T 1092—2016)则借鉴了欧盟《组合运输术语》的定义，将“运载单元”视为多式联运的必要条件，以提升多式联运的效率。

5. 结论

综上所述，目前对多式联运定义并没有形成统一认识，按多式联运载体的不同，可以将这些定义分成以下两类：

(1) 广义的多式联运。它是指多式联运经营人按照多式联运合同，以至少两种不同的运输方式将货物运送到目的地的过程。广义的多式联运主要强调各种运输方式之间的无缝衔接，对所用的载体未做限制。代表性的有国际商会《联合运输单证统一规则》、《联合国国际货物多式联运公约》、美国《冰茶法案》所界定的多式联运。

（2）狭义的多式联运。它是指多式联运经营人按照多式联运合同，采用集装箱、可拆卸箱体和半挂车等标准化运载单元或道路车辆，以至少两种不同的运输方式将货物运送到目的地的过程。狭义的多式联运强调两种或多种运输方式在接续转运中，以某种标准化的运载单元或道路车辆为载体，从而更好地发挥多式联运的效率。代表性的是欧盟《组合运输术语》和我国《货物多式联运术语》所界定的多式联运。目前，驮背运输、滚装运输也成为多式联运的重要形式。也就是说，除了集装箱多式联运，包括德国在内的欧盟各国，其铁路驮背运输、水陆滚装运输也得到了一定的发展。

集装箱多式联运是狭义的多式联运中专门以集装箱为载体的联运。目前，许多多式联运的定义都非常强调集装箱的使用，这是因为集装箱的使用可以大大减少货物在运输方式之间进行转载的时间和成本，而集装箱也主要在运输方式间的转载过程中才凸显其巨大的优势。因此，多式联运，尤其是国际多式联运，往往就是集装箱多式联运的代名词。

1.1.2　集装箱多式联运与相关术语的比较

1. 综合运输

综合运输（comprehensive transport）是指各种运输方式在社会化的运输范围内和统一的运输过程中，按照各自的技术经济特征，形成分工协作、有机结合、联结贯通的交通运输综合体。

综合运输一词大体是从 20 世纪 50 年代开始在中文中使用的，日文则大约在 70 年代以后开始使用，美国总统肯尼迪在 1962 年 4 月的国情咨文《美国的运输系统》中使用了综合运输一词。总体而言，欧美发达国家较少提及综合运输体系，各种交通运输方式基本网形成后，直接转向推进多式联运发展阶段，因而，欧美发达国家更多关注的是多式联运发展的法规、政策、标准、管理、操作等市场关心的问题，涉及综合运输体系整体方面的研究很少；中国、苏联、日本等国家则更多聚焦于综合运输体系整体的规划、建设、政策、协调发展等政府关心的问题。

多年来我国强调综合运输体系建设，从国外经验来看，鉴于我国交通运输的特殊国情，前一阶段强化综合运输体系发展理念是有必要的，但现在到了关键时期，即发展多式联运时期。

综合运输的“综合”在英文中多用 comprehensive 表示，它主要是“全部的、所有的”意思，因而，综合运输也强调多种运输方式之间的协调配合。不同的是，综合运输是从宏观社会效益的角度，研讨交通运输业的综合规划、综合发展和综合运用等问题，其概念更广、更宏观，更突出国家对整个综合运输体系的规划和合理应用，它更多体现为一种发展理念和总体战略。多式联运主要指微观层面的运输活动，突出运输企业合理运用多种运输方式提供满足社会需求的完整运输产品。多式联运是立体化、网络化交通运输体系的重要模式，可以把综合运输理念实化为具体行动或推进路径。因此，发展多式联运是建设综合运输体系的核心任务。

2. 一体化运输

一体化运输（integrated transport）中的“一体化”主要是“各部分密切协调、完整统一”的意思。一体化运输有不同的解读，狭义的一体化是针对运输生产过程而言的，它强调同一运输方式各企业、各环节之间，以及不同运输方式之间的无缝衔接和提供全过程、完整的运输服务。多式联运的目标就是各种运输方式的一体化，因而一体化运输建设的核心是要实现多式联运。欧美国家从20世纪六七十年代起，在政府文件和学术文献中越来越多地使用广义的一体化运输概念，其不仅指各种运输方式的一体化，还包括运输与土地利用、环境保护、健康及教育等方面的一体化。

综合运输的发展大致可分为三个阶段，即初级阶段、中级阶段和高级阶段。初级阶段是不同运输方式（铁路、公路、航空、水路、管道）各自独立发展并初步形成完整的综合交通运输体系的阶段；中级阶段是不同运输方式已经达到相当规模，它们之间在基础设施、管理运作等方面能够有效连接（硬连接和软连接），并实现高效一体化运输的阶段；高级阶段是综合运输不仅实现内部不同运输方式的高效衔接和运作，而且与环境保护、能源利用率、土地资源利用率等实现高度协调统一，有利于环境保护和资源节约的阶段。不难看出，对综合运输的认识和理解是一个渐进的、经历了从静态看待各种运输方式的关系到动态推动不同运输方式间有效衔接和协作进而推动一体化运输的过程。因而，广义的一体化运输与综合运输的内涵基本相同。

3. 联合运输

联合运输（combined transport，joint transport）简称“联运”，包括广义和狭义两种概念。

广义上的联合运输，是指产、供、运、销、储之间的运输大协作，具体包括两种以上运输工具或两种以上运输方式的衔接，以及产供销等的运输协作。目前，广义上的联合运输概念已很少使用，一般以“物流”这一术语来对这种情形予以表述。

狭义上的联合运输，是指一次委托，由两家以上运输企业或用两种以上运输方式共同将一批物品运送到目的地的过程。显然，联合运输既包括同一运输方式下不同企业之间的同式联运（或称多程联运），也包括不同运输方式之间的多式联运。因而，多式联运只是联合运输的一种特定形式。

4. 一贯制运输

一贯制运输（through transport）通常是指物品由发运地到接收地，中途不需要换装和在储存场所停滞的一种运输组织方式。它与联合运输概念类似，既包括同一种方式下的联运，比如国际铁路联运（international railway through transport），也包括多式联运（实践中，通常称为复合一贯制运输）。实际上，一贯制运输、复合一贯制运输等术语不常用。

5. 集装箱运输

集装箱运输（container transport）是以集装箱为单元进行货物运输的一种货运组织方式。

集装箱作为标准装载单元，在转换运输方式时可以做到只对集装箱而不对货物本身进行操作，为建立“一次装箱、一箱到底、全程服务”运营模式奠定了基础，也为推行“一次托运、一次计费、一次保险、一票到底”单证体系带来了便利。事实上，正是 20 世纪 60 年代以集装箱在海运业中的应用为主要标志的运输革命拉开了现代多式联运业发展的序幕，可见集装箱运输对于多式联运具有非常重要的意义，以至于一些人将二者等而视之。尽管如此，两者的区别还是显而易见的：一则多式联运不一定以集装箱为载体。二则即使以集装箱为载体，全程也可能由单一运输方式完成。即使全程涉及多种运输方式，也不见得都是集装箱多式联运，只有符合多式联运构成要件的，才能称为集装箱多式联运。

表 1－1 显示了上述术语与多式联运的主要区别。

表 1－1　多式联运与相关术语的区别

相关术语	与多式联运的主要区别
综合运输	综合运输的概念更广、更宏观，更突出国家对整个综合运输体系的规划和合理应用，综合运输体系是实现多式联运的重要基础。多式联运主要指微观层面的运输活动，突出运输企业合理运用多种运输方式提供满足社会需求的完整运输产品。多式联运是综合运输体系的核心组成部分。
一体化运输	狭义的一体化运输概念，主要是指运输行为和活动的联合与协作，多式联运的目标就是各种运输方式的一体化，因而一体化运输建设的核心是要实现多式联运。广义的一体化运输概念，主要是指综合运输一体化，不仅指不同运输方式的一体化，还包括交通运输与土地利用、环境保护、健康及教育等方面的一体化。
联合运输、一贯制运输	联合运输、一贯制运输，既包括同一运输方式下不同企业之间的同式联运（或称多程联运），也包括不同运输方式之间的多式联运。因而，与多式联运相比，它们的外延更大。
集装箱运输	集装箱运输可能由单一运输方式或多种运输方式完成。在涉及多种运输方式时，只有符合多式联运构成要件的，才能称为集装箱多式联运。集装箱多式联运是集装箱运输和多式联运最主要的组织形式。

1.2　集装箱多式联运的内涵与构成要件

1.2.1　集装箱多式联运的内涵

由于定义者的研究视角和应用领域不同，对于多式联运的定义在内涵和外延上都有较大的差异。不过，现有各种多式联运定义的共同主题是“运”，即“以两种或多种运输方式实现货物运输”。各类定义的差别在于，欧美国家多从技术视角，将其载体限定为集装箱、可拆卸箱体、半挂车等标准化运载单元，以便更好地实现多式联运的“联”；包括中国在内的发展中国家，则从法律视角，重视“人——多式联运经营人”的作用，强调其全程运输责任。由此可见，多式联运的基础在“运”，核心在

“联”，关键在“责”，目标在“多”“快”“好”“省”。反映在内涵上则体现在经济、效率、责任三个方面。

1. 经济——要求合理选择运输方式

此处的经济是指多式联运“全程最经济”。多式联运运价并非各区段运输方式运价（含换装费用）的简单叠加，而应该是低于所包括的各单一运输方式的运价直接加总，比如采用公铁联运，则客户支付的总费用应该低于分段运输下所支付的铁路费用、公路费用及换装费用之和，否则多式联运经营人的报价就没有竞争优势，也不太可能促使客户放弃分段运输而选择多式联运。换言之，为了使多式联运更“经济”，从宏观层面，国家应制定促进多式联运发展的优惠政策，比如降低多式联运换装费用等，干线运输选择水运、铁路运输，支线选择公路运输等；从微观层面，多式联运经营人应充当“舱位批发商”的角色，既要合理选择运输方式与路径，又要与各区段承运人、场站经营人进行战略合作，取得运价折扣（“批发价”），同时进一步提高货源的“集聚与分拨”能力和中转速度，以降低相关费用。

2. 效率——要求尽可能使用标准化运载单元

尽管多式联运至少利用两种运输方式，但利用两种及以上运输方式所进行的运输并不都是多式联运。这是因为，多式联运并不是不同运输方式的简单叠加，其核心是“联”，它要从过去的分方式、分环节、分区域的运输组织拓展为全程无缝的运输链条，即以统一标准、专业规范构建连续的、综合性的一体化货物运输，从而使多式联运更加方便、简捷、安全、高效。由于全程运输一体化程度可以反映出多式联运系统的效率水平，因此，一体化也可以作为多式联运的核心内涵，用以评价多式联运系统的运作效率。

在我国的实践中，为了提高多式联运系统的效率或实现全程运输一体化，通常需要从“硬件”和“软件”两大方面采取措施：

（1）尽快实现“四个协同”。

1）跨方式的协同。即打破各种运输方式之间的技术壁垒和制度壁垒，着力解决不同运输方式之间法规政策、标准规范不统一问题。

2）跨部门的协同。破解多式联运发展瓶颈，仅仅靠交通运输主管部门一家是不够的，需要与发改、公安、工信等相关部门在装备技术标准等方面通力合作，涉及国际多式联运的，还要与海关、检验检疫等部门密切协同。

3）跨区域的协同。多式联运首先依托跨区域物流大通道而发展，需要在空间上统筹布局，否则资源难以真正做到优化配置。应杜绝以往如港口和枢纽建设、中欧班列发展那样，各地一窝蜂上项目，致使多式联运的集约效应无从发挥的情况发生。

4）政府与企业间的协同。从国际经验看，多式联运是政企合作空间大的领域，政府着力解决法规、政策、标准等市场环境问题，企业着力创新多式联运的组织模式。只有形成政企间相向而动的格局，我国多式联运才有望实现跨越式发展。

（2）加强“五化”建设。

1）设施衔接的无缝化。重点解决铁路进港最后一公里、高等级公路连通枢纽站场最后100米等瓶颈问题。

2）技术装备的标准化。包括运载单元、载运机具、快速转运设备等标准化，只有标准化才能提高通用性和专业化水平，这是多式联运效率的技术保障，在这方面我国与先进水平的差距还很大，驮背运输、滚装运输的装备标准很多还处于缺失状态。

3）联运组织的一体化。真正意义上的一体化运营组织，体现的是快速高效的转运。

4）经营行为的规范化。全程运输、无缝衔接，涉及不同运输方式转运中各个环节经营行为的“接口”规范问题，比如多式联运经营人的法律规范、多式联运服务规则等。

5）信息交互的平台化。应搭建起不同运输方式间信息系统对接和资源共享的平台，特别是要抓紧建设集各种运输方式、各类多式联运枢纽节点以及海关、检验检疫等方面的基础公共数据于一体的多式联运公共信息平台。

3. 责任——要求责、权、利相一致

此处的责任是指承担多式联运“全程责任”，即多式联运必须以多式联运合同为根据，而且合同中必须明确规定由多式联运经营人承担全程运输责任。

建立全程责任制，最终体现为更多的企业采用多式联运提单，形成一票到底的结算模式。实现一票到底的全程责任，需要各种运输方式在运力交易节点做到无缝衔接，以保证转运效率的可靠性；需要统一各种运输方式遵守的规则；需要形成覆盖主要业务区域的联运网络，以解决空重箱调配问题；需要一站式运输服务产品和可以承担全程责任的多式联运经营主体。

综上所述，从“运”的方面，应尽可能以铁路运输或水运承担干线运输，并由公路运输承担两端的支线运输，以充分发挥各种运输方式的优势，降低运输成本；从“联”的方面，既要在“硬件”上下功夫，比如采用集装箱、可拆卸箱体、厢式半挂车等标准化运载单元，也应通过一流的组织与管理，从“软件”上实现多式联运的“联”，以提高运输效率；从“责”的方面，则强调多式联运经营人应履行全程运输组织与管理责任，只有这样，才能确保多式联运的“运”与“联”的实现，才能真正实现多式联运的目标。显然，经济、效率与责任作为多式联运的核心内涵，缺一不可。一方面，应进一步强化多式联运经营人的全程责任意识，以确保经济与效率目标得以实现；另一方面，考虑到效率与经济之间存在背反现象，多式联运经营人还需要根据客户的需要，统筹效率与经济之间的平衡，以便高效、经济地组织多式联运。通过多式联运经营人的高效组织与管理，在运输组织环节，多式联运下的货物可以在不同运输方式间实现快速、无缝式换装；在货运业务环节，虽然涉及不同运输方式，但对于发货人而言，在多式联运合同下，无须再同各区段的实际承运人打交道，只需面对一个多式联运经营人，这个多式联运经营人必须对全程运输负责，而不管实际承运人到底是谁，到底有几个。这也意味着对于发货人、收货人而言，不但是一次托运、一次付费、一票到底、统一理赔，而且因多式联运经营人承担全程货损货差责任，从而可有效地保护自身的合法权益。

1.2.2 集装箱多式联运的构成要件

1. 必要条件

必要条件是应满足的最低条件。构成国际多式联运的必要条件可概括为“两种方式、两个国家、一份单证、一人负责”。

（1）两种方式。首先，一方面，如前所述，多式联运不仅需要通过两种或两种以上运输方式，而且是这些不同运输方式的有机组合，因而，诸如海海、铁铁或空空等，虽经由两种运输工具，但因为是同一种运输方式，则不属于多式联运范畴；另一方面，即使涉及两种或两种以上的运输方式，但如果各种运输方式之间未能有机组合，仍不能称为多式联运。其次，严格来讲，这里所称的运输方式是指铁路、公路、水路、航空、管道五种运输方式。不过，在实践中，有时会根据需要，对运输方式进行扩大或缩小的解释。如前所述，我国《海商法》仅将包含国际海运方式在内的多式联运纳入管辖范畴，排除了公铁、陆空等其他多式联运形式；1973年国际商会《联合运输单证统一规则》将江海联运视为多式联运，纳入其管理范畴。此外，为了履行单一方式运输合同而进行的该合同所规定的货物接送业务，比如，全程签发航空运输单证下机场两端的汽车接送货物运输业务（俗称卡车航班），从形式上看已构成陆空组合形态，不过，作为航空运输的延伸，这种汽车接送习惯上视同航空业务的一个组成部分，它虽称为陆空联运，但由于签发了包括全程运输在内的航空运输单据，因而即使货运事故发生在陆运区段，仍会按航空运输方面的国际公约或法规处理。对此，《联合国国际货物多式联运公约》将这种全程适用某一运输方式法规的接送业务排除在多式联运之外，以避免多式联运法规同单一方式法规在这个问题上的矛盾。这再一次说明，基于不同法规适用的特定性，在不同的法规下所界定的多式联运内涵会有所差异。

（2）两个国家。两个国家是指货物的接收地和交付地位于不同的国家，这是区别于国内运输和是否适用国际法规的限制条件。也就是说，在国际多式联运方式下，货物运输必须是跨越国境的一种国家间运输。此外，还应注意以下两点：一是因我国香港、澳门地区实行“一国两制”，因而，我国内地与港澳之间的多式联运按国际多式联运办理；二是我国东北地区经由俄罗斯水域运抵南方的货物，因运输经停点在俄罗斯，故对这种特殊的国内多式联运，应作为一种特殊的国际多式联运，在运输、海关检疫、结算等方面实行特殊的管理。

（3）一份单证。一份单证是指由多式联运经营人签发一份多式联运单证，明确规定多式联运经营人与托运人/收货人之间权利、义务、责任与豁免的合同关系和运输性质。在多式联运模式下，多式联运经营人根据多式联运合同的规定，负责完成或组织完成货物的全程运输并一次收取全程运费。因此，多式联运合同是确定多式联运性质的根本依据，也是区别多式联运和一般传统联运的主要依据。然而，在实践中，作为多式联运合同证明的多式联运单证往往取代多式联运合同，成为多式联运不可缺少的必要条件，其原因在于：首先，就货主而言，买卖双方在贸易合同中大多将多式联运单证作为结汇、提货的必备单证；其次，现阶段双方大多不再签订多式联运合同，而是签署托运单，由于托运单并未规定承托双方的权利、义务与责任，这就需要签发多式联运单证，以证明多式联运合同的存在和明确合同的条款。

（4）一人负责。一人负责是指由一个多式联运经营人作为当事人，承担全程货物运输责任。这就意味着，多式联运经营人不但应该承担全程运输组织、全程运输服务，比如，向货主提供一次托运、一次付费、一票到底、统一理赔的一站式服务，更应该实现“身份”的转变，成为多式联运合同的当事人和多式联运单证的签发人，负有履行多式联运合同的责任。

1980 年《联合国国际货物多式联运公约》第 1 条第 2 款规定：多式联运经营人（multimodal transport operator，MTO）是指其本人或通过其代表订立多式联运合同的任何人，他是事主，而不是发货人的代理人或代表或参加多式联运的承运人的代表人或代表，并且负有履行合同的责任。在实践中，多式联运经营人也可以称为多式联运承运人（multimodal transport carrier，MTC）。

上述规定表明，国际多式联运经营人是指本人或者委托他人以本人名义与托运人订立一项多式联运合同，并以承运人身份承担完成此项合同责任的当事人。

根据是否拥有运输工具、场站设施，国际多式联运经营人可以分成以下三类：

1）承运人型。这类国际多式联运经营人拥有船舶、汽车、火车或飞机等运输工具。它与货主订立国际多式联运合同后，除了利用自己拥有的运输工具完成某些区段的实际运输，对于自己不拥有或经营的运输区段则需要通过与相关的承运人订立分包合同来实现该区段的运输。这类国际多式联运经营人既是契约承运人，又是一个或几个区段的实际承运人。此外，它们也可能不拥有场站设施，而是与相关场站经营人订立装卸与仓储合同来安排相关的装卸与仓储服务。

2）港站经营人型。这类国际多式联运经营人拥有货运站、堆场、仓库等场站设施。它与货主订立国际多式联运合同后，除了利用自己拥有的场站设施完成装卸、仓储服务，还需要与相关的各种运输方式的承运人订立分合同，由这些承运人来完成货物运输。

3）代理人型。这类国际多式联运经营人不拥有任何运输工具和场站设施，需要通过与相关的承运人、场站经营人订立分合同来履行它与货主订立的国际多式联运合同。

值得注意的是，包括中国在内的许多国家，通常禁止实际承运人或港站经营人兼营或代理多式联运业务，如欲拓展这些业务，必须注册专门的国际货运代理企业或无船承运企业。此外，即使当地法律法规允许业务兼营，从规避风险的角度，也应该注册相互独立的公司，实行分业经营。从这个意义讲，多式联运经营人都是代理人型的，其差别在于委托的分包商不同，即有些多式联运经营人可委托自己的关联公司从事实际的运输与场站业务，有些多式联运经营人则需要在市场上寻找从事运输与场站业务的实际承运人或港站经营人。

2. 充分条件

以上只是从法律构成要件角度分析了构成国际多式联运的最低条件。不过，从效率与便利等方面考虑，理想的国际多式联运应该具备以下两个“二”和八个“一”的特点：

（1）两个“二”。

1）两种方式。核心在于实现两种或两种以上运输方式有机组合。

2）两个国家。实现国内国际一体化运输。

（2）八个“一”。

1）一次托运。货主直接向多式联运经营人办理托运，签署多式联运合同，无须再与各区段承运人签署各区段运输合同。

2）一票到底。多式联运经营人签发多式联运单证，既便于结汇，也在缺乏多式联运合同的情况下，作为多式联运合同。

3）一个多式联运经营人全程负责。由多式联运经营人负责全程运输组织、全程运输服务，并承担全程运输责任。

4）一个标准化联运载体。全程以集装箱等标准化联运装置为载体，以更加充分地发挥各种运输方式的优势，提高运输效率与安全。

5）一个费率。全程采用单一费率，有助于简化运费计算，方便货主。但目前还无法实现，只能做到一次计费与收费。

6）一次保险。改变分段保险模式，实现全程统一保险。

7）一次通关。在跨关区的情况下，实现一次通关。

8）一次检验检疫。在跨关区的情况下，实现一次报检。

1.3 集装箱多式联运的特点与优缺点

与传统运输相比，集装箱多式联运除了具有一般多式联运所具有的四个“跨”和四个“一”的特点，即跨方式、跨行业、跨区域、跨国境以及一次托运、一票到底、一个多式联运经营人、一次计费，由于以集装箱为载体，集装箱多式联运还具有集装箱运输所具有的高投入、高效率、高协作、高效益的特点。

1. 集装箱多式联运的特点

（1）高投入。开展集装箱多式联运需要配置大量的集装箱及相应的运输装备、运输设施以及高级管理人员。

（2）高效率。与传统的件杂货运输相比，集装箱多式联运是一种高效率的运输组织形式。

（3）高协作。集装箱多式联运系统的高效运作要求各环节、各部门之间的高度协同。

（4）高效益。对货主而言，可减少货损货差，节约包装费用，送达速度快；对船公司而言，可提高航行率，降低船舶运输成本；对港口而言，可以提高泊位通过能力，从而提高吞吐量，增加收入。

2. 集装箱多式联运的优点

集装箱多式联运最明显的优势是将传统的海运港到港运输发展成为门到门运输。集装箱多式联运不仅实现了各种运输方式之间的无缝连接，充分发挥了各种运输方式的优势，而且全程采用一次托运、一次付费、一票到底、统一理赔、多式联运经营人全程负责的组织形式，因而也具有手续简便、安全可靠、提早结汇等优势。

（1）简化托运、结算及理赔手续，节省人力、物力和有关费用。

（2）缩短货物运输时间，降低库存，减少货损货差事故，提高货运质量。

（3）降低运输成本，节省货物的包装、理货和保险等各种支出。

（4）提高运输管理水平，实现运输合理化。

3. 集装箱多式联运的缺点

与其他货物多式联运相比，集装箱多式联运具有适用范围有限、初始投资大、对管理水平要求较高等缺点。对于不同的运作主体而言，反映出的集装箱多式联运的缺点也有所不同。

（1）运输企业和场站企业。对于实际从事运营的运输企业和场站企业而言，参与集装箱运输，除了需要大量的初始投资和招聘高素质的人才，还会增加空箱调运成本和空箱堆存成本。比如，在装货港和卸货港货物流量不平衡的情况下，如中国—北美、中国—欧洲等航线上，班轮公司不得不将所属空箱调回，这大大增加了成本。另外，如果集装箱的调度调配不当，也会造成集装箱在某地的积压，产生大量的堆存费。

（2）多式联运经营人。对于多式联运经营人而言，一方面，不仅会面临实际承运人的抵制与竞争，而且需要对实际承运人及其他分包商的过失承担向货主的赔偿责任；另一方面，还需要因货主未付运费或货源落空而向实际承运人或其他分包商承担违约责任。因此，与货运代理人或船舶代理人相比，多式联运经营人的风险更大。

（3）货主。对于货主而言，一是有些货物无法采用集装箱运输，而且相较于散杂货运输，集装箱运输的运费相对较高。二是无法满足特定需求。多式联运虽然具有明显的综合优势，但在满足货主的特定要求方面，比如运费低或者速度快，则不如单一运输方式。三是面临更大的风险。多式联运经营人一人负责，既是多式联运的优势，也是多式联运的劣势。由于现阶段我国尚未形成一流的多式联运经营人队伍，实践中，不少多式联运经营人并不具备对全程运输负责的能力，或者虽有能力，但资信较差，因而货主往往会面临多式联运经营人的能力风险、道德风险导致的多式联运服务可能无法按照合同约定顺利实施，而且在造成货损货差事故时，也会因多式联运经营人资不抵债，无法获得赔偿。

1.4 集装箱多式联运的产生与发展

1.4.1 国外集装箱多式联运的产生与发展

1. 欧美多式联运的产生与发展

20 世纪 60 年代末，美国首先试办多式联运业务，受到货主的欢迎。随后，国际多式联运在北美、欧洲和远东地区开始采用。80 年代，国际多式联运逐步拓展到发展中国家。

（1）多式联运运输量快速增长。以美国为例，美国1997—2011年多式联运货运量由2.17亿吨增加到16.2亿吨（增长了6.5倍），占货运总量的9.2%；预计到2040年，美国多式联运的货运量将达到35.75亿吨，占货运总量的12.5%。此外，多式联运在长距离、高附加值的货运领域具有明显的优势。美国500英里以下的货物运输中多式联运占比仅为1%，而2 000英里以上的占比则达到18%，其货运价值占比达到了34%。

（2）公铁联运成为主流方式。美国公铁、公水、铁水联运运量占全部多式联运运量比例分别为53%、34%、13%，相应周转量占比分别为57%、29%、14%。欧洲以可拆卸箱体和集装箱为运载单元的联运市场份额为78%，公铁整车滚装运输的联运市场份额为14%，而以半挂车为运载单元的联运市场份额仅为8%。

（3）水陆滚装运输受到高度重视。过去十年欧洲滚装运输运量占水运运量的比例从10%提高到13%。美国正在开展依托内河促进滚装运输发展的公水快速通道研究（如M-55 Marine Highway Corridor），旨在创新密西西比河和伊利诺伊河的滚装联运模式。

（4）甩挂（甩箱）运输成为联运基础环节。欧美大型物流企业超过70%的货运量通过甩挂运输完成，美国内陆多式联运枢纽主要靠甩挂方式实现越库作业。

（5）多式联运站场及集疏运体系十分健全。以美国为例，美国运输部规划了全国517个多式联运物流节点，并建设相应的集疏运线路，同时确保这些节点与国家公路网无缝对接。

（6）多式联运市场主体体系完善。美国全国约有4.5万家多式联运企业，均可签发“联运提单”，提供全程联运服务，为客户选择优质的运输服务和最经济的运输方式。

2. 全球多式联运发展存在的问题

（1）地区发展不平衡。在有些发展中国家，还存在换装地设施不配套、运输环境较差、货主拥有大量自有车辆、缺乏一流的多式联运经营人等问题。这些地区已成为多式联运路线的薄弱环节，但它们却处于多式联运路线的途经地点，这便成了多式联运发展的一大障碍。

（2）集装箱标准化尚未取得一致。例如，在美国的国内运输中，通常使用45英尺或48英尺集装箱，同时采用加长、加高的集装箱；而世界其他各国以采用20英尺与40英尺国际标准集装箱为主，由此产生了不同规格的集装箱在换装地的拆装箱作业等诸多问题。

（3）多式联运经营人责任未统一。《联合国国际货物多式联运公约》尚未生效，目前尚无各国通用、统一规范的标准国际多式联运单证，国际多式联运单证处于纷繁杂乱的状态，有关国际多式联运经营人责任的法律问题尚未取得一致意见。

（4）综合优势未得到充分发挥。由于各国体制、观念、管理、技术等诸多方面的原因，在实践中集装箱多式联运所具有的综合优势未能充分发挥出来，这在一定程度上导致货主选择单一运输方式，从而影响了多式联运的发展。

3. 全球多式联运发展的趋势

（1）设备设施大型化、高速化。集装箱船大型化，目前2万以上标准箱（TEU）

的超大型集装箱船已投入运营。同时正在研究开发航速在35节以上的超高速集装箱船。相应地，世界主要集装箱港口也朝大型、高效、综合服务方向发展。

（2）箱型大型化、专用化。近年来，40英尺及以上集装箱在总箱量中的比重逐年增加，冷藏、罐式、开顶等专用箱也呈增长趋势。

（3）经营规模化。随着集装箱运输一体化的迅速发展，各大班轮公司通过兼并和组织联营集团，实现了规模经营，成为全球承运人，提供货物集拼、仓储、运输、分拨等全方位服务。

（4）服务多元化、网络化、物流化。多式联运企业一方面在传统的海运业务的基础上，不断向陆上业务拓展，参与运输代理业、陆运服务业的经营，其业务呈现多元化发展趋势；另一方面，不断扩充并完善其服务网络，并向现代物流转型，具有明显的网络化、物流化特征。

（5）管理手段现代化。依靠计算机、通信网络和自动控制技术，实现信息自动交换和自动处理，以电子单证逐步取代复杂的纸质单证，大大提高了多式联运效率和服务质量。

1.4.2　我国集装箱多式联运的产生与发展

1. 发展过程

我国集装箱运输始于20世纪50年代中期的铁路集装箱运输。70年代，中国海上集装箱运输正式启动，80年代夯实基础，90年代进入全面发展时期。

1997年颁布的《国际集装箱多式联运管理规则》就是为加强国际集装箱多式联运的管理，促进通畅、经济、高效的国际集装箱多式联运的发展，满足对外贸易发展的需要而制定的。

2002年4月，国家经济贸易委员会、铁道部、交通部、对外贸易经济合作部、海关总署、国家质量监督检验检疫总局联合颁布《关于加快发展我国集装箱运输的若干意见》，重点强调了要建立高效、统一的管理和协调工作机制，进一步规范集装箱运输市场秩序，提高口岸查验效率，改善口岸服务环境，大力推动集装箱多式联运发展，合理规划建设集装箱运输基础设施，加强集装箱运输支持保障系统建设。

2011年5月10日，交通运输部、铁道部签署《关于共同推进铁水联运发展合作协议》。该合作协议明确，两部将在完善铁水联运发展规划、加快基础设施建设、完善配套政策和标准、加强运输组织管理、推进信息共享、培育龙头企业等六个方面深化合作与交流。

2014年国务院印发的《物流业发展中长期规划（2014—2020年）》中将“着力降低物流成本”列在发展重点第一位，将“多式联运工程”列为重点工程第一位。

2015年7月21日，交通运输部、国家发展改革委联合印发《关于开展多式联运示范工程的通知》（交运发〔2015〕107号），目的是形成一批示范成果和典型模式，经总结推广，引领多式联运全面加快发展。据了解，第一、二、三批多式联运示范工程分别于2016年6月、2017年11月和2018年11月启动实施，先后有16个、30

个、24个项目入选。

2016年以来，国家发展改革委、交通运输部、中国铁路总公司等部门从政策方面推动多式联运发展，先后印发《中欧班列建设发展规划（2016—2020年）》《“十三五”长江经济带港口多式联运建设实施方案》《推进物流大通道建设行动计划（2016—2020年）》《“十三五”港口集疏运系统建设方案》《“十三五”铁路集装箱多式联运发展规划》等文件。

2017年1月交通运输部等18部门联合发布的《关于进一步鼓励开展多式联运工作的通知》则是对发展多式联运的顶层设计，标志着我国已将多式联运发展上升为国家层面的制度安排，政府将持续加大对多式联运的支持力度。此外，《货物多式联运术语》（JT/T 1092—2016）和《多式联运运载单元标识》（JT/T 1093—2016）两项标准从2017年4月起正式实施，为多式联运后续标准的制定奠定了基础。

2018年9月17日，国务院办公厅《关于印发推进运输结构调整三年行动计划（2018—2020年）的通知》（国办发〔2018〕91号），提出全国多式联运货运量年均增长20%，重点港口集装箱铁水联运量年均增长10%以上。

2. 存在的问题

（1）缺乏多式联运体系的战略谋划。当前在推进交通强国、综合运输体系建设中，更多关注综合运输行政管理体制改革、交通基础设施网络完善、运输通道资源优化配置、综合客运枢纽和物流园区建设等主题，而对发展多式联运尚缺乏系统的认识、清晰的思路和深入的谋划。

（2）缺乏国家层面的综合协调机制。应建立一个由相关部门共同参加的协调机构或机制，统筹协调宏观层面及具体的多式联运交叉业务方面的问题。

（3）内陆地区集装箱运输基础设施相对薄弱，仍需打通“最后一公里”。这主要表现在沿海支线运输系统不完善，铁路部分区段运力仍然紧张，尚无较完备的现代化货场。

（4）尚未形成统一的多式联运装备标准体系。我国还没有建立起以内陆集装箱、厢式半挂车为主体的基础载荷单元的标准体系，且卡车车型庞杂，牵引车和挂车的匹配标准缺失，更谈不上车、挂、站、运等多环节的标准协同。

（5）缺乏对多式联运发展的鼓励政策。国家层面促进多式联运发展的政策在系统性、覆盖面和作用力方面仍有较大的局限性。

（6）高科技、信息化手段有待加强。比如，货物全程在线跟踪技术应用率仍然较低，许多港口、船公司、铁路公司之间还没有实现数据信息共享，造成各环节信息传递滞后。

练习题

1. 选择题

（1）集装箱多式联运经营人是（　　）。

A. 发货人的代理人　　B. 收货人的代理人

C. 承运人的代理人　　D. 承运人

(2) 多式联运的核心内涵体现在（　）。

A. 责任　　B. 效率

C. 多种方式　　D. 经济

(3) 一般而言，效率最高的多式联运是（　）。

A. 集装箱多式联运　　B. 大宗散货多式联运

C. 集装化多式联运　　D. 大件货物多式联运

2. 判断题

(1) 集装箱运输与多式联运是同一概念。（　）

(2) 多式联运与联合运输是同一概念。（　）

(3) 卡车航班属于《联合国国际货物多式联运公约》下的多式联运。（　）

3. 简答题

(1) 简述集装箱多式联运的概念与特点。

(2) 简述集装箱多式联运的优点与缺点。

(3) 简述我国集装箱多式联运存在的主要问题。

第2章

集装箱多式联运系统：认知与建构

引导案例　美国促进集装箱多式联运迅速发展的制度安排

美国在20世纪60年代迎来了集装箱运输时代。到70年代，随着一系列政策的实施，美国迎来了集装箱运输的第二次革命：集装箱多式联运的发展。

（1）放松运输管制。从80年代开始，美国国会和联邦政府通过了一系列法案，包括《汽车承运人规章制度改革和现代化法案》《斯泰格斯铁路法案》《协议费率法案》《机场与航线改善法案》《卡车运输行业规章制度改革法案》等，鼓励多式联运发展。法律与制度改革减少了国家对运输业的控制和约束，推动运输业更接近于自由市场的体系，为充分发挥集装箱多式联运和综合物流的整体效应、实现供应链一体化，提供了广阔的发展空间。放松管制使集装箱班轮公司建立起各自的联运路线，提供单一提单及单一费率，从而使承运人和货主双方都得益于联运协作和经营效率的改善。

（2）大力发展集装箱联合运输。美国最著名和使用最广泛的多式联运系统是驮背运输，即平车装载公路拖车（TOFC）和平车装载集装箱（COFC）。这种公铁联运把汽车短距离的灵活性与铁路长距离的低成本综合起来进行更长距离的运输。自TOFC运输开发以来，平板车上加载拖车或集装箱的各种组合，包括双层列车等，有了快速的发展。

（3）运输代理制的发展。运输代理制是美国集装箱多式联运发展迅速的又一重要制度安排。专业运输代理往往充当多式联运经营人，与托运人签订一个运输合同，统一组织全程运输，一次托运，一单到底，一次收费，统一理赔，全程负责。这不仅促进了集装箱多式联运市场的繁荣，也有利于从组织和制度创新上优化运输资源配置。

（4）政府的推动和支持。美国政府在集装箱运输和多式联运系统建设中扮演着极其重要的角色。发展国家多式联运系统是美国的政策，美国运输部把建立专业化的国家多式联运运输系统作为其主要任务。

2.1　集装箱多式联运系统框架

1. 多式联运系统的概念与构成要素

多式联运系统是由相互联系、相互作用的多种运输方式、多种运输工具、多家运输部门、多种运输资源等若干要素结合而成的具有特定功能的有机体。在实践中，可基于不同的角度，确定多式联运系统的构成要素。

按作用划分的话，多式联运系统的作用要素包括一般要素、运作要素、支撑要素和功能要素 4 个方面。

(1) 一般要素，是指对多式联运系统的运作产生作用和影响的要素，通常包括人、财、物等方面。一般要素构成了多式联运系统的“输入”。

(2) 运作要素，是指系统建立和运行所需要的运输装备、运输设施以及运输组织等，主要包括多式联运工具、装卸搬运设备、多式联运网络（线路与场站）、集装箱及托盘等集装化工具、信息与网络技术以及组织与管理模式等。

(3) 支撑要素，是指建立多式联运系统所需要的各种支撑手段，主要包括与多式联运相关的体制机制、政策法规、标准、信息平台等。

(4) 功能要素，是指多式联运系统所具有的基本能力，这些基本能力有效地组合连接在一起，便成了多式联运系统的总功能，便能合理、有效地实现系统的目标。一般认为，多式联运系统的功能要素通常包括干线运输、支线运输、中转换装、装卸搬运、包装及信息服务等。

2. 多式联运系统框架体系的建立

基于对以上不同要素的分析，可初步构建多式联运系统框架体系。

如图 2-1 所示，多式联运系统由商务子系统、组织子系统、网络子系统以及管理与支持子系统组成，其高效运转，不仅需要多式联运企业与相关合作企业的协同运作，更需要政府相关部门及监管机构的监督与支持，只有这样，才能充分整合各类运输资源，更好地满足客户的需要。

具体而言，多式联运系统框架体系可归结为：以分工协作体系建设为研究对象，以满足客户需要、实现效率与责任的均衡为目标和价值，以网络（设施）、组织（设备）、商务（货物）、保障为框架结构，以整合之道为基本的方法与工具。

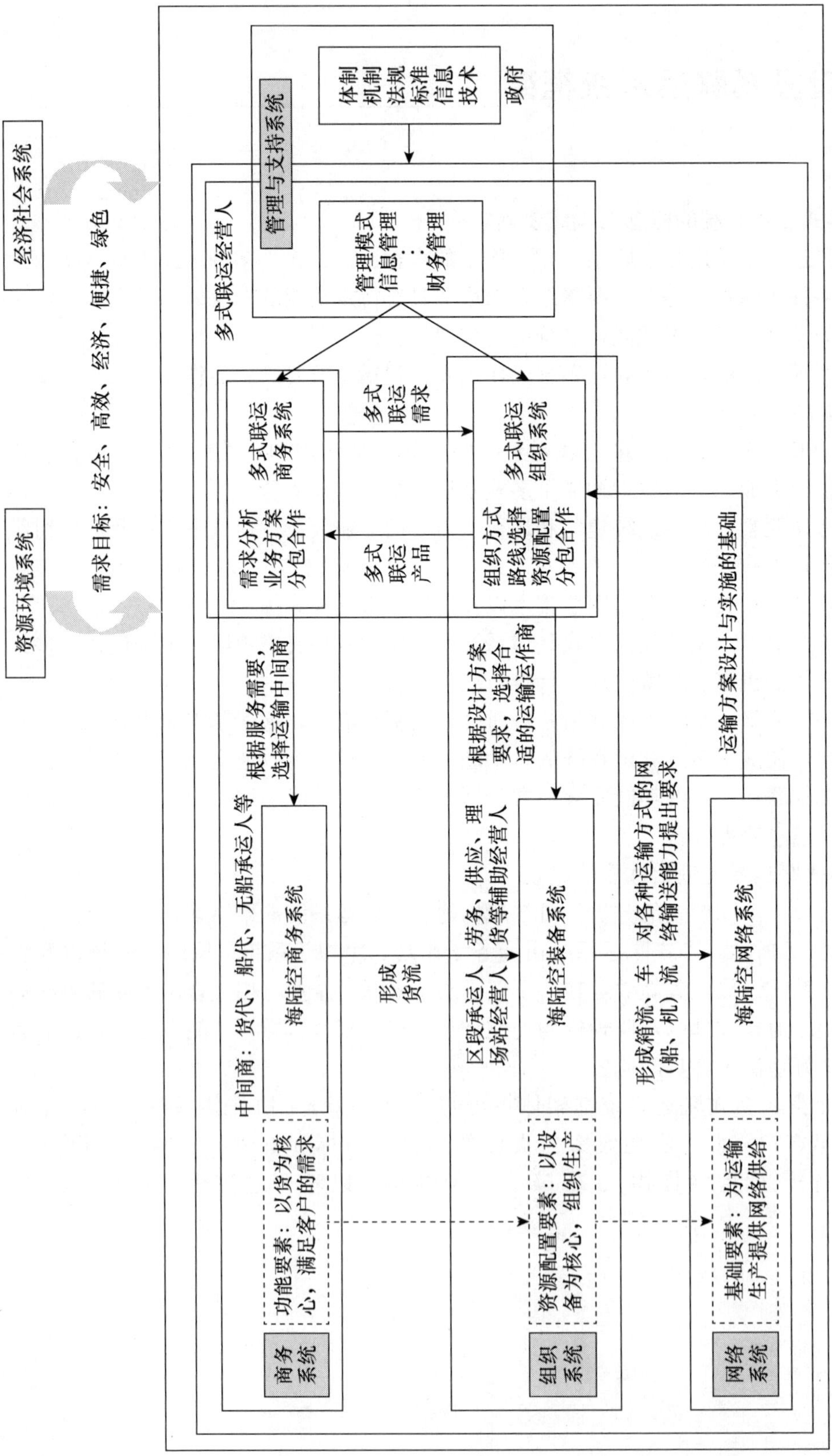

图 2-1　集装箱多式联运系统框架体系

2.2　集装箱多式联运子系统分析

2.2.1　商务系统

多式联运商务系统主要是针对以“货”为核心的管理工作，即通过市场营销，揽货争取订单。所谓多式联运商务管理，是指对多式联运生产、经营过程中有关运输服务交易及其相关业务所进行的组织与管理。在业务实践中，此方面的管理工作通常称为业务管理或货运管理。

1. 多式联运商务管理的相关主体

在实践中，无论是多式联运企业还是各类运输企业和场站经营人，往往都需要借助运输中间商来完成其商务管理工作。

运输中间商是指介于运输需求者与运输供给者之间，为它们提供中介服务，促进运输交易行为实现的中介组织。常见的运输中间商主要包括以下四类：

(1) 货运代理，通常是指代表货主，代办货物运输及其相关业务并收取报酬的企业。

(2) 船舶代理，是指代表承运人，为其揽货或为其在港船舶办理各项业务和手续并收取报酬的企业。在其他运输方式中，这类代理通常称为销售代理。

(3) 运输经纪人，是指以中间人的身份代办洽谈业务，促使交易成交并收取报酬的企业。

(4) 契约承运人，是指以承运人身份接受托运人的货载，签发自己的运输单证，向托运人收取运费，通过拥有或控制运输工具的实际承运人完成货物运输、承担承运人责任的企业。

此外，从广义上讲，运输中间商还包括专门从事报关、报检、代办保险等业务的各类报关行、报检行和保险经纪人等。

值得注意的是，以上货运代理、船舶代理、运输经纪人的定义仍局限于传统的范畴，即仍将其定义为代理人或居间人。实际上，很多货运代理、船舶代理和运输经纪人已突破传统的代理人、居间人的界限，成为契约承运人或多式联运经营人。

2. 多式联运商务管理的内容

多式联运企业处于“中间人”的地位，它既与货主之间存在商务关系，也与各区段实际承运人之间以及与自己的代理人、合作伙伴之间存在商务关系。因此，多式联运商务管理的内容包括商务管理组织理论、商务管理制度、市场营销与客户管理、商务谈判、运输收费、货运单证、货运商务作业程序、货运质量与货运事故处理、商务信息管理、电子商务、保险等方面。

从运作的角度看，多式联运商务管理主要包括单证、流程、运费、报关报检、保险与事故处理等方面的操作，具体内容将在商务篇予以介绍。

2.2.2 组织系统

多式联运组织系统主要是针对以“设备”为核心的管理工作，即根据订单要求及资源情况等，进行方案设计，以完成订单规定的任务。所谓多式联运组织管理，通常称为生产管理，是指根据商务环节承揽的订单，制定多式联运方案，并通过调度机构组织多式联运方案的实施，具体内容将在组织篇予以介绍。

1. 多式联运组织管理的相关主体

对于集装箱多式联运经营人而言，欲实现全程的运输组织工作，需要借助于各类合作伙伴，包括各类运输企业、港站企业、其他运输服务企业等。

（1）运输企业。包括利用自身的运输工具开展运输经营的所有人以及利用长期租赁（即期租和光租）的运输工具开展运输经营的经营人。

（2）港站企业。包括经营与管理各类航空港、海港、内河港、铁路和公路车站以及与货物运输有关业务的仓库、货运站等各类运输港站的经营人（operator of transport terminals）。

（3）其他运输服务企业。包括提供理货、运输工具租赁与买卖、运输工具管理、船员劳务、运输工具修理、燃料物料供应等服务的其他运输服务企业。

在我国，铁路运输仍然实行网运合一模式，即运输企业与港站企业混业经营，而公路、水路、航空运输则实行站（港）运分离模式，即运输企业与港站企业分业独立经营。

2. 集装箱

（1）集装箱的定义与标准。集装箱，在我国南方及香港称为货柜或货箱，重箱（loaded container）也称重柜，空箱（empty container）也称吉柜。国际标准化组织认为，集装箱是“一种运输设备”，应满足下列要求：具有足够的强度，可长期反复使用；适于一种或多种运输方式运送，途中转运时，箱内货物无须换装；具有快速装卸和搬运的装置，特别便于从一种运输方式转移到另一种运输方式；便于货物装满或卸空；具有1立方米及以上的容积。集装箱这一术语不包括车辆和一般包装。由此可见，集装箱是进行货物运输、便于机械装卸的一种运输设备。当然，在集装箱买卖交易的情况下，集装箱本身又是一种特殊的货物。

集装箱标准按使用范围分，有国际标准、国家标准、地区标准和公司标准四种。集装箱国际标准主要是ISO/TC 104制定的第1系列的4种箱型，即A型、B型、C型、D型。其中，1A型是业务中常见的40英尺集装箱，1C型是业务中常见的20英尺集装箱，1AAA和1BBB是两种超高箱型，俗称“高柜”（H. D. C）。在我国公路运输实践中，为提高载货能力，较少使用高度为2.438米（8英尺）的40英尺标准集装箱，而使用最多的是高度为2.591米（8.5英尺）和2.896米（9.5英尺）的40英尺加高集装箱，分别俗称“平箱”和“高箱”。

我国发布了系列1和系列2集装箱国家标准。其中，第1系列集装箱国家标准与

ISO/TC 104 的第 1 系列标准相一致，包括《系列 1 集装箱　分类、尺寸和额定质量》（GB/T 1413—1998）和《系列 1 集装箱　分类、尺寸和额定质量》（GB/T 1413—2008，2008 版标准主要是将 1998 版标准中 20 英尺集装箱的最大额定质量由原来的 24 000 千克、25 400 千克统一修订为 30 480 千克）；第 2 系列集装箱国家标准为《系列 2 集装箱　分类、尺寸和额定质量》（GB/T 35201—2017），主要适用于大容量、大载重的内陆集装箱（详见第 11 章）。

为了便于计算集装箱数量，以 20 英尺集装箱作为 TEU，并以此作为集装箱载运工具载箱量、集装箱场站吞吐量等的计量单位。存在下列换算关系：40 英尺集装箱＝2TEU，30 英尺集装箱＝1.5TEU，20 英尺集装箱＝1TEU，10 英尺集装箱＝0.5TEU。

（2）集装箱的分类。基于不同角度，集装箱可有不同的分类。比如，按使用材料，可分为铝合金集装箱、钢制集装箱、玻璃钢制集装箱；按使用目的，可分为干货集装箱（dry container）、冷藏集装箱（refrigerated container）、散货集装箱（bulk container）、开顶集装箱（open top container）、框架集装箱（flat rack container）、罐式集装箱（tank container），以及特种专用集装箱，如汽车集装箱、牲畜集装箱、兽皮集装箱、平台集装箱等；按运输方式，可分为海运箱、铁路箱、公路箱、空运箱。

在运输实践中，集装箱按其所有权不同可分为货主自备箱（shipper's own container，SOC）、承运人箱（carrier's own container，COC）和出租箱（lender's own container，LOC）。值得注意的是，对某一承运人而言，凡非自身所拥有或租赁的集装箱均属于 SOC，比如，在铁路运输中，中铁集装箱运输有限责任公司（以下简称“中铁集运”）的集装箱属于 COC，货主箱、船公司箱、多式联运经营人箱均属于 SOC。

（3）集装箱的标记识别。为了便于对集装箱在流通和使用中识别和管理，便于单据编制和信息传输，国际标准化组织制定了集装箱标记，此标准即 ISO 6346—1981（E）《集装箱代号、识别和标记》。

国际标准化组织规定的标记有必备标记和自选标记两类，每一类标记中均有识别标记和作业标记。具体来说，集装箱上有箱主代号、箱号或顺序号、核对数字、集装箱尺寸及类型代号等。

1）必备标记。

一是识别标记。它包括箱主代号、顺序号和核对数字，比如，COSU800563 [1]。

- 箱主代号。用 4 个大写的拉丁字母表示，前 3 个表示箱主代号，第 4 个字母为“U”表示常规的集装箱，“J”表示带有可拆卸设备的集装箱，“Z”表示集装箱拖车与底盘车。比如，中远海集运和中铁集运的箱主代号分别为 COSU 和 TBGU。
- 顺序号，又称箱号，由 6 位阿拉伯数字组成。如数字不足 6 位时，则在有效数字前用“0”补足 6 位，如“053842”。
- 核对数字。核对数字是用来核对箱主代号和顺序号记录是否准确的依据。它位于箱号后，以一位阿拉伯数字加一方框表示。

二是作业标记。

● 额定质量和自定质量标记。额定质量（max. gross）即集装箱总重，是指自定质量（tare）与载重（payload）之和。自定质量即集装箱空箱质量（或空箱重量），ISO 668规定应以千克和磅同时表示。此外，还应标记出箱的容积（cube）。

● 海陆空联运集装箱标记。由于该集装箱的强度仅能堆码两层，因而国际标准化组织对该集装箱规定了特殊的标记，该标记为黑色，位于侧壁和端壁的左上角，并规定标记的最小尺寸为：高127毫米，长355毫米，字母标记的字体高度至少为76毫米。

● 登箱顶触电警告标记。该标记为黄色底黑色三角形，一般设在罐式集装箱和位于登箱顶的扶梯处，以警告登箱者有触电危险。

2）自选标记。

一是识别标记。

● 国家和地区代号。比如，中国为CN，美国为US。

● 尺寸和类型代号（箱型代码）。比如，45G1，其中45为尺寸代码，表示集装箱的外形尺寸，G1为箱型代码，表示集装箱的箱型及其特征。45表示1AAA型箱，G1表示货物上部空间设有透气孔的通用集装箱。外形尺寸与箱型代码可查阅国际标准相关规定，这里不一一列出。

二是作业标记。

● 超高标记。该标记为在黄色底上标出黑色数字和边框，此标记贴在集装箱每侧的左下角，距箱底约0.6米处，同时贴在集装箱主要标记的下方。凡高度超过2.6米的集装箱应贴上此标记。

● 国际铁路联盟（Union Internationale des Chemins de Fer，UIC）标记。为简化铁路集装箱运输手续，国际铁路联盟制定了《国际铁路联盟条例》。凡符合《国际铁路联盟条例》规定的集装箱，可以获得此标记。该标记是在欧洲铁路上运输集装箱的必要通行标志。它由IC和数字组成，其中数字是各个UIC成员的代码，例如81代表德国，87代表法国，70代表英国，33代表中国等。

三是通行标记。集装箱在运输过程中要能顺利地通过或进入他国国境，箱上必须贴有规定要求的各种通行标记，主要有：《国际集装箱安全公约》安全合格牌照，集装箱批准牌照，检验合格徽，防虫处理板等。

另外，装有危险货物的集装箱，应有规格不小于250毫米×250毫米的至少4幅《国际海运危险货物规则》类别标志，并贴于外部明显的地方。

3. 载运工具

（1）集装箱船舶。集装箱船舶以全集装箱船为主，根据需要，也采用滚装式集装箱船（ro/ro ship）、载驳船（barge carrier）、半集装箱船（semi-container ship）、杂货—集装箱两用船（conventional ship）。

目前，全球最大的集装箱船是瑞士地中海航运公司（MSC）的MSC Gulsun轮，可装载23 756 TEU。据悉，中国远洋海运集团计划建造能够载运2.5万个TEU的超级货轮。当然这种规模扩张应该是渐进式和适度的。集装箱船的规模过大，将导致收益低、风险高，而且对港口的泊位与装卸设施提出了新的要求（见表2-1）。

表 2-1　不同装载量集装箱船的船型参数及对泊位的要求

	船型参数				码头泊位参数		
	船长（米）	船宽（米）	吃水（米）	载箱量（TEU）	长度（米）	宽度（米）	水深（米）
第一代集装箱船	170	25.0	8.0	700～1 000	206	50	−10
第二代集装箱船	225	29.0	10.0～11.0	1 000～2 500	270	60	−13
第三代集装箱船	275	32.0	11.5～12.0	2 500～3 000	335	65	−14
第四代集装箱船	294	32.2	12.5	3 000～4 000	355	65	−15
第五代集装箱船	285	40.0	12.7	4 400～5 500	345	80	−15
8 500TEU 集装箱船	334	42.8	13～14.5	8 500	395	85	−15
9 500TEU 集装箱船	350	42.8	14.5	9 499	410	85	−17
10 000TEU 集装箱船	348	45.6	14.5	10 000	410	90	−17
13 000TEU 集装箱船	382	54.2	14.5	13 000	500	100	−17
18 000～25 000TEU 集装箱船	400	58.8	14.5～16.0	18 000～25 000	530	100	−17

（2）公路集装箱车辆。公路集装箱车辆包括集装箱牵引车和挂车。

1）集装箱牵引车（tractor），俗称“拖车”“拖头”，是指具有驱动能力，且装备特殊装置用于牵引挂车的商用车辆。按驾驶室长短划分，可分为平头式牵引车和长头式牵引车，其中中国与欧洲主要采用平头式牵引车，而美国则采用长头式牵引车，其主要原因在于法律约束下的市场选择，欧洲和中国限制整车的长度，采用平头牵引车可以拉更多的货，而美国只限制半挂车长度，对车头不做限制，从安全考虑，车主更愿意选择长头式牵引车。

2）挂车，是指并无自带的动力装置，需要与牵引车组成汽车列车的车辆。与我国不同，在美国，牵引车通常由车主配置，而半挂车通常由港口或船公司配置，供车主免费使用。

牵引车和挂车的连接方式有两种：第一种是挂车的前面一半搭在牵引车后段上面的牵引鞍座上，牵引车后面的桥承受挂车的一部分重量，这就是半挂车；第二种是挂车的前端连在牵引车的后端上，牵引车只提供向前的拉力，拖着挂车走，不承受挂车向下的重量，这就是全挂车。

集装箱半挂车分为平板式、骨架式、鹅颈式、可伸缩式等。

①平板式集装箱半挂车。平板式集装箱半挂车由于自身质量较大，承载面较大，适用于需要兼顾装运集装箱和一般长大件货物的场合，故也称两用车。

②骨架式集装箱半挂车。与平板式相比，骨架式自身质量较轻、结构简单、维修方便，专门用于运载 20 英尺集装箱。

③鹅颈式集装箱半挂车。在骨架式半挂车上增设了鹅颈装置，专门运载 40 英尺集装箱。

④可伸缩式集装箱半挂车。可适应装运各种规格的集装箱。

根据 GB 1589—2016 规定，一轴、二轴和三轴半挂车的最大允许总质量限值分别为18吨、35吨和40吨；二轴和三轴半挂牵引车的最大允许总质量限值分别为18吨和25吨；三轴、四轴、五轴、六轴汽车列车的最大允许总质量限值分别为27吨、36吨、43吨和49吨。半挂牵引车长度最大限值为12米；集装箱半挂车长度限值均为13.75米，但运输45英尺集装箱的半挂车长度最大限值为13.95米 。实践中，公路集装箱运输车辆通常采用二轴半挂牵引车与二轴半挂车或三轴半挂车组成四轴或五轴汽车列车。这两类列车均可一次装载两个20英尺集装箱或一个40英尺集装箱。不过，四轴汽车列车车货总重不得超过36吨，因此，只能装载轻货；如果装载重货，则只能载运一个20英尺集装箱，即“一拖一”；五轴集装箱汽车列车一般可载重货，但车货总重不可超过43吨。

（3）铁路集装箱车辆。可分为平板式集装箱车和骨架式集装箱车。

1）平板式集装箱车，也称两用车。类似于普通平车，只是在集装箱底角件的位置增设固定集装箱的紧固装置，通常为翻板式的锥形定位销。这种车辆通用性较强，既可以装载集装箱，也可以当成普通平车使用。目前，我国铁路集装箱两用车保有量为2万多辆。

2）骨架式集装箱车，也称专用车。其车底架呈骨架式结构，专门用于装载各型集装箱。它比普通平车高度降低了10%～15%，造价降低约15%，是装载集装箱非常经济安全的车型。目前我国铁路集装箱专用车（包括双层集装箱专用车）保有量为1万多辆。

目前，我国主要使用40英尺集装箱专用车。它具有2个TEU箱位，可装载1个40英尺的集装箱或2个20英尺的集装箱，也可装载4个10英尺的集装箱，其适应面较广，能灵活运用。

由于我国铁路集装箱专用车数量无法满足需要，因而现阶段也采用大量的通用敞车运送国内铁路标准箱和部分国际标准集装箱。

4. 集装箱装卸设备

以集装箱码头为例，主要分为码头前沿装卸设备、堆场装卸设备和连接码头前沿及堆场的水平运输设备三部分。

（1）码头前沿装卸设备。集装箱专用码头通常配置集装箱起重机（俗称岸桥）。

（2）堆场装卸设备。包括轮胎式集装箱门式起重机、轨道式集装箱门式起重机、正面吊、叉车和集装箱跨运车等。我国集装箱码头堆场普遍采用轮胎式或轨道式集装箱门式起重机（俗称场桥）。

（3）连接码头前沿及堆场的水平运输设备。包括集装箱跨运车、叉车、正面吊、集装箱拖车。在自动化码头或堆场，则使用自动导向车（AGV）等设备。

2.2.3 网络系统

网络系统，是指由运输路线、港站、枢纽等固定设施组成的整体。它是运输工具得以运行、装卸机械能够进行作业的物质基础。从其功能来看，运输路线直接为运输对象提供运送服务，而港站、枢纽则是间接为运输对象提供运送服务。

1. 集装箱码头与场站

（1）集装箱码头。集装箱码头（container terminal）是专供停靠集装箱船、装卸集装箱用的码头。通常应具备的基本设施有：泊位、码头前沿、集装箱堆场（container yard，CY）、控制室、行政楼、检查口、维修车间、铁路或公路等集疏运设施等。

（2）集装箱场站。集装箱场站（container depot），主要包括集装箱货运站、内陆集装箱场站、铁路集装箱场站、集装箱内陆港/干港。

1）集装箱货运站（container freight station，CFS），是指集装箱货物装箱、拆箱以及集装箱转运堆存、清洗、修理和办理集装箱及货物交接等业务的场所。集装箱货运站通常设在港口附近，但也有少量的货运站设于港内。基于是否为船公司提供箱管服务，集装箱货运站可分为三类。货站式 CFS：不提供箱管服务（约占 30%）；专业型 CFS：专为某船公司提供箱管服务（约占 10%）；公共型 CFS：为多家船公司提供箱管服务（60%）。

2）内陆集装箱场站（inland container depot/terminal，ICD/ICT），也称内陆集装箱中转站，是指设在内陆城市或内河港口，具有集装箱中转运输与门对门运输以及集装箱货物的拆箱、装箱、仓储和接收、送达、装卸、堆存等功能的场所。ICD/ICT 与 CFS 的区别，除了设置地点不同外，在功能上，CFS 以提供拆装箱服务为主，ICD/ICT 一般兼具码头 CY 功能，即 ICD/ICT＝CFS＋CY。

3）铁路集装箱场站（railway container depot），是指专门为铁路集装箱运输服务的场站，其功能与内陆集装箱场站相同。按照其在路网中的地位、作用及规模，可分为集装箱代办站、集装箱专门办理站和集装箱中心站三类。其中，集装箱代办站是指兼营办理集装箱运输业务的车站；集装箱专门办理站，也称为集装箱作业站，是指专门办理集装箱运输业务、运量较少的车站；集装箱中心站（railway container terminal），也称基地站，是指有集装箱定期直达列车或集装箱专运列车始发或终到的办理站。

根据相关规划，我国将建设 18 个集装箱中心站，改造 40 个集装箱专门办理站，保留 100 个左右集装箱代办站。值得注意的是，集装箱代办站和集装箱专门办理站应以提供拼箱货、整箱货服务为主，而集装箱中心站作为集装箱铁路集散地和班列到发地，应发挥与集装箱码头堆场相似的作用，主要受理整箱货、整列集装箱货，一般不宜提供拼箱货的拆装箱服务。

4）集装箱内陆港/干港（container inland/dry port），是指设在内陆城市或内河港口，具有报关、报检、签发提单等港口服务功能的集装箱场站。内陆港/干港既可以是公路场站型，也可以是铁路场站型，它与其他集装箱场站的最大区别是具有报关、报检功能，服务于外贸运输。

2. 集装箱运输路线

（1）水运航线。航线是指船舶在两个或多个港口之间，从事海上货物运输的线路。航线由天然航道、人工运河、进出港航道及航标和导航设备等组成。航线通常可分为远洋航线、近洋航线和沿海航线。

（2）铁路。铁路（railway，railroad，rail）是供火车等交通工具行驶的路线。

从管理权限和管理主体来划分，我国铁路可分为国家铁路、地方铁路、合资铁路、专用铁路和铁路专用线。

1）国家铁路，是指由中国国家铁路集团有限公司（以下简称“中国国铁集团”）管理的铁路，简称“国铁”。

2）地方铁路，是指由地方人民政府管理的铁路。地方铁路的经营管理方式大体分为三种类型：第一种是自营，如河南省设有地方铁路运输总公司，直接指挥运输生产。第二种是自建联营，即地方铁路和国家铁路联合经营。第三种是委托代管理，即地方建路，委托国家铁路邻近的铁路局代管。目前，广东省、广西壮族自治区属于这种类型。

3）合资铁路，是指地方人民政府和中国国铁集团共同投资修建的铁路。目前，国家对合资铁路实行特殊运价，并给予其他必要的优惠政策。

4）专用铁路，是指由企业或者其他单位管理、专为本企业或者本单位内部提供运输服务的铁路。专用铁路一般都自备动力，自备运输工具，在内部形成一套运输生产的系统的运输组织。

5）铁路专用线，是指由企业或者其他单位管理的与国家铁路或者其他铁路线路接轨的岔线。铁路专用线长度一般不超过30公里，其运输使用与其相接轨的铁路的动力。为提高利用率，目前有的铁路专用线实行共享共用，吸引铁路专用线周围的货源。

（3）公路。公路是一种连接城市的运输线路。根据交通量及其使用任务、性质分为五个等级：高速公路、一级公路、二级公路、三级公路、四级公路。

（4）空运航线。航线是航空运输的线路，是由空管部门设定飞机从一个机场飞抵另一个机场的通道。航线分航路、固定航线和非固定航线。航路是国家之间、跨省市航空运输的飞行航线，规定其宽度为20公里。固定航线是用于省市之间和省内定期航班飞行、尚未建立航路的飞行航线。非固定航线是用于临时性的航空运输或通用航空飞行，不属于航路和固定航线的飞行航线。

2.2.4 管理与支持系统

管理与支持系统，是指对多式联运生产的宏观管理和生产业务的指导或导向以及技术、政策支持。广义上讲，包括宏观管理和微观管理两个方面。宏观管理，是指政府的管理部门制定规划、方针和政策，颁行有关法令和规章，管理运输行业，其管理对象是整个运输行业；微观管理，是指多式联运企业及与其合作的各类运输企业，建立必需的管理机构和规章制度，利用一定的手段，计划、组织、指挥和监控运输业务的经营，以达到提高效率、降低成本的目的。

1. 行业管理主体

（1）行业管理机构。主要指交通运输部及各地区交通运输管理部门，具体实施以下4个方面的管理：

1）运输基础设施规划与建设管理。即对拟建的运输基础设施进行规划、立项、审批、修建等方面的管理。

2）运输基础设施维护管理。即对已建成投入使用的运输基础设施实施的各项管理，主要包括路政（航政、港政）管理、交通运输基础设施的养护、费用征收等。

3）运输市场管理。主要包括制定运输市场管理的政策法规、运价，审核参加客货运输及其相关业务的企业或个人的开业或停业条件并核发经营许可证等。

4）运输安全管理。包括两个部分：一是属于社会治安性质的交通安全管理，包括交通安全教育、交通指挥、维护交通秩序、交通事故的调查处理等；二是交通安全技术管理，包括运输工具检验、驾驶员考核、发牌发证、交通安全设施的设置与维护等。

（2）监管机构。主要包括海关、边检、卫检、动植检、商检等监管机构，其具体内容将在后面章节专门说明。

2. 政策法规

限于篇幅，仅介绍相关的国际公约或惯例。

（1）与国际海上货物相关的国际公约。目前，已生效的国际海上货物运输公约共有 3 个：1924 年《统一提单的若干法律规则的国际公约》（简称《海牙规则》）、1968 年《修改统一提单的若干法律规则的国际公约议定书》（简称《维斯比规则》）和 1978 年《联合国海上货物运输公约》（简称《汉堡规则》）。2008 年联合国大会正式通过了《联合国全程或部分海上国际货物运输合同公约》（简称《鹿特丹规则》），它是继《海牙规则》、《维斯比规则》和《汉堡规则》之后第四个关于国际海上货物运输合同的国际公约。

（2）与国际铁路联运有关的国际公约。

1）《国际货约》。《国际铁路货物运送公约》（简称《国际货约》）是在 1890 年制定的《国际铁路货物运送规则》（简称《伯尔尼公约》）基础上发展起来的，目前成员国以欧洲国家为主，包括部分中亚和北非国家，其中，国际铁路运输政府间组织（Intergovernmental Organisation for International Carriage by Rail，OTIF）是《国际货约》各参加国的政府间国际组织。因铁路技术的进步和各国经济的发展变化，该公约多次修订。目前 OTIF 成员国适用 1999 年的《国际货约》（Convention Concerning International Carriage of Goods by Rail，COTIF 1999）。COTIF 1999 是在 COTIF 1980 的基础上，为适应成员国的政治、经济及法律制度变化从而进一步消除成员国间的联运障碍形成的，并且已与欧盟法律完全兼容。COTIF 1999 不仅适用于铁路运输，也适用于公铁联运和铁水联运，包括正文和 7 个附件，附件包括《国际铁路客运合同的统一规则》（CIV）、《国际铁路货运合同的统一规则》（CIM）、《国际危险品运送协定》（RID）、《国际铁路车辆使用协定》（CUV）、《国际铁路基础设施协定》（CUI）、《国际联运的技术标准和铁路材料的有效性协定》（APTU），以及《国际铁路运输中使用的铁路材料的技术许可协定》（ATMF）。由此可见，《国际货约》确切的名称应为《国际铁路运输公约—铁路货运合同统一规则》（COTIF-CIM）。

2）《国际货协》。《国际铁路货物联运协定》（Agreement on International Railroad through Transport of Goods，简称《国际货协》），是 1951 年 11 月由苏联、波

兰、捷克斯洛伐克、匈牙利、罗马尼亚等国家签订的国际铁路联运协议，随后中国、朝鲜、越南等国家也陆续加入。铁路合作组织（简称“铁组”，Organisation for Co-Operation between Railways，OSJD）是《国际货协》各参加国的政府间国际组织。目前铁组各成员国适用2018年7月1日生效的新版《国际货协》。新版《国际货协》不仅对原《国际货协》结构进行了重大调整，而且对附件进行了大量缩减，只保留了6个国际货协附件和3个办事细则附件。其中，6个国际货协附件分别为《货物运送规则》《危险货物运送规则》《货物装载和加固的技术条件》《作为运输工具的非承运人所属车辆的运送规则》《信息指导手册》《国际货约/国际货协运单指导手册》。

（3）与国际道路运输有关的国际公约。

1）《国际道路货物运输合同公约》。为了统一道路运输所使用的单证和承运人的责任，联合国欧洲经济委员会负责草拟了《国际道路货物运输合同公约》（Convention on the Contract for the International Carriage of Goods by Road，CMR）。我国虽没有参加此公约，但由于CMR在欧洲30多个国家有效，加之蒙古国及俄罗斯、哈萨克斯坦等国家也加入了该公约，因此，我国从业人员仍有必要了解该公约的内容。

2）《国际道路运输公约》。《国际道路运输公约》（Transport International Router，TIR）的正式名称是《关于在国际道路手册担保下进行国际货物运输的海关公约》（Customs Convention on the International Transport of Goods under Cover of TIR Carnets）。目前全球有73个TIR缔约国，其中大多数位于丝绸之路经济带沿线重要地区。中国政府自2019年6月25日起全面实施TIR公约，并开放了所有1 200个边境口岸。随着中国与“一带一路”沿线国家加快推进TIR道路运输，TIR道路运输有望成为“与现有海空铁路形成竞争的第四个物流通道”。

（4）与国际航空运输有关的公约与协定。目前，有关国际航空货物运输方面的国际公约，有《华沙公约》、《海牙议定书》、《瓜达拉哈拉公约》、《危地马拉议定书》、《蒙特利尔第1号附加议定书》、《蒙特利尔第2号附加议定书》、《蒙特利尔第3号附加议定书》、《蒙特利尔第4号附加议定书》、1999年《蒙特利尔公约》9个公约，其中前8个公约统称为华沙公约体系。已生效的仅为《华沙公约》、《海牙议定书》、《瓜达拉哈拉公约》、《蒙特利尔第4号附加议定书》、1999年《蒙特利尔公约》5个公约，其他公约尚未生效。

（5）现有的国际多式联运公约和规则。从20世纪50年代到70年代末，一些国际公约考虑了国际货物多式联运问题，目前比较有影响的相关国际公约和规则主要有以下三个：

1）《联合运输单证统一规则》。该规则是由国际商会于1973年制定，1975年修订的最早的国际多式联运规则。作为民间规则，其适用不具有强制性，由当事人在多式联运合同中自愿采纳。

2）《联合国国际货物多式联运公约》。该公约于1980年5月24日获得通过，但因迄今未满足公约规定的“公约在30个国家批准或加入后12个月开始生效”的条件，尚未生效。尽管该公约至今仍未生效，但对各国有关多式联运的法律及其后的国际惯例都产生了重大的影响。

3）1991 年《UNCTAD/ICC 多式联运单证规则》。20 世纪 90 年代，鉴于《联合国国际货物多式联运公约》迟迟未能生效，既担心因多式联运经营人的抵触心理而使它永远不能生效，也想证实所谓多式联运公约在理论上不会带来严重后果的论点，国际商会建议把《联合运输单证统一规则》和《联合国国际货物多式联运公约》合并，制定新的规则，使之在《联合国国际货物多式联运公约》生效之前，供当事人在多式联运合同中自愿选用，以暂时弥补适用公约的空缺。为此，联合国贸易和发展会议会同国际商会在对《联合运输单证统一规则》做出修订的基础上，共同制定了 1991 年《UNCTAD/ICC 多式联运单证规则》（简称 1991 年《多式联运单证规则》）。该规则作为民间规则，其适用不具有强制性，由当事人在多式联运合同中自愿采纳。

3. 标准化

（1）多式联运标准化建设现状。标准化工作是多式联运建设的重要抓手，是规范和引领多式联运体系建设的重要依据，对构建便捷安全、经济高效的多式联运体系具有重要的意义。

近年来，我国多式联运标准规范取得新进展。交通运输部发布了《系列 2 集装箱　分类、尺寸和额定质量》等 10 余项标准，内陆箱技术标准迈出第一步。江苏省发布了《货物多式联运运量计算方法》团体标准。郑州国际陆港公司制定 4 项企业标准，并成立国际物流数据标准联盟。

目前，我国货运车辆标准化率不高，与发达国家差距较大，内陆集装箱标准体系尚未建立，载运工具、运载单元、吊装设备、托盘等装备标准化程度低、匹配性差，增加了换装倒载次数，降低了转运效率。如表 2－2 所示，中国的多式联运已经实现公路、水路和铁路之间的 ISO 集装箱的衔接，在公路与水路之间具备半挂车对接的能力。但是和欧美国家对比，我国的多式联运尚处于起步期。在 12 种对接模式中，欧洲仅有 1 种模式未实现，美国有 3 种模式尚未实现，中国仅仅实现了 4 种对接模式。

中国多式联运对接实现较差的主要原因在于物流单元的不统一，装载单元和运载器具标准各自制定，互相不匹配，而这也是中国多式联运互相不兼容的症结所在，解决这一问题的关键则是标准化。

表 2－2　中国、欧洲和美国运载单元标准化应用情况

联运形式	地区	运载单元类型			
		半挂车	内陆集装箱	交换箱体	ISO 集装箱
公路与铁路	美国	√	√	×	×
	欧洲	√	√	√	√
	中国	×	×	×	√
公路与水路	美国	√	√	×	√
	欧洲	√	√	√	√
	中国	√	×	×	√
铁路与水路	美国	×	√	×	√
	欧洲	×	√	√	√
	中国	×	×	×	√

(2) 多式联运标准体系建设。标准化并非简单的事情，它是一个系统工程，涉及物流单元、装载单元、运载单元以及转用装备等一系列物流运输工具的标准化制定。这些标准是自己制定还是与国际接轨？与国际接轨是与美国接轨抑或是与欧洲接轨？都是值得思考的问题。目前我国多式联运的标准化制定通常是与欧洲接轨，因为这样一方面可以全方位打通公路、铁路与水路的联运，另一方面更符合“一带一路”建设的要求。

1）多式联运基础标准。主要包含术语和符号、分类与编码两类标准。比如，《货物多式联运术语》(JT/T 1092—2016)、《多式联运运载单元标识》(JT/T 1093—2016)、《多式联运货物分类与代码》(JT/T 1110—2017)、《多式联运交换箱标识》(JT/T 1195—2018)。

2）多式联运设施设备标准。与多式联运运载单元、综合货运枢纽场站建设相关的技术标准。有关运输单元标准化，交通运输部会同相关部门，采取了多种措施，引导和鼓励标准化、集装化、厢式化运输装备的换代升级。除了适用于国际集装箱的《系列1集装箱　分类、尺寸和额定质量》(GB/T 1413—2008) 标准之外，交通运输部已经组织制定了以45英尺为主体的内陆箱基础技术标准《系列2集装箱　分类、尺寸和额定质量》(GB/T 35201—2017)，同时中国铁路总公司也研发了45英尺宽体箱，下一步，将依托主要物流大通道，鼓励企业试用并推广。

3）多式联运作业标准。主要是与多式联运货物运输、装卸等作业相关的标准，按照货物类型分为普通货物运输标准和冷链货物运输标准。比如，《商品车多式联运滚装操作规程》(JT/T 1194—2018)、《冷藏集装箱多式联运技术要求》(JT/T 1288—2020)、《空陆联运集装货物转运操作规范》(JT/T 1286—2020)、《国内集装箱多式联运运单》(JT/T 1244—2019)、《多式联运经营人运营服务规范》(拟制定)、《多式联运服务质量评价准则》(拟制定) 等。

4）多式联运信息化标准。如《集装箱多式联运电子数据交换　基于XML的舱单报文》(JT/T 726—2008)、《多式联运信息数据格式》(拟制定)、《多式联运信息数据交换规范》(拟制定) 等。

5）多式联运统计评价标准。如《货物多式联运运量计算方法》(拟制定) 等。

(3) 多式联运标准化服务平台与专家服务平台建设。

1）建立多式联运服务业标准化服务平台，促进政府、部门、企业之间的沟通和交流。建设集工作动态、标准查询、标准制修订信息、标准化专家服务、在线问答等为一体的标准化服务平台，向社会和企业提供高效、便捷、准确、先进的标准化动态信息和技术服务。

2）建立专家服务平台。逐步建立多式联运标准化专家库，吸引、组织多式联运专家和学者参与多式联运标准化工作，引进、消化和吸收其他地区先进的标准化运营管理经验，指导物流企业的标准化工作。

4. 信息化

近年来，我国多式联运信息化建设和应用取得了一些成绩，但总体来看，信息资源整合和综合开发利用水平不高，缺乏联通各种运输方式、有效汇集各方信息资源、提供综合信息服务的多式联运公共信息平台，“信息孤岛”现象严重，大大降低了多式联运各方协同营运效率，离“让信息多跑路，货物少跑路”的目标还有不小差距。

（1）各种运输方式信息化发展水平差异较大。各种运输方式信息化建设进程不一，信息集中度情况各异，铁路、民航、邮政相对较好，公路货运由于市场集中度不高，企业投入不足，信息化、智能化水平进展总体滞后，造成在联通过程中信息链断裂、不完整。

（2）缺乏有效的信息资源共享合作机制。比如，目前，全国只有大连港、营口港、天津港、南京港、连云港港、宁波舟山港实现了铁水联运信息共享。政府间、政企间和企业间缺乏行之有效的沟通合作与信息共享机制，多式联运所涉及的班轮班列信息、载具信息、箱管信息、单证信息、安全信息、监管信息、信用信息等不联通、难联通，信息资源流动性不强。

2.3　集装箱多式联运系统的构建

2.3.1　多式联运系统构建的难点

多式联运系统各个构成要素之间既存在有机的联系，又存在相互冲突，而这些冲突在一定程度上制约了多式联运系统的协调发展。因此，多式联运系统构建的难点在于系统诸要素之间存在目标冲突、边界冲突、能力冲突以及运作冲突。

1. 目标冲突

如表 2-3 和表 2-4 所示，各种交通运输方式之间存在目标冲突。铁路运输具有快速、准确、安全的优势，但由于铁路运输承运手续复杂，待运时间较长，很难实现灵活、及时的目标。公路运输机动灵活，能够实现门到门运输，但其规模性、安全性程度较低。水路运输是四种交通运输方式中运费较为低廉的，但速度较慢，区域性特征明显，使用范围受到极大限制。航空运输速度快、机动性好，运送货物及时、准确、安全，但运费昂贵，很难达到低成本的目标。因此，要根据各种运输方式的技术特征，合理确定其适用范围，以充分发挥各种运输方式的优势。

表 2-3　四种运输方式的特点及适用范围

运输方式	优点	缺点	主要运输对象
铁路	1. 大批量货物能一次性有效运送 2. 运费负担小 3. 轨道运输，事故相对少，安全 4. 铁路运输网完善，可运达各地 5. 受自然条件和天气影响小，运输准时性较高	1. 近距离运输费用高 2. 不适合紧急运输要求 3. 由于需要配车编组，中途停留时间较长 4. 非沿线目的地需汽车转运 5. 装卸次数多，货损率较高	长途、大量、低价、高密度商品，比如采掘工业产品、重工业产品及原料、制造业产品及原料、农产品等

续表

运输方式	优点	缺点	主要运输对象
公路	1. 可以进行门到门运输 2. 适合近距离运输，较经济 3. 使用灵活，可以满足多种需要 4. 运输时包装简单、经济	1. 装载量小，不适合大量运输 2. 长距离运输运费较高 3. 环境污染较严重 4. 燃料消耗大	短距离、具有高价值的加工制造产品和日用消费品，比如纺织和皮革制品、橡胶和塑料制品、金属加工润滑产品、通信产品、零部件、影像设备等
水路	1. 运量大 2. 成本低 3. 适合超长、超宽、笨重的货物运输	1. 运输速度慢 2. 港口装卸费用较高 3. 航行受天气影响较大 4. 运输可靠性和安全性较差	主要是长途的低价值、高密度大宗货物，比如矿产品、大宗散装货、化工产品、远洋集装箱等
航空	1. 运输速度快 2. 安全性高	1. 运费高 2. 重量和体积受限制 3. 可达性差 4. 受气候条件限制	通常适用于高价、易腐烂或急需的商品

表2-4　四种运输方式的绩效评级

影响因素	运输方式			
	铁路	公路	水路	航空
运输成本	较低	较高	最低	最高
运输时间	较慢	较快	最慢	最快
运输可靠性	较好	最好	最差	较差
运输能力	较大	较小	最大	最小
运输方便性	较好	最好	最差	较差
运输安全性	较好	较差	最差	最好

2. 边界冲突

由于多式联运系统是由多种运输方式、多家运输企业组成的复杂系统，在国际运输中涉及不同国家之间的协调。各个系统、部门、运输方式之间存在客观的行政边界、管理边界和运输覆盖范围边界。各级交通运输管理部门受其管理权限的限制，存在规定的职责、权限的管理边界。各种运输方式由于受其技术经济性能的限制，各自存在一个最优的运输半径或运输覆盖范围。特别是在组织多式联运的过程中，需要对各种运输方式进行及时的转换和联运，因为各种运输方式都有其合理的运输边界与范围，超出其边界与范围，就会降低该种运输方式的有效性与适应性。因此，需要寻求合适的管理模式、建立高效的管理机构，以提高多式联运系统各相关方的协同管理能力。

3. 能力冲突

在多式联运生产过程中，要求各种运输方式在装卸能力、转换能力、通过能力和运输能力等方面达到协调匹配。但由于各种运输方式存在技术经济性能方面的差异，比如，铁路、船舶运输能力较大，汽车、飞机运输能力较小，这必然存在能力方面的冲突。同时，还存在各种运输方式内部能力的冲突，以及运输供给能力与运输需求能力之间的冲突。因此，需要加强运输场站，尤其是运输枢纽的管理，充分发挥其“蓄水池”式的调节作用。

4. 运作冲突

在多式联运生产过程中，除了会因不同运输方式下载运工具的载重能力不同而产生运输安排上的冲突，各种运输方式、各个运输部门由于在运输规程、作业规范、运输单证、运输价格等方面有不同的要求，也会导致在多式联运生产过程中产生运作冲突。因此，需要统一作业流程，推广标准化单证，加强各方的信息沟通，以便及时化解冲突。

2.3.2　多式联运系统构建的理论基础

比较优势、网络经济和全局最优，既是多式联运系统逐渐升级的目标，又是多式联运发展的内在逻辑和理论基础。

1. 比较优势

如前所述，各种运输方式具有相对优势与劣势，在一个竞争的运输市场上，各种运输方式具有不同程度的替代性和互补性。多式联运系统建立在发挥铁路、公路、水路、航空四种基本运输方式的比较优势基础之上，多式联运经营人在提供全程运输服务时，应充分发挥各种运输方式的技术特长和比较成本优势，注重“宜水则水，宜陆则陆，宜空则空”，追求“1＞1”，即单一运输方式在多式联运系统具有功能放大效应，实现运输供给的资源成本最小化。

2. 网络经济

交通运输网络是多式联运系统高效运行的基础，为充分发挥多式联运系统的门到门运输服务功能，就必须追求网络经济的最大化，实现运输网络的一体化、衔接和优化。

多式联运网络经济的最大化，内在地决定了两个“互联互通”：

（1）对运输方式而言，各种运输方式基础设施及运输服务供给的互联互通。

（2）在空间上，城乡、城市（城市群）、区域、国内与国际交通运输网络的互联互通。

3. 全局最优

全局最优，即通常讲的整体效率。

多式联运系统，既是多种运输方式构成的非常复杂的系统，也是技术、组织、制度及其相互关系构成的有机系统。从系统理论讲，任何一个有机的系统，其基本特征都是“涌现”。系统的“涌现”有两种基本形式，用公式表示就是：“1＋1＞2”，“1＞1”。前式说的是整体大于部分之和，后式说的是位于整体中的部分优于其单独存在。因此，要把这两个要求结合起来，实现从局部最优到全局最优的理想状态。

发展多式联运，追求“1＞1”，就是发挥各种运输方式的比较优势，实现单一运输方式在多式联运系统的放大效应，即局部最优。

发展多式联运，追求“1+1>2”，就是在发挥各种运输方式的技术和经济比较优势的前提下，在技术、组织和制度有机配合、相互支持的基础上，实现一体化，提升运输供给的系统效率，达到全局最优。

综上所述，在构建多式联运系统时，既要追求各种运输方式的比较优势，实现局部最优，也要追求各种运输方式之间以及运输与经济、社会之间的一体化，实现全局最优。

练习题

1. 选择题

（1）集装箱是（　　）。

A. 货物　　B. 包装容器　　C. 运输设备　　D. 运输工具

（2）海上集装箱运输以（　　）为主。

A. 全集装箱船　　B. 半集装箱船

C. 滚装式集装箱船　　D. 杂货—集装箱两用船

（3）集装箱多式联运系统可分为（　　）。

A. 商务子系统　　B. 组织子系统

C. 网络子系统　　D. 管理与支持子系统

2. 判断题

（1）集装箱这一术语不包括车辆和一般包装。（　　）

（2）对于中铁集运而言，无论是货主箱还是船公司箱均为货主自备箱。（　　）

（3）内陆集装箱场站兼具集装箱码头堆场与集装箱货运站的功能。（　　）

3. 简答题

（1）简述多式联运系统构建的难点。

（2）简述多式联运系统构建的理论基础。

（3）简述铁路集装箱场站的种类。

组织篇

第3章

集装箱多式联运方案设计

引导案例　　摩托罗拉灵活选择运输方式

摩托罗拉是一家跨国公司，其供应商遍及全球各地，因此其实行统一采购，根据订单的需求以及成本因素统一安排生产，物流管理在企业的生产经营过程中起着举足轻重的作用。在国际业务中，由于手机产品更新换代比较快，不适合海运方式，摩托罗拉主要采用空运方式。在美国的得克萨斯州，摩托罗拉建有自己的配送中心，天津工厂生产的产品（如裸机、电池、充电器等）都是通过空运，但是从美洲地区回程的货物较少，造成整个航运业运力不平衡。为解决这一问题，摩托罗拉与航空公司、物流服务公司三方签订了运输合作协议：摩托罗拉提供货源，航空公司提供舱位，物流服务公司保证运输正常以及运价稳定，这样不仅满足了摩托罗拉的业务发展需要，也使合作各方都能获得稳定的收益，达到多赢的目的。

通过本案例可以看出，客户的物流需求是处于动态变化之中的，根据客户的物流需求设计出个性化的解决方案，应该是包括多式联运经营人在内的物流企业在激烈的市场竞争中制胜的关键。

3.1 概述

3.1.1 集装箱多式联运方案设计的概念与内容

1. 集装箱多式联运方案设计的概念

集装箱多式联运方案设计（container multimodal transport planning），也称为集装箱多式联运解决方案设计（container multimodal transport solution planning），有广义与狭义两种解释。广义上，它是指集装箱多式联运企业针对客户的运输需求，运用系统理论及运输管理的原理和方法，制定出满足客户需求的解决办法、措施的过程；狭义上，它是指根据客户需求，设计出最优的多式联运模式与路线的过程。

2. 集装箱多式联运方案设计的内容

集装箱多式联运活动主要是不同运输方式之间跨时间及空间的活动过程，其活动的核心是利用现代化的运输设备与设施满足客户的需求。因此，一个完整的集装箱多式联运解决方案是由需求分析、方案设计和方案实施三个部分构成的（见图 3-1）。

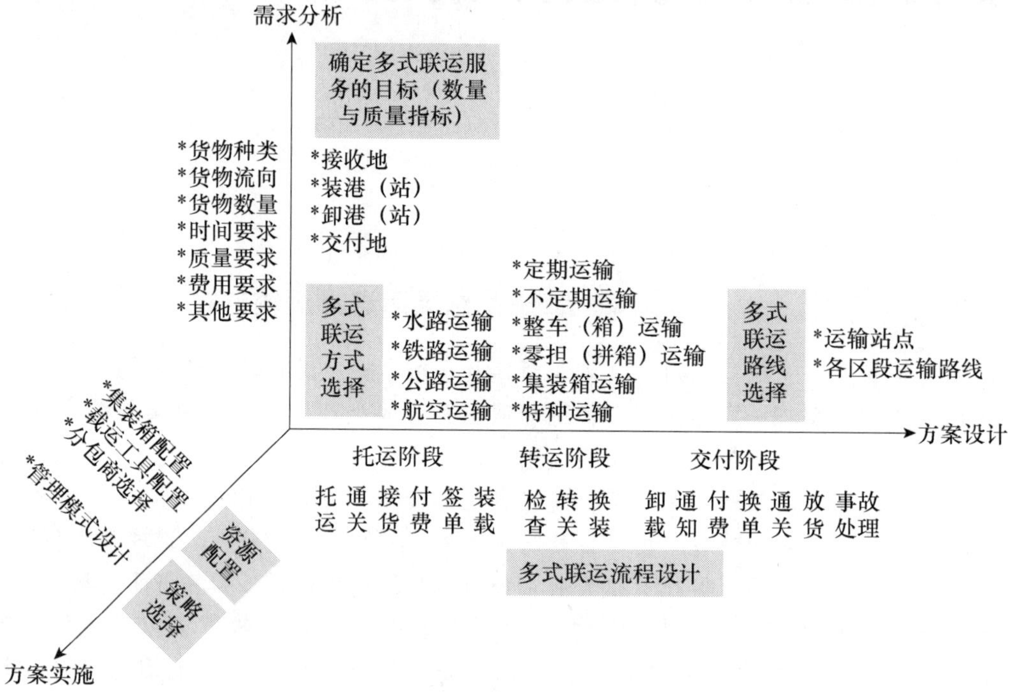

图 3-1 集装箱多式联运方案设计内容

（1）需求分析，是指衡量出客户对集装箱多式联运需求的满足状况。它是由客户的运输需求决定的，通常可细化为若干数量指标和质量指标。

（2）方案设计，是指根据客户的要求，设计多式联运组织方式、运输路线及业务流程。选择的多式联运方式与路线不同，其业务流程会有所不同，方案设计实际上包括多式联运方式与路线选择以及具体的运作流程设计。考虑到多式联运运作流程既与多式联运企业的管理模式相关，又受制于各种运输方式下的运作流程，加之已趋于标准化，因此，此部分内容重点在于商务运作流程的设计，故放在第 5 章予以介绍。

（3）方案实施，是指按照客户需求和方案设计的要求，科学地配置多式联运资源和管理机构等。其具体内容，详见第 4 章。

需求分析、方案设计和方案实施构成了集装箱多式联运方案设计的三个侧面，形成了三位一体的关系。其中，客户需求决定了多式联运生产的要求与目标，代表多式联运的服务内容；方案设计代表多式联运的形式结构，是有效开展多式联运生产活动的前提与基础；方案实施是客户需求目标和方案设计得以实现的实体基础。

3.1.2　集装箱多式联运方案设计的步骤与特点

1. 集装箱多式联运方案设计的步骤

（1）现状分析。对多式联运企业的内部和外部环境进行调查与分析，以掌握集装箱多式联运的需求与供给情况。

（2）发现问题。客户需求问题集中表现为运输需求数据（量）和运输绩效指标（质）。

- 鉴别：列出所有被鉴别和确定的问题。
- 分类：对这些问题进行分类，即将问题分为有意义且互相关联的几类。
- 排序：将问题按优先程度排序。

在上述分析的基础上，提出运输方案，设计需要解决的问题。

（3）生成备选方案并进行评价。一是生成选择方案；二是选择 2～3 个较现实的方案进行评价。

（4）选定解决方案并说明理由。一是描述方案，确定解决方案并进行详细描述与说明；二是说明理由，对选定的方案应当做全面的说明，并根据期望的成本和收益说明选择理由。

（5）提出实施的条件与要求。对建议方案的实施提出具体的条件和要求。应当考虑在具体实施中可能产生的问题，比如：资源方面，由谁负责实施，由谁将方案的优点推销给客户，以及公司内部各部门如何控制实施过程的成本；时间方面，实施顺序如何，对时间的要求是否紧迫；管理方面，方案的成本与效益如何评估，如何监管。

（6）撰写报告。设计报告通常由标题页、内容摘要和报告正文组成。报告正文一般包括以下内容：现状简介；问题综述；可供选择的方案；选定方案；方案实施的条件与要求；方案风险分析。

2. 集装箱多式联运方案设计的特点

与单一运输方式相比，集装箱多式联运方案设计具有以下特点：

（1）非线性运输费用大量存在。在多式联运模式下，无论是运输距离，还是运输量，都会大大增加。基于距离经济与规模经济原理，运输费用会呈现递远（大）递减现象，这也导致非线性运输费用的大量存在。对于线性运输费用，可以用单位固定费用的线性函数形式建模；而对于非线性运输费用，虽然采用二次费用函数、指数费用函数等形式应该更接近真实情况，但也更难以建模和求解。比如，A、B、C、D 之间均相距 100 公里，线性费用模型中运输费用可能是 1 元/公里，非线性费用模型可能是在 100 公里内是 1 元/公里，超过 100 公里后是 0.5 元/公里，因此，在线性费用模型中，A 到 C 的单位运输费用为 200 元，而对于同样距离，非线性费用模型中的单位运输费用则是 150 元。显然，由于非线性运输费用的存在，到终点可选择的路径方案可能会增多。

（2）运输方式分担现象普遍存在。多式联运必然涉及两种或两种以上的运输方式，因此，必然会涉及运输方式分担。所谓运输方式分担，是指把整个运输任务看作多个组成部分，一部分通过一种运输方式承运，其他部分则通过其他运输方式承运。比如，承运200吨货物从北京到上海，运输方式分担是指100吨货物通过铁路运输，另100吨货物通过公路运输。所运输的货物可能在起点或中间点分开，然后到终点再聚集到一起。采用运输方式分担是为了满足货物运输的重量或体积限制，却增加了多式联运方案设计的难度与内容，比如与单一运输方式相比，多式联运往往需要增加诸如不同运输方式的最佳组合、换装点选择、干线与支线衔接等内容。

（3）以干线为核心，干支相互协调。由于涉及多种运输方式，在多式联运方案设计过程中，通常先拟定干线运输方案，然后再考虑干线运输两端的支线运输方案，力求两者相互协调。

（4）运输中转场站大型化和集中化。现有多式联运大多依托若干个大型运输中转场站，实现运输中转场站之间的长途干线运输，以及运输中转场站与起终点之间的短途集疏运，以充分发挥各种运输方式的优势，但也面临如何减少中转场站的费用和时间的挑战。

（5）信息模糊或不确定。受各种运输方式、管理体制等制约，存在大量的不确定信息。信息的模糊或不确定的特性，会使承运人不能准确掌握、预告运输费用和运输时间。因而对不确定的信息进行规划是必需的。

3.2 集装箱多式联运客户需求分析

3.2.1 了解集装箱多式联运客户需求的特点与特征要素

1. 客户需求的特点与影响因素

（1）客户需求的特点。

1）无限扩展性，即随着技术设备及通信水平的不断提高，以及市场的变化，客户的需求也不断增多。

2）理性需求，即客户需求并非随意的、情感性的、冲动性的，而是理性的。

3）可诱导性，即客户需求有些是可诱导和调节的，具有较大的弹性。

4）派生性，即客户的需求往往是由各种复杂的需要派生出来的。

5）多层次性，即尽管客户会有多种多样的需求，但这些需求不可能同时得到满足，总要按照其经济实力、支付能力和客观条件的可能，根据需要的轻重缓急，有序地逐步实现，这便使客户需求具有多层次性的特点。

6）客户的分散性，即中小客户数量激增，分布面广，而大客户相对减少，而且大多数客户每次的托运量较少，使用频率高。

客户需求产生的根本原因是客户存在希望解决的问题，这些问题可能是他们通过各种方式表达出来的（如口头表述、标书中的投标说明等），但深层次的问题很多情况下客户不愿意告诉销售人员，甚至客户有时也弄不清楚问题所在。因此，必须针对客户需求的特点，挖掘出客户的真正需求。

（2）影响客户需求的基本因素。影响客户需求的因素很多，既有宏观因素，又有微观因素；既有内因，又有外因。客户需求是众多因素综合作用的结果。归纳起来，影响客户需求的主要因素包括宏观经济政策和管理体制、市场环境、消费水平和消费理念的变化、技术进步、经济发展水平、企业服务水平/服务质量等。

2. 客户需求的特征要素

（1）货物特征要素。主要包括货物种类，单件体积与毛重，外包装规格与性能，可堆码高度，货物价值，是不是贵重、冷藏、危险品等特种商品。

1）货物种类：货物的种类数、每种货物的出厂日期。

2）与配载要求有关的特征：单件体积与毛重、外包装规格与性能、可堆码高度，据此确定装卸方式、运输条件、配载条件。

3）与保险、保价有关的特征：单价、价值密度，据此确定保费率、保价。

（2）运输与装卸搬运特征要素。主要包括每次发运货物数量（数量有无增减）、装运时间、发运频率、到达时间、可否拼装及分批装运与转运、装货与卸货地点是否拥挤或罢工、运输距离的长短等。

1）运输总量：生产量、客户订单量，据此确定客户的主导作业类型。根据客户的生产量或客户订单量，确定客户的运输总量。

2）发运地、到达地：发运地的位置和个数，到达地的位置和个数，据此确定运输路线、运输方式。

3）各点运输分量：该点客户的订单量、订单个数、订单的平均规模，据此确定该点的主导作业类型、配送量、配送频次、运输方式。

（3）仓储保管特征要素。主要是指货物的物理与化学性质对储运与保管的要求。

（4）其他特征要素。主要是指客户对运输价格、运输方式、运输工具、运输线路、装卸搬运设备、运输时间、运输单证等有无具体的要求。

3.2.2　识别集装箱多式联运客户需求

在实践中，通常采用“三步法”对客户需求的目标、方式、手段、种类、层次、行为等方面的变化进行分析，以便快速准确地识别出客户需求。

1. 访谈式

这一阶段是指多式联运企业同客户方的领导层、业务层人员所进行的访谈式沟通，其主要目的是从宏观上把握客户的具体需求方向和趋势，了解现有的组织结构、业务流程、硬件环境、软件环境、业务方案等具体情况和客观信息。其实现手段以访谈、调查表格为主，最终形成调查报告等。

2. 诱导式

这一阶段是指多式联运企业在第一阶段的基础上，针对客户的实际及多式联运企业以往的工作经验对客户采用诱导式、启发式的调研方法和手段。多式联运企业销售人员可以向客户展示业务方案，让客户感受一下整个业务方案设计的合理性、准确性等问题，以便其及时提出改进意见和方法。其实现手段以拜访（诱导）、方案演示为主，最终形成调研分析报告、方案反馈报告等内容。

3. 确认式

这一阶段是在上述两个阶段成果的基础上，进行具体的方案细化、操作项等内容的确认阶段。在这个阶段，多式联运企业必须提供明确的业务操作方案报告，并能清晰地向客户描述该业务操作方案的设计目标。客户可以通过审查业务操作方案报告提出反馈意见，并对可以接受的报告、文档签字确认。其实现手段以拜访（回顾、确认）、提交业务操作方案报告为主，最终形成需求分析报告（该报告的核心是业务操作方案），并提交客户方进行确认和存档。

3.2.3 挖掘集装箱多式联运客户需求

多式联运企业销售人员可依据以下步骤开发和确认客户的需求。

1. 探察聆听，以探测客户的需求

此阶段的目标就是引发并探测客户的需求（问题）。销售人员与客户交谈，其主要目的是收集与客户需求相关的信息，以探明客户需求的有无，但同时也要将客户的需求从原来的“满意”状态向“不满意”状态转化，让客户意识到现状的不足和存在的问题，即针对客户可能存在的困难、不满来询问，引导客户说出隐含需求。

2. 试探冲击，了解客户的购买欲望

此阶段的关键任务是要把客户的问题（需求）聚焦，并增加使之寻求解决方案的理由。在实践中广泛采用SPIN客户需求开发技术，SPIN客户需求开发技术的含义和步骤如下：

（1）状况性询问（situation questions）。它是指找出客户现在的状况和事实的询问。它是SPIN提问方法中效力最小的一个，存在的主要问题是绝大多数销售人员对此类问题问得太多。

（2）问题性询问（problem questions）。它是询问客户现在面临的问题、困难和不满。它比状况性询问更加有效，有经验的销售代表会询问更多的问题。

（3）暗示性询问（implication questions）。它是询问客户的难点、不买的结果和影响，其目的是找出客户现在面临的困难及其所带来的影响。它是SPIN提问方法中最有效的一种，出色的销售人员会提出很多暗示性询问。

（4）需求确认性询问（need-payoff questions）。它是询问提供的产品或者服务对客户的直接价值或者意义，其目的是让客户深刻地认识到并说出所提供的产品/服务能帮他做什么。这种多功能的提问方法被出色的销售人员广泛使用，对客户有积极的影响。

3. 确认需求

这个步骤主要是确定影响客户购买决策的关键因素，实际上就是了解客户的每一项真实需求的细节，以便精确地制定出满足客户需求的个性化解决方案。

案例 3-1

某制造商要求选择最快的运输方式承运货物，其理由是它目前生产所需要的原材料总是延迟到达，而生产线却不允许停工，因此，它认为自己的运输需求是“快”（speed）。但事实上，这并不是它的真正需求，它真正的运输需求是“准时”（scheduled in-transit time）。

案例 3-2

某客户要将一批流行服装空运至欧洲，他声称自己的需求是最低的运费。目前，这批货物采用普通的包装，采用挂衣箱会导致运费增加，但如果运费增加额低于因采用普通包装而需增加的拆包、熨平等费用，则采用挂衣箱形式更加合理，因此，该客户的真正需求不是运费最低，而是整个运输费用最低。

案例 3-3

“安全”是某加拿大客户的首要考虑因素，对于从日本运至加拿大东部的一批货物，他认为应选择用集装箱直达运输至终点，但货物抵达后仍出现了损坏，原因是他无法控制发货人的装箱方式与技术。为此，货运代理建议他应选择在自己可以监控装箱作业的地点——加拿大温哥华将集装箱换装至拖车后运至终点，结果货损大大减少。由此可见，虽然未能选择直达运输而是采取了中途换装作业，却能有效地减少货运事故的发生，从而确保货物的安全。

4. 展示说服，迎合需求

此阶段的目的在于针对客户的核心需求进行产品的差异化、个性化的设计并展示给客户。该解决方案应突出展示本公司产品或服务的性能及由此可给客户带来的利益。FABE 法就是一种常见的介绍产品的演示技术。其中，F（feature）代表特征，是指公司产品或服务的特性；A（advantage）代表由这一特征产生的优点，是指对该特性的说明及其在市场上之独特性，与同类产品相比的差异性往往可作为满足特定人群的产品优势；B（benefit）代表这一优点能带给顾客的利益，是指该特征对客户的意义及可为客户带来的好处；E（evidence）代表证据（技术报告、客户来信、报刊文章、照片、示范等）。

3.2.4　确认集装箱多式联运客户需求

1. 贸易合同双方约定的贸易术语是否适合多式联运方式

（1）贸易术语概述。国际贸易术语（trade terms）是指用简短的概念或英文缩写字母来表示商品的价格构成，说明交易地点，确定买卖双方的责任、费用、风险划分等问题的专门用语。

目前，由国际商会颁布的《国际贸易术语解释通则》对贸易术语的解释内容最多、应用也最广泛。以下对其中的2000年、2010年、2020年三个版本予以介绍。

《2000年国际贸易术语解释通则》（INCOTERMS 2000）将13种术语按其特点，分成E、F、C、D四组，如表3-1所示。

表3-1 国际贸易术语表

组别	价格术语	英文名称	中文名称	买方付款时间	运输方式	运费支付	运输安排
E组（发货）	EXW	ex works	工厂交货	收货后	无限制	买方	买方
F组（主运费未付）	FCA	free carrier	货交承运人	单据指示时	无限制	买方	买方
	FAS	free alongside ship	船边交货	单据指示时	水运	买方	买方
	FOB	free on board	装运港船上交货	单据指示时	水运	买方	买方
C组（主运费已付）	CFR	cost and freight	成本加运费	单据指示时	水运	卖方	卖方
	CIF	cost，insurance and freight	成本加保险费、运费	单据指示时	水运	卖方	卖方
	CPT	carriage paid to	运费付至	单据指示时	无限制	卖方	卖方
	CIP	carriage and insurance paid to	运费、保险费付至	单据指示时	无限制	卖方	卖方
D组（到达）	DAF	delivered at frontier	边境交货	收货后	无限制	卖方	卖方
	DES	delivered ex ship	目的港船上交货	收货后	水运	卖方	卖方
	DEQ	delivered ex quay	目的港码头交货	收货后	水运	卖方	卖方
	DDU	delivered duty unpaid	未完税交货	收货后	无限制	卖方	卖方
	DDP	delivered duty paid	完税后交货	收货后	无限制	卖方	卖方

《国际贸易术语解释通则2010》（INCOTERMS 2010）于2010年9月27日公布，2011年1月1日实施。《国际贸易术语解释通则2010》最大的变化主要体现为以下几点：

1）增设DAT和DAP两个新术语，取代DAF、DES、DEQ和DDU。

DAP取代DAF、DES和DDU三个术语，而DAT取代DEQ，且扩展至适用于一切运输方式。

DAT（delivered at terminal）是指在指定目的地或目的港的集散站卸货后，将货物交给买方处置，即完成交货。卖方应承担将货物运至指定目的地的一切风险和费用（除进口费用），该术语适用于任何运输方式。“terminal”可以是任何地点，如码头，仓库，集装箱堆场，铁路、公路或航空货运站等。

DAP（delivered at place），是指卖方在指定的目的地（包括港口）交货，只需做好卸货准备，无须卸货即完成交货。卖方应承担将货物运至指定目的地的一切风险和费用（除进口费用），该术语适用于任何运输方式。

如表3-2所示，DAT和DAP的差异并不明显，两者的主要差异是DAT下卖方需要承担把货物由目的地（港）运输工具上卸下的费用，DAP下卖方只需在指定目的地把货物处于买方控制之下，而无须承担卸货费。

表3-2　DAT、DAP、DDP三种术语的应用

交货地点为港口：西雅图港（Seattle Port）	交货地点为货运站：芝加哥集散站（Chicago Terminal）
DAP Seattle Port，是指在西雅图港船上交货，相当于DES	DAP Chicago Terminal，是指在芝加哥的集散站车上交货
DAT Seattle Port，是指在西雅图港交货，相当于DEQ，如果是集装箱货物，则应卸在堆场	DAT Chicago Terminal，是指在芝加哥的集散站从车上把货卸下后交货
DDP Seattle Port，是指在西雅图港船上交货＋进口通关＋缴纳关税	DDP Chicago Terminal，是指在芝加哥的集散站车上交货，并办理通关与缴纳关税

2）贸易术语分类与数量变化。将原来的13个贸易术语减至11个，而4组术语也减为2组术语，分别是适用于所有运输方式（any mode of transport）的术语，包括EXW、FCA、CPT、CIP、DAT、DAP和DDP，以及适用于水路运输（sea and inland waterway transport only）的术语，包括FAS、FOB、CFR、CIF。

3）取消了船舷的概念。与INCOTERMS 2000之越过船舷不同，INCOTERMS 2010 FOB、CFR、CIF的交货地点是卖方须将货物运送至指定装载港并将货物装载于买方所指定之船舶上（…placing them on board），换句话说，在INCOTERMS 2010下，对于FOB、CFR、CIF术语，只有货物越过船舷，并安全装上船，卖方才算完成交货。

《国际贸易术语解释通则2020》（INCOTERMS 2020）于2019年9月10日公布，2020年1月1日生效。新版本的最大特点是更明晰地向用户展示各条术语所规定的买卖双方的权利与义务，便于买卖双方在签订合同时选择合适的术语。因此新版本的术语更强调正确的选择，此版本对买卖合同与附属合同之间的界限和联系做出了更明确的解释；升级了“指导说明”（Guidance Note），对每条术语做出更详细的解释说明；此外，此版本除了按首字母排列外，还根据交货过程及相关风险的不同重新排列了相关术语，更加突出地显示重点，便于用户选择。

新版本所做的修改，主要集中在以下7个方面：

1）对FCA术语，增加签发装船提单选项。在FCA术语下，卖方交货义务在货物装船前已经完成，卖方交货时无法从承运人处获得装船提单。当卖方使用FCA术语，同时又希望使用信用证结算方式时，信用证通常会要求出示已装船提单，为化解签发已装船提单和FCA项下交货之间的矛盾，新版本的FCA术语A6/B6条款增加了一个附加选项。即：买卖双方可以约定，买方可指示其承运人在货物装船后向卖方签发装船提单，然后卖方有义务向买方提交该提单（通常是通过银行提交）。值得注意的是，即使采用该附加选项，卖方并不因此受买方签署的运输合同条款的约束。

2）费用划分条款的调整。一是重新排序。在新版条款排序中，费用划分条款列在各术语的A9/B9处。二是卖方和买方之间费用分摊条款的位置安排得到了改进和明确。在之前版本中，由不同条款分配的各种费用通常出现在每个术语规则的不同部分。新版本则列出了每个规则分配的所有费用，其目的是向用户提供一站式费用清单，以便卖方或买方可以在一个条款中找到其所选择的术语应承担的所有费用。同时，原散见于各条款的费用项目仍然保留，如FOB术语中获取凭证对应的费用同时

出现在 A6/B6 及 A9/B9，方便用户在想了解某一特定事项的费用划分时可直接翻阅相关特定条款而非总括条款。

3）CIP 保险条款调整为必须符合《协会货物保险条款》（Institute Cargo Clauses，LMA/IUA）条款（A）的承保范围。在 2010 年版本中，CIF 和 CIP 规定了卖方必须自付费用取得货物保险的责任。该保险至少应当符合《协会货物保险条款》条款（C）或类似条款的最低险别。在新版本中，对保险义务，CIF 维持现状，即默认条款（C），但当事人可以协商选择更高级别的承保范围；而对于 CIP，卖方必须取得符合《协会货物保险条款》条款（A）承保范围的保险，但当事人可以协商选择更低级别的承保范围。《协会货物保险条款》条款（C）一般指的是货物运输条款，即只需负担货物运输险，《协会货物保险条款》条款（A）规定的是“一切险”（all risks）。显然，条款（A）承保的风险比条款（C）要大得多，也就是说，新版本中，使用 CIP 术语，卖方承担的保险义务变大，而买方的利益会得到更多保障。这一修订的原因在于 CIF 更多用于海上大宗商品贸易，CIP 作为多式联运术语更多用于制成品。

4）FCA、DAP、DPU 及 DDP 允许卖方或买方使用自己的运输工具。在 2010 年版本中假定卖方和买方之间的货物运输将由第三方承运人进行，未考虑到由卖方或买方自行负责运输的情况。考虑到卖方和买方之间的货物运输可能不涉及第三方承运人的情形，新版本明确规定，在采用 FCA、DAP、DPU、DDP 时，卖方或买方可以选择自己的运输工具。此外，选择自己的运输工具，对方很有可能要承担不必要的运输费用，因此，新版本规定，采用 FCA、DAP、DPU 和 DDP 术语时不仅要订立运输合同，而且只允许安排必要的运输。

5）将 DAT 改为 DPU（delivered at place unloaded）。2010 年版本中，DAT 与 DAP 唯一的区别是：在 DAT 中，卖方将货物从抵达的运输工具上卸下至“运输终端”即完成交付；而在 DAP 中，卖方将货物置于抵达的运输工具上且做好卸载货物的准备由买方处置无须卸货即完成交付。同时在 DAT 的“使用说明”中将“运输终端”广泛地定义为“任何地点，包括码头、仓库、集装箱堆场或公路、铁路、航空货运站等”。显然，DAT 下的“运输终端”的规定较为模糊。因此，新版本对 DAT 和 DAP 进行两处修改：一是调整 DAP 与 DAT 的位置，将 DAP 调至 DAT 之前；二是将 DAT 改为 DPU。这样做的目的是更强调目的地可以是任何地方而不仅仅是“运输终端”，使其规定更加笼统，更符合用户需求，即用户可能想在“运输终端”以外的场所交付货物。但若目的地不是运输终端，卖方需确保其交货地点可以卸载货物。

6）在运输责任和费用划分条款中增加了安保要求。2010 年版本中，各规则的 A2/B2 及 A10/B10 中简单提及了安保要求。随着运输安全要求越来越普遍，例如对集装箱进行强制性检查，新版本将与之相关的安保要求明确规定在了各个术语的 A4“运输合同”及 A7“出口清关”中，因安保要求增加的成本，也在 A9/B9 费用划分条款中做了更明确的规定。

7）升级“指导说明”为“用户解释性说明”。在 2010 年版本中，“指导说明”（Guidance Note）放在每一个术语解释通则的开头，而新版本设有专门的“用户解释性说明”(Explanatory Notes for Users)，以解释其基本原则，例如何时使用、何时转移风险以及如何在买卖双方之间分配成本。解释性说明的目的有两个：一是帮助用户准确、有效地使用适合特定交易的适当的国际贸易术语解释通则；二是当受新版本制约的合同存在争议时，这些解释可以为协议制定者和咨询者提供必要的指导。

值得注意的是，新版本的公布并不影响此前版本的适用。因为国际贸易惯例本身不是法律，对国际贸易当事人不产生必然的强制性约束力。国际贸易惯例在适用的时间效力上并不存在“新法取代旧法”的说法，因此，当事人在订立贸易合同时应明确规定所适用的版本。

(2) 多式联运方式下贸易术语的选择。对于国际多式联运经营人而言，国际贸易术语将决定国际多式联运运作的过程。

1) 国际贸易术语不仅决定了租船订舱是由货物的买方负责还是卖方负责，而且划分了买卖双方各自应承担的运输服务的内容。

2) 国际贸易术语决定了运输过程中的主要运输方式。在 INCOTERMS 2000 的 13 个贸易术语中，有 6 个贸易术语（FAS、FOB、CFR、CIF、DES 和 DEQ）只适用于海运或者内河运输。这就意味着，如果贸易合同采用了这 6 个贸易术语中的一个，就不可能选择陆运或空运等运输方式了。

3) 国际贸易术语决定了运输的路线。INCOTERMS 2000 的 13 个贸易术语无一例外都有后缀：“named place”或“port of”，这一后缀限制了运输路线的选择，不经营这些路线的多式联运经营人没有参与竞争的可能。

4) 大部分国际贸易术语决定了货物的交付过程通常是分段运输。INCOTERMS 2000 的 13 个贸易术语中，EXW、FCA、CPT、CIP、DDU 和 DDP 给门到门全程运输服务提供了可能，而其他术语都限制了这一最先进的运输方式的应用，也就限制了多式联运经营人的服务范围。

5) 国际贸易术语提供了划分运输费用支付的界限。贸易术语希望通过细分运输环节达到准确估计贸易成本和确定各自承担费用范围的目的，但是这与运输经营的理念却不甚符合。这是因为多式联运经营人通过资源整合，从全过程角度节省成本时，却可能无法划清某一阶段的成本。

案例 3-4

新加坡 A 公司与马来西亚 B 公司订立 FCA 合同，购买 500 吨白糖，合同约定提货地为 B 公司所在地。2011 年 7 月 3 日，A 公司派代理人到 B 公司提货，B 公司已将白糖装箱完毕并放置在临时帐篷中，A 公司代理人由于人手不够，要求 B 公司帮助装货，B 公司认为已履行完应尽的义务，故拒绝帮助装货。A 公司代理人无奈返回，3 日后 A 公司再次到 B 公司所在地提走货物。但是，在货物堆放的 3 天里，因遇湿热台风天气，货物部分受损，造成 10%的脏包。请问该损失应由哪一方承担？

评析：INCOTERMS 2010 重新规定了 FCA 术语下装货和卸货的义务：交货地在卖方所在地时，卖方负责装货；交货地在卖方所在地之外时，卖方不负责装货。可见，在本案中，B 公司将货物装箱并存放后，并未履行完交货义务，B 公司应负责装货。A 公司在 3 日后自行派人将货物装车并提走，可以视为放弃了要求B公司装货的权利，但在此之前的货物灭失或损坏的一切风险仍应由B公司承担。

案例3-5

某外贸合同采用FOB大连成交，装运期为5月，集装箱装运。发货方4月26日收到买方发来的装船通知，告知发货方载货船舶将于5月15日到达装运港。为了及时装运，发货方业务员于5月10日将货物从沈阳运至大连码头仓库，不料货物因当夜仓库发生火灾而全部损失。问：(1) 以上损失是否应该由发货方承担？为什么？(2) 若采用FCA沈阳交货，该损失是否应该由发货方承担？为什么？

评析：(1) 以上损失应该由发货方承担。因为FOB大连的风险点在大连港装上船，该损失发生在货物装上船之前，因此应由发货方承担。(2) 若采用FCA沈阳交货，该损失不应该由发货方承担。因为FCA沈阳的风险点在沈阳货交承运人处，而该损失发生在货物运出沈阳之后，因此风险已转移至买方。

案例3-6

国内内陆某出口公司于2010年2月向日本出口30吨甘草膏，每吨40箱，共1 200箱，每吨售价为1 800美元，FOB天津新港，共54 000美元，即期信用证，装运期为2月25日之前，货物必须装集装箱。该出口公司在天津设有办事处，于是在2月上旬便将货物运到天津，由天津办事处负责订箱装船。不料货物在天津存仓后的第三天，仓库午夜着火，抢救不及，1 200箱甘草膏全部被焚。办事处立即通知公司总部并要求尽快补发30吨甘草膏，否则无法按期装船。结果该出口公司因货源不济，只好要求日商将信用证的有效期和装运期各延长15天。请分析此案应吸取的教训。

评析：我国进出口企业长期以来不管采用何种运输方式，对外洽谈业务或报盘仍习惯用FOB、CFR和CIF三种贸易术语。但在滚装、滚卸、集装箱运输的情况下，船舷无实际意义时应提倡尽量改用FCA、CPT及CIP三种贸易术语，特别是内陆地区的出口。本案中出口公司所在地正处在铁路交通的干线上，外运公司在该市有集装箱中转站，既可接受拼箱托运，也可接受整箱托运。假如当初采用FCA（该市名称）对外成交，出口公司在当地将1 200箱货物交中转站或自装自集后将整箱（集装箱）交中转站，不仅风险转移给买方，而且当地承运人（即中转站）签发的货运单据在当地银行即可办理议付结汇。该公司自担风险将货物运往天津，再集装箱出口，不仅加大了自身风险，而且推迟结汇。

一些货主对多式联运的认识不足，不太重视多式联运对物流成本降低所起的作用；同时，受管理体制等制约，有些货主因一己之利不愿意采用多式联运方式。因此，在市场开发中，多式联运企业应引导货主在贸易谈判中尽可能采用适合多式联运的贸易术语。

2. 货物数量与性质是否允许拼箱、集运、分批装运

（1）整箱货与拼箱货。在集装箱货物的流转过程中，其流转形态分为两种：一种为整箱货；另一种为拼箱货。

1）整箱货（full container（cargo）load，FCL）是指由发货人负责装箱、计数、积载并加铅封的集装箱货物。整箱货的拆箱，一般由收货人办理，也可以委托承运人在货运站拆箱。因此，整箱货通常只有一个发货人和一个收货人。

2）拼箱货（less than container（cargo）load，LCL）是指由承运人的集装箱货运站负责装箱和计数，填写装箱单，并加封志的集装箱货物。通常每一票货物的数量较少，因此装载拼箱货的集装箱内的货物会涉及多个发货人和多个收货人。

对于整箱货，承运人以箱为交接单位，承担在箱体完好和封志完整的状况下接收并在相同的状况下交付整箱货的责任。换言之，只要集装箱外表与收箱时相似和铅封完整，承运人就不负责箱内的货损货差，除非货主举证确属承运人责任事故的损害。因此，在整箱货的提单上，通常要加注“据称箱内包括”（said to contain，STC）、“据货主称”（said by shipper，SBS）、“货主装箱、计数并加铅封”（shipper's load and count and seal，SLACS）等不知条款。对于拼箱货，承运人应负责在箱内每件货物外表状况明显良好的情况下接收并在相同的状况下交付。整箱货与拼箱货的区别如表 3－3 所示。

表 3－3　整箱货与拼箱货之比较

项目	整箱货	拼箱货
货主数量	一个货主	多个货主
装箱人	货主	货运站，集拼经营人，承运人
制装箱单加封	货主	货运站，集拼经营人，承运人
交接场所	门、场、钩	站
货物交接责任	只看箱子外表状况良好、关封良好即可交接	需看货物的实际情况（如件数、外观、包装等）
提单加注“不知条款”	应加注“不知条款”，如： • 货主装箱、计数（SLAC） • SLACS • SBS • STC	无须加注“不知条款”，如加注也认定为无效
流转程序	（1）发货人 （2）装货港码头堆场 （3）海上运输 （4）卸货港码头堆场 （5）收货人	（1）发货人 （2）发货地车站、码头货运站 （3）装货港码头堆场 （4）海上运输 （5）卸货港码头堆场 （6）收货地车站、码头货运站 （7）收货人

图 3－2 显示了集装箱货运组织过程。从中不难看出，与传统运输相比，集装箱运输增加了空箱调运—装箱—拆箱—还箱等业务内容，因而，拆装箱业务和箱管业务成为集装箱运输业务中的重要内容。

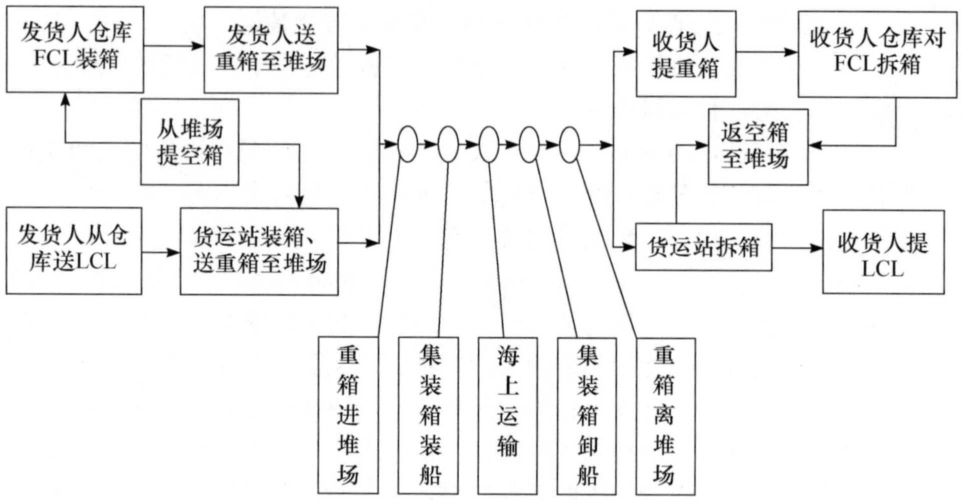

图 3-2　集装箱货运组织过程

集装箱货流根据具体航线上的经济地理条件，可有四种不同的组织模式：

1）整箱货模式（FCL/FCL）：发货人从码头堆场（CY）提取空箱，并在发货地的工厂（DOOR，DR）装箱，然后在 DR 或 CY 将整箱货交付承运人，承运人运输至收货地后，收货人在 CY 或 DR 提取整箱货，并在 DR 拆箱后，将空箱返还至 CY。显然，依据交付地点的不同，FCL/FCL 对应的两种交付方式为：DR/DR，CY/CY，因而这种模式也称为门到门模式或港到港模式。在这种模式下通常对应一笔贸易合同，即一个发货人/一个收货人。

2）拼箱货模式（LCL/LCL）：一个以上的发货人将不足整箱的货物送至发货地的集装箱货运站（CFS），货运站负责装箱，然后交由承运人运输至收货地的 CFS，CFS 负责拆箱，并将货物交付不同的收货人。显然，依据交付地点的不同，LCL/LCL 对应的交付方式为 CFS/CFS，即由货运站负责装拆箱，因而这种模式也称为集运与分拨模式。在这种模式下通常对应多笔贸易合同，即多个发货人/多个收货人。

3）集运模式（LCL/FCL）：一个以上的发货人将不足整箱的货物送至发货地的 CFS，CFS 负责装箱，然后交由承运人运输至收货地。收货人在 CY 或 DR 提取整箱货，并在 DR 拆箱后，将空箱返还至 CY。显然，依据交付地点的不同，LCL/FCL 对应的交付方式为：CFS/DR，CFS/CY。在这种模式下通常对应多份采购贸易合同，可理解为类似一个收货人的自拼箱，即多个发货人/一个收货人。

4）分拨模式（FCL/LCL）：发货人从 CY 提取空箱，并在发货地的 DR 装箱，然后在 DR 或 CY 将整箱货交付承运人，承运人运输至收货地的 CFS，CFS 负责拆箱，并将货物交付不同的收货人。显然，依据交付地点的不同，FCL/LCL 对应的交付方式为：DR/CFS，CY/CFS。在这种模式下通常对应多份分销贸易合同，即一个发货人/多个收货人。

值得注意的是，在上述四种模式中，从规避风险的角度，承运人应避免采用 FCL/LCL 方式，其原因在于：一方面，在发送地，承运人在接收货物时，因系发货人装箱而无法掌握货物的情况；另一方面，在交付地，承运人应对各个收货人承担货损货差的责任，必将给承运人带来较大的风险。

（2）集运。货物的批量对运输方式的选择有较大的影响，因此，应重视不同装货量的拼装，以实现集运、拼装模式。随着跨国经营和货运“批多量少”趋势的发展，有时货源与目的港都很分散，必须采用另外一种运输方式。有时没有现成的运输方式可用，就要做出特别的运输安排，把小批量货物集中起来进行集运。

集运（consolidation），也称拼装、混载运输，是指将小批量货物合成大批量货物进行集中运输，其目的在于节省运输费用，提高运输工具的载运率，如图 3－3 所示。

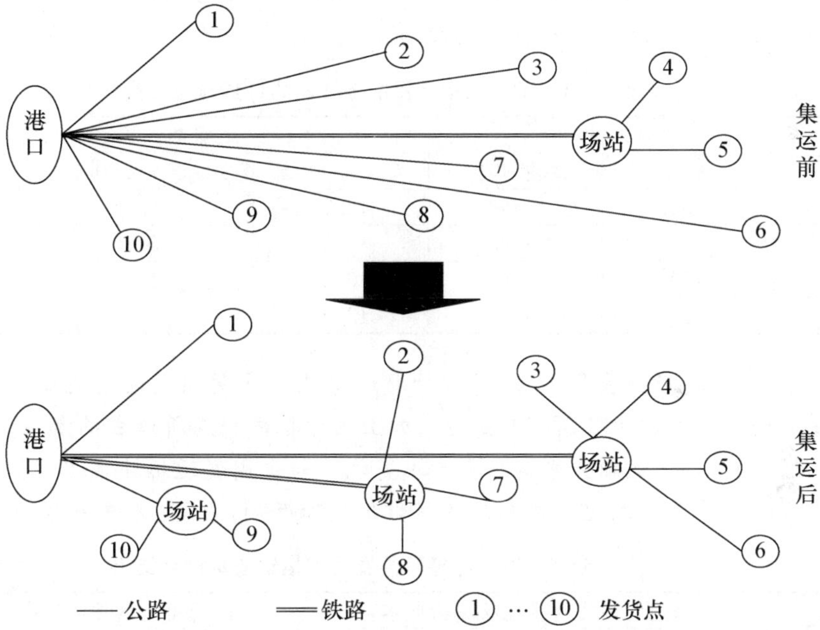

图 3－3　集运过程示意图

集运的目的在于“化零为整”，一般有四种途径：

1）存货整合，即将不同的采购或分销予以合并，通过提高一次采购量或分销量达到批量运输的目的。

2）仓库整合，即尽可能取消基层仓库，通过建立少量的大型分拨中心来节省运输费用支出。显然，这属于战略层面上的操作。

3）设备整合，即在拣取和送出的货物都达不到整车载重量的情况下，为提高效率可安排同一辆车到多个地点取货/送货或者安排小吨位的车辆将这些小批量散货运输到转运中心，然后再采用大吨位的运输工具送至目的地，以提高运输工具的载重利用率，降低运输成本。

4）时间整合，即在一定时间内积累客户的订单，以便一次发运较大批量的货物，而不是多次小批量送货。

值得注意的是，由于物流系统要素之间存在“效益背反”现象，集运虽有降低运输成本的功能，但也会引发其他成本，如库存持有成本增加，以及服务水平的下降，因而，必须从物流系统的角度，对拟采用的集运方式进行评估。比如，在采用时间整合模式时，虽然可以有效地降低运输成本，但未能在收到订单和履行订单之后及时发送货物会造成服务水平的下降，因而需要在运输成本和对服务水平的影响之间寻求平衡。

◆ **例题3-1**

某工厂每周至A、B、C、D的订货量和运费率如表3-4所示，现该工厂计划采取集运方式送货以降低运输成本，据估计，送货时间最多推迟一周，潜在的销售损失为每箱0.5美元。试计算在货物出运之前，可以将订单保留多长时间。

表3-4 工厂至指定目的地之间的订货量与运费率

工厂至	订货量/周		运费率（美元/100磅）		
	箱数	重量（磅）	≤10 000磅	10 000～20 000磅	≥20 000磅
A	250	10 000	12.78	5.19	4.26
B	225	9 000	12.78	5.19	4.26
C	150	6 000	10.26	4.08	3.42
D	125	6 000	12.27	4.98	4.08

解：表3-5系根据表3-4数据所计算的每周、每两周发运的运输成本，从中可知，每两周发运的运输成本为2 873.4美元，加上由于推迟一周所造成的潜在销售损失375美元（0.5×750），合计运输成本为3 248.4美元，与每周发运运输成本3 780.0美元相比，节省开支531.6美元。因此，该工厂可将订单保留两周，以便集中托运。

表3-5 每周与每两周发运下运输成本计算结果

工厂至	每周发运货物数量及运输成本		每两周发运货物数量及运输成本	
	数量（磅）	运费（美元）	数量（磅）	运费（美元）
A	10 000	12.78×100=1 278.0	20 000	4.26×200=852.0
B	9 000	12.78×90=1 150.2	18 000	5.19×180=934.2
C	6 000	10.26×60=615.6	12 000	4.08×120=489.6
D	6 000	12.27×60=736.2	12 000	4.98×120=597.6
合计	31 000	3 780.0	62 000	2 873.4

（3）分批装运。由于数量较大，或受货源、运输条件、市场销售或资金的条件所限，一个合同项下的货物需要先后分若干期或若干次装运，即分批装运（partial shipment）。分批装运不仅对运输方式的选择有重大影响，也将直接关系到贸易买卖双方的利益，因此，在方案设计之前，多式联运经营人必须明确收货方是否允许分批装运，如果允许的话，可将分批装运纳入候选运输方案之中。

3. 集装箱货物交接地点与方式

目前集装箱运输中货物的交接地点有门（DR）、集装箱堆场（CY）、船边或吊钩（ship's rail or hook/tackle）或集装箱货运站（CFS）。基于以上4个交接地点，理论上可以通过排列组合的方法得到16种集装箱货物交接方式，但为了充分发挥集装箱码头装卸效率，在实践中，集装箱货物通常采用以下9种交接方式（receiving and delivery system）。

（1）门到门（DR/DR）：由发货人负责装载的集装箱，在其工厂或仓库交承运人验收后，承运人负责全程运输，直到收货人的工厂或仓库交箱为止。

（2）门到场（DR/CY）：由发货人工厂或仓库至目的地或卸箱港的集装箱装卸区堆场。

（3）门到站（DR/CFS）：由发货人工厂或仓库至目的地或卸箱港的集装箱货运站。

（4）场到门（CY/DR）：由启运地或装箱港的集装箱装卸区堆场至收货人的工厂或仓库。

（5）场到场（CY/CY）：由启运地或装箱港的集装箱装卸区堆场至目的地或卸箱港的集装箱装卸区堆场。

（6）场到站（CY/CFS）：由启运地或装箱港的集装箱装卸区堆场至目的地或卸箱港的集装箱货运站。

（7）站到门（CFS/DR）：由启运地或装箱港的集装箱货运站至收货人工厂或仓库。

（8）站到场（CFS/CY）：由启运地或装箱港的集装箱货运站至目的地或卸箱港的集装箱装卸区堆场。

（9）站到站（CFS/CFS）：由启运地或装箱港的集装箱货运站至目的地或卸箱港的集装箱货运站。

以上只是最基本的9种交接方式，在实践中，根据需要会派生出新的交接方式。比如，在CY/CY中通过引入租船运输下的FI（free in）、FO（free out）、LO（liner out）等装卸费分担条款，以便将装卸费从包干运费中剥离出来。下面对此做进一步说明。

（1）CY/FO，即CY－CY/FO，表明承运人不承担卸货费。对于目的港为利比亚、阿尔及利亚、突尼斯、摩洛哥等北非国家港口的，承运人通常要求运输条款必须是CY/FO，且必须明确地记载在正本提单和舱单上，以便让收货人承担卸货费。此外，在内支线运输中，如采用出口启运港CY/中转港FO条款，即表明支线船公司在中转港的卸船费用由干线船公司承担，货物自支线船卸下后的一切费用、责任均由干线船公司承担。

（2）FI/CY，即CY/FI－CY，表明承运人不承担装货费。如上所述，对于启运港为北非港口的货物，承运人通常要求运输条款必须是FI/CY，且必须明确地记载在正本提单和舱单上，以便让发货人承担装货费。此外，在内支线运输中，如采用进口中转港FI/目的港CY条款，即表明干线船公司承担支线船在中转港的装船费用，以及货物在中转港未装上支线船前的一切责任与费用。

（3）CY－RAIL RAMP，表明承运人承担将箱送至内陆铁路场站的风险与费用。在北美陆桥运输中，通常采用此条款。

（4）CY—FOR，表明承运人负责将箱送至内陆铁路车站，但目的地车站产生的所有费用由收货人支付。在亚欧大陆桥运输中，通常采用此条款。

值得注意的是，在以下特殊情况下，仍有集装箱货物在船边交付的必要与可能：

（1）某些危险品货物。基于安全的考虑，对部分危险货物集装箱，港口采取车船直装直提作业模式，即集装箱不落地，直接在船边接收或交付。至于哪些危险货物适用车船直装直取作业模式，将在后续章节予以介绍。

（2）临时加载或急于提取的货物，如救灾物资。

（3）锚地作业的货物。比如，在香港的中流作业即属于此情形。中流作业是母船（mother vessel）停泊于香港附近海上的浮筒或锚区，再由负责船边作业的装卸公司派趸船（这种船上装有起重能力为 40 吨的单杆吊，通常为非机动船），同时于船边两侧做起卸或交收集装箱作业，从而完成集装箱的交接。

同时，凡拼箱货均需要进 CFS 拆装箱，而整箱货则在工厂或码头堆场交接，集装箱货物组织模式与交付方式之间存在如图 3－4 所示的关系。

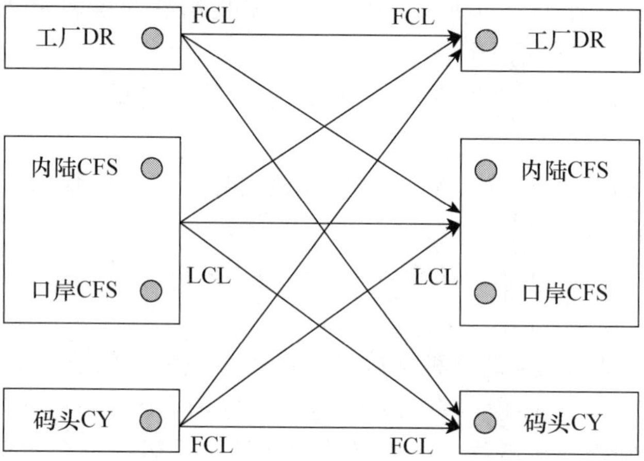

图 3－4 集装箱组织模式与交付方式的关联

最后，承托双方应正确地选择集装箱交付方式。

（1）有些条款不能采用，比如 CY/CFS 条款。实践中，如果承运人在集装箱堆场接收整箱货，此时是在箱体完好和封志完整的状况下接收的，当承运人在集装箱货运站交付拼箱货时，则在箱内货物外表状况明显良好的情况下交付，因此 CY/CFS 条款明显使承运人的责任加重，目前已基本不采用。

（2）不同主体的交付方式。在目前的货运实践中，班轮公司主要从事整箱货的货运业务，即 CY/CY 条款是班轮公司通常采用的交付方式。拼箱集运公司（多式联运经营人、货运代理等）从事拼箱货的货运业务，即 CFS/CFS 条款是集拼经营人承运拼箱货时通常采用的交付方式。

货运代理人参与拼箱货的货运业务，提供小批量货物快速、高效的运输服务，解决了集装箱班轮大型化后小批量货物的运输等问题。当然，在此种情况下，货运代理人的身份已由代理人转换为承运人，因而将承担更大的风险。

（3）多式联运下的交付方式。在实践中，港到港运输（CY/CY）适用于海运单一方式运输（包括海上转运），中短途门到门运输（DR/DR）有时可选择公路运输，其他的交付方式都需要采用集装箱多式联运模式。

值得注意的是，以上仅仅是对以海运为核心的集装箱多式联运货物的交付方式所进行的分析。对以陆运为核心的集装箱多式联运货物，比如对于公铁联运货物，其交付地点中的 CY 指的是铁路集装箱中心站或较大的专门办理站，而 CFS 指的是集装箱货运站、内陆集装箱场站或铁路集装箱代办站。至于具体所涉及的交付方式，可由读者自行分析。

4. 客户的具体需求目标

一般而言，客户的运输需求通常包括及时、安全、经济等。

（1）及时。即按照产、供、运、销等实际需要，迅速把物品送达指定地点，尽量缩短货物在途时间。为达到这一目的，可以选择直达运输及运输速度快的运输方式（如航空运输）。

（2）安全。主要指在运输过程中，能够防止腐烂、残损和危险事故以及各种差错事故的发生，保证准确无误地把完整无损的物品送交指定的收货人。

（3）经济。主要是指通过选择合理的运输方式和运输线路，按照规模经济的原则，充分有效地利用各种运输工具和设备，节约人力、物力及运力，提高运输经济效益，尽可能地合理地降低运费。

好的多式联运方案能够实现经济、快捷、安全、可靠等多个目标，但有必要明确目标的主次，因为多目标之间存在“效益背反”现象，即这些目标不能同时满足，货主应明确首要目标与次要目标，这要根据贸易条款及货物运输需求特征等综合判断。通常高价值货物、季节性货物追求的首要目标是优质快捷，低价货物追求的是低成本，而对船期和质量的要求则次之。

在具体运作过程中，多式联运企业往往需要将客户需求目标进一步细化为若干数量指标和质量指标，并使之最终成为客户要求多式联运经营人保证达到的运输绩效指标（详见资料 3 - 1）。

资料 3 - 1

多式联运服务质量评价指标

（1）货损率。货损是指货物发生颠损、磨损、破裂、变形、湿损、污损、腐烂等。货损率是指损失的物品量占应交付物品总量的比例。按式（3 - 1）计算：

$$\text{货损率}=\frac{\text{损失物品量}}{\text{应支付物品总量}}\times 100\% \tag{3-1}$$

（2）货差率。货差是指货物发生短少、失落、错装、错卸、错运、交接差错等。货差率是指货差量占应交付物品总量的比例。按式（3 - 2）计算：

$$\text{货差率}=\frac{\text{货差量}}{\text{应支付物品总量}}\times 100\% \tag{3-2}$$

（3）送达及时率。送达及时率是指在合同约定的时间内送达的订单数占订单总数的比例。按式（3-3）计算：

$$\text{送达及时率}=\frac{\text{在合同约定的时间内送达的订单数}}{\text{订单总数}}\times 100\% \quad (3-3)$$

（4）提货及时率。提货及时率是指在合同约定的时间内到托运人指定的地点提货的订单数占客户要求提货的订单总数的比例。按式（3-4）计算：

$$\text{提货及时率}=\frac{\begin{array}{c}\text{在合同约定的时间内到托运人}\\ \text{指定的地点提货的订单数}\end{array}}{\text{客户要求提货的订单总数}}\times 100\% \quad (3-4)$$

（5）回单及时完整率。回单及时完整率是指及时完整返还收货凭证的订单数占订单总数的比例。按式（3-5）计算：

$$\text{回单及时完整率}=\frac{\text{及时完整返还收货凭证的订单数}}{\text{订单总数}}\times 100\% \quad (3-5)$$

（6）货物跟踪信息准确率。货物跟踪信息准确率是指准确反馈货物状况信息次数占反馈货物信息总次数的比例。按式（3-6）计算：

$$\text{货物跟踪信息准确率}=\frac{\text{准确反馈货物状况信息次数}}{\text{反馈货物信息总次数}}\times 100\% \quad (3-6)$$

（7）客户有效投诉率。有效投诉是指因多式联运经营人引起，经查证确属多式联运经营人过失的客户投诉。客户有效投诉率是指客户有效投诉的订单数占订单总数的比例。按式（3-7）计算：

$$\text{客户有效投诉率}=\frac{\text{客户有效投诉的订单数}}{\text{订单总数}}\times 100\% \quad (3-7)$$

（8）异常情况反馈及时准确率。异常情况反馈及时准确率是指及时准确反馈异常情况信息次数占发生异常情况总次数的比例。按式（3-8）计算：

$$\text{异常情况反馈及时准确率}=\frac{\text{及时准确反馈异常情况信息次数}}{\text{发生异常情况总次数}}\times 100\% \quad (3-8)$$

（9）信息反馈时间。信息反馈时间是指从收到客户信息需求到客户收到准确信息所用时间。

（10）客户投诉处理时间。客户投诉处理时间是指从客户投诉到投诉处理完毕所用的时间。

资料来源：中华人民共和国国家质量监督检验检疫总局，中国国家标准化管理委员会．中华人民共和国国家标准（GB/T 24360—2009）：多式联运服务质量要求．北京：中国标准出版社，2009.

3.3　集装箱多式联运类型与路线分析

3.3.1　多式联运基本类型分析

基于不同的分类标准，多式联运可分为不同的形式。

1. 按组织体制分类

就其组织方式和体制来说，可分为协作式多式联运和衔接式多式联运两大类。

（1）协作式多式联运。协作式多式联运，是指两种或两种以上运输方式的运输企业，按照统一的规章或商定的协议，共同将货物从接管货物的地点运到指定交付货物的地点的运输。在协作式多式联运下，参与联运的承运人均可受理托运人的托运申请，接收货物，签署全程运输单据，并负责自己区段的运输生产；后续承运人除负责自己区段的运输生产外，还需要承担运输衔接工作；而最后承运人则需要承担货物交付以及受理收货人的货损货差的索赔。在这种体制下，参与联运的每个承运人均具有双重身份。对外而言，他们是共同承运人，其中一个承运人（或代表所有承运人的联运机构）与发货人订立的运输合同对其他承运人均有约束力，即视为每个承运人均与货方存在运输合同关系；对内而言，每个承运人不但有义务完成自己区段的实际运输和有关的货运组织工作，还应根据规章或约定协议，承担风险，分配利益。

根据开展联运依据的不同，协作式多式联运可进一步细分为法定（多式）联运和协议（多式）联运两种。

1）法定（多式）联运是指不同运输方式运输企业之间根据国家运输主管部门颁布的规章开展的多式联运。比如，铁路、水路运输企业之间根据《铁路和水路货物联运规则》开展的水陆联运即属此种联运。在这种联运形式下，有关运输票据、联运范围、联运受理的条件与程序、运输衔接、货物交付、货物索赔程序以及承运人之间的费用清算等，均应符合国家颁布的有关规章的规定，并实行计划运输。这种联运形式无疑有利于保护货方的权利和保证联运生产的顺利进行，但缺点是灵活性较差，适用范围较窄，它不仅在联运方式上仅适用铁路与水路两种运输方式之间的联运，而且对联运路线、货物种类和数量及受理地、换装地也做出了限制。此外，由于货方托运前需要报批运输计划，这给货方带来了一定的不便。法定（多式）联运通常适用于保证指令性计划物资、重点物资和国防、抢险、救灾等急需物资的调拨。

2）协议（多式）联运是指运输企业之间根据商定的协议开展的多式联运。比如，不同运输方式的干线运输企业与支线运输或短途运输企业，根据所签署的联运协议开展的多式联运，即属此种联运。与法定（多式）联运不同，在这种联运形式下，联运采用的运输方式、运输票据、联运范围、联运受理的条件与程序、运输衔接、货物交付、货物索赔程序，以及承运人之间的利益分配与风险承担等，均按联运协议的规定办理。与法定（多式）联运相比，该联运形式的最大缺点是联运执行缺乏权威性，而且联运协议的条款也可能会损害货方或弱小承运人的利益。

协作式多式联运通常适用于国内多式联运，而且最早出现在计划经济时期，随着政府“放管服”以及专业化分工日趋成为主流，协作式多式联运已很少采用。

（2）衔接式多式联运。衔接式多式联运，是指由一个多式联运企业（以下称“多式联运经营人”）综合组织两种或两种以上运输方式的运输企业，将货物从接管货物的地点运到指定交付货物的地点的运输。在实践中，多式联运经营人既可能由不拥有任何运输工具的国际货运代理、场站经营人、仓储经营人担任，也可能由从事某一区段运输的实际承运人担任。但无论如何，他都必须持有国家有关主管部门核准的许可证书，能独立承担责任。

在衔接式多式联运下，运输组织工作与实际运输生产实现了分离，多式联运经营人负责全程运输组织工作，各区段的实际承运人负责实际运输生产。在这种体制下，多式联运经营人也具有双重身份。对于货方而言，他是全程承运人，与货方订立全程运输合同，向货方收取全程运费及其他费用，并承担承运人的义务；对于各区段实际承运人而言，他是托运人，他与各区段实际承运人订立分运合同，向实际承运人支付运费及其他必要的费用。很明显，这种运输组织与运输生产相互分离的形式，符合分工专业化的原则，由多式联运经营人“一手托两家”，不但方便了货主和实际承运人，也有利于运输的衔接工作，因此是多式联运的主要形式。

2. 按运输方式的组成分类

从运输方式的组成看，多式联运必须是两种或两种以上不同运输方式组成的连贯运输。按这种方法分类，理论上多式联运可有海铁、海空、公海、公铁、铁空、公空、海铁海、公海空等多种类型。

（1）公海联运。公海联运是进出口货物由公路运到沿海海港直接由船舶运出，或是货物由船舶运输到达沿海海港之后由公路运出的只需“一次申报、一次查验、一次放行”就可完成整个运输过程的一种运输方式。

（2）海铁联运。海铁联运是进出口货物由铁路运到沿海海港直接由船舶运出，或是货物由船舶运输到达沿海海港之后由铁路运出的只需“一次申报、一次查验、一次放行”就可完成整个运输过程的一种运输方式。

（3）江海联运。江海联运不仅可以减少费用，降低损耗，而且可以扩张港口腹地，吸引众多货源；在操作中也可以减少运输环节和驳船次数，节省重复且无意义的卸货、载货人力和物力。

1）黑龙江内贸跨境运输。内贸货物跨境运输指国内贸易货物由我国关境内一口岸启运，通过境外运至我国关境内另一口岸的业务，主要适用于黑龙江省牡丹江市过境至俄罗斯符拉迪沃斯托克港、东方港、纳霍德卡港装船，经日本海、黄海、东海至宁波、上海和广州等港口的内贸集装箱运输。内贸货物跨境运输是海关传统监管业务的新发展。从本质上看，这些货物是内贸货物，原则上，海关对内贸货物不征收进出口关税及其他税费，但其进出境涉及海关监管，因此，属于海关监管对象，海关应当比照现行规定予以监管。为此，2007 年海关总署和国家外汇管理局分别发布了《关于开展内贸货物跨境运输试点工作的公告》和《关于内贸货物跨境运输有关外汇管理问题的通知》（汇发〔2007〕21 号），对内贸货物跨境运输实行限口岸和运输路线、限参与企业、限货物范围及运输工具、海关监管、专项管理、人民币结算。

2）长江江海联运。长江江海货物运输的方式大体有三种：一是传统的中转运输，即使用河船和海轮分段运输（见图 3－5）。

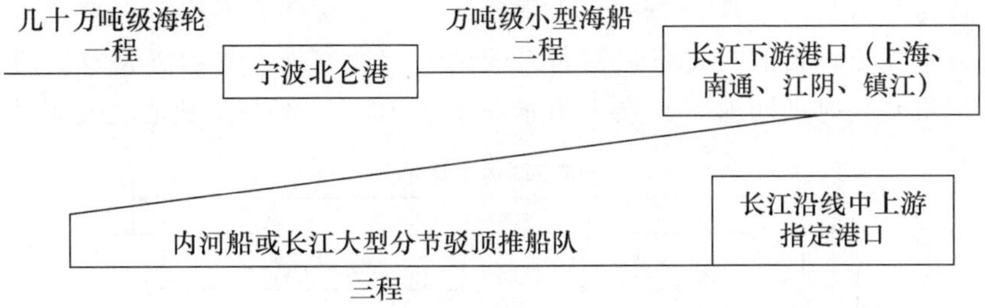

图 3－5　长江江海中转运输示意图

二是使用载驳子母船运输。在海上航行时，将专用子驳积载在母船上，到河口将载货子驳卸入内河，然后由推船或拖船牵引子驳，将货物运到内河港口或货主指定的卸货地点。江海直达驳船运输，就是海段和江段都使用顶推船或拖船带动驳船进行货物的运输，在下游的某个港口进行重新编组。

三是江海直达运输，即使用江海两用船，运送途中无须中转换装，称为直达运输。

（4）公铁联运。有效的公铁联运集公路、铁路为一体，不仅可以最大限度地满足现代物流发展的需要，还可以有效地结合公路、铁路各自的优势，发挥铁路运输准时、安全、费用低以及公路运输快速、灵活、服务到门的优势；同时，摒弃了铁路运输速度慢、网点少、服务差以及公路运输安全系数低、费用高和交通拥挤等缺点。

（5）海空联运。海空联运方式始于 20 世纪 60 年代，但到 80 年代才得到较大的发展。海空联运结合了海运运量大、成本低和空运速度快、时间要求紧的特点，能对不同运量和不同运输时间要求的货物进行有机结合，主要用于解决旺季直飞空运舱位不足的问题，一般适用于海运距离较短的场合，比如，大连货物经由海运至仁川港，然后由拖车运至仁川机场，再空运直飞至北美。

（6）陆空联运。陆空联运主要有空陆空联运、陆空陆联运（train-air-truck，TAT）和陆空联运（train-air，truck-air，TA）等形式。陆空联运广泛采用“卡车航班”运输形式。所谓卡车航班，是指具有全程航空运单，以卡车作为飞机的延伸工具，用陆运方式接驳未建机场的地区，实现没有建设机场的地区可以直接收发航空进出口货物。海关实行“一次报关、一次查验、一次放行”的直通式通关服务，以提高航空辐射区域。

案例 3－7

SZV 陆空联运

2002 年 10 月海关总署正式批复实施《上海—苏州工业园区空运进出口货物快速通关方案》，批复同意苏州工业园区空陆联程中转模式，即将苏州工业园区视为一虚拟空港，使用国际航空运输协会（IATA）规定的苏州城市代码SZV为标识，货物抵达上海机场后，直接装上视为航空器的卡车航班，定时发班，运输至苏州工业园区。而货主在途中办理完海关清关手续，直接在苏州物流中心提货，这样使没有飞机场的内地城市也能直接收发国际空运货物。图3-6显示了SZV陆空联运的业务流程。在这种模式下，空运单上可标注“SZV”，货到上海机场后只经机场库，报关由上海机场海关自动转到苏州工业园区海关，这将大大减少误操作的可能性，而且收发货人对信息流的跟踪和查询也更加方便。据测算，从飞机落地到货运工厂平均耗时7小时，比在上海清关节省10%～20%，比在上海转关节省50%。

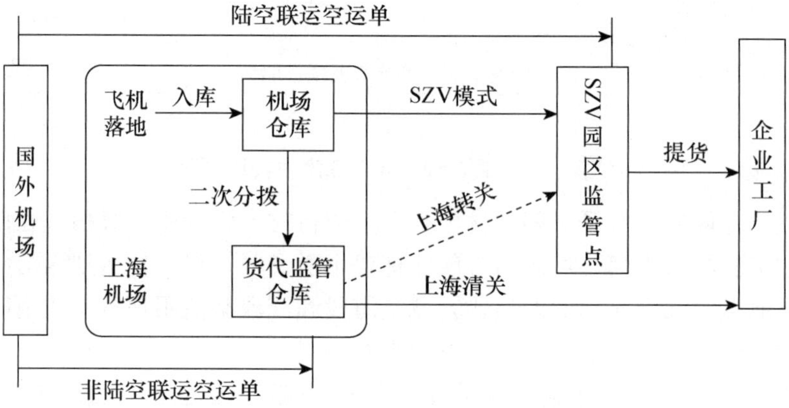

图3-6 SZV陆空联运中转模式的流程

3. 按干线区段所采用运输方式分类

按干线区段所采用运输方式的不同，可分为基于海运的多式联运、基于陆运的多式联运和基于空运的多式联运三大类型。

（1）基于海运的集装箱多式联运。所谓基于海运的集装箱多式联运，是指以国际海上运输作为主要干线运输的国际集装箱多式联运。

（2）基于陆运的集装箱多式联运。所谓基于陆运的集装箱多式联运，是指整个国际物流过程是以铁路运输或公路运输作为干线运输的多式联运。

（3）基于空运的集装箱多式联运。所谓基于空运的集装箱多式联运，是指以航空运输为主要运输工具的多式联运。

3.3.2 常见的集装箱多式联运路线分析

下面主要介绍以海运和空运为核心的国际多式联运路线，至于以陆运为核心的多式联运路线，将在第8章予以介绍。

1. 以海运为核心的国际多式联运路线

我国已开办的以海运为核心的国际多式联运路线主要有：

（1）我国内地—我国港口—日本港口—日本内地（或反向运输）。

（2）我国内地—我国港口（包括香港）—美国港口—美国内地（或反向运输）。

（3）我国港口—肯尼亚蒙巴萨港—乌干达内地（或反向运输）。

（4）我国内地—我国港口（包括香港）—德国汉堡港或比利时安特卫普港—北欧、西欧内地（或反向运输）。

（5）我国内地—我国港口—伊朗—中亚地区。比如，深圳大洋物流集团开辟的阿巴斯快线，就是经伊朗阿巴斯港中转经公路或者铁路运输到达中亚地区内陆点。

（6）我国东北地区—我国图们—朝鲜清津港—日本港口（或反向运输）。

（7）我国港口—日本港口—澳大利亚港口—澳大利亚内地。

案例3-8

中国远洋海运集团布局中欧陆海快线

中欧陆海快线南起希腊的比雷埃夫斯港，北至匈牙利的布达佩斯，中途经过马其顿的斯科普里和塞尔维亚的贝尔格莱德，直接辐射人口3 200多万。其路径为：中国—南海—马六甲海峡—孟加拉湾—印度洋—阿拉伯海—曼德海峡—红海—苏伊士运河—地中海—比雷埃夫斯港（希腊）—斯科普里—贝尔格莱德—布达佩斯。

中欧陆海快线是匈塞铁路的延长线和升级版。匈塞铁路是指塞尔维亚贝尔格莱德与匈牙利布达佩斯之间的现有铁路，全长350公里，其中匈牙利境内166公里，塞尔维亚境内184公里。2013年11月，中国与匈牙利、塞尔维亚两国达成合作协议，中国将负责连接布达佩斯和贝尔格莱德的匈塞铁路的现代化升级改造。2014年12月，中国、塞尔维亚、匈牙利和马其顿四国一致同意将这条铁路从贝尔格莱德向南延伸，穿过马其顿，最终抵达希腊的比雷埃夫斯港，形成中欧陆海快线。改造后的匈塞铁路，其列车运行时速从40公里提高至200公里，通行时间也从7小时缩短到3小时内。

2016年4月8日，中国远洋海运集团和希腊共和国资产发展基金正式签署协议，以3.685亿欧元收购希腊比雷埃夫斯港口管理局67%的股权。中欧陆海快线的建设，其实质是把匈牙利和塞尔维亚，乃至其他中欧国家的内陆运输与比雷埃夫斯港的航运更好地结合，实现陆海联运。据中国远洋海运集团测算，开行中国到比雷埃夫斯港的集装箱班轮后，自中国沿海地区到欧盟国家的集装箱运输成本可做到6 000美元/40英尺集装箱，时间可以压缩到20天。相比传统的海运路线和陆地丝绸之路亚欧铁路通道，这条中欧陆海快线使中国的货物抵达欧洲的海运时间缩短7～11天，可以整合整个地中海、黑海地区的港口资源，也更具物流成本优势。

案例3-9

深圳大洋物流集团开辟阿巴斯快线

阿巴斯快线是深圳大洋物流集团主推的海铁与海卡联运重要航线，货物可以通过中国各大港口—伊朗阿巴斯港（阿巴斯港办理转关手续），卸船装车至独联体国家。该线路可以帮助客户节省来往于欧洲、中东、远东，以及中国、阿富汗及独联体国家之间的运输成本，确保运价的竞争力和可靠性以及地区服务的通畅性。

案例 3-10

东非铁路建设与陆海联运

东非铁路规划全长2 700公里，始于肯尼亚港口城市蒙巴萨，途经首都内罗毕和西南部城市基苏木，至西部边境城镇马拉巴，进入乌干达后分为两路，一路向北到南苏丹，另一路向南从乌干达首都坎帕拉到卢旺达，经布隆迪最终到达坦桑尼亚，是名副其实的“非洲大动脉”。

蒙巴萨—内罗毕标轨铁路（蒙内铁路）全长480公里，连接肯尼亚首都内罗毕和东非第一大港蒙巴萨港，是东非铁路网整体规划的第一段，于2017年5月31日正式通车。蒙内铁路全线采用中国标准、中国技术、中国装备，并签订了为期10年的由中国路桥提供运营维护服务的合同。2019年10月16日，由中国企业承建的肯尼亚内罗毕至旅游城市马拉巴标轨铁路（内马铁路）一期工程已正式建成通车。内马铁路一期内罗毕至奈瓦沙段全长约120公里，目前仅提供客运，尚未承接货运任务。内马铁路是蒙内铁路的延长线。作为东非铁路网的第二段，内马铁路未来将成为东非铁路网的主动脉。

目前，东非各国落后的基础设施无法适应经贸物流往来的需求，当地经贸主要靠肯尼亚蒙巴萨和坦桑尼亚达累斯萨拉姆两港口进出货物。蒙巴萨港是东非重要转运港口，我国已经开通了与蒙巴萨港口的物流运输通道，未来如果公路和铁路能形成有效交通网络，将会促进我国与东非之间的陆海联运发展。

2. 以空运为核心的国际多式联运路线

以国际海空联运路线为例，主要有：

（1）远东—欧洲：远东与欧洲间的航线有以温哥华、西雅图、洛杉矶为中转地的；也有以香港、仁川、曼谷、符拉迪沃斯托克为中转地的；还有以旧金山、新加坡为中转地的。

（2）远东—中南美：近年来，远东至中南美的海空联运发展较快，因为中南美地区港口和内陆运输不稳定，所以对海空运输的需求很大。该联运路线以迈阿密、洛杉矶、温哥华为中转地。

（3）远东—中近东、非洲、澳大利亚：这是以香港、曼谷、仁川为中转地至中近东、非洲的运输服务。在特殊情况下，还有经马赛至非洲、经曼谷至印度、经香港至澳大利亚等联运路线，但这些路线货运量较小。

3.4 集装箱多式联运方案选择

3.4.1 明确方案设计类型并选择换装港站

1. 明确集装箱多式联运路线设计的类型

根据承托双方约定的货物交付方式等信息，可获知货物的起讫点位置与数量。根据起讫点数量不同，集装箱多式联运路线设计主要包括以下四类：

（1）一个起点和一个终点的路径选择。

（2）一个起点和多个终点的路径选择。

（3）多个起点和一个终点的路径选择。

（4）多个起点和多个终点的路径选择。

2. 选择合适的转运地点

在实践中，除了货主特殊要求，通常需要多式联运经营人自主确定转运地点。由于集装箱多式联运大多采用干支线结合的结构模式，因此，转运地点的选择主要是指对干线运输的装卸港（站）的选择。在多式联运模式下，不同运输方式之间的转运地点至少一个，当然，同一种运输方式下也可能涉及多个地点的换装，比如，国际铁路联运就涉及在多个国家的国境站换装。从降低成本和提高效率的角度，应尽可能减少转运点的数量。

以港口为例，国外研究成果表明，其选择的决定因素的重要性排序为：设备可用性，货损货差，提供便利的挑选和装运时间，允许大量装运，可灵活满足特殊操作的需要，货物装卸、搬运费用，可提供货物运输信息，有装卸大型或不规则货物的设备，可提供索赔处理帮助。

一般说来，应尽量安排直达运输，以减少运输装卸、转运环节，缩短运输时间，节省运输费用。必须中转的进出口货物，也应选择适当的中转港、中转站。进出口货物的装卸港，一般应尽量选择班轮航线经常停靠的自然条件和装卸设备较好、费用较低的港口。进口货物的卸港，还应根据运输方向和大宗货物用货地来考虑；出口货物的装港，还应考虑靠近出口货物产地或供货地点，以减少国内运输里程，节约运力。此外，港口还有基本港和非基本港的区别，以及有些港口可能发生罢工与拥挤。

3.4.2　列出集装箱多式联运备选方案

1. 列出所有运输方式

除非货主已明确约定采用多式联运模式，否则既要列出所有可能的多式联运模式，也要列出所有可能的海、陆、空单一运输方式以及同一种运输方式之间的联运，比如，国际铁路联运，以便在多式联运、单一运输方式、联运之中选择最优的模式。

2. 以公布的定期航线为基础

以相关承运人公布的定期航线（具体参阅班轮公司船期表、铁路“五定”班列时刻表、航空航班表）为基础。

下面以海运航线为例，说明如何查询船公司船期和确定优势航线。

（1）船公司的船期查询。有关船公司航线信息的查询有多个渠道。

1）通过传统媒介进行查询。如口岸船期表、《中国航务周刊》等，此类纸媒直观易查，很多情况下可以免费获得，但报刊大多存在更新不及时、信息不全面等弊端。

2）通过货代公司进行查询。随着电子商务的普及，很多货代公司通过网站发布自己的船期，但大多数货代公司只发布自己所代理的船公司船期，因此，此类方式主要的弊端是信息不全面。

3）通过船公司网站查询。有一些船公司网站上有非常详细的船期信息，且大多船公司信息更新及时，此类方式存在的弊端是查询的单一性导致无法直接进行不同船公司的航线对比和排序检索。

4）借助于专业网站。有些专业网站提供了全面、准确、方便的船期查询系统，例如中国航贸网、锦程物流网等，只要确定港口（包括起始港、目的港）即可搜索出两港之间的船期信息，包括承运人、转运属性、转运港口、驳船班期、海运起始港、海运目的港、海运班期、总航程、海运港序、航线名称等信息。

（2）船公司的优势航线查询。各船公司均有自己的优势航线，这里的“优势”包括很多因素，如运价低、速度快、航班密度大、船期准、航线直挂其他船公司较少挂靠的港口、舱位充裕、目的港服务好、调度能力强等，一些货主还关心是否可以接特种箱（开顶箱、框架箱等）、甩货频率高低、能否倒签提单、可否申请目的港免滞箱费等。另外，船公司所属国家与港口所属国家的关系等政治因素也有一定影响，比如美伊关系紧张时，美国船可能不乐意接伊朗的货，伊朗的船可能不太喜欢美国的货等。

值得一提的是，尽管船公司的航线优势是其常年经营积累的结果，但随着环境的变化，不同时期船公司也会进行战略调整，例如买下某个目的港码头或码头优先服务权，将以前的中转港转移，调整航线的挂港及挂港顺序，增加或缩减舱位等。所以，船公司的航线优势并非一成不变，也会随着其战略的调整而发生改变。货主、货代应及时跟踪这些变化，以进行航线选择。

3. 如无定期航线可自行设计运输路线

在缺少既定航线的情况下，比如，公路运输区段，多式联运经营人可自行设计运输路线。

3.4.3 确定集装箱多式联运方案选择的目标与约束条件

1. 集装箱多式联运方案选择应考虑的影响因素与目标

一般情况下，影响多式联运模式与路线设计的因素主要包括运输成本、运输时间、运输可靠性、运输能力、运输方便性和运输安全性。

（1）运输成本是指因提供运输服务所支出的各类费用，包括承运人、场站经营人等所收取的运杂费。如前所述，其成本分担取决于双方约定的集装箱交付条款。

（2）运输时间是指从货物接收直至交付为止所消耗的全部时间，包括始发与终到作业时间、运输时间、中转时间等。

（3）运输可靠性是指运输时间的稳定性、一贯性。

（4）运输能力是指运输设备与设施载运或装卸能力的大小，以及在载运特定商品时提供所需设备和设施的能力。

（5）运输方便性是指在时间、空间等方面提供运输服务的便捷程度，以及利用运输设备及集装箱的便利程度。

（6）运输安全性是指在运输途中是否出现破损和污染等情况。

在实践中，首先，根据客户需求分析，明确客户对上述影响因素的主要要求；其次，考虑市场的竞争程度以及多式联运企业自身的能力；最后，多式联运经营人基于运输成本与运输服务水平之间的权衡，确定运输模式与路线选择标准。图 3－7 以以海运为核心的多式联运为例列出了应考虑的影响因素与目标。

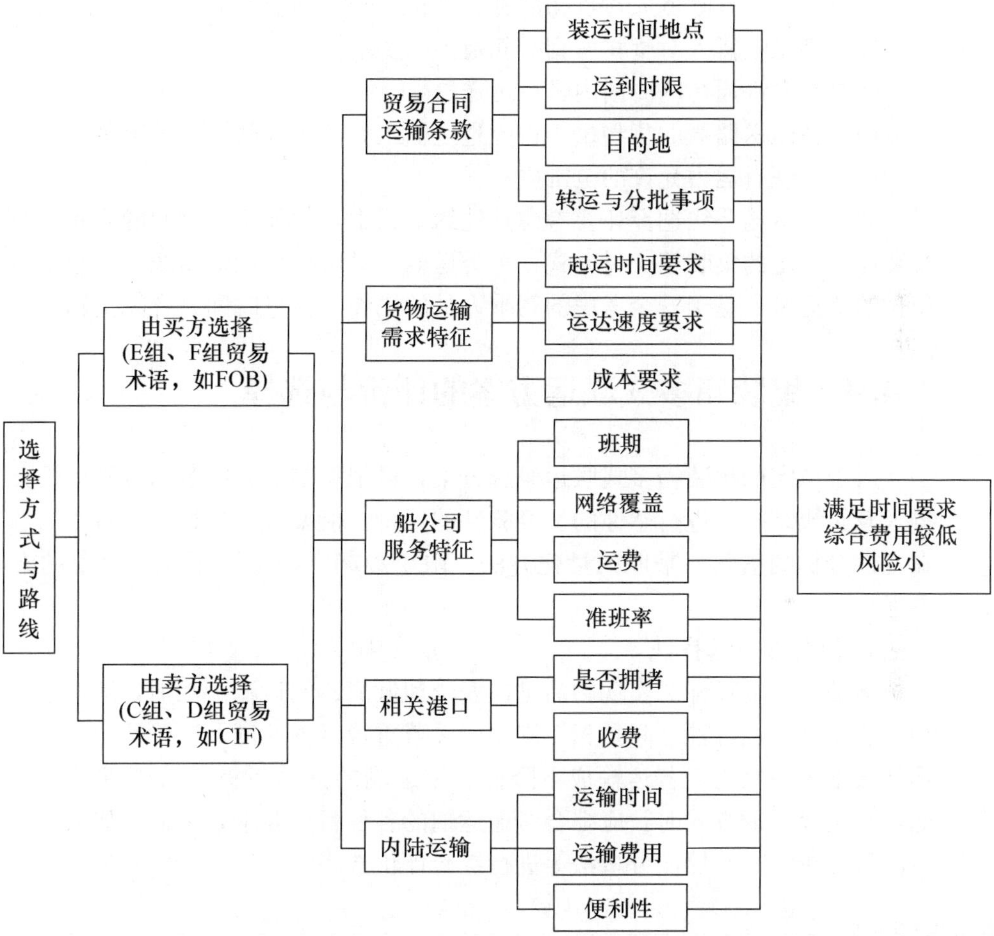

图 3－7　集装箱多式联运方案选择评价应考虑的影响因素及目标

一般情况下，多式联运模式与路线选择的目标是多元的，但考虑到制定方案所选择的目标值应当是容易计算的，所以应尽可能选择单一目标值，以便于求解和增加其实用性。常见的目标包括以下方面：

（1）以效益最高或成本最低为目标的选择。当有关项目数据容易得到和易于计算时，可以用利润最大化或成本最低作为目标值。

（2）以路程最短为目标的选择。如果运输成本与运输里程相关性较强，而与其他因素相关性较弱，运输路程最短的实质就是运输成本最低。此时考虑将运输里程最短作为目标值，可以大大简化运输路线选择和运输工具调度方法。

（3）以其他指标为目标的选择。比如，以吨公里最小、服务水准最优、运力利用最合理、劳动消耗最低等作为目标的选择。

2. 集装箱多式联运方案选择的约束条件

目标的实现过程受很多条件的限制，即约束条件，因而必须在满足约束条件下达到成本最低或路线最短等目标。在一般的运送方式下，常见的约束条件有以下几项：

（1）满足所有收货人对货物品种、规格、数量的要求。

（2）满足收货人对货物发到时间范围的要求。

（3）在允许通行的时间内进行运送。

（4）各运送路线的货物量不得超过运输工具容积和载重量的限制。

（5）在现有运力允许的范围内。

此外，运输路线选择还要考虑其他约束因素，比如服务时间的限制、是否禁止分批装运、约定的集装箱交付方式、某类运输工具可行的运输路线、途经城市应装载或交付的货运量、基于安全考虑的驾乘人员的工作与休息时间、有无空箱等。

3.4.4 集装箱多式联运方案的评价与选择

对于拟定的集装箱多式联运候选方案，可根据前面介绍过的各种运输方式、组织方式及路线结构等进行感性的、经验性的评价，但要进行理性的、科学的选择还需要在定性分析的基础上采取数量化方法。限于篇幅，以下介绍几种简单的方法，以供参考。

1. 综合评价选择法

运输系统的目标是实现物品迅速安全和低成本的运输。然而，运输的速度、准确性、安全性和经济性之间是相互制约的。若重视运输速度、准确性、安全性，运输成本就会增大；反之，若运输成本降低，则运输的其他目标就可能难以全面实现。因此，在选择运输方式时，应综合考虑运输的各种目标要求，采取诸如因素分析法、权重因素分析法以及层次分析法等进行综合评价选择。

◆ 例题 3-2

假设一个20英尺集装箱从中国的成都运送到美国的芝加哥，下面采用综合评价选择法确定最佳的多式联运路线。

（1）确定可供选择的运输路线集 j，如图3-8所示。

（2）确定运输路线选择的评价因素集 F_i，本例确定运输费用、运输时间和运输质量作为国际多式联运运输路线选择中最关键的三个影响因素。

（3）根据各评价因素对运输路线选择所起的作用，对评价因素赋予不同的权数 w_i。

可根据层次分析法等确定在运输不同价值的货物时这三个影响因素所占的权重分别为：运输低价货物时，运输时间、运输费用和运输质量的权重分别为0.258、0.636和0.106；运输高价货物时，运输时间、运输费用和运输质量的权重分别为0.612、0.083和0.305。

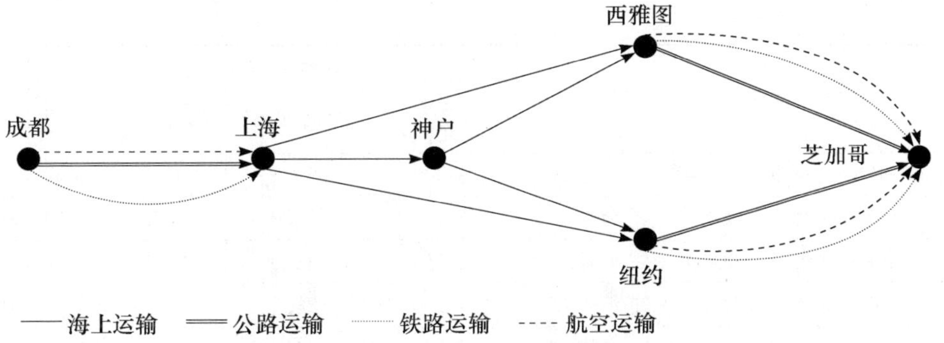

图 3－8　成都至芝加哥可选择的运输路线

（4）量化每种备选运输路线下各评价因素值 F_{ij}。由于运输费用、运输时间和运输质量的单位不同，因此需要通过适当变换将它们转化为无量纲的标准化指标。在本例中，运输费用和运输时间均为反映运输成本的指标，货主或托运人希望成本越低越好，运输质量则是越高越好，因此，可采用以下方法将运输费用、运输时间的原始指标标准化。

运输费用、运输时间为：

$$R_{ij}=\frac{\max X_i-X_{ij}}{\max X_i-\min X_i}$$

上式中，R_{ij} 为第 j 条路线第 i 个影响因素标准化后的指标值；X_{ij} 为第 j 条路线第 i 个影响因素标准化前的指标值；$\min X_i$ 为标准化前各条路线第 i 个影响因素中的最小值；$\max X_i$ 为标准化前各条路线第 i 个影响因素中的最大值。

表 3－6 和表 3－7 是根据上述公式将原始指标进行标准化后得到的对应数值。

表 3－6　成都至上海不同运输路线明细表

运输路线	原始值			标准化后		
	运费（美元/箱）	时间（天）	运输质量	运费	时间	运输质量
成都—（铁路）—上海	225	3	0.75	1.00	0.33	0.75
成都—（公路）—上海	400	4	0.85	0.77	0	0.85
成都—（航空）—上海	985	1	0.95	0	1.00	0.95

表 3－7　上海至芝加哥不同运输路线明细表

运输路线	原始值			标准化后		
	运费（美元/箱）	时间（天）	运输质量	运费	时间	运输质量
上海—西雅图—（铁路）—芝加哥	3 100	20.0	0.75	0.69	0.81	0.75
上海—西雅图—（公路）—芝加哥	3 250	18.5	0.80	0.59	0.89	0.80
上海—西雅图—（航空）—芝加哥	4 000	16.5	1.00	0.13	1.00	1.00
上海—神户—西雅图—（铁路）—芝加哥	2 600	24.0	0.70	1.00	0.59	0.70
上海—神户—西雅图—（公路）—芝加哥	2 750	22.5	0.75	0.91	0.68	0.75

续表

运输路线	原始值			标准化后		
	运费（美元/箱）	时间（天）	运输质量	运费	时间	运输质量
上海—神户—西雅图—（航空）—芝加哥	3 500	20.5	0.90	0.44	0.78	0.90
上海—纽约—（铁路）—芝加哥	3 650	30.0	0.78	0.34	0.27	0.78
上海—纽约—（公路）—芝加哥	3 750	31.0	0.85	0.28	0.22	0.85
上海—纽约—（航空）—芝加哥	4 200	28.5	1.00	0	0.35	1.00
上海—神户—纽约—（铁路）—芝加哥	3 250	34.0	0.75	0.59	0.05	0.75
上海—神户—纽约—（公路）—芝加哥	3 350	35.0	0.80	0.53	0	0.80
上海—神户—纽约—（航空）—芝加哥	3 800	32.5	0.95	0.25	0.14	0.95

（5）确定每种运输路线的综合评价值，并以其值最大者为选择对象。综合评价值按以下公式确定：

$$V_j = \sum_{i=1}^{n} w_i R_{ij}\,,\ j = 1,2,\cdots,m$$

根据上述公式，可知：

• 当运输低价货物时，可以计算得到成都—（铁路）—上海—神户—西雅图—（铁路）—芝加哥这条路线的综合指标值为1.66，高于其他路线，所以这是运输低价货物时优先选择的路线。

• 当运输高价货物时，计算得到具有最高综合指标值1.83的路线为成都—（航空）—上海—西雅图—（航空）—芝加哥，这是运输高价货物时的优先选择路线。

2. 成本费用分析选择法

成本费用分析选择法的基本步骤如下：

步骤1：确定可供选择的运输方式集合。

步骤2：估计每个备选的运输方式广义的运输费用。

广义的运输费用是指货物从起点到终点间的运输及与这种运输有关的全部活动的总费用，它主要由运输成本、在途库存成本、始发地库存成本、终到地库存成本等构成。

假设R表示运费率，D表示年运送量，C表示货物出厂价值，I表示每单位货物库存成本占货物价值的比例，T表示运送时间，Q表示运输批量，K表示运输服务与运输批次数对库存成本的影响系数，即因时间节省可降低的仓库库存的比例。各指标的计算公式如下：

$$运输成本=运费率\times运量=RD$$

$$在途库存成本=每单位货物在途库存成本\times在途运量=\frac{ICDT}{365}$$

$$始发地库存成本=每单位货物在始发地的库存成本\times平均库存量=\frac{ICKQ}{2}$$

$$终到地库存成本=每单位货物在终到地的库存成本\times平均库存量=\frac{I(C+R)KQ}{2}$$

注意，此处未考虑货物保险费对库存成本的影响。

步骤3：选择费用最小的运输方式。

◆ 例题 3-3

某生产箱包的公司的分拨计划是将生产的成品先存放在工厂仓库，然后外包运输公司运往自有的基层仓库。假设有铁路运输、驮背运输、汽车运输、航空运输四种送货方案可供选择，这四种运输方式的运价、运送时间等指标如表3-8所示。假设每个箱包的平均价值$C=30$美元，所有的库存成本均为箱包价值的30%，即$I=30\%$，每节省1天可降低1%的库存，每年基层仓库销售量（年需求）$D=70$万件箱包。试根据成本费用分析选择法确定该公司应选何种运输方式。

表3-8　四种运输方式运价、运送时间、运输批量情况表

运输方式	运费率 R（美元/件）	门到门运送时间 T（天）	运输批量 Q（万件）	运输服务与运输批次数对库存成本影响系数 K
铁路运输	0.10	21	20	100%
驮背运输	0.15	14	10	93%
汽车运输	0.20	5	10	84%
航空运输	1.40	2	5	81%

解：根据前面介绍的公式，计算出每种运输方式的四种相关成本，如表3-9所示，可知采用汽车运输方式的总成本最低。

表3-9　四种运输方式成本费用的计算结果　　单位：万美元

成本	计算公式	铁路运输	驮背运输	汽车运输	航空运输
运输成本	RD	0.10×70=7.0	0.15×70=10.5	0.20×70=14.0	1.40×70=98.0
在途库存成本	$\frac{ICDT}{365}$	$\frac{0.3\times30\times70\times21}{365}$ =36.2	$\frac{0.3\times30\times70\times14}{365}$ =24.2	$\frac{0.3\times30\times70\times5}{365}$ =8.6	$\frac{0.3\times30\times70\times2}{365}$ =3.5
始发库存成本	$\frac{ICKQ}{2}$	0.3×30×10 =90.0	0.3×30×5 ×0.93=41.9	0.3×30×5 ×0.84=37.8	0.3×30×2.5 ×0.81=18.2
终到库存成本	$\frac{I(C+R)\ KQ}{2}$	0.3×30.1×10 =90.3	0.3×30.15×5 ×0.93=42.1	0.3×30.2×5 ×0.84=38.1	0.3×31.4×2.5 ×0.81=19.1
总成本		223.5	118.7	98.5	138.8

练习题

1. 选择题

（1）与集装箱多式联运相对应的贸易术语是（　　）。

A. EXW　　B. CIF　　C. CIP　　D. DDP

（2）从防范承运人风险的角度，下列（　　）条款不应接受。

A. CFS/CFS　　B. CY/CY　　C. CFS/CY　　D. CY/CFS

（3）属于战略层面的集运是（　　）。

A. 时间整合　　B. 设备整合　　C. 仓库整合　　D. 存货整合

（4）多式联运方案评价时应考虑（　　）指标。

A. 运输成本　　B. 运输数量　　C. 运输时间　　D. 运输品种

2. 判断题

（1）客户需求是多式联运方案设计的决定性因素。（　　）

（2）多式联运客户需求也可以由多式联运经营人主动提出。（　　）

（3）集装箱货物组织方式决定承托双方承担费用的划分。（　　）

3. 简答题

（1）简述多式联运客户需求的特点。

（2）简述如何识别多式联运客户需求。

（3）简述客户需求的特征要素。

（4）简述多式联运方案评价通常选择的目标。

4. 方案设计

假设某件产品陆运区段有铁路、公路两种运输方式可选，多式联运经营人列出了影响运输方式选择的评价因素为运输时间、运输时间适应性、运输费用、运输能力、货损货差、用户服务。各评价因素及其权重的评分如表3-10所示。请根据权重因素分析法确定多式联运经营人应选择的运输方式，并说明选择该区段承运人时应考虑的因素。

表3-10　运输方式选择的评分表

因素	权重	各因素评分	
		铁路运输	公路运输
运输时间	0.21	7	5
运输时间适应性	0.13	5	7
运输费用	0.21	8	4
运输能力	0.15	6	2
货损货差	0.17	5	4
用户服务	0.13	6	9

第4章 集装箱多式联运资源配置

引导案例　多式联运企业定制集装箱

随着铁路集装箱运输市场的发展，为解决铁路运输公司COC不足的难题，许多国际多式联运企业，包括天津、营口等港口成立的集装箱运输企业，均纷纷配备SOC，比如，深圳大洋物流集团斥巨资定制了2 000TEU全新ISO国际标准集装箱，投入其运营的亚欧航线（中国至俄罗斯、哈萨克斯坦、乌兹别克斯坦、蒙古国、吉尔吉斯斯坦等）。中铁国际多式联运公司投资购买了6 000只20英尺高箱，利用铁路优势更好地为客户提供箱源、做好服务。目前，中铁国际多式联运公司的自备箱已成功出境至蒙古国，其自备箱也可根据客户的需求，提供下海、出境等服务。由此可见，国际多式联运企业有必要根据开辟的多式联运路线的特点、货源情况、场站堆存期及内陆周转期长短等因素，通过选择合理的购箱、租箱方式，确定合理的集装箱配备量与租箱量。

4.1 概述

4.1.1 多式联运资源概述

1. 多式联运资源的含义与构成

多式联运资源是一个广义与狭义相结合的概念。广义的多式联运资源是指一切可用于现代多式联运生产和经营活动之中的后备手段或支持系统，即与多式联运有关的人力、财力、物力等各方面的资源。狭义的多式联运资源是指为多式联运生产服务的运作系统，如多式联运设施与设备、集装箱、运营管理组织等。

目前，对多式联运资源的构成尚有不同的理解，比如，有的认为多式联运资源包括运作资源、客户资源、人力资源、系统资源、供应商资源和分包商资源等，有的则进一步将其扩展为包括地缘资源（环境资源，即有良好的上下游关系和渠道）、时间资源（指物流运送的快速性）等。但无论如何划分，总的来说，广义的多式联运资源主要由物能资源、人力资源、财务资源、技术资源、组织资源、信息资源、信誉资源、客户资源八大类构成。

2. 多式联运资源的特点

（1）多式联运资源由不同的企业或部门管理与控制。多式联运资源分别由不同运输方式的承运人、场站经营人、运输代理人等企业或部门管理和控制。

（2）多式联运资源的可得性。由于成本、熟练程度、时间和竞争等相关制约因素的影响，有些资源可能根本得不到，有些资源只能得到一部分，也有可能不具备所期望的能力。

（3）多式联运资源的不平衡性。多式联运资源具有相对过剩或结构性过剩的特点，主要表现为低档多式联运资源过剩，高档多式联运资源不足。此外还有企业经营管理水平的差异，低水平的企业过剩，高水平的企业不足，导致低层次的竞争十分激烈。

（4）多式联运资源的多用性与专用性。有些多式联运资源有较为广泛的用途，有些则有较强的专用性，比如特殊运输车辆、特殊仓库等，这对企业在选用和投资多式联运资源时有较大的影响。

4.1.2 多式联运资源配置概述

1. 多式联运资源配置的概念

多式联运资源配置系指多式联运企业根据生产任务的需要，将多式联运组织与管理所依靠的各种资源集中在一个系统中进行统一设计和运用，在保持资源间有效衔接的前提下，实现资源成本的最低化和资源效益的最大化的过程。多式联运企业作为全程运输组织者，既要优化配置本企业的资源，也要优化合作伙伴及客户的资源，以更好地向客户提供“一站式”服务。

多式联运企业进行资源配置时，需要做到“五个结合”：

（1）运输与配送相结合。以一次主动补货和二次主动配送为方向，体现物流一体化运作。

（2）流向与方式相结合。结合生产和运输动态，合理调整货物流向，确保运行顺畅。

（3）整体与局部相结合。既要统筹兼顾整体均衡，又要在特定阶段通过应急调度确保重点和敏感地区的计划兑现。

（4）直达与中转相结合。既要保障分销库资源的合理储备，也要兼顾规模运输。

（5）运力与设施相结合。既要加快各种运输方式等方面的建设，也要统筹中转库、储配库等方面的同步发展。

2. 多式联运资源配置的内容

严格来讲，集装箱多式联运资源配置包括运输工具选择与优化配载、装卸搬运设备选择与装卸工艺方案设计、海运与陆远的对接、集装箱选择与配置、集装箱多式联运分包商选择、集装箱多式联运企业管理模式设计等。不过，限于篇幅，以下仅介绍海运与陆运的对接、集装箱选择与配置、集装箱多式联运分包商选择、集装箱多式联运管理模式设计四方面的内容。

4.2　海运与陆运的对接

4.2.1　港前“一公里”建设

1. 港前“一公里”建设情况

到 2017 年底，我国沿海和内河主要港口铁路进港率分别达到 75%、54%。一方面，有些港口拥有铁路装卸线，已解决港前“一公里”问题，比如大连港、营口港、连云港港、宁波港、重庆港、武汉港等主要港口已经基本实现港铁无缝衔接；但是仍有进一步完善的空间，“港铁分离”问题在部分港口仍无法解决，虽然一些内河港口已有铁路进入港区，但装卸线过短、铁路线不足，不能做到整车到发，部分铁路场站规模小、装卸设备落后、缺乏专业人员、装车时间长、服务能力低，削弱了铁水联运的优势，铁路集装箱货场海关设施和口岸功能也不完善，不能满足集装箱铁水联运的要求。另一方面，部分港口并不能在港区内进行集装箱铁水换装，需要借助外部公路短驳才能完成码头堆场和铁路场站之间的转运，即铁—公—水。比如，在上海港枢纽内形成外高桥中心站、芦潮港中心站两个集装箱疏运节点，分别服务于外高桥和洋山港港区，但两大港区均缺乏直接铁路通道支持，外部疏运大部分依靠外环公路，而洋山港由于岛上空间有限，大量业务需转至陆地办理，公路还通过跨海公路大桥，更是额外承担了短驳功能。

根据此前五部门联合发布的《关于加快推进铁路专用线建设的指导意见》，截至 2020 年，我国将规划建设 127 个铁路专用线重点项目，线路总长度达 1 586 公里。沿海主要港口铁路专用线接入比例将达到 80%，长江干线主要港口基本引入铁路专用线。到 2025 年，长江干线主要港口全部实现铁路进港。但从目前的情况来看，沿海港口铁路建设患上“拖延症”。其原因在于：首先，铁路专用线建设运营成本较高的问题较为突出，使部分有专用线建设需求的企业望而却步。在修建铁路专用线过程中，主干线由国家铁路总局或地方铁路局建设，入港线由企业修建。以造价相对较低的单线电气铁路计算，约合 3 000 万元/公里，而入港铁路的长度从几公里到十几公里不等，这也就意味着，修建一条入港铁路将耗资上亿元。其次，部分专用线运营企业建而不用，目前无运量的铁路专用线数量占整个铁路专用线总数的比例约为 30%。这也就不难理解为何“最后一公里”如此难打通。

(1) “建不了”。这是因为规划建设缺乏有效衔接，致使空间利用、技术改造等方面不具备条件。为此，应同步规划建设。在规划新建客货共线、货运专用线铁路时，按照专用线能力配套建设接轨站，暂不具备的做好预留。

（2）“太难接”。这是因为路网接轨条件和办理流程过于复杂，需求主体往往望而却步。为此，应简化接轨条件、压缩办理时限。

（3）“用不起”。这是因为委托运营成本较高且透明度不够，需求主体被动负担较重。因此，应创新运维模式，由专用线产权单位按市场化原则自主决策自营、委托运营等运营维护方式。

（4）“等不及”。这是因为全程服务效率较低，难以及时有效满足市场需求。为此，应进一步优化运输服务，协商制定全程物流方案，提高多式联运效率，规范收费行为，提供更直接、更方便、更高效的服务。

2. 港口铁路布局

港口铁路一般由港湾站、港区车场、码头线和货物装卸线组成。

（1）港湾站。港湾站是专为港口服务的车站，办理列车的到发、解编及向港区车场或装卸地点取送车辆等作业。港湾站的产权属铁路部门，可以为周边所有港口提供服务。在实践中，通常由港口与铁路联合设立路港联设港湾站，完成进出港口列车到发、交接、解编及取送作业。此外，有些大型港口，在其港内设有自己的港口站，为其提供港内铁路运输服务。

港湾站选址不宜距码头、仓库作业区太远，应靠近港口有大量货流的入口或出口的地方，以便于取送车作业及与编组站之间有方便的通路，并考虑港口联络线（指港湾站与港口之间的联络线）接轨的合理性，以及便于地方运输。

如港口距编组站或区段站较近，且吞吐量不大时，也可不设置港湾站，而由编组站或区段站兼办港湾站的作业。

（2）港区车场。港区车场分担港湾站的部分作业，主要办理本区的车辆分组、集结及向码头、仓库或堆场取送车辆等作业。根据车流性质，有条件时也可编组发往铁路的直达列车。

港区车场的位置在港湾站与码头、仓库货物线之间，并应尽量靠近码头和仓库区。港区车场通常应为1～2个码头和仓库服务，与港湾站之间应有方便的通路。

如港口吞吐量较小、货物品种单一，且港口距港湾站（或编组站、区段站）较近时，也可不设港区车场，而由港湾站（或编组站、区段站）兼办港区车场的作业。

（3）码头线和货物装卸线。码头线和货物装卸线是水陆联运直接发生作业联系的地点。它的布置应满足货物装卸作业过程及船舶通过能力的要求，并保证调车作业的便利。

码头线和货物装卸线通常有两种布局：

一是垂直进入——铁路装卸线纵向进入港区，这是指铁路装卸线从港区一侧垂直于或成一定角度于码头前沿而设置，一般在港口纵深足够长且横向长度不够的情况下这样设置。这种方式的进入适用于海铁联运集装箱量占港口集装箱吞吐量比例不高且泊位较少的情况。

二是平行进入——铁路装卸线横向进入港区，这是指铁路装卸线平行于码头前沿而设置，一般设置于港区堆场作业区内，当然，也可以贴近码头前沿，甚至在码头前沿设置。不过，设在码头前沿虽可以实现无缝运输，但会大大降低港口作业的效率，因此，一般不会采用这样的设置形式。铁路装卸线横向进入港区的形式适用于海铁联运的集装箱比例较大且集装箱班列到达港口的时间规律的情况。

至于港内公路与铁路装卸线的布局，可以采用不同的形式，比如，公铁一侧平行进入，公铁两侧平行进入，铁路平行、公路垂直进入，公铁垂直进入 。

4.2.2 路港交接

1. 港口铁路的作业内容

当港口装船出口货物时，铁路的作业为接入铁路到达港口的列车，按货物的去向（码头、仓库或堆场）进行车辆分类，将车辆送至码头装卸线，直接将货物装上船，或先卸于后方仓库、堆场内保管整理，再运至前方仓库、堆场，然后装船（对于不必整理的货物也可不经过后方仓库、堆场而直接卸于前方仓库、堆场）。

当港口卸船进口货物时，铁路的作业为分送空车至各装车点（码头、仓库或堆场），将船上或在码头、仓库或堆场待装的货物装车，将装完货物的车辆取送编组发出。

2. 路港交接方式的分类

港口铁路运输是由铁路和港口两个部门共同完成的。在整个运输过程中，不仅有托运也有承运的关系，而且有港口专用线与铁路干线联运的关系。铁路部门与港口部门在保证顺利完成运输任务和港口正常生产前提下，既要相互协作，又要责任分明。为此，港口到发的货物或车辆必须办理交接。

港口与铁路之间办理交接作业的方式可分为三种：

（1）货物交接，是指铁路与港口之间仅将港口到达或发送的货物交给对方的交接方式。一般由铁路机车将装运进入港口货物的重车送至卸车点卸车，自港口发送货物时，由铁路机车将空车送到装车点装车，路港双方只在企业装卸点办理货运交接（包括对货物装车的状态进行检查及接受货票等），港口不配备调送铁路车辆的机车，但负责货物的装卸。

（2）车辆交接，是指港口企业备有机车，铁路与港口在指定地点将港口到达或发送的货物连同车辆一并交给对方的交接方式，即同时进行货运及车辆技术状态的交接。对到达港口的重、空车，一般在港湾站的到发线或交接线上进行车辆交接，然后由港口企业自备机车在港湾站按港内装卸点的要求分组（有条件者可整列进出装卸线）送入港口；自港口发出的重、空车，由港口企业自备机车送至上述地点交接，再由铁路机车按列车编组计划解编后发车。

（3）货物交接与车辆交接并存。货物交接与车辆交接并存包括两种情况：一种情况是在一个多港口共用的港湾站内，部分港口进出货物在装卸线上办理货物交接，其余港口在指定地点办理车辆交接；另一种情况是某些进入港口的大宗原料、燃料重车，由铁路机车推送至港口设在港湾站的翻车机卸车，然后将货物通过皮带运输机车输送进港，双方办理货物交接，其他车流在交接线办理车辆交接。

当实行货物交接时，交接作业宜在港内装卸地点办理；当实行车辆交接时，交接作业可在路港双方中一方的到发场或在专设的交接场办理。

3. 路港交接方式的选择

采用何种交接方式，主要取决于港口的性质与规模、港口内部运输生产流程以及铁路运输与港口生产结合程度等因素。不过，从路港直通的角度，宜采用货物交接方式，以便港内段运输也由铁路方面承担，否则如采用车辆交接，港口需要自备机车，并承担港内段运输。

当港口码头前沿车船直取装卸率较高，或者前方仓库和堆场面积较大，自铁路到达港口的重车、空车能直接送入码头线装卸，或送往前方仓库、堆场装卸，港内利用铁路倒运量较少时，路港双方宜采用货物交接方式。

当港口码头前沿仓库和堆场面积较小，自铁路到达港口的大部分重车，需要先送往后方仓库、堆场，或者铁路到达港口的大宗散装货物重车，需要按品种分组后再卸车，港口倒运量或调车作业量较多时，路港双方宜采用车辆交接方式。

4.2.3 路港换装

如图4-1所示，铁路班列在港口的换装方式，可归纳为5种方案：

方案1：铁路班列抵达港湾站，由港外集卡将集装箱送至船边装船。

方案2：铁路班列抵达港湾站，由港外集卡将集装箱送至码头堆场卸下、堆存，待船抵达后，由港内集卡将集装箱送至船边装船。

方案3：铁路班列抵达码头堆场将集装箱卸下、堆存，待船抵达后，由港内集卡将集装箱送至船边装船。

方案4：铁路班列抵达码头堆场，将集装箱直接卸至港内集卡，并拖至船边装船：

方案5：铁路班列直接抵达船边，将集装箱直接装船。

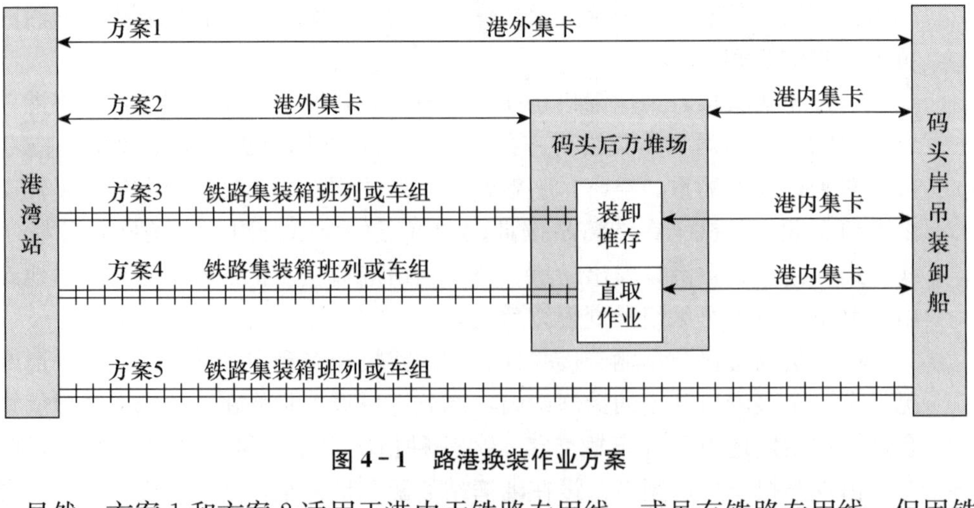

图4-1 路港换装作业方案

显然，方案1和方案2适用于港内无铁路专用线，或虽有铁路专用线，但因铁路箱无法下海等原因，需要在港湾站进行拆装作业的场合；方案3和方案4适用于铁路专用线铺设至码头堆场的情况；方案 5 适用于铁路专用线铺设至码头前沿的情况。其中，方案 1、方案 4 和方案 5 均适用于特定情况（参见 3.2.4 中提到的诸如不允许港内堆存的某些危险品货物、临时加载或急于提取的货物等），方案 2 和方案 3 是常见的换装作业方式。

下面针对铁路港站的位置及路港铁路管理模式的不同，进一步分析各种换装作业方式的作业流程与作业环节。

1. 铁路港站处于不同位置时的路港换装作业方式

（1）港站设在港口外。集装箱到达港口外的港站，在港站进行集装箱班列的解编作业，如果港口拥有铁路装卸线，则由港站安排调车机车负责车组的取送作业，安排集装箱车组到港口进行作业，如果铁路装卸线延伸至码头集装箱堆场，其作业流程为 1—5—9—10—12—13—14—15 或 1—5—9—11—13—14—15（见图 4 - 2）。如果铁路装卸线延伸至码头前沿，则省去港内集卡搬运环节。若港口没有铁路装卸线，可由港外集卡短驳运输到港口，其作业流程为 1—4—8—12—13—14—15。

（2）港站设在港口内。在港站摘挂本务机车，然后将集装箱车列解编成车组，由取送调车将车组送往港口铁路装卸线，如果铁路装卸线延伸至码头集装箱堆场，经过卸箱作业后，在堆场进行堆码作业，或者直接由港内集卡运往码头前沿，由岸吊进行装船作业。其作业流程为 2—6—7—10—12—13—14—15 或 2—6—7—11—13—14—15。如果铁路装卸线延伸至码头前沿，则省去港内集卡搬运环节。

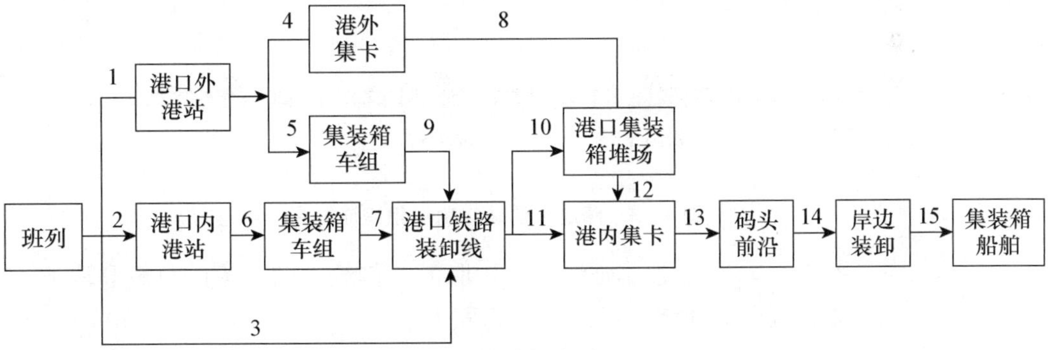

图 4 - 2　不同的路港换装作业方式

2. 路港铁路处于不同管理模式时的路港换装作业方式

（1）路港分段运输。目前，我国铁路货物发送总量的 80%以上发生在与企业接轨的专用铁路和铁路专用线上，传统上，受制于管理体制，国铁与这些企业间不能直入直出，双方通常以交接场为货车交接地点，国铁本务机车由前方技术站牵引至港湾站后，换挂国铁调车机车牵引至交接场交由企业，最后由企业机车牵至企业装卸线。同时双方还需要进行诸如车辆技术检查和修理、车辆货运检查及整理、车号员检查核对现车、车列及票据交接、机车换挂或乘务组换班等技检作业。

（2）路港直通运输。路港直通运输是指在装车地的大型企业专用线或专用铁路内，按去向直接将车辆编挂成列发出，或在卸车点的车站不解编，直接将列车开入大型企业的卸车线。比如，广西北部湾港首试路港一体化运作，南宁、成都、昆明三大铁路局和广西北部湾港达成共识，共建西南“路港一体化”，打破铁路局与局之间、铁路与港口之间的界限，由南宁、成都和昆明等西南三局与港务集团搭建路港联合营销平台，形成“单一窗口”的服务、价格，中国铁路总公司给予南宁、成都、昆明三局西南货运营销区域联动的特殊铁路运输价格政策；港口承诺港口作业费率不高于其他港口费用水平。

如图4-3所示，在路港直通运输下，铁路方打破原有的管理界限，取消交接场的机车换挂作业，消除路企双方列检、货检及商检等重复环节，使铁路机车担当本务机直入企业或装卸点，并通过合署办公及信息共享等手段，掌握车辆在企业内的装卸情况并对车辆的工作流程做合理的安排，以达到一体化的无缝衔接。

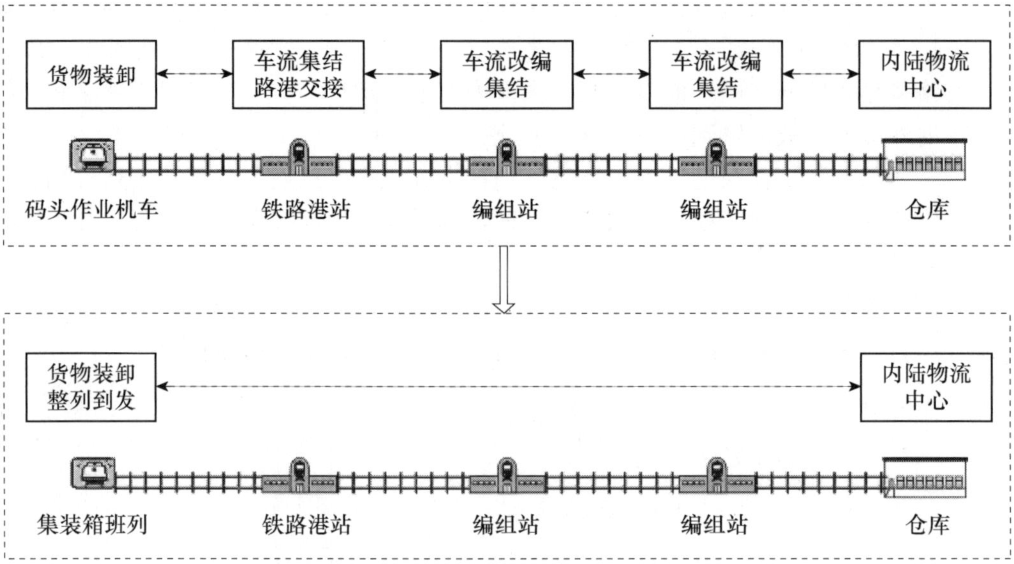

图4-3 路港直通运输前后组织流程变化示意图

参见图4-2，在路港直通运输下，取消了传统上的车流的分解和取送，将货流组织成车流直接运送到港口，其作业流程为3—10—12—13—14—15或3—11—13—14—15，3—13—14—15。这种模式使运输过程变得简单，提高了运输效率。其中由3—11—13—14—15或3—13—14—15作业过程组成的流程是车船直取模式的作业流程，若码头前沿铺设有铁路专用线，则可采取3—13—14—15的作业流程，若铁路装卸线铺设至堆场，则采用3—11—13—14—15的作业流程。

所谓铁路班列的车船直取模式可分为两种：一种是间接的车船直取，即铁路班列借助港内集卡实现车船直取。铁路班列抵达港口堆场，然后将集装箱直接装至港内集卡，由集卡搬运至船边直接装船，此为营口港采用的模式。另一种是直接的车船直取，即铁路班列直达船边，然后直接装卸船，目前，宜昌港翻坝运输拟采用此种模式。图4-4为集装箱码头车船直取模式示意图。值得注意的是，由于车船载箱量相差悬殊，加之铁路班列所载集装箱分属于不同的船公司，因此，车船直取模式并非路港交接的主要方式，它仅适用于特定情况。

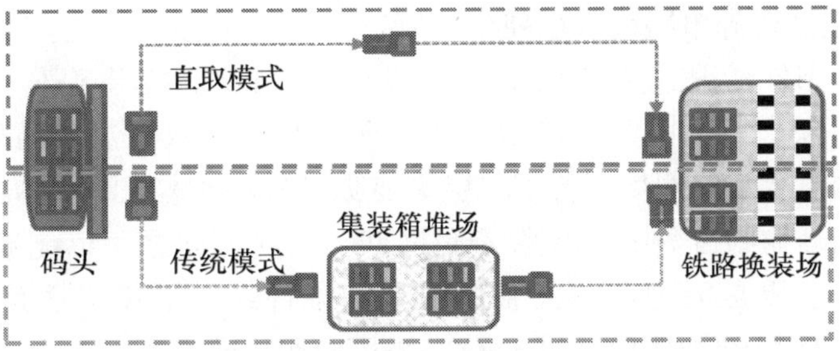

图 4－4　集装箱码头车船直取模式示意图

4.2.4　班列班轮对接

在海铁联运中，铁路集装箱运输作为集疏运方式，应根据海运集装箱班轮的船期表等情况，科学安排铁路集装箱运输组织方式，以便使铁路班列与海运班轮之间有效对接。下面介绍铁路集装箱运输常见的几种组织方式。

1. 按是否定时划分

（1）集装箱班列。铁路五定班列（简称“班列”）为一种运行速度较高的货物列车，以日行 800 公里（单线 600 公里）的标准运行，具有装车站和卸车站固定（定点）、运输线固定（定线）、班列车次固定（定车次）、货物发到时间固定（定时）、全程运输价格固定（定价）五个特点，故称“五定班列”。

五定班列在运输组织上实行“五优先、五不准”，即优先配车，优先装车，优先挂运，优先放行，优先卸车，确保班列开行；除特殊情况报中国国铁集团批准外，不准停限装，不准分界口拒接，不准保留，不准途中解体，不准变更到站。因此，五定班列弥补了传统货物运输时间不固定、适运货物范围窄的不足，与一般的整车运输相比，具有明显的优势。

显然，对于铁路集装箱货源稳定、充足的港口，应尽可能组织开行铁路集装箱班列。

（2）集装箱专列。对于货源不均衡、船期不稳定的港口，可组织开行不定期的集装箱专列。

2. 按是否以集装箱为载体划分

在实践中，如果无法组织开行集装箱班列或专列，也可以考虑组织开行货物列车。

（1）对于整车的集装箱货源，通常难以编入定期直达列车或专运列车，一般可在集装箱办理站装车皮后，在铁路编组站编入普通的快运货物列车。这类快运列车的车速一般可达 100 公里/时以上。对于小批量的集装箱，不适合编入集装箱定期班列或集装箱专运列车，且亟待发出的，一般可纳入此种列车中进行运送。

（2）对于整箱的集装箱货源与拼箱的集装箱货源，通常编入普通的货运列车装运。集装箱运量小且去向不固定的集装箱可以采用这种运送方式，这种运送方式的运送效率较低。

3. 按是否为单层或双层列车划分

（1）国外情况。美国从1977年开始研制双层集装箱车，1980年列车试运行。1993年，美国每周由西海岸主要港口向东开行的双层集装箱列车数量达到241列，至今美国主要铁路网均开行了双层集装箱列车，基本取消了单层集装箱运输。目前铁路集装箱运输约占美国铁路总运量的40%。在美国之所以能够大规模开行双层集装箱运输，主要是因为美国具备以下有利条件：一是美国铁路限界较高，最大高度6 146.8毫米；干线均不是电气化，采用内燃机车牵引。二是美国铁路线桥基础设施条件好，轴重32.5吨的货车（车辆总重约130吨）可在所有路网上运行，部分干线轴重可达35.7吨（车辆总重约143吨）。美国一列双层集装箱列车可运200～300个集装箱，相当于280辆卡车运输。双层集装箱列车较单层集装箱列车运输能力提升了接近1倍，运费大幅下降，与公路运输和驮背运输比较具有更强的竞争力。

欧洲与美国不同，各国面积较小，不同国家之间线路基础设施存在差异，满足铁盟（UIC）互联互通规则要求的铁路车辆才能够跨境运行。欧洲铁路的主要基本条件为：一是铁路限界高度较低，最大高度4 310毫米，不能满足铁路双层集装箱列车的运行要求。二是铁路线桥基础设施条件差，允许最大运行轴重22.5吨（车辆总重90吨），速度更高时轴重不大于18吨（车辆总重72吨），这也不能满足双层集装箱运输的载重要求。因此，欧洲的铁路集装箱运输主要采用单层运输，难以发展双层集装箱运输。欧洲铁路集装箱运输占铁路运输总量的比重为20%～40%。其中德国占20%，英国占30%，法国占40%。

（2）我国情况。与欧美铁路比较，在适应集装箱运输的基础设施条件方面，我国铁路与欧洲更相近。主要为：一是我国铁路限界最大高度4 800毫米，较欧洲略高，但却远低于美国。我国60%为电气化铁路，主要干线基本为电气化线路，采用电力机车牵引。我国规定双层集装箱车的限界高度为5 850毫米，既有路网的限界难以满足要求。二是我国铁路既有通用路网基础设施允许最大轴重为23吨（车辆总重92吨），部分专用线为25吨（车辆总重100吨），难以满足开行双层集装箱车的载重需要。

在铁道部组织下，对条件较好的线路进行了改造，2004年在北京东站—上海杨浦站间开行了双层集装箱班列，2007年在郑州东—青岛黄岛间开行了双层集装箱班列。开行后陆续发现以下问题：

1）车辆载重低，与箱重不匹配，挑箱困难。由于最大轴重25吨，车辆最多载重为78吨，而装载3个集装箱总重达到了3×30.5=91.5吨。挑箱的目的，一是载重不能超78吨；二是顶层要更轻，避免重车重心高度过高。

2）改造后的限界仍不能满足上下两层均装载ISO标准高箱的要求，上层需限制集装箱的高度。

由于存在上述限制条件，我国在上述两条线路试开行双层集装箱列车后，运输组织困难，我国目前还不具备大规模开行双层集装箱运输的条件，铁路长期仍将以单层集装箱运输为主，只是在部分线路可开展双层集装箱运输。

根据国家发展改革委、交通运输部、中国铁路总公司联合印发的《"十三五"铁路集装箱多式联运发展规划》(发改基础〔2017〕738 号)，我国正在研究构建双层集装箱运输通道。按照总体规划、分步推进的原则，结合通道吸引范围和辐射能力、新线建设和既有线改造，研究推进北京—天津—沈阳—哈尔滨、北京—上海、北京—南昌—福州、阿拉山口—兰州—重庆、上海—株洲及济南—青岛等双层集装箱运输通道建设，加强双层集装箱车辆研制，逐步满足主要经济区域间及对外通道上具备开行双层集装箱班列的条件。根据市场需求及运输实际，在已具备条件的通道开行双层集装箱班列。

4. 按技术条件或挂靠站点多少划分

图 4-5 显示了货物列车的种类。

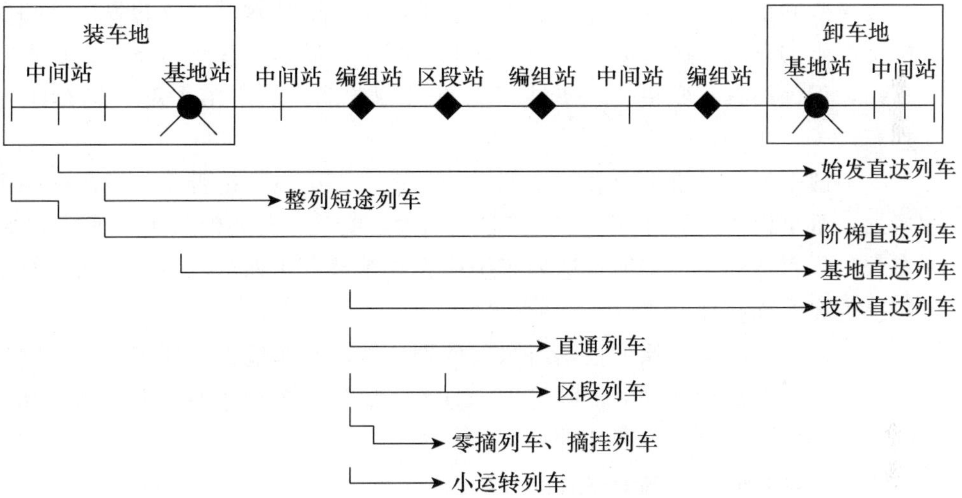

图 4-5　货物列车种类示意图

装车地，也称装车地区，是指有大宗直达车流产生或有条件组织阶梯直达的一个或若干个车站组成的运输组织区域。在装车地，不同发货人的货物，需要在各自的企业装卸线（如有的话）或若干个中间站装运至若干货运车辆，形成车流，这些车流，如无法在始发地形成直达列车，则还需要送往前方技术站，进行编组后才能形成列车。因此，始发地车流最终组织成列车，通常会涉及若干个中间站、区段站和编组站。

按装车地始发车流与其车流方向上的前方第一个技术站的关系划分，装车地组织列车，通常有以下两种基本方法。

(1) 在装车地组织直达列车。从组织条件划分，装车地直达列车可分为四种：

1) 始发直达列车，是指在一个车站装车，通过一个及以上编组站或编组计划规定有作业的区段站不进行改编作业，到达一个或几个车站（同一区段或枢纽地区）卸车，以及到达编组站解体的列车。始发直达列车的特点是一站式直达。

2) 整列短途列车，是指在一个或几个相邻车站装车，不经过编组站运行距离较短的列车。该列车与站一站始发直达列车的区别在于距离短、不经过编组站。

3) 阶梯直达列车，是指在同一或相邻两个调度区段的几个车站组织装车，通过一个及以上编组站或编组计划规定有作业的区段站不进行改编作业，到达一个或几个车站（同一区段或枢纽地区）卸车，以及到达编组站解体的列车。阶梯直达列车是同一径路多站阶梯式集货组成的多站装货式直达列车，即将同一径路上的几个相邻装车站货源共同组织集结成整列。

4）基地直达列车，也称集散直达列车，是指在分散装车的汇集点或干支线衔接处的车站，将支线、相邻区段接入的按计划装车的车辆，指定车次接续的车组，组成直达列车，通过一个及以上编组站或编组计划规定有作业的区段站不改编，到达一个或几个车站（同一区段或枢纽地区）卸车，以及到达编组站解体的列车。基地直达列车是不同径路多站集散式集货组成的多站装货式直达列车，即将始发站附近多个装车站货源共同组织集结成整列。装车基地站，是指集结附近分散的装车站和衔接支线各站所产生的车流，进行编组直达列车的中间站。显然，基地站不一定是大宗货物的装车站，但该站具有变更干、支线牵引重量等功能，能集结大量直达车流，编组直达列车。

一般来说，只要是由装车站编组的列车，不论沿途是否无改编通过一个及以上技术站，都可以称之为装车地直达列车。但实践中，为区别起见，通常将始发直达列车、阶梯直达列车、基地直达列车统称为装车地直达列车，而将未通过技术站的整列短途列车排除在外。

值得注意的是，除了根据组织条件划分外，装车地直达列车还可根据到达站、车辆编挂方法及运行条件的不同等进行分类。比如，按到达站（中间站、基地站、技术站）的不同，可分为以下几种列车：

1）直接到达指定卸车站卸车的直达列车。

2）到达同一区段内几个邻近车站卸车的直达列车，即反阶梯直达列车。

3）到达卸车基地站，然后通过非直达列车送到各个卸车站的直达列车。

4）到达技术站解体，然后将车组并入其他直达或非直达列车送往卸车站的直达列车。

（2）在前方技术站编组形成列车。当装车地中间站无法组织直达列车时，则需要通过摘挂列车将车组送至技术站作为技术车流。在技术站上，还可将管内列车从附近装车站汇集来的车辆和从其他技术站送来的中转车辆，最终通过编组形成列车。

在技术站（即区段站和编组站）编组的列车有技术直达列车、直通列车、区段列车、零摘列车、摘挂列车和小运转列车。

1）技术直达列车是指在技术站编组，通过一个或一个以上编组站不进行改编作业的列车。

2）直通列车是指在技术站编组，通过一个或一个以上区段站不进行改编作业的列车。

3）区段列车是指在技术站编组，到达前方第一个技术站解体，在区段站内不进行车辆摘挂作业的列车。

4）零摘列车是指在技术站编组，在区段内各中间站进行货物装卸和车辆摘挂作业的列车。

5）摘挂列车是指在技术站编组，在区段内各中间站进行车辆摘挂作业的列车。

6）小运转列车分成两种：在枢纽内各站间开行的列车称为枢纽小运转列车，在技术站和邻接区段内个别中间站之间开行的列车称为区段小运转列车。

5. 按是否设立无轨站划分

（1）铁路集装箱无轨站。铁路集装箱无轨站，也称无轨铁路港场，是指在铁路集装箱业务办理站（含货场、铁路专用线、专用铁路）之外的货源集散港口设立、拥有集装箱堆场的铁路集装箱运输服务网点。

铁路部门在没有直通铁路的港口、物流园区设置固定的集装箱堆存点，通过支线船、集卡车等交通工具与就近的铁路货场进行箱源无缝调拨，将铁路集装箱运输业务办理前移，让原本铁轨没有延伸覆盖的区域融入铁路集装箱服务网络，实现多式联运全程一站式便捷办理。比如，为了降低客户物流成本，吸引货源，中国铁路上海局集团公司借力补齐舟山港区域目前不通铁路的短板，通过水路把铁路集装箱批量运至无轨站，客户无须再到 90 公里以外的宁波铁路货场提还箱。客户在拆箱取货后可将铁路空箱还至无轨站，也可从无轨站提取铁路空箱后就近装货，实现铁路集装箱的有效循环利用。集卡司机只需直接从无轨站取送箱，货物运单等票据则由铁路货场寄送给客户。

1）按具备功能和提供服务的不同，分为 A 型和 B 型。A 型无轨铁路港场提供铁路空箱还箱、提箱服务，不提供集装箱货物发送业务。B 型无轨铁路港场在提供 A 型无轨铁路港场服务的基础上，与集装箱货场衔接，增加集装箱货物受理、承运等集装箱货物发送服务，并可根据市场需要和设施设备条件提供支票、理赔等服务。

2）按与铁路货场之间的距离不同，分为中转无轨铁路港场和终端无轨铁路港场。将离铁路货场最近的港口设立为中转无轨铁路港场，中转无轨铁路港场具有转运和集货功能；将远离铁路货场的港口设立为终端无轨铁路港场，具有集货功能。

（2）多港站模式。多港站模式是铁水联运新模式中的一个运输组织方式，依据沿线各港口的运输需求，班轮将从终端港场启航，依次停靠多个无轨铁路港场进行拼装作业，再经中转港场转运至铁路枢纽货场，集结成铁路班列运输至目的地。

常态化开行“班轮＋班列”，通过将铁路集装箱办理业务前移至无轨铁路港场，采用铁水联运“班轮＋班列”的高效运输组织方式，客户可以在家门口的无轨铁路港场享受便捷的铁路运输服务。

中国铁路广州局集团有限公司佛山货运中心利用三水西和肇庆铁路货场作为铁水联运辐射点，已与佛山、肇庆、江门、云浮等地区的 14 个港口码头组成“无轨铁路货场网”。图 4－6 为多港站模式示意图。

多港站模式的出现，解决了部分无轨铁路港场因为市场需求较弱无法使用铁水联运班轮的难题。在铁水联运项目市场培育初期，部分无轨铁路港场周边市场需求较弱，短时间内无法单独开行铁水联运班轮，而多港站模式实现了无轨铁路港场的共同发展，增加了铁水联运的集货能力，有效地降低了物流成本，确保了铁水联运的时效性，充分体现铁水联运新模式便捷、经济、共赢、绿色等优点。

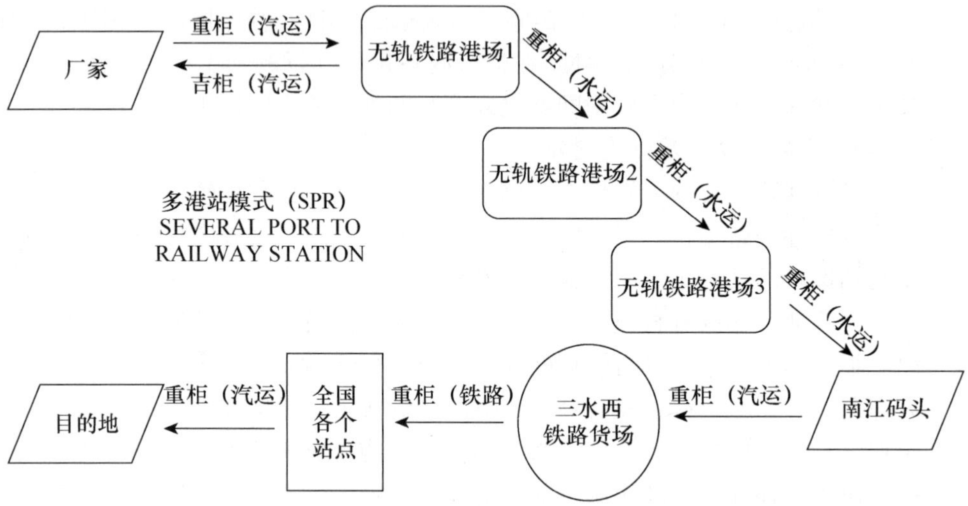

图 4-6 多港站模式示意图

1）便捷。客户可以在家门口的无轨铁路港场办理集装箱铁水联运业务。通过铁路与港口之间集装箱资源共享，方便客户在就近的港口使用铁路集装箱。同时，港口开展了铁水联运业务，丰富了运输产品，满足了客户多样化的运输需求。

2）经济。通过建立无轨铁路港场，无须建设铁路线和铁路货场，即可实现铁路货运业务延伸，极大节省了铁路建设投资。同时无轨铁路港场网实现了公转铁和公转水的网格化、集约化，减少了客户全程运输费用，有效降低了社会物流成本。

3）共赢。通过铁路、航运、港口各方的全面合作，使铁路与港口之间的场站、集装箱和作业信息等资源共享，形成优势互补，极大提高了市场竞争力，达到了互利共赢。同时，营造出良好的发展环境，进而带动相关产业协同发展，从而实现了企业、社会共赢。

4）绿色。以水路代替公路接驳、以铁水联运代替公路长途运输，大幅减少了公路货运的周转量，有效缓解了大量公路运输所带来的道路交通安全隐患、道路损坏、尾气污染、扬尘污染、噪声污染等问题。同时，由于铁水联运新模式缩短了汽车运输里程，实现了点对点短途接驳，更利于规模化推广使用新能源汽车等绿色交通接驳方式。

4.3 集装箱选择与配置

4.3.1 集装箱选择与使用数量计算

1. 选择合适的集装箱

从经济性、物理性角度分析，集装箱运输的货物一般可分为四大类。

（1）最佳装箱货（prime containerizable cargoes）。属于这类货物的，一般是价值

大、运价高、易损坏、易被盗窃的商品，这些货物在尺寸、容积与质量等方面适合装载集装箱，并具有装箱利用率较高的特点。例如光学仪器、家用电器、医疗用品、照相机、摩托车等体积不是很大的货物，以及可用冷藏集装箱装运的水果、肉类、乳酪等冷藏类食品。

(2) 适合装箱货 (suitable containerizable cargoes)。属于这类货物的，一般是价值较大、运价较高、较易损坏和较易被盗窃的商品，例如电线、电缆、纸浆、金属制品等货物。

(3) 边缘装箱货 (marginal containerizable cargoes)。这类货物从技术上看是可以装箱的，但由于其价格低廉、运价便宜，因而从经济上看装箱并不是有利的，而且这些货物在其包装方面都是难以进行集装箱化的商品，例如钢材、生铁、原木等。

(4) 不适合装箱货 (unsuitable containerizable cargoes)。这类货物从技术上看装箱是有困难的，或者是货运量大不宜装运的货物，例如桥梁、大型卡车以及原油、谷物、砂石等货物。

值得注意的是，随着集装箱种类的增加，特别是装载特种货物的专用集装箱的使用，各货种适合装箱程度的等级都有所提高，加之运输企业不断改进散改集装卸工艺，使通用集装箱也可以装载散装货物，因而边缘装箱货和不适合装箱货的品种不断减少。

在选用集装箱时，需要考虑的因素包括货物的种类、性质、形状、包装、体积、重量以及运输要求。此外，在选用集装箱时还应考虑其他一些因素：运输路线的外界条件和特殊要求、装卸作业与装卸机械要求以及单向货流问题。表 4-1 列出了各类集装箱适合装载的货物的情况，供参考。

表 4-1　各类集装箱适合装载的货物

集装箱种类	适合装载的货物
干货集装箱 (DC)，也称杂货集装箱 (general cargo container，GC) 或通用集装箱 (general propose container，GP)	除需要冷藏箱或低温箱的货物、需要特别通风的货物、活的动植物、散货或液体货等外，其他货物大多可用杂货箱装载
开顶集装箱 (O/T、OC)	难以从箱门进行装卸而需要由箱顶上进行装卸作业的货物、超高货物、只要利用侧壁就可以进行固定的货物，如玻璃板、胶合板、一般机械和长尺度货物等
台架式集装箱 (platform based container)、框架集装箱 (FR、FRC)	会产生集中负荷的重货、需要从箱顶或箱侧装载的货物、在集装箱内需要严格固定的货物、不怕风雨侵袭的货物、超尺度货物等
冷藏集装箱 (RF、RC)	冷冻货，如冷冻鱼、冷冻肉等；低温货，如低温肉、柑橘、干酪、禽蛋等；需要保持一定低温条件的货物，如胶片、药品等
散货集装箱 (BK)	麦芽、大豆、大米等谷物类货物，干草块、原麦片等饲料，树脂、硼砂等化工原料

续表

集装箱种类	适合装载的货物
通风集装箱（ventilated container，VC）	兽皮以及其他在运输中会渗出液汁的货物、需要通风的食品类货物、可能会引起潮湿的货物
罐式集装箱（tank container，TK、TC）	液体货，如酒类、化学液体货物及其他危险液体货物
动物集装箱（pen container，live stock container，LSC）	鸡、鸭、鹅等活家禽和牛、马、羊、猪等活家畜

2. 计算集装箱使用数量

在计算集装箱所需数量之前，先要判定所装货物是重货还是轻货，然后再求出一个集装箱的最大装载量和有效容积，就可算出货物所需的集装箱数。计算时如果货物是重货，则用货物总重量除以集装箱的最大载货重量，即得所需集装箱的数量；如果货物是轻货，则用货物总体积除以集装箱的有效容积，即得所需集装箱的数量；如果货物密度与集装箱的单位容重相同，按重量计或按体积计，均可得出集装箱的需要量。

◆ 例题 4－1

现有纸板箱包装的电气制品共750箱，体积为117.3立方米，重量为20.33吨，试计算需要多少个20英尺杂货集装箱？

解：（1）计算货物密度。

$$货物密度=\frac{20\ 330}{117.3}=173.3(千克/立方米)$$

（2）查表确定集装箱的单位容重。集装箱的单位容重是指集装箱的最大载货重量与其容积的比。表4－2列出了20英尺和40英尺杂货集装箱以及20英尺开顶集装箱的单位容重。

表4－2　集装箱的单位容重

集装箱种类	最大载货重量（千克）	集装箱容积（立方米）	不同容积利用率下的单位容重	
			容积利用率为100%（千克/立方米）	容积利用率为80%（千克/立方米）
20英尺杂货箱	21 790	33.2	656.3	820.4
40英尺杂货箱	27 630	67.8	407.5	509.4
20英尺开顶箱	21 480	28.4	756.3	945.4

取集装箱容积利用率为80%，则根据表4－2可知20英尺杂货集装箱的单位容重为820.4千克/立方米。

（3）确定货物是重货还是轻货。由于货物的密度小于箱的单位容重，可知该货为轻货。

（4）计算所需的集装箱数。根据表4－2可知，集装箱的有效容积为33.2×80%＝26.56（立方米），由于货物为轻货，故所需的集装箱数应等于货物的体积与集装箱有效容积的比，即117.3/26.56＝4.4（个）。由此可见，该票货物需要5个20英尺杂货集装箱。

(1) 在确定箱数时，需要应用科学的方法计算出集装箱最大装载件数，以提高集装箱利用率。在实践中，不同的货物，比如袋装货、捆包货、货板货、木箱货、纸箱货、危险品、冷藏品等，其装箱作业的方法及应注意的事项也有所不同，加之受装箱人员业务水平的限制，即使是同一种货物，不同的装箱人员，其集装箱利用率也可能会有所不同，这必然会影响集装箱使用量的计算。

◆ **例题 4-2**

确定装箱数量

有一批纸箱包装的 T 恤，纸箱的尺寸（长×宽×高）为 58 厘米×38 厘米×42 厘米，假设 40 英尺集装箱的箱内尺寸是 11.80 米×2.35 米×2.38 米，试计算 40 英尺集装箱可装载的最大纸箱数。为了比较精确确定纸箱数量，应考虑纸箱在集装箱内的放置方法，表 4-3 显示了不同放置方法下，集装箱内具体的纸箱数量。其中，可装纸箱数量=集装箱尺寸/纸箱尺寸（去掉余数）；装箱数量=三个可装纸箱数量的乘积；体积数量=装箱数量×每个纸箱体积。

表 4-3　不同放置方法下集装箱可装纸箱数量

	方法一：顺装			方法二：侧装			方法三：侧立装		
集装箱内尺寸（长×宽×高）（米）	11.80	2.35	2.38	11.80	2.35	2.38	11.80	2.35	2.38
纸箱布置方法（米）	0.58	0.38	0.42	0.38	0.58	0.42	0.42	0.58	0.38
可装纸箱数量	20	6	5	31	4	5	28	4	6
装箱数（体积）	600 箱（55.54 立方米）			620 箱（57.39 立方米）			672 箱（62.20 立方米）		

值得注意的是，集装箱的实际装载量不仅取决于货物包装的尺寸，而且取决于许多其他因素，如包装材料、装箱人员的能力和经验等。

(2) 在确定装箱数时，所装货物不能超过限重。既不要超出集装箱允许的重量，也不要超出装卸港相关国家对集装箱规定的限重（如果有的话）。目前，许多国家均对集装箱规定了限重，如有违反，轻则需要支付附加费，重则需要减载并支付减载作业费，否则不允许装卸船、提货作业或陆上运输。

4.3.2　集装箱配置

1. 集装箱配备量

企业应根据航线特点、航线配置的集装箱载运工具数量、集装箱载运工具往返航次时间、集装箱在港站及其腹地平均周转天数、集装箱载运工具载箱量及其利用率等因素确定集装箱配备量。现通过一个实例说明其计算过程。

◆ **例题 4-3**

某集装箱班轮航线配置3艘载箱量为2 500TEU的船舶，船舶往返航次时间为30天。集装箱在内陆的周转情况如下：在端点港A，平均港口堆存期及内陆周转时间为10天；在端点港B，60%的箱量在10天内运抵港口待装船，30%的箱量在10～20天运抵港口待装船，其余10%的箱量在20～30天内运抵港口待装船。假设集装箱载箱量利用率为80%，试求应在该航线上配备的集装箱数量。

解：（1）求发船间隔时间 I。

$I=T_r/N=30/3=10$(天)

（2）求集装箱在两端港及其腹地平均周转时间 T_a、T_b。如果平均周转时间小于发船间隔，则应将发船间隔作为平均周转时间；反之，则按发船间隔的天数与返抵港口返抵箱量的比例计算，即

$T_a=10$(天)

$T_b=10\times60\%+20\times30\%+30\times10\%=15$(天)

（3）求集装箱平均总周转天数 T。

$T=T_a+T_r+T_b=10+30+15=55$(天)

（4）求航线集装箱需配备的总套数 K。

$K=T/I=55/10=5.5$(套)

（5）求每套集装箱配备的数量 L。

$L=D\times f=2\ 500\times80\%=2\ 000$(TEU)

（6）求航线所需配备的集装箱总量 S。

$S=K\times L=5.5\times2\ 000=11\ 000$(TEU)

2. 集装箱租赁

（1）集装箱租赁方式。

1）期租。它是指租箱人在一定时间内租用集装箱的租赁方式。按时间长短，可分为长期租赁和短期租赁。长期租赁一般有一段较长的租用期限，短期租赁则根据使用期限来租用集装箱，时间比较短。对旧箱而言，租赁1年以上视为长期租赁。对新箱而言，租赁3～5年视为长期租赁。按是否买断，可分为融资租赁与按实际使用期租赁。前者指租箱人在使用期届满后买下所租用的箱子，后者指租箱人在使用期届满后将箱子退还给集装箱出租公司。

2）程租。它是租期由航程时间决定的租赁方式，一般分为单程租赁和来回程租赁两种方式。单程租赁是指租箱人仅在启运港至目的港单程租用集装箱；来回程租赁的租期由来回程所需时间决定，有时可不局限于一个单纯的来回程。

3）灵活租赁。它是在租期上类似于长期租赁，在使用上类似于短租或程租的租

赁方式，可灵活使用。对旧箱而言，以3年或5年为价格基础，可以允许3年、2年、1年提前还箱，租金费率则相应调整。对新箱而言，以5年为价格基础，只允许3年提前还箱，租金费率同样相应调整。

（2）各类租箱比例的确定。集装箱租箱量的确定方法是，根据最小自备量原则来确定公司的年度总租箱量，再进一步分别确定长期和短期的租箱量。下面以实例说明其计算过程。

◆ **例题4-4**

某公司预计下一年度每月集装箱用量如表4-4所示，试确定公司年度租箱总量、长期租箱量和短期租箱量。

表4-4　月度用箱量预测值

月份	1	2	3	4	5	6	7	8	9	10	11	12
用箱量（TEU）	5.1	3.1	3.8	3.6	5.4	2.8	5.7	4.4	5.6	3.8	5.8	4.9

解：（1）计算年总用箱量S。

$$S=\sum M_i=5.1+3.1+3.8+3.6+5.4+2.8+5.7+4.4+5.6+3.8+5.8+4.9=54(\text{TEU})$$

（2）计算年最小自备箱量S_z。

$$S_z=12\times\min M_i=12\times 2.8=33.6(\text{TEU})$$

（3）计算年租箱量S_c。

$$S_c=S-S_z=54-33.6=20.4(\text{TEU})$$

（4）计算年长期租箱量S_{lc}。首先，计算平均每月应备箱量m：

$$m=S/12=54/12=4.5(\text{TEU})$$

然后，按以下公式计算S_{lc}：

$$\begin{aligned}S_{lc}&=1/2(S_c+12m-S_z-\sum|m-M_i|)\\&=1/2\times[20.4+12\times 4.5-33.6-(|4.5-5.1|+|4.5-3.1|+\cdots+|4.5-4.9|)]\\&=14.9(\text{TEU})\end{aligned}$$

（5）计算年短期租箱量S_{sc}。

$$S_{sc}=S_c-S_{lc}=20.4-14.9=5.5(\text{TEU})$$

（3）集装箱租赁合同条款。集装箱租赁合同是规定租箱人与租箱公司双方权利、义务和费用的协议。租箱人在签署合同之前一般要与租箱公司（或其代理人）商定租箱方式、数量、租金、交还箱期及地点、租退箱费用、损害修理责任及保险等事宜。

租箱合同通常包括交箱条款、还箱条款、损害修理责任条款、租金及费用支付条款、设备标志更改条款及其他有关租箱责任、义务、保险和转租等条款。

4.4 集装箱多式联运分包商选择

1. 分包商选择的概念与意义

分包商选择，也称为分包商采购，是指多式联运企业对以合同的形式提供运输资源的运输服务商进行的甄选、管理和考核工作，是整合、优化运输资源，以较小成本代价快速形成资源优势的运输市场策略。

实际上，任何一个国际多式联运企业都不可能具备最完备、最经济的海陆空运输资源和最合适的仓储资源，加之全球运力普遍过剩，每个多式联运企业都不同程度地建立了使用自有运力和对外采购运力相结合的双重模式。

集装箱多式联运分包商的构成和结构非常复杂，其设备状况和服务水平参差不齐，如何在需要的时候，选择最优秀的分包商为其提供运作资源支持，是集装箱多式联运企业提高运作效率、降低操作成本、提升客户服务水平、保持运输服务一致性的关键因素之一。

2. 分包商选择的特点

（1）长期采购与一次性或短期采购并存。一方面，为了支持企业大规模的业务操作和获取优惠价格，多式联运企业通常与少量的承运人、场站经营人、无船承运人等运输服务商签署意向性的长期作业合同，以确保运输资源在可能使用时能及时调用；另一方面，多式联运企业的很多采购需求是临时性的，相应的采购合同大多也只限于一次或一系列分散的运输合同，这在现阶段尤其明显。

（2）分包商选择具有派生性。一般情况下，只有在多式联运企业与客户达成货物销售合同，并通过自营与分包决策（这里是指选择关联公司还是外部公司的运输资源决策），认为需要采购外部运输资源的情况下，多式联运企业才考虑实施分包商选择决策，并与之选定的分包商签署相应的合同。

（3）分包商选择是一个多重选择过程。如前所述，除了简单业务或者是重复性业务，大多需要进行运输方式、运输路线、运输工具和具体的运输分包商等多重选择。

（4）重复性决策。分包商选择决策是一个重复性的购买决策。也就是说，在选择分包商时，并不是每次都要重新考虑其决策。决策一旦做出，会保持其有效性，直到公司对整体运输成本做重大思考或者对其运输系统做重大改变时。这种重复性决策的特征也适用于选择具体的运输分包商。在运输分包商的服务水平或费率无法接受之前，多式联运企业会重复使用已选定的运输分包商。

3. 分包商选择的途径

以选择运输承运商为例，在通常情况下，多式联运企业可以采取如下两种方式选择运输承运商。

（1）直接方式，即多式联运企业自行或委托代理，与拥有运输工具的各类运输公司（承运人）签订运输合同。在实际业务中，多式联运企业通常按以下顺序选择相关的运输公司：一是自己的关联运输公司（子公司或母公司）；二是与之签订长期服务协议的运输公司；三是运输市场的各类运输公司。

（2）间接方式，即多式联运企业自行或委托代理，与不拥有运输工具的各类转运商，比如无船承运人、多式联运经营人等签订运输合同，这些转运商再与从事实际运输的承运人签订相关的运输合同，由后者具体完成运输任务。

4. 分包商选择的趋势

（1）以长期合同形式选择运输分包商的比例越来越大。欧美发达国家，不论在交易型市场（短期、不固定）还是合同运输服务市场，多式联运企业越来越倾向于与运输服务商签署长期合同。这是因为以合同形式采购运输服务，供求双方都能降低交易成本和提高服务标准。此外，当多式联运企业有特殊要求，需要定制的服务并对运输服务商的投资有部分参与时，它们更必须准备进入长期合同，而且当运输资源专一服务于特定货主时，还要求合同最好能覆盖运输设施与设备生命期的整个期间。

（2）减少运输分包商的数量。多式联运企业选择的运输分包商越多，花费在熟悉与监控方面的时间也就越多。因此，多式联运企业通常固定地使用相对可靠的几家运输服务商，这样就可使这些任务简化，也可能使这少数几家运输服务商更负责任，保持并改进服务质量。

（3）对长期伙伴关系发展更为重视。由于减少了运输分包商的数量，增加了以合同为基础的业务比例，将业务集中于少数运输服务商，因此，相互依赖程度加深，多式联运企业与运输分包商之间更易建立起长期紧密的伙伴关系。

（4）对运输分包商评估更为严格。随着对降低运输成本、提高服务质量的重视，以及减少运输服务商及采用合同关系的趋势，多式联运企业将对运输服务商的选择变成一个重要的决策，需要对市场做出更全面的评价和采用更正规的选择程序。

5. 分包商选择的决定因素与评估内容

表 4－5 显示了美国汽车承运人选择决定因素的重要性排序。

表 4－5　美国汽车承运人选择决定因素的重要性排序

排序	汽车承运人选择的决定因素
1	中转时间的可靠性或连续性
2	门到门运输费率或成本
3	总的门到门中转时间
4	承运人对运费变化进行协商的意愿
5	承运人财力的稳定性
6	设备的可用性
7	服务的频率
8	集货和运输服务
9	货物的灭失和毁损
10	交付的快速性

续表

排序	汽车承运人选择的决定因素
11	运营人员的素质
12	运输追踪
13	承运人对服务改变进行协商的意愿
14	时间安排的灵活性
15	长途运输服务
16	索赔过程
17	承运人销售人员的素质
18	特殊的设备

在早期的美国汽车承运人选择的决定因素中，门到门运输费率或成本是排在第1位的。随着对运输概念的理解不断深入以及市场竞争日趋激烈，中转时间的可靠性或连续性则升为第1位。基于此，集装箱多式联运经营人对分包商进行评估的内容至少包括以下方面：

（1）分包商的资质，包括注册资金、经营范围等。

（2）分包商提出的解决方案应合理可行，能满足预订要求和价格要求，有详细的流程描述及应急办法。

（3）分包商使用的设施设备、运输工具应符合国家规定及多式联运方案要求。

（4）分包商的货物追踪、信息处理等能力，能保证其为客户提供及时、准确、可靠的货物信息。

（5）分包商以往的服务质量、信誉、业绩指标等。

（6）分包商完成该项方案并承担该项方案可能风险的财务能力。

6. 分包商评价方法

对应某个特定的任务，总存在多个集装箱多式联运分包商愿意成为完成该任务的合作伙伴，因此必须从中找到最合适的一个或几个。集装箱多式联运企业在为各子任务选择合适的分包商时，往往要使用多个目标准则对各个企业进行评价。因此，集装箱多式联运分包商选择应该描述为多目标决策问题。这类多目标决策问题基本上可以分为如下两类：

（1）没有约束的集装箱多式联运分包商选择问题。它是指所有的分包商都能满足集装箱多式联运企业在需求、质量、交互方式等方面的需求。

在没有约束的集装箱多式联运分包商选择中，一个分包商即可满足集装箱多式联运企业的所有要求（单来源），且集装箱多式联运企业只需要做一种决策——哪个合作伙伴是最佳的。

对于没有约束的集装箱多式联运分包商选择问题，通常采用定性方法，如线性加权法、成本比率法、层次分析法等。

（2）有约束的集装箱多式联运分包商选择问题。当集装箱多式联运分包商的能力、质量有限时，就要进行合作伙伴选择。换言之，当没有能满足集装箱多式联运企业所有要求的合作伙伴时，集装箱多式联运企业只能从一个集装箱多式联运分包商身上满足部分要求，其他要求则需从其他集装箱多式联运分包商处获得，以此来解决第一个集装箱多式联运分包商能力不足或质量较低的问题。

在有约束的分包商选择问题中，因为没有能满足集装箱多式联运企业所有要求的合作伙伴，必须选择多个集装箱多式联运分包商（多来源）。对这些情况，集装箱多式联运企业必须做出两种决策：哪些集装箱多式联运分包商是最佳的；每个集装箱多式联运分包商能满足多少要求。

对于有约束的集装箱多式联运分包商选择问题的研究不多，有的学者使用线性规划法、混合的综合规划法、目标规划技术、多目标规划法和非线性规划法；有的学者通过使用设备布局的数学模型来阐述该问题；还有的学者采用诸如线性规划或混合的综合规划的单目标技术，将某个最重要的标准（通常是成本）作为目标函数，而将其他标准作为约束条件。

4.5　集装箱多式联运企业管理模式设计

1. 集装箱多式联运企业组织与管理的特点

（1）转委托性或代理性。由于集装箱多式联运企业可以不拥有运输工具，因而其规模可以小到无资产，需要借助于其他运输企业才能实现货运任务。当然，集装箱多式联运企业还可能拥有汽车或港站等运输工具和设施，但无论如何，集装箱多式联运企业都不可能承担全程的货物运送工作。

（2）全程负责与契约性。一方面，对货主而言，无论全程运输过程中包含几个区段，使用几种运输方式，经过几次中转换装，集装箱多式联运企业均要对运输的全程负责；另一方面，集装箱多式联运企业是全程运输的组织者，所有参与实际运输业务和场站经营业务的实际承运人和港站经营人都必须与其签订契约。

（3）协同性。协同性除了体现在运输组织与管理协调一致上，也体现在技术装备的协调发展、同步建设方面，即必须使港、站、库、场、集疏运系统相互配套，实现运输设备和设施的协调。

（4）动态性。集装箱多式联运企业与其他有关方的合作是一种临时性的联盟，随市场机遇的产生而出现，又随市场机遇的消逝而消亡。这表现在：一方面，这种组合是快速的；另一方面，这种组合又是随市场变化的，何时组合以及与谁组合都是根据市场竞争的需要和企业自身的实力与优势来决定的。

（5）交叉性。参与集装箱多式联运业务的企业可以既是这个运输链的成员，又是那个运输链的成员，众多的运输服务供应链形成交叉结构，增加了协调管理的难度。这与传统的运输管理模式有很大的区别。

（6）敏捷化。集装箱多式联运企业不拥有和经营船舶，从而能够以最快的速度、最低的成本、最小的风险跟踪市场动向，实现敏捷化的要求。

（7）信息化。集装箱多式联运企业必须开发和应用现代信息处理技术，改变传统的事务处理方式，利用信息技术实现业务处理的无纸化和自动化。

（8）复杂性。由于集装箱多式联运企业与其他参与方是契约协作关系，而不是上下级权力控制关系，加之实际参与合作的往往有多方，因此集装箱多式联运企业在运输组织与管理方面面临比传统单个企业更加复杂的情况。

2. 传统集装箱多式联运企业管理模式分析

传统的企业组织结构可分为直线结构、职能结构、直线-职能结构、事业部结构、分权结构、矩阵结构 6 种模式。各种组织结构的特性不同，适用于不同的企业。表 4－6 显示了它们的优缺点及适用范围。

表 4－6　各种组织结构模式比较分析

类型	优点	缺点	适用企业类型
直线结构	命令统一，权责明确，组织稳定	缺乏横向联系，权力过于集中，对变化反应慢	小型企业
职能结构	高度专业管理，轻度分权管理，易培养专业人才	多头领导，权责不明	专业化组织
直线-职能结构	机构简单，决策迅速，命令统一，权责明确，分工清楚，稳定性高	缺乏合理的分工和横向协调关系，决策者易因事务繁杂而忙乱，一切由个人决定，系统缺乏灵敏性	业务和产品单一、规模小的母子公司
事业部结构	能充分调动子公司的积极性、创造性，有利于培养管理人才，对子公司考核明确，有利于专业管理	需要大量管理人才，企业间缺乏沟通，资源利用率较低，有可能造成管理失控	多品种、多业务、多产品的大中型母子公司
分权结构	权责一致，自我管理，中度分权	分权不彻底，沟通效率低，人员素质要求高	高度规模集中型组织
矩阵结构	密切配合，反应灵敏，节约资源，高效工作	双重领导，人员素质要求高，组织稳定性差	协作型组织、复杂型组织

在我国，集装箱多式联运尚处于起步阶段，企业规模较小，现有集装箱多式联运企业仍采用传统的组织模式，尤其是以前三种模式为主。然而，随着社会经济与科学技术的不断发展以及经济全球化的不断推进，传统的组织结构遭遇了越来越多的挑战，这种挑战不仅来自管理理论研究领域，同样来自管理实践。

3. 集装箱多式联运企业管理模式创新

如前所述，集装箱多式联运企业管理模式创新是多式联运方案设计与实施的保证，已有一些多式联运企业通过与合作伙伴建立战略联盟，形成虚拟集装箱多式联运企业管理模式（见图 4－7）。

（1）多式联运经营人。作为多式联运的发起者和组织者，多式联运经营人在整个多式联运过程中，充当着核心企业的角色，需要负责整个运输过程的组织、计划和控制。

1）识别市场机遇。根据历史数据结合市场行情，对市场的未来走向做出判断，

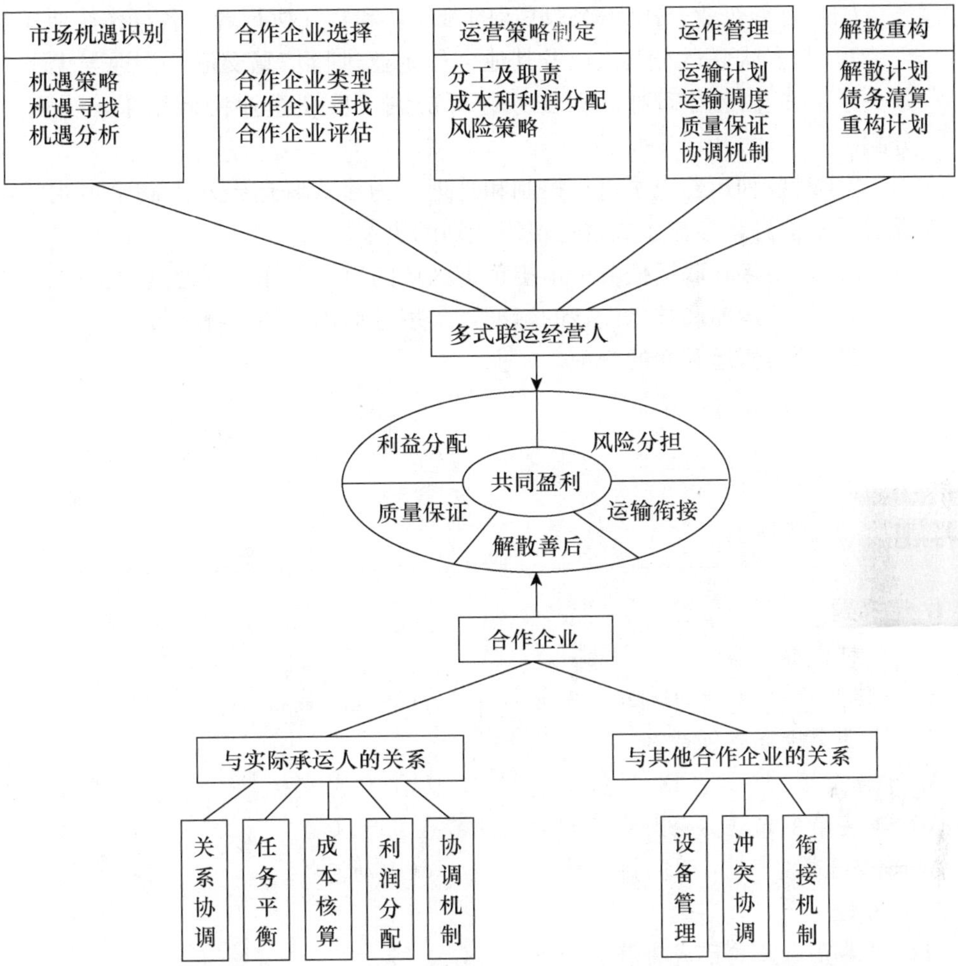

图 4－7　虚拟集装箱多式联运企业的管理模式

预测各运输路线的运输需求，结合自身能力，识别市场机遇，制定企业应对市场的战略目标。

2）选择合作企业。根据确认的市场机遇应对目标，确定合作企业的选择类型，在市场中寻找符合要求的企业，对备选企业进行评估和甄别，最终确定合作企业。

3）制定运营策略。对各合作企业进行分工，明确各自的职责；综合各合作企业的成本和利润数据，制定成本分摊和利润分配办法；建立风险识别预警机制，制定风险应对策略。

4）运作管理。运作管理是多式联运的核心部分，包括运输计划的制定、运输过程的调度、运输质量的保证以及协调机制的建立。

5）多式联运经营人要进行解散后的善后工作，包括解散计划、债务清算，同时为建立新的多式联运组织做准备。

上述第 1）、2）项工作发生在多式联运组织的形成阶段，第 3）、4）项发生在多式联运运作阶段，第 5）项发生在多式联运组织解散阶段。

（2）合作企业。作为多式联运的参与者和实际执行者，各合作企业需要：

1）与多式联运经营人以及其他合作企业进行信息交流，沟通与上下游企业的业务关系。在企业内部对计划任务进行协调，反馈企业协调结果，平衡运输任务的分配。

2）对各种运营成本进行控制和管理，为多式联运经营人制定多式联运组织计划提供成本信息，参与多式联运组织计划的决策。

3）接受多式联运任务，承担负责区域的运输工作和其他辅助工作。

4）统一运输和技术设备的标准，实现运输流程的无缝衔接。

5）参与营运利润的分配。

练习题

1. 选择题

（1）钢材通常应属于（　　）。

A. 最佳装箱货　　B. 适合装箱货　　C. 边缘装箱货　　D. 不适合装箱货

（2）路港交接方式包括（　　）。

A. 车辆交接　　B. 货物交接　　C. 船舶交接　　D. 场站交接

（3）集装箱多式联运企业组织和管理的特点包括（　　）。

A. 转委托性　　B. 协同性　　C. 动态性　　D. 交叉性

2. 判断题

（1）路港直通方式已成为普遍的方式。（　　）

（2）双层集装箱运输在欧美国家的铁路运输中广泛采用。（　　）

（3）车船直取仅适用于特定场合。（　　）

3. 简答题

（1）简述多式联运分包商选择的特点。

（2）简述多式联运资源的构成。

（3）简述我国港前“一公里”建设情况。

商务篇

第 5 章
集装箱多式联运单证与流程

引导案例　大连水运口岸全面推行提货单电子化

自 2019 年 12 月 17 日起，大连水运口岸正式全面推行提货单电子化，成为国内第一批正式实行提货单电子化的水运口岸。全面实行提货单电子化后，通过电子放货平台优化设计各环节业务流程，可实现提前交单、线上换单、提货单电子化以及在线流转，并借用电子加密技术手段实现实名备案管理功能，可为数据流转提供全方位、多角度保障，进而彻底解决传统纸质提货单作业方式所造成的换单繁、跑单忙、提货慢等问题，真正实现“让信息多跑路，企业少跑路”的设计目标。提货单位只需登录账户输入信息，即可轻松完成进口换单业务，同时，还可以掌握进口提货各个物流环节的实时动态，不仅大大缩短了提货时间和货物流转周期，同时也极大降低了企业人工与物流成本。据初步测算，通过实行提货单无纸化放行，企业无须再将纸面提货单送至码头，可节省约 1 300 万元/年的交通燃油费用；船公司、企业、码头的人工成本可节约 7 000 万元/年；纸质提货单的制作成本可节省约 40 万元/年；每票进口货物的提货时间可缩短至 3 个小时，大连口岸整体通关时间又进一步压缩。设备交接单、提货单和放箱单等三大单证的电子化和国际贸易“单一窗口”原产地证、两步申报、船舶吨税等国家标准版功能的陆续投入使用，标志着大连水运口岸迎来口岸物流环节的“无纸化时代”。

5.1　集装箱多式联运单证

5.1.1　集装箱多式联运单据

1. 多式联运单据概述

如图 5－1 所示，一方面，多式联运经营人作为全程承运人，在收到货物后，应向托运人签发多式联运单据（multimodal transport document，MTD；combined transport document，CTD)，收货人付款后，可凭此在目的地提取货物；另一方面，多式联运经营人以托运人的名义向各区段承运人办理委托并交付货物后，可取得各区段承运人签发的运输单据。从是否具有物权凭证功能来划分，海、陆、空承运人所签发的运输单据可分成两大类：

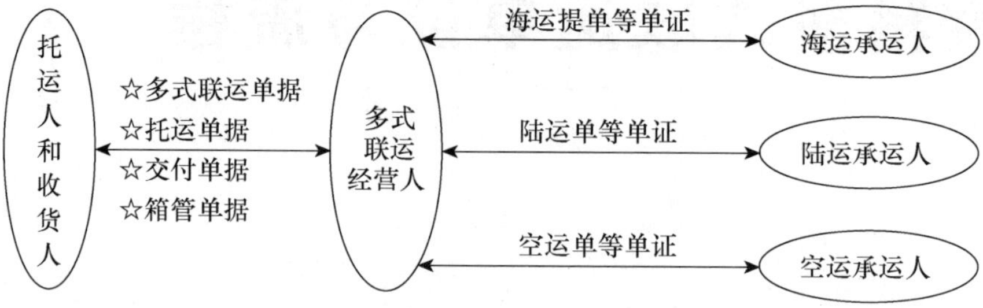

图5-1 集装箱多式联运单证关联图

(1) 提单类，具有物权凭证功能，包括提单（bill of lading）、租船提单（charter party bill of lading)。

(2) 运单类，不具有物权凭证功能，包括不可转让海运单（non-negotiable sea waybill)，空运单（air transport document)，公路、铁路或内河运单（road，rail or inland waterway transport documents)，以及快递收据（courier receipt)、邮政收据（post receipt）或投邮证明书专递（certificate of posting)。

《联合国国际货物多式联运公约》对多式联运单据的定义是：国际多式联运单据是指证明多式联运合同以及证明多式联运经营人接管货物并负责按照合同条款交付货物的单据。

1991年，《联合国贸易和发展会议/国际商会多式联运单证规则》（或称《UNCTAD/ICC多式联运单证规则》）所下的定义是：多式联运单证是指证明多式联运合同的单证，该单证可以在适用法律的允许下，以电子数据交换信息取代，而且可以以可转让方式签发，或者表明记名收货人，以不可转让方式签发。

以上定义表明，多式联运单据可分为可转让的多式联运单据和不可转让的多式联运单据两种。

(1) 可转让的多式联运单据。可转让的多式联运单据通常称为国际多式联运提单（multimodal transport B/L，combined transport B/L)。它类似于海运提单，具有多式联运合同的证明、货物收据与物权凭证（document of title）三大功能。常见的国际多式联运提单格式主要由行业协会拟定，比如国际货运代理协会联合会（FIATA）的联运提单（FBL，1992)、波罗的海航运公会（BIMCO）的多式联运提单（MT B/L 95)，以及船公司拟定的多式联运提单，如中海集运的集装箱多式联运提单（见本书附录1)。

(2) 不可转让的多式联运单据。不可转让的多式联运单据通常称为多式联运运单。它不具有物权凭证功能，即类似于运单（如海运单、空运单)，仅具有多式联运合同的证明和货物收据两大功能。比如，FIATA制定的FWB就是不可转让的多式联运单据。

表 5－1 显示了这两类单据的异同。从中可以看出，这两类单据的共同点是它们均具有运输合同证明和货物收据的功能。其最大区别在于：可转让的多式联运单据具有物权凭证功能，可以转让，多式联运经营人及其代理在交付货物时遵循“认单不认人”的原则；不可转让的多式联运单据则不具有物权凭证功能，不具有流通性，收货人一栏必须是记名的，多式联运经营人及其代理在交付货物时遵循“认人不认单”的原则。

表 5－1　两类多式联运单据的异同

比较项目	可转让的多式联运单据	不可转让的多式联运单据
物权凭证	是	不是
货物收据	是	是
合同证明	是	是
证明效力	承托之间为初步证据，对第三人为绝对证据	初步证据
收货人记载	指示、不记名	记名
是否全套正本单据交付托运人	是	不是
是否凭正本单据提货	是	不是（仅需要核对身份）
是否需要托运人签字	不需要	需要（实际业务中有例外）

如前所述，在国际多式联运业务中，既可以使用具有物权凭证功能的多式联运提单，也可以使用不具有物权凭证功能的其他多式联运单据。然而，由于多数的国际多式联运都包含海运，加之海运提单因其特有的功能和作用而在众多运输单据中居于核心地位，实务中的多式联运以签发多式联运提单为主。

2. 多式联运提单与其他提单的比较

（1）多式联运提单与海运提单的比较。

1）责任范围。多式联运提单负责自收货地至交货地的运输全过程，海运提单只负责自装运港至目的港的运输。

2）单据性质。多式联运提单证明已收妥货物并负责全程运输，所以多为备运提单或收货待运提单（received for shipment B/L），不要求必须标明货已装船或具体的装运船舶名称，海运提单则须证明货已装船或已装上指定船舶。

3）签发人与签发地点。多式联运提单的签发人是多式联运经营人，未必是海运承运人，签发地点通常为收货地；海运提单必须由海运承运人签发，签发地点通常为装运港。

4）运输方式。多式联运提单通常适用于包含海运在内的多种运输方式，海运提单只能适用于海运一种方式。

5）制作与签发依据。在 UCP 600 中，多式联运提单的制作与签发应符合 UCP 600 第 19 条有关多式联运单据的规定，海运提单的制作与签发应符合 UCP 600 第 20 条有关提单的规定。当然，多式联运提单也可作为海运提单使用，但其制作与签发必须符合 UCP 600 第 20 条有关提单的规定。

（2）多式联运提单与集装箱提单的比较。

集装箱提单是指为集装箱运输所签发的提单。它既可能是港到港的直达提单，也可能是转船提单或联运提单，还可能是海上运输与其他运输方式接续完成全程运输的多式联运提单。虽然习惯上常将这三种提单统称为集装箱提单，甚至认为集装箱提单就是多式联运提单，然而应该明确的是，由于集装箱运输并不都是多式联运，因而集装箱运输下所签发的集装箱提单也不都是集装箱多式联运提单。不过，在实务中，集装箱提单大多以港到港或多式联运（port to port or multimodal transport）为提单的标题，以表明该集装箱提单兼具直达提单和多式联运提单性质，而且在提单背面中设置专门条款按港到港运输和多式联运分别为承运人规定了不同的责任。

3. 多式联运提单的制作与签发

在信用证结算下，集装箱多式联运提单的制作与签发应符合国际商会公布的UCP 600、《关于审核跟单信用证项下单据的国际标准银行实务》（即ICC第681号出版物）和《UCP 600注释》（即ICC第680号出版物）等相关规定。

（1）货主栏。

1）托运人（shipper）。根据UCP 600第14条第K款“在任何单据中注明的托运人或发货人无须为信用证的受益人”（the shipper or consignor of the goods indicated on any document need not be the beneficiary of the credit）的规定可知，UCP 600并不要求托运人或发货人（consignor）是信用证的受益人，根据需要，他也可以是受益人以外的人，比如贸易中间商、实际收货人、货运代理或无船承运人等。当托运人一栏填写信用证的受益人以外的人时，该提单往往称为第三者提单（third party bill of lading）。由于受益人以外的人作为托运人，该托运人又称为中性托运人（neutral as shipper），因此，第三者提单有时也叫中性提单（neutral bill of lading）。如果信用证规定必须采用第三者提单（比如third party B/L is acceptable，B/L must be made out in the neutral name），则此栏应记载受益人以外的人。

2）收货人（consignee）。此栏可采取不记名式、记名式或指示式三种，采用何种形式取决于信用证的规定。实务中，一般多为指示式或记名式。

根据此栏记载的不同，相应的提单可分为不记名提单、记名提单和指示提单。

①不记名提单（open B/L，bearer B/L，blank B/L），是指提单收货人栏内没有指明任何收货人，而只注明提单持有人（bearer）字样的提单。不记名提单无须背书即可转让，流通性极强。但若丢失或被窃，谁持有提单，谁就可以提货，故风险极大。

②记名提单（straight B/L），是指在提单上的收货人栏中具体写明收货人名称的提单。我国《海商法》规定，记名提单不得转让，即它不能流通，只能由该特定收货人提货。

③指示提单（order B/L），是指提单收货人栏填写“凭指示”（to order）或“凭××指示”（to order of…）字样的提单。前者称为不记名指示，也称空白抬头，后者称为记名指示。

如果信用证要求多式联运单据为记名提单（如“收货人为××银行”而不是“凭指示”或“凭××银行的指示”等），则多式联运单据不得再出现“凭指示”或“凭××指示”的字样，不论该字样是打印上的还是预先印就的。同样，如果信用证要求多式联运单据为凭指示或凭××指示的提单，则多式联运单据不得做成以该具名人为收货人的记名形式。

如果多式联运单据做成指示提单，则该单据必须经托运人背书以实现转让。托运人或代表托运人做的背书可以接受。在转让时有空白背书和记名背书两种方式。空白背书（endorsed by blank）仅由背书人（提单转让人）在提单的背面签字盖章，而不注明被背书人（提单受让人）的名称；记名背书是指在提单背面既有背书人签字盖章，又有被背书人的名称（endorsed to the order of sb）。由此可见，指示提单经空白背书后即成为不记名提单，经记名背书后即成为记名提单。

3）通知人（notify party）。此栏应按信用证的规定填写，如为指示提单，必须填写通知人；如为记名提单，可不填写通知人。

有些国家、地区要求通知人必须为当地企业，否则不允许货物进口，如巴基斯坦、沙特阿拉伯、印度等。又如，巴西要求提单上收货人（记名提单时）或通知人（指示提单时）必须是巴西境内的，且应提供完整的名称和地址等。

（2）运输栏。

1）前程运输工具（pre-carriage by）。在多式联运情况下，在该栏内注明铁路（rail）、卡车（truck）、空运（air）或江河（river）等运输方式。

2）收货地（place of receipt）。在多式联运情况下，此栏填写多式联运经营人开始接收货物的地点。

3）海运船舶（ocean vessel）。此栏填写船名和航次号，但在多式联运情况下填写此栏需注意：当船名不能确定时，可填写“TO BE NAMED”或者“××（船名）OR HER SUBSTITUTE”。

4）装货港（port of loading）。此栏填写货物装船的港口名称。

5）卸货港（port of discharging）。此栏填写货物卸船的港口名称。

6）交货地（place of delivery）。在多式联运情况下，此栏填写多式联运经营人最终交货的地点。

7）目的地（final destination for the merchant's reference，final destination of the goods-not the ship）。此栏仅作进出口商参考使用，应填写货物实际将到达的目的地。

（3）货物栏。

1）标志和序号、箱号和铅封号（marks & numbers，container number and seal number）。在通常情况下，托运人会提供货物的识别标志和编号以填入此栏，同时此栏需填写装载货物的集装箱号和铅封号；如果托运人未能提供铅封号，建议加注“SEAL NUMBER NOT NOTED BY SHIPPER”；如果有海关铅封号，还需要在此栏加注。

2）集装箱数/货物件数及货物描述（number of containers or packages，description of goods）。在整箱货运输中此栏通常填写集装箱数量和型号，如果信用证有要求可在货物描述项下加注托运人提供的件数，但应在货物描述栏加注 STC 字样，表示“SAID TO CONTAIN”即“据称内装”，以保护承运人的利益。例如，一个内装

6箱机械的20英尺干货箱可表示为1×20RDC，在货物描述栏中加注“STC 6 cases machinery”。在拼箱货运输中此栏填写货物件数。

3）毛重（gross weight）、体积（measurement）。毛重应与发货单、装箱单一致，且应填货物总毛重。货物的毛重以千克为计量单位，并取整数，体积一般以立方米为计量单位，且保留小数点后3位，信用证另有规定的除外。

4）总箱数/货物总件数（total number of containers and/or packages）。用英文大写字母而不是阿拉伯数字来填写集装箱的总箱数（整箱货）或货物的总件数（拼箱货），总箱数或总件数是指本提单项下的总箱数或货物总件数。而且，件数以最终多少件、什么样的包装来填写。在件数前，须加上“SAY”字样，相当于“合计”，在件数后加上“ONLY”，相当于“整”。比如，25 carton cotton yarn 与 36 bales cotton piece goods，总数为61 packages，完整的表达应为“SAY SIXTY ONE PACKAGES ONLY”。

（4）运费栏。

1）运费和其他费用（freight & charges）。此栏通常不填写，除非当地政府、信用证等要求必须标明相关的运费和其他费用。比如，巴西涉及进口运费税的问题，因此，提单上必须显示运费（包括基本运费、燃油附加费、目的地码头操作费（THC））。有时，为保证目的港代理能够合法向收货人收取目的港装卸费等，要求在提单上必须明确相关费用，比如，提单注明“DESTINATION THC TO COLLECT”字样。

此外，货物声明价值（optional declared value），在客户声明货物价值并愿意多支付运费的情况下填写，填写的货物声明价值应与货物实际价值相接近。

2）运费预付和运费到付（prepaid/collect）。此栏通常必须填写，以表明运费是由托运人还是收货人支付。提单上注明运费预付的提单，称为运费预付提单（freight prepaid B/L）；提单上注明运费到付的提单，称为运费到付提单（freight collect B/L）。

3）预付地点（prepaid at）。此栏填写提单缮制和运费支付地点（仅在运费预付情况下填写）。

4）付费地点（payable at）。此栏通常不填写。

5）预付总额（total prepaid）。此栏通常不填写。

出于保密的原因，提单上一般仅注明运费支付的方式，通常不注明运费，除非托运人要求将运费金额打在提单上。

（5）承运人栏。

1）正本提单份数（number of original B(s)/L）。此栏应按信用证规定的份数出具，不得缺省。一般正本提单为三份。若信用证无特别规定，仅要求出具全套正本提单，可出具一份。根据UCP 600的规定：标有副本字样的、没有标明正本字样的、无签署的均属于副本提单。副本提单不具有法律效力，不能凭此提货或转让。

2）提单签发地和签发日期（place and date of issue）。提单的签发地通常为收货地（多式联运提单）或装货港（港到港提单），如果托运人欲申请异地签单，则应注意以下三点：

一是托运人向收货地或装货港的代理申请异地签单。收货地或装货港代理在接到货主订舱后，如货主要求异地提单，收货地或装货港代理应将货主订舱单发送给签单地代理，委托其签单、代收运杂费，并在收到货物或者货物装船后立即通知其签单。

二是托运人向非收货地或非装货港的代理申请异地签单。非收货地或非装货港的代理在签发提单前，应得到收货地或装货港的代理书面确认已收妥运杂费、货物已收妥或装船等，并在签单后及时通知收货地或装货港的代理提单已签发，以避免收货地或装货港的代理重复签发提单。

三是一些国家禁止异地签发提单，比如巴西规定目的地为巴西的货物不能在目的港签发提单。

提单的签发日期应与实际收货日期（多式联运提单）或装船日期（港到港提单）相一致，既不能提前，也不能延后，否则将使提单变成倒签提单、预借提单和顺签提单，承运人将面临较大风险。

倒签提单（anti-dated B/L）是指在货物装船后，承运人或其代理应托运人的要求签署提单的签发日期早于实际装船日期的提单。

预借提单（advanced B/L）是指货物尚未装船或未装船完毕时，承运人或其代理应托运人的要求而签发的提单。

顺签提单（deferred B/L）是指在货物装船后，承运人或其代理应托运人的要求签署提单的签发日期晚于实际装船日期的提单。

以上是针对海运提单而言的，对于多式联运提单，则应以签发日期是否与收货日期相一致为标准。

在实际业务中，如果托运人提出要求签发预借、倒签等提单时，应尽量说服其修改有关贸易合同，或延展信用证的装船期。如在特殊情况下需要签发预借、倒签等提单时，一方面，应事先根据航线货运特点、航线特点对诸如天数限制、权限、货值限制、季节、保函格式等做出明确的规定；另一方面，在签发预借、倒签等提单时，船舶原则上必须到港（如未抵港而签发预借提单，会因客观上存在船舶不能抵港或取消挂靠的可能，导致巨大风险），货物必须经海关放行后，送达船方控制的码头、堆场或库场。同时，签发预借、倒签等提单的任何情况不得对外泄露。

3）承运人签名（signed for the carrier）。根据 UCP 600 的规定，单据的签署（signature）应满足如下条件：

①签署可以用手签（handwriting）、摹印（facsimile signature）、打透花字（perforated signature）、印戳（stamp）、符号（symbol）或任何其他机械或电子的证实方法。不过，有些地区可能有特殊规定，比如，巴西要求提单必须手签。

②与 UCP 500 相比，UCP 600 取消了多式联运经营人的身份，根据 UCP 600 第 19 条的规定，不论其称谓如何，多式联运单证必须在表面上显示承运人名称并由承运人、船长或具名代理签署。多式联运单据必须按 UCP 600 第 19 条第 a 款第 i 项规定的方式签字，且承运人的名称必须出现在运输单据表面，并表明承运人的身份。如果多式联运单据由代理人代表承运人签署，则必须表明其代理人身份，并且必须表明

被代理人是谁，除非多式联运单据的其他地方已表明承运人的名称。如果船长签署多式联运单据，则船长的签字必须表明船长身份。在这种情况下，不必注明船长的姓名。如果由代理人代表船长签署多式联运单据，则必须表明其代理人身份。在这种情况下，不必注明船长的姓名。

案例 5-1

一份提单的标题用粗体印刷标明公司名称为 ABC LOGISTICS LTD，单据由一家署名的代理人签发，签署为“As agent for the carrier of B/L title”，可以把引号中的词句解释为“As agent for the carrier whose name appears on the heading”，因此提单就与 UCP 600 的签署要求是相符的。这样理解正确吗?

评析：正确。提单上出现承运人的名称的表达方式符合 UCP 600 关于承运人名称的要求。

案例 5-2

C 公司（Y 国）有限公司以承运人代理的身份，代表 C 公司（X 国）有限公司签发了提单，但承运人的身份并没有在提单的正面得到证明，只是在提单的反面，定义下的第一行明确 C 公司（X 国）有限公司为承运人。试问银行可否以此推定 C 公司（X 国）有限公司就是承运人？提单的正面必须明确标明承运人的身份吗?

评析：UCP 600 提道“银行将不审核承运条款和条件的内容”，包括检查这些条款和条件以确定承运人。该提单没有按照 UCP 600 要求，以一种合适的方式表明承运人的名称，由此可见，银行不可以此推定 C 公司（X 国）有限公司就是承运人。

案例 5-3

一些运输单据上面印有预先印就的声明，出具单据后，除了那些有关“已装船”、“已收货”或“已被接管”的情况，其他预先印就的声明可能与附加声明不匹配。例如，预先印就的声明显示“代表船长签字”，单据通过附加批注看似由某具名代理人代表某具名承运人签字。或者预先印就的声明显示“由代理人代表承运人签字”，单据仍然通过附加批注看似由某真正的承运人签字。试问此类预先印就的声明和附加的声明之间的不匹配可以认为是矛盾的数据，还是以附加批注为准?

评析：用以证明运输单据签署人员名称和身份的附加印戳或其他形式的批注可以取代提单上与之矛盾的预先印就的签字。如果运输单据的签署方式符合相关运输条款的要求，那么单据可以接受。

4. 多式联运提单的批注

（1）装船批注。多式联运单据的出具日期应视为发运、接管或装船的日期，除非单据上另有单独的注明日期的批注，表明货物已在信用证规定的地点发运、接管或装船，在此情况下，该批注日期即视为装运日期，而不论该日期早于或迟于单据的出具日期。

案例 5-4

信用证要求从美国的主要港口装运并且提交清洁已装船的多式联运单据（clean on board multimodal transport document）。受益人提交的多式联运单据有关运输栏目记载为：

收货地：美国孟菲斯；装货港：美国长滩；卸货港：中国赤湾；交货地：中国黄埔。

其他方面符合信用证规定，只是已装船批注没有加注日期。

请问当多式联运单据显示第一程运输为海运时，是否需要一个标注日期的装船批注？

评析：参阅国际商会的意见，如果信用证如此要求的话，无疑是需要装船批注的。当多式联运单据显示从信用证规定地点起的第一程运输为海运时，即使信用证中没有特别要求加批已装船批注，也需要装船批注。比如，信用证要求从 X 港运至内陆地点 M，假设在制作多式联运单据时，有关运输栏目记载方面存在如表 5-2 所示的四种情况。

表 5-2　有关运输栏目记载的四种不同情况

	Precarriage by	Place of Receipt	Ocean Vessel	Port of Loading	Port of Discharge	Place of Receipt
例 A	空白	X Port	Vessel V	X Port	R	M
例 B	空白	X Port	Vessel A	Y Port	F	M
例 C	空白	空白	Vessel B	X Port	G	M
例 D	空白	空白	Vessel C	X Port	K	M

基于前述分析，可知答案如下：

(1) 例 A，运输单据需要显示加注日期的装船批注。

(2) 例 B，运输单据需要显示加注日期的装船批注，装船批注中还需注明从 X 港起航的船名和装货港“X Port”。

(3) 例 C，运输单据需要显示加注日期的装船批注。

(4) 例 D，运输单据需要显示加注日期的装船批注。

(2) 货物外表不良状况的批注。如果承运人在提单上加注了有关货物及包装状况不良或存在缺陷等批注，则该提单构成不清洁提单（unclean B/L，foul B/L）。反之，则称为清洁提单（clean B/L）。

值得注意的是，根据国际航运公会（International Chamber of Shipping，ICS）的规定，下列批注不构成不清洁提单：

1) 没有明确表示货物或包装不能令人满意的字句，如“旧箱”“旧桶”等。

2) 强调承运人对因货物或包装性质所引起的风险不承担责任的字句。

3) 承运人否认知道货物的内容、重量、体积、品质或技术规格的字句。

由此可见，只有附有明示货物或包装缺陷的附加条文或批注的提单，才构成不清洁提单。至于有关数量短少方面的批注并不构成不清洁提单。

根据 UCP 600 第 27 条的规定，银行只接受清洁运输单据。此外，UCP 600 进一步明确：“清洁”一词并不需要在运输单据上出现，即使信用证要求运输单据为“清洁已装船”。

载有明确声明货物及/或包装状况有缺陷的条款或批注的提单是不可接受的，未明确声明货物及/或包装状况有缺陷的条款或批注（如“包装状况可能无法满足海运航程”），不构成不符点。这说明包装“无法满足海运航程”的声明不可接受（参见ISBP 681第106条）。

如果提单下出现“清洁”字样，但又被删除，并不视为有不清洁批注或不清洁，除非提单载有明确声明货物或包装的缺陷的条款或批注（参见ISBP 681第107条）。

正因为银行拒绝接收不清洁提单，因此，在实践中，为了结汇，发货人往往通过出具保函换取清洁提单。

一般有两种情况托运人需要提供保函。第一种情况是当托运人与承运人之间在货物数量、重量或包装问题上存在分歧时，如承运人怀疑托运人提供的情况有问题，但又没有合适的方法加以检查，或者承运人认为货物的包装不适合长途运输，而托运人这时已不可能另换包装，承运人会要求托运人出具保函，以保护承运人的利益，否则承运人就在提单上记入不利于托运人的批注。第二种情况是托运人为了某种自己的目的，要求承运人在提单上记入与实际货物情况不一致的内容，承运人为了保护自己的利益而要求托运人出具保函，凭保函签发清洁提单（包括托运人要求承运人签发倒签提单和预借提单）。对于第一种情况下的保函，各国法律一般都采取认可的态度。这是一种为了使货物及时出口的变通做法，对收货人不存在隐瞒事实的问题。第二种情况的保函，在法律上是无效的，因为这种保函的实际意义在于共同欺骗无辜的第三者。

关于保函的法律效力，《海牙规则》和《维斯比规则》都没有做出规定。考虑到保函在海运业务中的实际意义和保护无辜的第三方的需要，《汉堡规则》第一次就保函的效力问题做出了明确的规定。《汉堡规则》第17条规定：保函是承运人与托运人之间的协议，不得对抗第三方，承运人与托运人之间的保函只是在无欺骗第三方意图时才有效；如发现有意欺骗第三方，则承运人在赔偿第三方时不得享受责任限制，且保函也无效。

案例5-5

某远洋运输公司在承运6 000吨白糖时，发现有10%脏色，大副在收货单上做了相关批注。因货物容易变质，信用证（L/C）又即将过期，托运人急于获取清洁提单结汇，遂出具保函，声明“如收货人有异议，其一切后果均由发货人承担，船方概不负责”。但货物抵目的港时，收货人以货物脏色为由扣船，并向远洋运输公司索赔十多万美元。

案例研讨：

（1）远洋运输公司可否凭保函拒赔？

（2）假若远洋运输公司做出了赔偿，它可否凭保函要求托运人赔偿其因签发清洁提单而遭受的损失？托运人是否应赔偿远洋运输公司的损失？

（3）其他批注。例如，整箱货下的“不知”批注等。此外，多式联运单据可以另外显示不同的发运、接收监管、装载、最终目的地的地点，只要显示的装运地及最后的目的地符合 L/C，银行不会介意包含“预期”（intended）的船舶、装货港或卸货港的批注。这说明，与海运提单不同，多式联运单据可以显示预期的船舶、装运港或卸货港，而无须另加批注。

5. 多式联运提单在海上运输中的应用

根据 UCP 600 的规定，在单一运输方式中也可以签发联合运输提单、多式联运提单、联运提单、转船提单等，但此时所签发的多式联运提单已不属于多式联运单据，因而应该符合信用证对该运输方式下运输单据的规定。比如，现行的集装箱多式联运提单大多是“一单两用”的，当它用于海上运输时，必须符合 UCP 600 第 20 条的规定，即提单上船名、装货港和卸货港这三项都是确定的。显然，多式联运提单兼作海运提单时，必须符合以下条件：一是多式联运提单上必须加注装船批注，这是因为多式联运提单一般为收货待运提单，而海运提单则必须是已装船提单；二是多式联运提单有关运输栏目的记载必须符合海运提单港到港的原则和要求，这是因为多式联运提单包括装货港、卸货港、船名、前程运输工具、收货地、交货地、最终目的地等七个栏目，其中前三个栏目既用于海上运输，也用于多式联运，而后四个栏目则是专为多式联运设置的，因此，当国外开来的信用证要求提供海运提单（marine/ocean B/L），而船公司用多式联运提单制作港至港提单时，必须明确这两种不同性质提单的界限。

（1）如多式联运提单上已印就“收妥待运”（received in apparent good order and condition for shipment…）字样，则必须加上装船批注并加上装船日期，即装船批注为：ON BOARD＋装船日期。

（2）如多式联运提单包含“预期船”（intended vessel）字样或类似有关限定船只的词语，则装船批注为：ON BOARD＋装船日期＋船名。

（3）如果多式联运提单上的收货地点或接收监管货物地点和装货港不同，或者提单中装货港栏的记载与信用证中规定的装货港不同，或包含“预期”或类似有关限定装货港的标注，则装船批注为：ON BOARD＋装船日期＋船名＋装货港。值得注意的是，根据 UCP 600 的规定，即使提单以事先印就的文字表明了货物已装载或装运于具名船舶，装船批注中仍须加批实际的船名，以证明该船舶是从信用证所规定的装货港启运的。

（4）信用证要求的装货港名称应在提单的装货港栏中表明。如果很清楚货物是由船舶从收货地运输，且有装船批注表明货物在“收货地”或类似栏名下显示的港口装载在该船上的话，也应在“收货地”或类似栏名下表明（参见 ISBP 681 第 98 条）。

（5）信用证要求的卸货港名称应在提单的卸货港栏中表明。如果很清楚货物将由船只运送到最终目的地，且有批注表明卸货港就是最终“目的地”或类似栏名下显示的港口，也要在最终“目的地”或类似栏名下表明（参见 ISBP 681 第 99 条）。

◆ **例题5-1**

信用证：全套清洁已装船海运提单，货物从任何欧洲港口发运至日本东京，并允许转船。由于地理上的关系，该货首先由支线船A在丹麦哥本哈根装船运至德国汉堡，然后再转到远洋船B运至日本东京。假设选用多式联运提单制作上述海运提单，试问以下四种形式所制作的提单是否为银行所接受？

1. 第一种制单

前程运输工具：A	收货地：哥本哈根	装货港：汉堡
船名：B	卸货港：东京	交货地：

另在装船批注上加注汉堡的装船日期。

2. 第二种制单

前程运输工具：	收货地：	装货港：汉堡
船名：B	卸货港：东京	交货地：

另在装船批注上加注汉堡的装船日期。

3. 第三种制单

前程运输工具：	收货地：	装货港：哥本哈根
船名：A	卸货港：汉堡	交货地：东京

另批注在汉堡转船（Via Hamburg）。

4. 第四种制单

前程运输工具：	收货地：	装货港：哥本哈根
船名：A	卸货港：东京	交货地：

另在装船批注上加注哥本哈根的装船日期。

分析：根据UCP 600第20条的规定，海运提单如能被接受，必须显示信用证规定的装货港。由于哥本哈根和汉堡都是欧洲港口，因而提单上显示两者之一为装货港口都可接受。选择不同的装货港，提单上就有不同的显示方法。

1. 选择汉堡为装货港

在此情况下，只有前两种制单属于选择汉堡为装货港，但按照UCP 600第20条的规定，只有第二种制单符合信用证要求，而第一种制单并不符合海运提单的要求。理由如下：由于在收货地栏内打上哥本哈根，因此装船批注仅注明在汉堡的装船日期是不够的，还必须清楚地显示信用证规定的装货港和船名，即必须加注汉堡为装货港、装货船名以及货物在汉堡装船的日期。

2. 选择哥本哈根为装货港

在此情况下，只有后两种制单属于选择哥本哈根为装货港，但按照UCP 600第20条的规定，只有第四种制单符合信用证要求，而第三种制单并不符合海运提单的要求，实际上是陆海联运。

◆ **例题 5-2**

信用证： 全套清洁已装船海运提单，货物从丹麦发运至马尼拉，并允许转船。提交的提单如下：

收货地：哥本哈根；装货港：汉堡；船名：MS ABC；卸货港：高雄；交货地：马尼拉。

另有批注：货物在哥本哈根于某日装上 ABC 号，从高雄至马尼拉段用 MS XYZ 船运输（shipped on board MS ABC at Copenhagen on…，shipment from Kao hsiung to Manila will take place by MS XYZ）。试问该提单能否被接受？

分析： 根据 UCP 600 第 20 条第 a 款第 iii 项规定，当提单显示不同于装货港的货物接管地或不同于卸货港的最后目的地时，只要提单仍显示出信用证规定的装货港和卸货港，银行仍予以接受。这意味着信用证所示的港至港运输必须在提单上通过注明信用证上的装货港、卸货港名来表达。在本例中，货物从丹麦发运至马尼拉，就要求提单上注明：丹麦港口为装货港，马尼拉为卸货港，因而该提单不能被银行接受。正确的做法是：装货港为哥本哈根，卸货港为马尼拉，并注明在汉堡转船（W/T Hamburg）。

◆ **例题 5-3**

依据 UCP 600 开立的信用证要求提单显示从汉堡港（Hamburg Port）运至香港（Hong Kong Port）。提交的提单包括下列信息：

Place of Receipt：Hannover by truck	Ocean Vessel：Vessel XX
Port of Loading：Hamburg	Port of Discharge：Hong Kong

提单未包括单独的装船批注，但包括预先印就的词语，说明货物"已装船"，还包括一个"出具日期"。请告知上述提单是否符合 UCP 600 第 20 条第 a 款第 ii 项和第 iii 项的规定。

分析： 目前许多船公司或其代理人会在提单中提及不同于装货港的收货地或接管地。因此，为了使银行审单人员能够确定提单看来表明已装船的声明（预先印就的词语或单独的装船批注）与在信用证上规定的装货港已装具名船只的情况有关，而与收货地或接管地和装货港之间的货物前程运输情况无关，则提单需要加批"装货港和船名"的装船批注，即使货物是装于提单上指定的船只时也要如此。因此，该提单与信用证规定不符。

5.1.2 集装箱多式联运业务单证

除了前述介绍的具有运输合同性质的多式联运单据外，还有诸多与集装箱多式联运业务相关的单证。如图 5－2 所示，归纳起来，集装箱多式联运业务单证可分为五大部分。

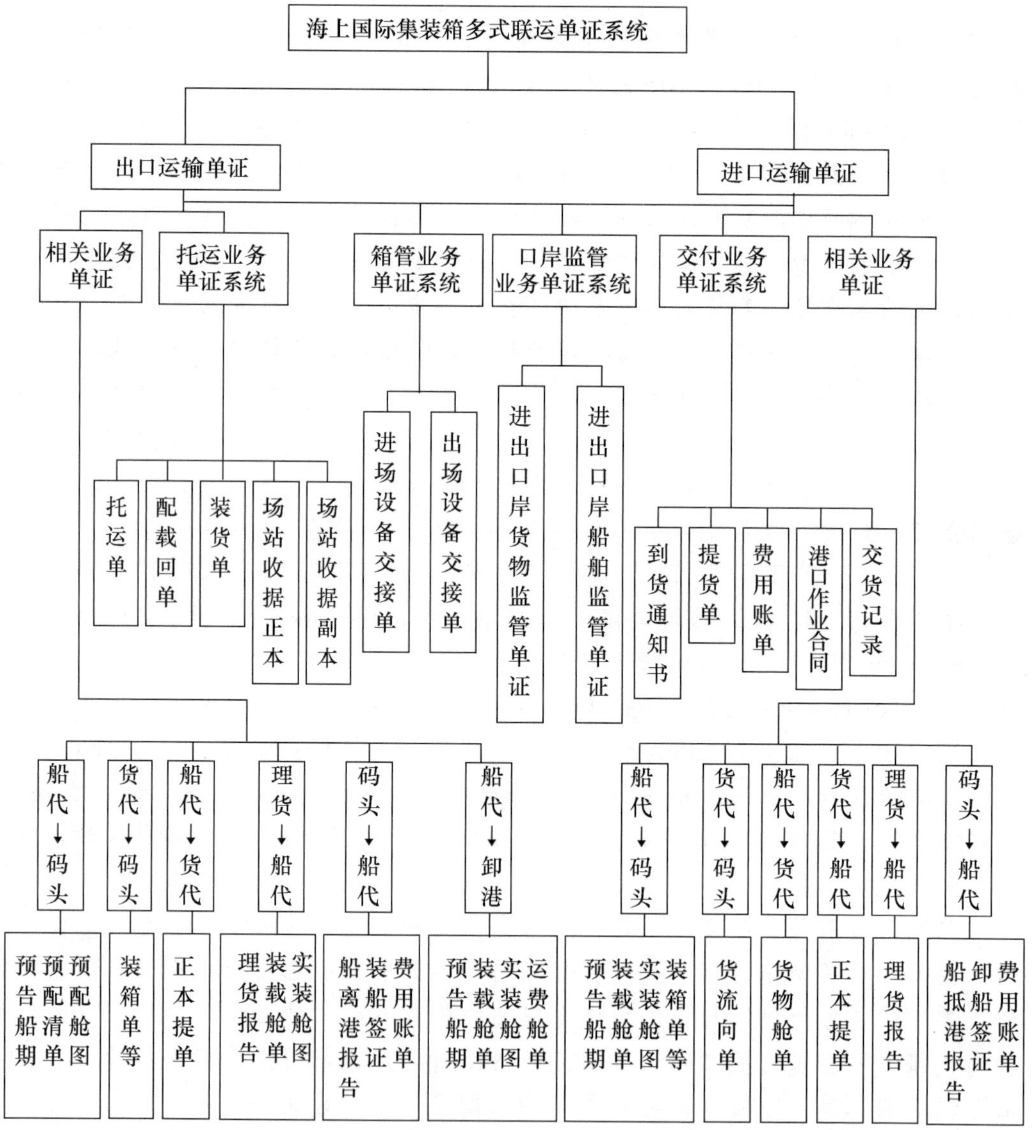

图 5－2　以海运为核心的集装箱多式联运业务单证系统结构示意图

（1）托运业务单证是指托运人向多式联运经营人以及多式联运经营人向区段承运人办理出口订舱业务时所涉及的货运单证，比如，场站收据。

（2）交付业务单证是指收货人向多式联运经营人以及多式联运经营人向区段承运人办理进口换单业务时所涉及的货运单证，比如，提货单。

（3）箱管业务单证是指办理集装箱发放、交接等手续时所涉及的单证，比如，设备交接单、装箱单等。

（4）口岸监管业务单证是指办理货物、集装箱或载运工具监管手续时向海事局等口岸监管机关提交的单证，比如，危险货物集装箱装箱证明书。

（5）其他单证，比如，舱单、舱图、理货单等。

1. 场站收据

场站收据（dock's receipt，D/R）通常制成联单形式，包括托运单（booking note，B/N）、装货单（shipping order，S/O）、收货单及其副本等各联。由于这套单证的第 1 联为托运单，故有时也将场站收据称为托运单。表 5－3、图 5－3 和图 5－4 分别显示了十联场站收据的构成、用途与流转。

表 5－3　场站收据各联的名称与用途

顺序	名称	颜色	主要用途
1	集装箱货物托运单——货主留底	白色	系托运合同，托运人留存备查
2	集装箱货物托运单——船舶代理留底	白色	系托运合同，据此编制装船清单等
3	运费通知（1）	白色	计算运费
4	运费通知（2）	白色	运费收取通知
5	装货单——场站收据副本（1）	白色	报关单证之一并作为海关放行的证明
	缴纳出口货物港杂费申请书	白色	港方计算港杂费
6	场站收据副本（2）—— 大副联	粉红色	报关单证之一，证明货已装船等
7	场站收据	淡黄色	报关单证之一，船舶代理凭此签发提单
8	货代留底	白色	缮制货物流向单
9	配舱回单（1）	白色	货代缮制提单等
10	配舱回单（2）	白色	根据回单批注修改提单

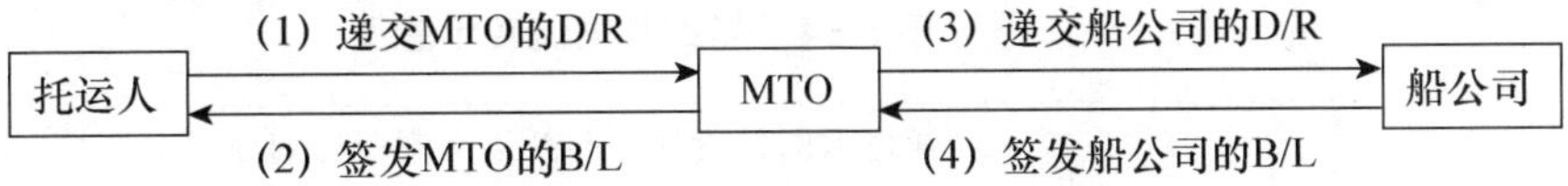

图 5－3　多式联运经营人与船公司场站收据的流转

就场站收据有关各方而言，场站收据的签发意味着各自责任的终止或开始（见图 5－5）。对于托运人而言，货物一旦交付承运人或其代理，并由承运人或其代理签发场站收据，则在相当程度上表明责任即告终止。而对承运人而言，场站收据的签发在一定程度上等于提单签发，从而对货物开始承担责任，只不过在赔偿货主以后，可以行使追偿权，向相关货运站或堆场追偿其损失。

2. 提货单

在实务中，为了规范单证管理和提高效率，承运人通常将到货通知书（arrival notice）、提货单（delivery order，D/O）、交货记录（delivery record）等单据以联单形式一并印制，构成复合式的交付业务单证，统称为提货单。表 5－4、图 5－6 和图 5－7 分别显示了五联提货单的构成、用途与流转。

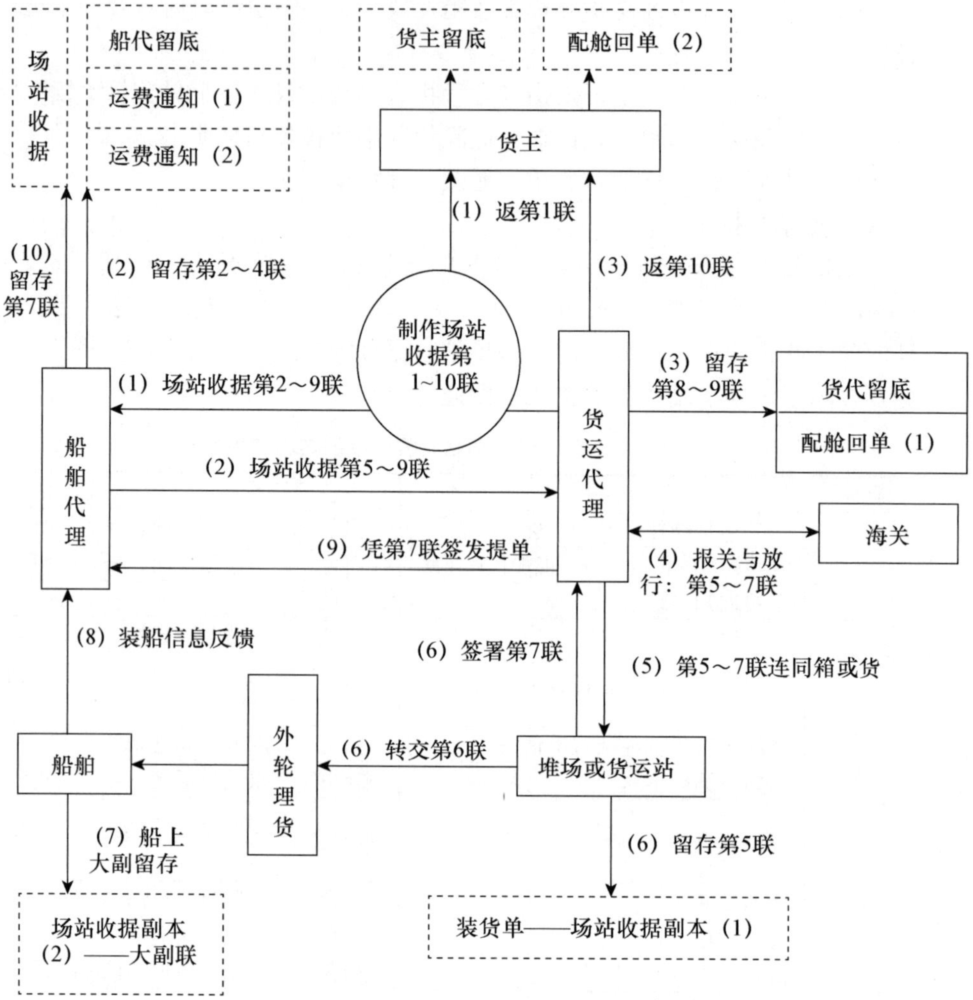

图 5-4　场站收据流转示意图

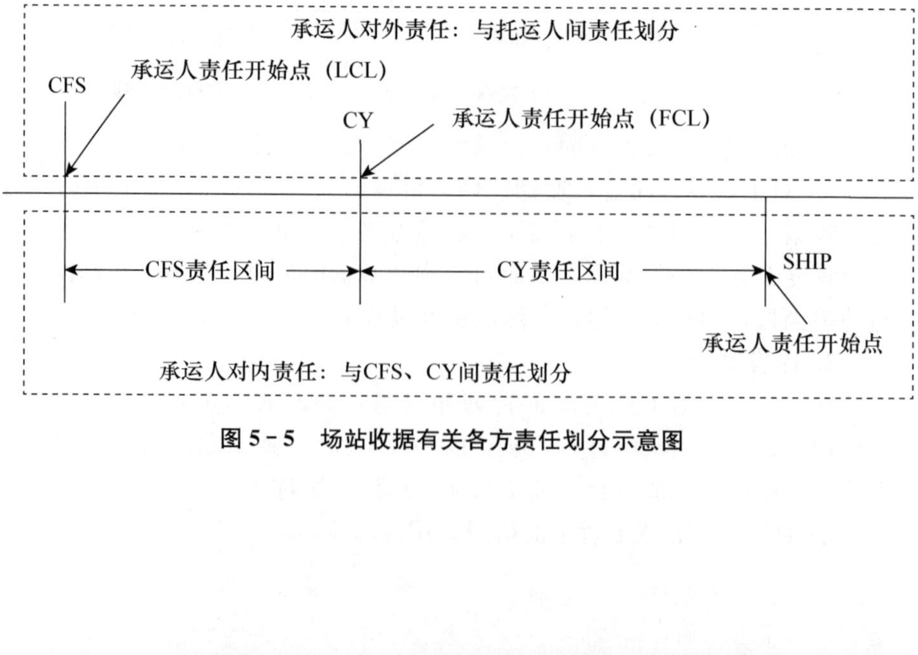

图 5-5　场站收据有关各方责任划分示意图

表 5-4　提货单各联的名称与用途

顺序	名称	颜色	主要用途
1	到货通知联	白色	通知提货及确认提货日期和日后结算箱子或货物堆存费的依据
2	提货单联	白色	报关单证之一，用于提取货物和便于货主进行某些贸易、交易（拆单）
3	费用账单（1）联	蓝色	用于场站向收货人结算港杂费
4	费用账单（2）联	红色	用于场站向收货人结算港杂费
5	交货记录	白色	证明货物已经交付，承运人对货物运输的责任已告终止

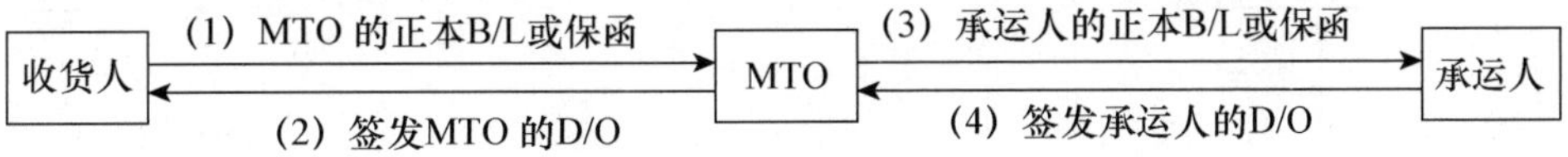

图 5-6　多式联运经营人与承运人提货单的流转

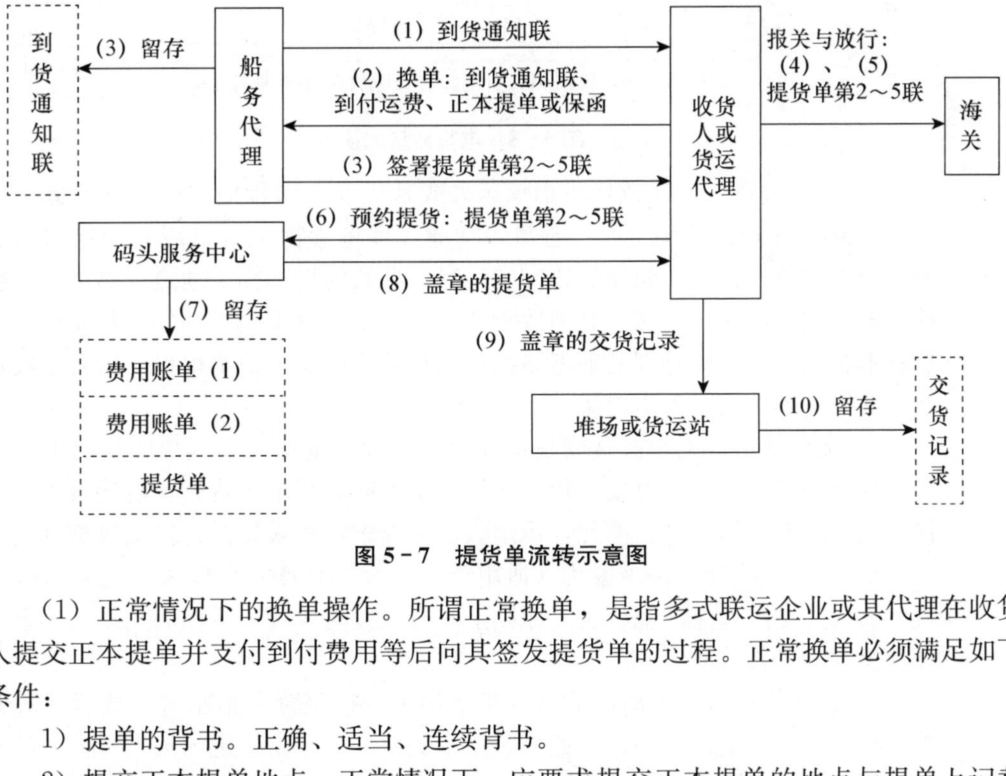

图 5-7　提货单流转示意图

（1）正常情况下的换单操作。所谓正常换单，是指多式联运企业或其代理在收货人提交正本提单并支付到付费用等后向其签发提货单的过程。正常换单必须满足如下条件：

1）提单的背书。正确、适当、连续背书。

2）提交正本提单地点。正常情况下，应要求提交正本提单的地点与提单上记载的卸货地点相一致。

3）提交正本提单数量。正常情况下，收货人交回一份正本提单即可，但在以下情况下应要求交回全套正本提单：一票货物有多个收货人主张提货时，或者提单交付地点或实际卸货地与提单记载不一致时。

4）提单上的非清洁批注应转到提货单上。

5）其他方面。如提单是否完整有效，正本提单与舱单所载内容是否一致，到付运费的是否接到承运人的放货通知，是否满足了承运人对放货的特殊要求（如有的话）。

（2）非正常情况下的换单操作。

1）电报放货。电报放货（telex release）简称“电放”，或“提单电放”，是指承运人或其装货港代理收到货物后已签发或应签发而尚未签发提单，根据提单上托运人的要求在装货港收回全套正本提单或不签发正本提单，然后以电报、电传形式通知承运人卸货港代理将货物交给提单收货人或托运人的指定人。

电报放货的操作流程如图 5-8 所示。

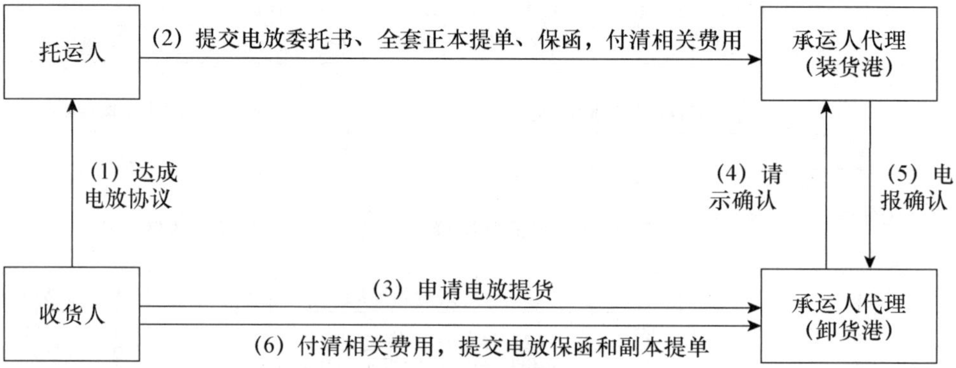

图 5-8 电报放货的操作流程

2）异地放货。异地放货是指承运人或其代理在卸货地点以外的地方接受申请人的请求并收回全套正本提单，通知卸货港代理将货物交给申请方指定的收货人。此外，异地放货也包括在船舶更改卸货港时所导致的提单提交地点与提单上记载的卸货地点不一致的情况。显然，异地放货实际属于变相电报放货，其操作流程也与电报放货基本相同，其主要差别是前者系托运人在装货港交付正本提单，后者是收货人在异地（非卸货港）交付正本提单。

3）无单放货。无单放货就是指收货人在没有提交正本提单的情况下，凭保函和副本提单要求放货。与电报放货与异地放货不同，无单放货时，承运人因未收回正本提单而面临更大的风险，因此，承运人往往要求收货人凭银行保函放货（实务中最为常见），或者凭收货人保函放货（适用于与承运人有良好合作关系且实力雄厚、信誉良好的大货主）和保证金放货（原则上，可以接受收货人提供的支票或现金担保，但金额至少应是货价的 200%）。

4）指示提单未背书时的放货。指示提单应按照背书指示进行放货，对凭指示提单，必须经过托运人背书，对凭××指示提单，必须由指定的某人背书，某人通常为银行或收货人。实务中存在背书人忘记在指示提单上背书的情况，此时放货的程序规定如下：一是卸货港代理收回全套正本提单；二是通知背书人所在地（装货港）代理，装货港代理与背书人联系，审核背书人身份，并要求其指定最终买方（提单持有人）作为收货人；三是装货港代理审核背书人的书面放货指示，确认真实性后通知卸货港代理；四是卸货港代理审核指定收货人的身份后放货。

在集装箱运输中，承运人的责任是从接收货物开始到交付货物为止。换言之，场站收据是证明承运人责任开始的单据，而交货记录是证明责任终了的单据，因此，收货人和堆场、货运站正确地签收交货记录十分重要。

3. 设备交接单

对 COC 的发放与交接，应依据进口提货单、出口订舱单、场站收据以及这些文件内列明的集装箱交付条款，实行集装箱设备交接单制度。

设备交接单（equipment interchange receipt or equipment receipt，E/R），是集装箱箱管业务的核心单证，它是集装箱所有人或其代理签发的用以进行集装箱等设备发放、收受等移交手续并证明移交时箱体状况的书面凭据，在我国港台地区俗称提柜纸。

设备交接单作为集装箱在流转过程中每个环节所发生的变化和责任转移的事实记录，除了用于对集装箱的盘存管理和对集装箱进行跟踪，还可代替集装箱发放通知单，兼作箱管单位提供给用箱人或其代理据此向港站办理提取、交接或回送集装箱及其设备的依据，更是划分箱体在使用过程中的损坏责任的唯一依据。

设备交接单（见本书附录 6）分为进场设备交接单和出场设备交接单两种。进场或出场设备交接单一般由船舶代理留底联（白色）、码头堆场联（白色）和用箱人、运箱人联（黄色）三联构成，其流转过程如图 5－9 所示。

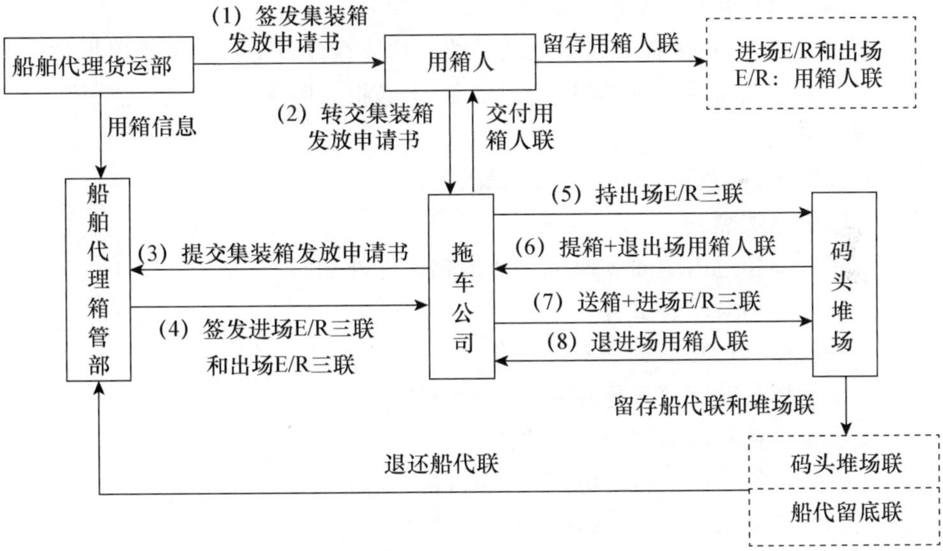

图 5－9　集装箱设备交接单流转示意图

（1）集装箱交接的检查与批注。办理集装箱和设备交接单的手续通常都是在堆场的门口进行，出场/进场时都应由堆场的工作人员与用箱人/运箱人共同检查集装箱及设备的情况和设备交接单上所列的内容。

1）空箱进出场检查。对空箱的交接要求是：箱体完好（指无损伤、变形、破口、擦伤等）、水密、不漏光、清洁、干燥、无味、箱号清晰、特种集装箱的机械及电气运转正常。为此，空箱进出场，需要对集装箱的前壁、左侧、右侧、地板、顶部、门的内外、外部/起落架等部位进行详细的检查。

集装箱装到拖车后，箱底部与拖车架接触，无法观察，堆场理货员应在吊装集装箱至拖车时观察集装箱底部有无损坏，如有损坏，应通知检查口更换集装箱。

箱底面以外的其他部位的检查，主要包括以下几点：

①外部检查：查看箱体表面是否有变形、损伤等。

②内部检查：检查时应进入箱内，关上箱门，观察有无漏光现象，由此判断集装箱是否破损。

③箱门检查：箱门应完好、水密。

④清洁检查：检查箱内有无残留物和污染、锈蚀、水湿、异味等。

⑤根据货物及有关要求进行其他检查，如防虫、防病疫检查等。

理货员根据验箱结果，在验箱记录上具体说明箱型、材质及箱体是否完好，并签字确认。

2）重箱进出场检查。对重箱的交接要求是：箱体完好（指无损伤、变形、破口、擦伤等）、箱号清晰、封号完好、特种集装箱的机械及电气运转正常。

①外部检查：查看箱体表面是否有变形、损伤等。

②核对箱号是否与单证相符。

③记录封条号码，包括海关关封及厂家施加的厂封。

④注明集装箱的类型、材质。

3）批注。凡是有下列情况之一的，均应在设备交接单上予以批注：

①箱号及装载规范不明、不全，封志破损、脱落、丢失、无法辨认或与进口文件记载不符。

②擦伤、破洞、漏光，箱门无法关紧。

③焊缝爆裂。

④凹损超过内端面3厘米，凸损超角件外端面。

⑤箱内污染或有虫害。

⑥装过有毒有害货物未经处理。

⑦箱体外贴有前次危险品标志未经处理。

⑧集装箱附属部件损坏或丢失。

⑨特种集装箱机械、电气装置异常。

⑩集装箱安全铭牌（CSC plate）丢失。

（2）集装箱交接责任划分。在指定的收发箱地点，凭集装箱代理人签发的集装箱设备交接单受理集装箱的收发手续。凭出场集装箱设备交接单发放集装箱，并办理出场集装箱设备交接手续；凭进场集装箱设备交接单收取集装箱，并办理设备交接手续。

双方在交接时，无论有无问题，都需签字并以设备交接单作为分清双方责任的依据。基于交接地点和集疏运方式的不同，有关各方的交接责任划分如下：

1）船方与港方交接以船边为界。

2）港方与货主（或其代理人）、公路承运人交接以港方检查桥为界。

3）货运站、中转站与货主（或其代理人）、公路承运人交接以货运站、中转站的道口为界。

4）港方、货运站、中转站与铁路、水路承运人交接以车皮、船边为界。

4. 其他主要单证

（1）集装箱装箱单。集装箱装箱单（container load plan，CLP）是集装箱内货物详细情况的记载单证。其中，整箱货由发货人制作，拼箱货由负责装箱的货运站制作。

集装箱装箱单记载箱内所装货物的名称、数量、尺码、重量、标志以及货物积载情况，对于特殊货物还应加注特定要求，如冷藏货对箱内温度的要求等。

集装箱装箱单是记载每一个集装箱内所装货物详细情况的唯一单据，可以作为货物明细、拆装箱依据、船舶配载的数据来源、编制堆场与装船计划的依据、索赔的依据等。

（2）舱单。舱单（manifest，M/F）是指反映进出境船舶、航空器、铁路列车、公路车辆等运输工具所载货物、物品的纸质载货清单及电子数据。

舱单是反映运输工具载运货物、物品、旅客情况的最基本的第三方数据，在海关监管中发挥着“基础底账”的作用，因而是载运工具办理进出口报关手续的必备单证之一，同时也是安排货物预配载、码头场站安排货物进场、存放保管、制定装卸计划、进行装货和理货的依据。

1）按照运输方式，可分为海运舱单、空运舱单、铁路舱单、公路舱单等。

2）按是否为纸质，可分为纸质舱单和电子舱单。按照《中华人民共和国海关进出境运输工具舱单管理办法》（海关总署令第 172 号）的要求，以电子数据交换的方式向海关传输的进出境运输工具的载货清单数据，其内容应与纸质舱单数据一致。

3）按进出口，可分为进口舱单、中转舱单、出口舱单。出口舱单按货物是否装载于载运工具，可分为预配舱单和装（乘）载舱单。预配舱单是指反映出境运输工具预计装载货物、物品的舱单。装（乘）载舱单，也称清洁舱单，是指反映出境运输工具实际配载货物、物品的舱单。进口舱单，也称原始舱单，是指反映进境运输工具装载货物、物品的舱单。

（3）舱图。舱图，也称配载图（stowage plan，S/T）、倍位图（bay plan，B/P），是指集装箱船装箱的计划图，集装箱码头据此装箱。

集装箱配载图的编制程序如下：

1）编制集装箱船航次。航次订舱单是船公司航运部门或代理根据货主的托运申请为特定船舶的具体航次分配待运集装箱的清单。

2）预配图的编绘。由船公司、船舶代理或船上大副将航次订舱单上所列集装箱，按集装箱配装基本原则及满足卸货港序和快速装卸的要求，将各港集装箱的箱位做大致安排，并绘制出集装箱预配图。

3）集装箱实配图的编制。集装箱码头装卸公司在收到集装箱预配图后，按照预配图的要求，并结合集装箱在码头堆场的堆放顺序，编制集装箱实配图。集装箱实配图由箱位总图和各排箱位图构成。

4）实配图的审核。在集装箱装船前，集装箱码头装卸公司应将实配图送交船长和大副做全面审核。只有当船长和大副核准并签字后，该实配图才能成为指导船舶装箱作业的正式配载计划。

5）集装箱积载图的编绘。船舶装载结束后，由理货员依据现场理货记录负责绘制集装箱积载图，船舶大副负责对实际装载条件下的船舶稳性、强度和吃水差进行核算。实积图通常包括全船箱位总图、集装箱各排箱位图、集装箱装船统计表以及船舶稳性、强度、吃水差计算表。

（4）理货单证。理货单证是指理货公司在理货业务中使用和出具的凭证。理货单证是船舶载运货物在港口交接当时的数量和状态的实际情况的原始记录，因此具有凭证和证据的性质。

理货单证的应用范围极为广泛，涉及货物流通领域的各个环节，包括仓储、装卸、海运、监督管理、结汇、保险、索赔等；涉及货物的各个关系人，包括发货人、港口、船舶、海关、银行、保险、收货人等；还涉及国内和国外。各种理货单证提供的对象是不同的，计数单、现场记录、待时记录、日报单、理货证明书、货物积载图、货物分舱单提供给船方，货物溢短单、货物残损单提供给船方、港方、货方，其中货物积载图和货物分舱单还要通过船方或其代理人提供给国外卸货港。货物溢短单和货物残损单还要通过船代提供给船公司。

5.1.3 集装箱多式联运单证电子化

1. 各口岸单证电子化情况

近年来，各港口口岸通过实施提货单、设备交接单、装箱单等电子化，加快港口业务全程无纸化进程，大幅提高业务办理和货物通关效率，有效地降低了物流成本，改善了港区道路拥堵和集卡司机作业环节，有力地支撑了口岸营商环境优化。

（1）上海口岸。2018年5月，上海口岸取消了纸质装箱单的使用，自此码头不再收取纸质装箱单，改为纯电子化的装箱单操作。上海口岸EIR（电子设备交接单）平台于2018年5月开始正式大规模上线，2019年有81家外贸船公司所涉进出口业务全面上线。截至2019年11月底，通过EIR操作累计完成量已突破1 000万自然箱，平台注册司机47 022人，营运车辆42 626台。上海口岸电子提货单平台于2018年11月开展试点工作，11月底首票电子提货单受理计划顺利完成。根据分步实施、逐步覆盖的推进原则，10家先行试点船代于2019年7月开始全面推广应用，2019年11月6日，上海口岸23家船代的进口集装箱货物提货单已全面实现无纸化。

（2）大连口岸。大连口岸从2018年12月着手开展推广电子设备交接单起至2019年7月，实现外贸进口重箱的电子放货成功尝试。

（3）青岛口岸。青岛口岸在2005年通过各场站的电子装箱单EDI（电子数据交换）报文对接，实现了出口集港无纸化。2018年12月上线“电子提货单＋网上受理支付”功能，实现进口全程无纸化。2018年开发出口场站提箱无纸化项目，实现全程无纸化。

（4）宁波舟山口岸。宁波舟山港于2018年4月率先实现集装箱外贸进口重箱设备交接单无纸化。2019年4月，全面上线集装箱外贸出口业务全程无纸化服务功能。

（5）厦门口岸。厦门港于2016年在海天码头试点上线码头端设备交接单电子化。

2018 年初立项试点电子提货单，同年 11 月在海天码头指定客户成功上线。2019 年 7 月部署到集团旗下所有外贸集装箱码头，同时升级提货单电子化，增加船代端交接、客户授权、加密、比对等功能，已于 2020 年 1 月份全面推广应用。

（6）广州、深圳口岸。广州港 2016 年立项进行集装箱信息综合物流服务平台与港口 EDI 数据中心开发，针对供应链中不同的港口服务对象，建立专门的信息服务平台。在港口单证无纸化设备交接单与电子装箱单方面，服务 380 多家企业用户、75 多万自然箱。

招商局港口于 2019 年启动建设数字化三大平台。其中，“网上招商港口”承担统一的港口对外服务功能，一方面，一个窗口、一个平台统一对外服务，包括通关、物流、商贸等；另一方面，通过统一平台建设，形成可复制推广标准。

（7）江苏口岸。在江苏省港口集团中，南京港龙潭码头、张家港永嘉码头、太仓港码头都实现了设备交接单的无纸化，目前主要是通过 EDI 和网站、App 方式，形成了完整的数据链。后期将向镇江等港口推进 EIR，最终在整个江苏港口集团范围内实现设备交接单的无纸化。

2. 单证电子化的操作流程

以青岛港进口集装箱为例，电子化前，客户要先至船公司指定船代换取提货单，再去集装箱场站押箱领取设备交接单，最后将提货单及设备交接单交至车队，车队才能至码头提货；电子化后，客户只需至船公司指定船代交单，后续作业都通过口岸平台在线实现。

下面以中远海运集运公司在青岛口岸的进口电子提货单和设备交接单操作流程为例来具体说明：

（1）在船到港前 24 小时，在中远海运集运公司官网查询换单费，网上申请开发票；登录山东电子口岸网站或者 App，申请办理电子提货单。

（2）向中远海运集运公司交付纸质提单，若单据信息无误，即可通过山东电子口岸网站或 App 下载电子提货单。

（3）到中远海运集运公司现场，将下载的 PDF 电子提货单发到现场办单人员手机，在窗口办理押箱手续。

（4）凭借 PDF 版的电子提货单和电子设备交接单，即可前往码头提箱。

（5）空箱返还时，可网上办理退押和超期缴费。

5.2　集装箱多式联运运作流程

5.2.1　概述

集装箱多式联运运作流程是指为能向客户提供集装箱多式联运服务而设计的从托运货物开始直至交付货物完毕的一系列作业环节。

集装箱多式联运是在多式联运经营人的组织协调下，由货主、区段承运人、场站经营人、运输代理人等各方相互协作完成的。从空间上划分，其运作流程主要包括发送管理、中转管理、交付管理三方面的内容。至于各关联方在每个阶段所承担的业务内容，很大程度上受制于所采用的运输方式以及集装箱交付条款等。

图5－10为全程由多式联运经营人（MTO）负责，一程是公路运输，二程是海上运输，三程是铁路运输的多式联运。下面以多式联运经营人与货主之间采用DR/CY条款、多式联运经营人与各区段承运人之间采用CY/CY条款，并使用船公司集装箱为例，简要说明各阶段的运作内容。

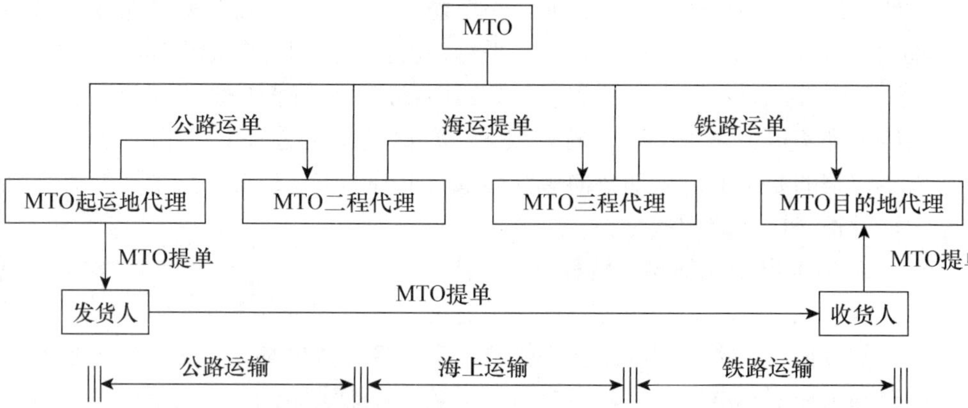

图5－10 集装箱多式联运提单及各区段实际承运人签发运输单证的流转程序

1. 发送管理

发送管理，主要包括订舱业务、箱管业务、费收业务、签发单证业务、报关报检及保险业务等。

（1）多式联运经营人启运地分支机构或代理接受托运申请，并向海上承运人订舱，海上承运人确认订舱后，委托公路承运人到海上承运人在启运地提箱点提取空箱（如内陆没有空箱的话，则需要到码头堆场提取空箱），并到工厂收货、装箱，然后公路承运人安排将重箱送至集装箱码头。

（2）在工厂接收货物，多式联运经营人启运地分支机构或代理签发全程多式联运提单。其中的正本交给发货人，用于结汇；副本若干份交付多式联运经营人，用于多式联运经营人留底和送交目的地分支机构或代理。

（3）代办货物报关报检与保险（如货主委托的话），并向海关申报多式联运经营人舱单。

（4）多式联运经营人启运地分支机构或代理货交公路承运人，支付相关运杂费后，公路承运人签发以多式联运经营人或其启运地分支机构或代理为托运人、以多式联运经营人或其分支机构或代理为收货人的公路运单，运单上应注有全程多式联运提单的号码。多式联运经营人启运地分支机构或代理在货物出运并取得运单后，应立即以最快的通信方式将公路运单副本、舱单等寄交多式联运经营人装运港分支机构或代理，以便其分支机构或代理提取货物或安排转运手续；与此同时，还应向多式联运经营人提供运单正本以及载运汽车离站时间及预计抵达时间等信息，以便多式联运经营人能全面了解货运进展和向相关分支机构或代理发出必要的指示。

2. 中转管理

当物品从启运地到目的地之间不能依靠一次运输直达时，就要经过二次或多式运输而发生中转作业。中转作业起着承前启后的作用，它既要及时接收前一程运输的物品，又要通过二程运输，及时发送该物品。因此，对提高运输工作质量而言，加强中转管理极为重要。

中转管理主要涉及以下几方面工作：

（1）衔接运输计划。多式联运经营人装运港分支机构或代理必须按有关规定，提前将需要中转的运输计划通知海运承运人；此外，要事先做好接运和中转准备工作。

（2）多式联运经营人装运港分支机构或代理收到运单副本后，到公路承运人或其代理处办理提货或安排转运手续，公路承运人或其代理核对身份后，将集装箱交付海运承运人或其代理指定的码头堆场。码头堆场向其签发场站收据。

（3）多式联运经营人装运港分支机构或代理办理货物转关及报检手续等。

（4）接收中转货物。海运承运人在收到发货预报后，应尽量衔接运力，争取就站、港直拨。同时，还应留有一定的仓库货位，以保证转运货物临时受阻时，可顺利入库，不压车、船。

（5）发运中转商品。为减少货物待运期，发运中转货物应按货物到达顺序，先来先转；对救灾、易腐、鲜活和市场急需的货物应优先转运；货物中转之后，应按规定将货物运单和运输交接单的留存联统计、归档、成册，以备查询。

（6）海运承运人或其代理凭场站收据，签发以多式联运经营人或其分支机构或代理为托运人，以多式联运经营人或其卸货港分支机构或代理为收货人的提单（当然也可以是指示提单，但通知方应为多式联运经营人卸货港分支机构或代理），提单上应注明全程多式联运提单号码。多式联运经营人装运港分支机构或代理在货物出运并取得提单后，应立即以最快的通信方式将正本提单、舱单等寄交多式联运经营人卸货港分支机构或代理，以便分支机构或代理能用此提货或安排转运手续；与此同时，还应向多式联运经营人提供提单副本以及船舶离港报告等，以便多式联运经营人能全面了解货运进展和向相关分支机构或代理发出必要的指示。

（7）多式联运经营人卸货港分支机构或代理应提前向铁路承运人办理托运，并在收到提单后，凭此从海运承运人或其代理处提取集装箱，然后交付给铁路承运人或其代理，铁路承运人或其代理收到货物后，签发以多式联运经营人或其卸货港分支机构或代理为托运人，以多式联运经营人或其目的地分支机构或代理为收货人的铁路运单，运单上应注明全程多式联运提单号码。多式联运经营人卸货港分支机构或代理在货物出运并取得铁路运单后，应立即以最快的通信方式将铁路运单副本等寄交多式联运经营人目的地分支机构或代理，以便目的地分支机构或代理提货；与此同时，还应向多式联运经营人提供铁路运单正本以及火车动态等，以便多式联运经营人能全面了解货运进展和向目的地分支机构或代理发出必要的指示。

3. 交付管理

交付管理主要包括进口换单业务、箱管业务、费收业务、货运事故索赔与理赔业务等。

（1）在收到铁路车站的提货通知后，多式联运经营人目的地分支机构或代理向收货人发出提货通知。

（2）收货人付款赎单后取得多式联运经营人签发的全套正本多式联运提单，凭此全套正本提单可向多式联运经营人目的地分支机构或代理办理提货手续。多式联运经营人目的地分支机构或代理经与多式联运经营人寄交的副本提单核对，并在收取应收取的运杂费后，向收货人签发提货单以及授权收货人到车站办理提货事宜。

（3）收货人凭提货单等办理报关报检手续。

（4）收货人向铁路承运人办理提货手续，在核对身份并收取相关运杂费后，铁路承运人将集装箱交付收货人。

（5）收货人将集装箱运送到工厂或仓库后，应尽快拆箱，并及时将空箱返还到多式联运经营人指定的地点。当然，无论是多式联运经营人还是收货人在办理提空箱、交付或提取重箱以及返空箱时，都应交付押金、签发设备交接单，并在滞期时交付滞期费等。

（6）如果交付时发生货运事故，多式联运经营人应做好签收，并及时办理货运事故的理赔与索赔事宜。

5.2.2 以海运为核心的集装箱多式联运运作流程

以海运为核心的国际集装箱多式联运运作流程，由国际集装箱多式联运经营人与货主（托运人、收货人）之间的业务流程和国际集装箱多式联运经营人与各区段实际承运人之间的业务流程两部分组成。

1. 港口流程

以集装箱货物贸易为例，集装箱海运进出口从海运订舱开始至货物最终运抵库场，港口涉及的主体包括：船公司、海关、海事、码头企业、堆场企业、代理企业、拖车企业等。港口集装箱货物出口一般流程，参见表5-5和图5-11。

表5-5 港口集装箱货物出口一般流程

序号	流程	主要作业或服务内容
1	订舱或托运	申请订舱或托运
2	承运	确认订舱或托运
3	发放空箱	签发集装箱发放通知单，提取空箱
4	货物装箱	整箱货或拼箱货装箱
5	换取提单	换取提单
6	报检	预录报检数据，申报，办理报检
7	检验检疫查验	预约查验，接受查验，取得通关单
8	货物抵港	货物运抵港区，向海关发送运抵报告
9	报关	申报，交单
10	海关查验	办理预约，拖至查验场地，掏箱作业
11	装船	编制装船计划和积载计划，集装箱装船，离泊

注：上述流程为一般情况，部分流程顺序可调整或并行，且各港口口岸可能存在一定差异。

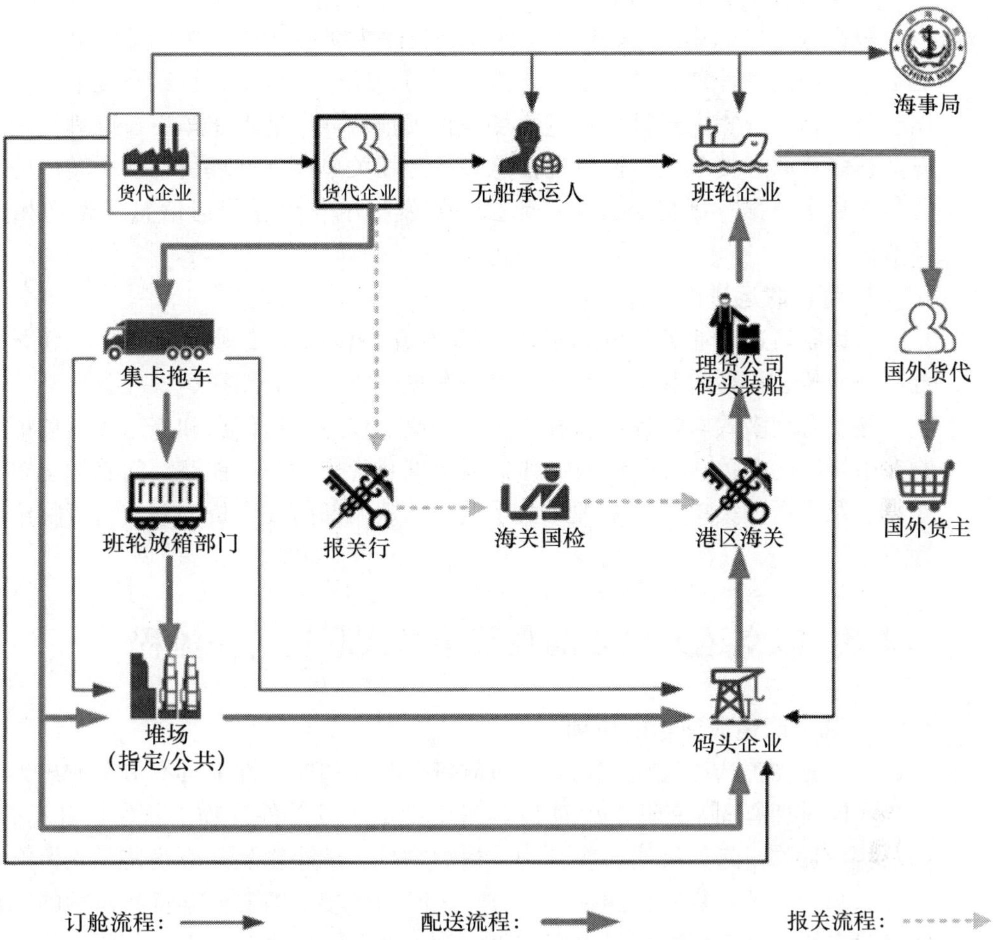

图 5-11　港口集装箱货物出口一般流程图

港口集装箱货物进口一般流程见表 5-6。

表 5-6　港口集装箱货物进口一般流程

序号	流程	主要作业或服务内容
1	卸船	船舶靠港，集装箱卸船
2	理货	理货，发送理货报告
3	换单	确认船到港信息，凭正本提单（或副本与保函）换取提货单
4	报检	申报，取得交单回执，现场办理报检
5	报关	申报，取得查验通知
6	海关查验	查验，递交单证，签字确认，放行
7	办理设备交接单	凭正本提单（或副本与保函）办理设备交接单
8	办理提箱	打印设备交接单，预约提箱
9	检验检疫查验	预约查验，接受查验，放行
10	提箱	到码头提取集装箱
11	还空箱	拆空货物后，将空箱返回指定地点
12	提货	凭提货单去码头、堆场提取货物

2. 海铁联运出口运作流程

海铁联运出口业务（CIP价）的业务程序主要包括：接受托运申请，订立多式联运合同→编制月计划、日计划，向铁路部门、船公司订车、订舱→提取空箱（假设使用船公司箱）→货主安排货物进库场→报关报检→申请火车车皮，办理货物装车→签发全程多式联运提单→传递货运信息和寄送相关单证→办理货物在中转港的海关手续及制作货运单据→货交船公司，船公司签发提单→传递货运信息及寄送相关单证等环节。

3. 海铁联运进口运作流程

海铁联运进口业务（FCA价）的基本程序包括：接受托运申请，订立多式联运合同→向船公司订舱和向铁路部门申请车皮→收货人通知托运人准备集装箱装船等事宜→签发全程多式联运提单和收取海运提单→传递货运信息和寄送相关单证→办理货物在中转港的海关转关手续及制作货运单据→货交铁路，铁路部门签发运单→传递货运信息及寄送相关单证→办理海关手续，从铁路部门提取货物并交付货物给收货人等环节。

5.2.3 以空运为核心的集装箱多式联运运作流程

1. 陆空联运应注意的事项

（1）应妥善选择运输方式。飞机航班在时间和安全性上具有卡车航班无法比拟的优势，同时拥有固定的运力。所以，对于批量小及单件货物重量、尺寸适合的货物，以及特种货物，诸如鲜活易腐货物、贵重物品、危险物品，应当使用飞机航班运输。

（2）应处理好货物在两种运输方式之间的衔接，即要根据货物运输的续程航班时间来确定使用飞机航班还是卡车航班。为了确保航班收益最大化，所有货物在到达枢纽机场之前必须预订续程航班，可以根据续程航班的时间来确定运输方式。例如，在青岛至北京的航班选择上，如果续程航班于次日15时以前自北京起飞，就只能安排飞机航班运输货物，使用卡车航班运输很难保证有足够的操作时间将货物安排在续程航班上。而只有续程航班于次日15时以后自北京起飞，才考虑安排卡车航班运输货物。

（3）卡车航班的运营环境在某种意义上比空中航线更为复杂，因为运输时间和路程都要比飞机航班长。所以，对于全程的道路状况和天气状况必须进行充分的调查，才能确保卡车航班安全、准时地到达枢纽机场，衔接续程航班，并在发生任何异常情况时，予以妥善处理，将延误的时间减到最少，将可能的损失降到最低。

（4）卡车航班是对飞机航线的延伸。卡车航班在形式上是卡车，在概念上却是航班，卡车实际上是航空器的替代品，完全由航空公司按照固定的时间以及航线进行操作。按照国际惯例，货物从启运点到止运点都须设立机场，运单才可以直通。因此，如全程采取国际航空货运单“一票到底”的形式，就要求货运的始发站或目的地必须有国际航空组织公认的航空代码。

2. 陆空联运运作程序

以经香港空运的陆空联运货物为例，其主要运作程序如下：

（1）货主在签署贸易合同，制作发票、货物明细单时应注明联运方式。例如，“由发货地至香港装火车，由香港至中转地装飞机，由中转地至目的地装汽车”，并在唛头上列明目的地，注明转口货，以避免香港征税；有关单据上要加盖“陆空联运”字样，以示区别，加速中转。

（2）货主向陆空联运经营人办理委托，并提供有关单证资料，包括安排货物在香港转运业务的运输委托书或出口货物报关单。

（3）货物在内地装上火车后，陆空联运经营人签署航空货运分运单或承运货物收据交付货主，以便货主结汇。

（4）陆空联运经营人向在香港的收转人（目前主要有香港中国旅行社等）提供货物装上火车离站信息，以便转运人办理货物在香港的中转事宜。

（5）陆空联运经营人委托在中转地的代理人，负责从航空公司接收货物，并安排汽车转运至目的地，交付收货人。

练习题

1. 选择题

（1）在制作记名多式联运提单时，根据需要，可以缺少的事项包括（　　）。

A. 运费支付方式　　B. 正本提单份数　　C. 通知方的名称　　D. 船舶名称

（2）从空间上看，集装箱多式联运运作流程的内容包括（　　）。

A. 发送管理　　B. 在运管理　　C. 中转管理　　D. 交付管理

（3）对于善意提单持有人而言，多式联运提单是（　　）。

A. 多式联运合同　　B. 多式联运合同证明　　C. 货物收据　　D. 物权凭证

（4）多式联运经营人责任终止于（　　）。

A. 收回正本提单　　B. 收回交货记录　　C. 签发提货单　　D. 签发场站收据

2. 判断题

（1）多式联运单证与多式联运提单是同一概念。（　　）

（2）多式联运经营人的责任始于场站收据的签发日期。（　　）

（3）提货单又称小提单，也具有物权凭证功能。（　　）

3. 简答题

（1）简述多式联运提单与海运提单的异同。

（2）简述陆空联运应注意的事项。

（3）简述海铁联运出口运作流程。

4. 单证制作

根据下面提供的信用证条款的主要内容及有关制单资料，填制集装箱提单中（1）～（15）项内容。

Irrevocable documentary credit

Number：LC 123258866

Date：August 24，2003

Date and place of expiry：October 30，2003，Qingdao，China

Advising bank：Bank of China

Beneficiary：China XYZ Import and Export Corp.

Applicant：UVW Corporation

Total amount：USD 9 000（SAY US DOLLARS NINE THOUSAND ONLY）

Shipment from：Qingdao，China

To：Osaka，Japan

At the latest：October 15，2003

Description of goods：100% Cotton Towel as per S/C No. CH 200

Total quantity：8 000 pieces packing；800 Cartons

Total gross weight：20 000 KGS

Total measurement：30 CBM

Price term：CIF Osaka

Following documents required：

Signed commercial invoice in three copies.

Full set of three clean on board ocean bill of lading made out to order and endorsed in blank and marked "freight prepaid" and notify applicant.

Insurance policy for 110 PCT of the invoice value covering the Institute Cargo Clauses (A)，the Institute War Clauses.

Ocean vessel："Golden Star" Voy. No.：018E

Container No.：GSTU3156712/20

Marks & Nos：ITOCHU OSAKA NO. 1—800

Laden on board the vessel：October 14，2003

B/L date：October 14，2003

B/L signed by BBB Shipping Agency

Carrier：AAA Shipping Co.

<table>
<tr><td colspan="2">Shipper
(1)</td><td rowspan="4">B/L NO.</td></tr>
<tr><td colspan="2">Consignee
(2)</td></tr>
<tr><td colspan="2">Notify Party
(3)</td></tr>
<tr><td>Precarriage by</td><td>Place of Receipt</td></tr>
<tr><td>Ocean Vessel Voy. No.
(4)</td><td>Port of Loading
(5)</td><td rowspan="2">AAA Shipping Co.
Bill of Lading</td></tr>
<tr><td>Port of Discharge
(6)</td><td>Place of Delivery</td></tr>
</table>

<table>
<tr><td>Container No.
(7)</td><td>Seal No.
Marks & Nos.
(8)</td><td>No. of Containers or P (kgs)
(9)</td><td>Kinds of Packages; Description of Goods
(10)</td><td>Gross Weight (kgs)
(11)</td><td>Measurement</td></tr>
<tr><td colspan="6">TOTAL NUMBER OF CONTAINER OR PACKAGES (IN WORD)　　SAY ONE CONTAINER ONLY</td></tr>
<tr><td>Freight & Charge
(12)</td><td>Revenue Tons</td><td>Rate</td><td>Per</td><td>Prepaid</td><td>Collect</td></tr>
<tr><td>Ex. Rate.</td><td>Prepaid at</td><td colspan="2">Payable at</td><td colspan="2">Place and date of issue (13)</td></tr>
<tr><td></td><td>Total Prepaid</td><td colspan="2">No. of Original B (s)/L
(14)</td><td colspan="2">Signed for Carrier
(15)</td></tr>
<tr><td colspan="6">LADEN ON BOARD THE VESSEL
DATE (TERMS PLEASE FIND ON BACK OF ORIGINAL B/L)</td></tr>
</table>

第6章 集装箱多式联运通关与计费

引导案例　《全球贸易安全与便利标准框架》的实施

随着货运与人员交流的大幅增长、国际经济的全球化、有组织国际犯罪的剧增以及全球恐怖主义威胁的不断增长，国际贸易供应链不断受到国际恐怖主义、有组织犯罪和欺诈腐败等的威胁，国际贸易的安全与便利问题已成为国际社会关注的焦点。面对新形势，世界海关组织及时采取一系列战略行动，其中一个重大举措是制定《全球贸易安全与便利标准框架》，并在2005年世界海关组织理事会年会上获得通过。

《全球贸易安全与便利标准框架》试图通过采用数据交换、预先申报、风险评估等方式，在保证国际贸易供应链安全的前提下简化海关手续、便利贸易和加强税收。该框架的通过具有里程碑意义，将大大促进世界海关的现代化进程。

目前，美国、加拿大、墨西哥、巴西、中国等许多国家的海关均实行舱单装船前24小时申报的规定，作为承运人的多式联运经营人也成为舱单申报义务人。同时，作为全程运输的组织者，多式联运经营人还需要办理转关、过境、转运等通关业务。因而，多式联运从业人员有必要掌握与其业务相关的通关知识和技巧。

6.1 集装箱多式联运通关

6.1.1 概述

1. 海关概述

(1) 关检合一概述。为贯彻落实《深化党和国家机构改革方案》工作部署，2018年4月20日起，原国家质量监督检验检疫总局的出入境检验检疫管理职责并入海关总署，新海关职责包括一关三检的全部内容，即通关、卫生检疫、动植物检疫、商品检验四大内容。

新海关成立后，对原有海关、检验检疫的业务流程进行整合，形成新的业务流程，具体整合优化情况说明如下：

1）通关作业流程。

①“一次申报”。通过“单一窗口”实现“一次申报”。统一通过“单一窗口”实现报检；进一步加大“单一窗口”标准版的推进力度，提高主要申报业务覆盖率，覆盖范围涵盖检验检疫。

②“一次查验”。将海关的查验指令下达、实施查验、查验结果异常处置 3 个环节，检验检疫的查验指令下达、进出口商品检验、后续处置 3 个环节，共计 6 个环节，合并相同的 3 个环节，优化为查验指令下达、实施查验、查验结果异常处置 3 个环节。

③“一次放行”。收发货人凭海关放行指令提离货物，海关向监管场所发送放行指令，在放行环节核碰，实现一次放行。

2）运输工具登临检查流程。目前，在国际航行船舶登临检查作业环节由海事部门牵头，会同海关、边防、检验检疫等部门共同实施国际航行船舶登临检查。

将海关的登船检查 1 个环节，检验检疫的卫生检疫、登船检验 2 个环节，共计 3 个环节，合并共同的 1 个环节，优化为卫生检疫、登临检查 2 个环节。负责运输工具登临检查业务的检验检疫和海关科室（组）及人员合并工作，形成统一的运输工具监管队伍，统一指挥，根据运输工具检查不同要求（卫生检疫、动植物检疫、登临检查等）安排调度各种专业人员实施作业。

3）辐射探测流程。将海关辐射探测出入境的一检、二检、人工手持设备检测、后续处置 4 个环节，检验检疫的一检、二检、定量数据鉴定、取样化验、后续处置 5 个环节，共计 9 个环节，合并相同的 4 个环节，优化为一检、二检、人工手持设备检测、取样化验、后续处置 5 个环节。

4）邮件监管流程。将海关的总包监管、关封和路单监管、邮封监管、邮件装卸监管、邮件开拆监管、移送海关监管区监管、机检查验、人工开拆、处置、放行 10 个环节，检验检疫的总包邮袋消毒、接收邮件、放射性检查、机检查验、人工开拆、处置、封发转出 7 个环节，合计 17 个环节，合并相同的 5 个环节，优化为总包监管、关封和路单监管等 12 个环节。

5）快件监管流程。将海关的申报、机检查验、开箱查验、放行 4 个环节，检验检疫的动植物检疫、申报、机检查验、开箱查验、放行 5 个环节，合计 9 个环节，合并相同的 4 个环节，优化为动植物检疫、申报、机检查验、开箱查验、放行 5 个环节，其中对于低值货物类快件不再出具通关单。

（2）海关监管制度与信息系统概述。如图 6－1 所示，目前，海关已建立了诸如申报、查验、放行、后续稽查等制度，以便对“物”（货物、载运工具、物品等）的客观状况，以及与物相关的“人”（货主、运输企业、无船承运人、船舶代理、场站企业、理货企业、乘客、司乘人员等）的资格及其“行为”的合法性进行有效的审查。

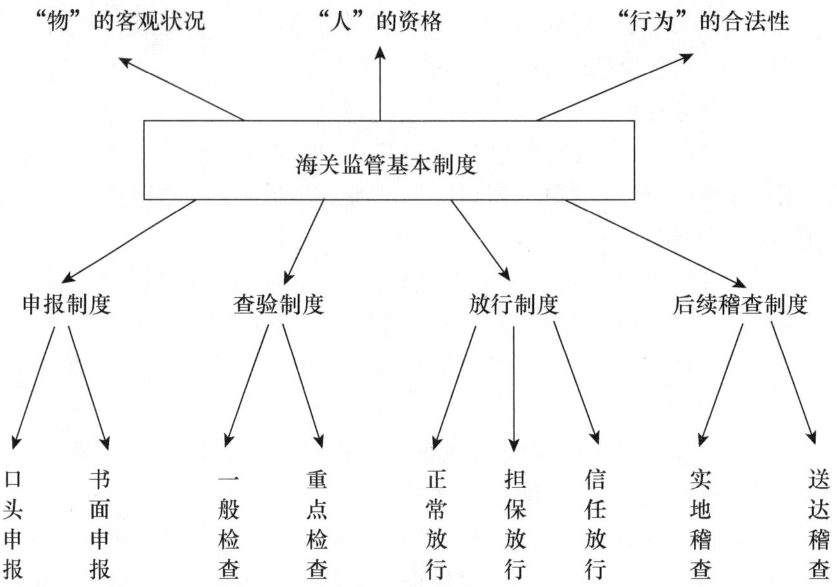

图6-1 海关监管制度示意图

海关既要确保物流在各环节的安全顺畅，更要解决好口岸物流与保税物流的衔接，处理好物流"点""线""面"三者之间的关系，实现货物流、信息流、单证流相互印证、始终相符。海关物流监控的"点"是指货物进、出、转、存的各个环节；"线"是指进出口货物在境内转关运输的过程；"面"是指海关监管场所（包括一般监管区和特殊监管区）。所谓海关监管场所，是指"进出境运输工具或者境内承运海关监管货物的运输工具进出、停靠，以及从事进出境货物装卸、储运、交付、发运等活动，办理海关监管业务、符合海关设置标准的特定区域"。如果说监管是监管体系的灵魂的话，那么做好监管场所有关物流的监管则是监管最基本、最核心的要求。为加强对监管场所、进出境运输工具和货物的实际监管，我国海关已建立起物流监控系统，以实现舱单（由承运人或其代理、无船承运人提供）、运抵报告（由场站企业提供）、理货报告（由理货企业提供）、报关单（由发货人、收货人或其委托的报关行提供）等的相互核对、相互制约（见图6-2）。

海关信息化建设，主要历经五个阶段：H883工程、H2000工程、金关一期工程、H2010工程和金关二期工程，目前正在建设H2018工程。

1）H2010工程。1978年第一台国产计算机在罗湖口岸正式投入使用，揭开了海关信息化的序幕。1988年我国顺利开发并应用了海关报关自动化系统，简称"H883工程"。2003年，海关总署以"海关金关工程"的名义向国家申请专项资金支持海关信息化建设。2006年，国家发改委正式批复海关金关工程一期立项。2012年，工程顺利通过国家发改委组织的竣工验收。H2000系统是海关金关工程一期核心内容，该系统采用了当时世界先进的三层技术体系架构和开放式技术，完成了对H883系统的升级换代，并实现了"开着汽车换轮子"的新老系统的平稳过渡。之后，海关对H2000系统继续升级，内部代号是"H2010工程"。H2010工程首次采用顶层设计理念，设计了新一代海关信息系统的总体架构，是目前正在使用的海关管理系统。

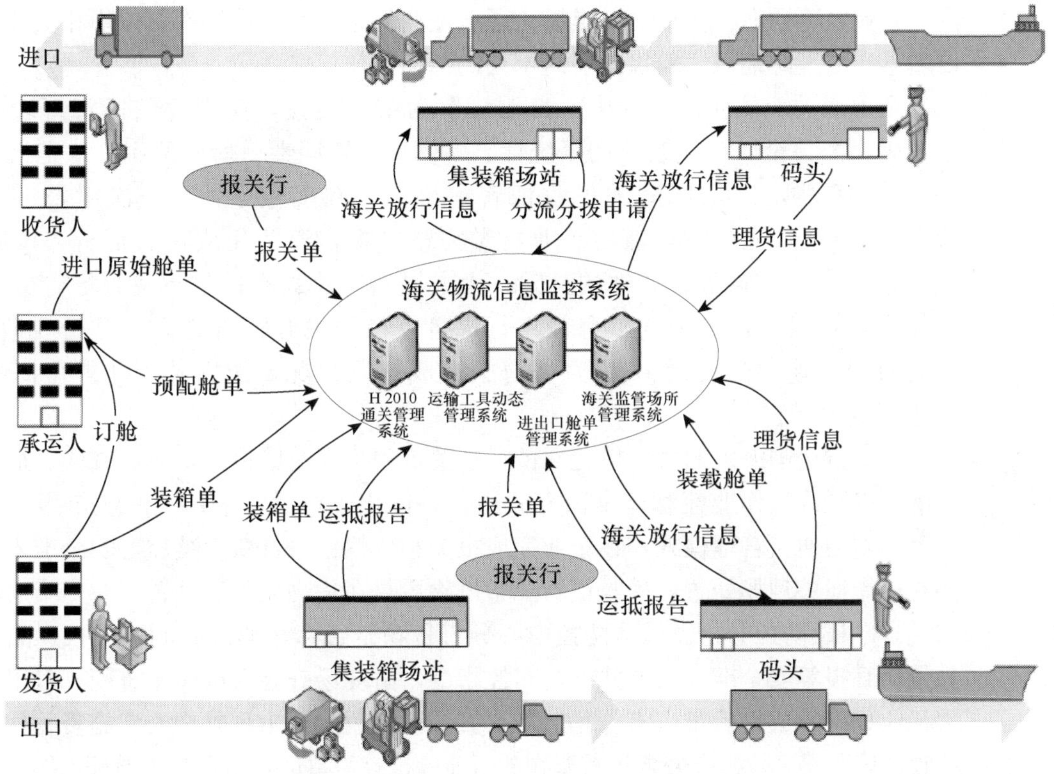

图 6-2　海关物流信息监控系统示意图

H2010 通关管理系统作为 H2010 工程中的一部分，是海关对进出口货物通关环节进行管理的系统，按通关的时间顺序可以分为以下三个环节：前期管理、现场作业、后续管理。

2）金关二期工程。海关总署金关工程二期项目是国务院批准的“十二五”期间国家电子政务的重大信息化工程，建设内容覆盖海关工作的各主要方面，包括通关管理系统、加工和保税管理系统、企业进出口信用管理系统等 20 个系统。

2018 年 6 月 30 日，全国所有海关特殊监管区域、保税监管场所已全面推广应用金关二期海关特殊监管区域管理系统。金关二期海关特殊监管区域系统适用于保税区、出口加工区、保税物流园区、跨境工业区、保税港区、综合保税区等特殊区域。

金关二期海关特殊监管区域系统是金关二期保税管理系统的组成部分，从功能上看涵盖现有 H2010 系统中的所有特殊区域相关功能，并增加了分送集报、保税货物流转等功能。

（3）全国通关一体化概述。全国通关一体化是以“单一窗口”为依托，以“三互”大通关为机制化保障，跨地区、跨层级、跨部门的高水平通关协作，是实现国家口岸治理体系和治理能力现代化的重要举措。

2017 年 7 月 1 日起，海关通关一体化正式在全国实施。海关通关一体化后，在海关层面，企业可以任意选择通关或者报关地点和口岸，在全国任何一个地方都可办理相关手续。也就是说，企业面对的不是具体的某个海关，而是中国海关这个整体，同一企业在不同海关享受到的是统一通关便利待遇。在口岸层面，口岸相关部门目前已基本建立了跨地区、跨层级、跨部门的通关协作模式。

全国通关一体化以“两中心三制度”为结构支撑，实现海关监管管理体制改革，确保海关全面深化改革的系统性、整体性、协同性。所谓两中心，是指全国海关风险防控中心、全国海关税收征管中心。三制度包括：“一次申报、分步处置”，即申报后先放行，然后企业再做完整申报，海关完成税收征管，以减少企业货物在港口、码头、场站的时间，大大提高通关效率；改革税收征管方式，主要靠企业自报、自缴税款，海关实行批量审核和税收稽查方式，监督税收入库；实施协同监管，打破原42个直属海关自成体系状况，建立若干功能型海关，实行协同监管。

在实行全国海关通关一体化之前，通关流程是接受申报、审单、查验、征税、放行的“串联式”作业流程。全国海关通关一体化改革后，采用“一次申报、分步处置”的新型通关管理模式，在企业完成报关和税款自报自缴手续后，安全准入风险主要在口岸通关现场处置，税收征管要素风险主要在货物放行后处置。

1）风险防控分析。风险防控中心分析货物是否存在禁限管制、侵权、品名规格数量伪瞒报等安全准入风险并下达布控指令，由现场查验人员实施查验。对于存在重大税收风险且放行后难以有效稽（核）查或追补税的，由税管中心实施货物放行前的税收征管要素风险排查处置；需要在放行前验核有关单证，留存相关单证、图像等资料的，由现场验估岗进行放行前处置；需要实施实货验估的，由现场查验人员根据实货验估指令要求实施放行前实货验估处置。货物经风险处置后符合放行条件的可予放行。

2）税收征管分析。税收征管中心在货物放行后对报关单税收征管要素实施批量审核，筛选风险目标，统筹实施放行后验估、稽（核）查等作业。

2. 集装箱多式联运通关的特点与内容

在集装箱多式联运模式下，多式联运经营人作为全程运输组织者，在报关方面，既有别于货运代理人，也有别于各区段的实际承运人，有其自身的内容与特点。

（1）主要特点。海关的区域一般是指海关所在的地区范围。如图6-3所示，对于集装箱多式联运货物而言，其国内的通关一般会涉及口岸海关、内陆海关及其所管辖的四个地点——进境地、出境地、指运地和启运地。

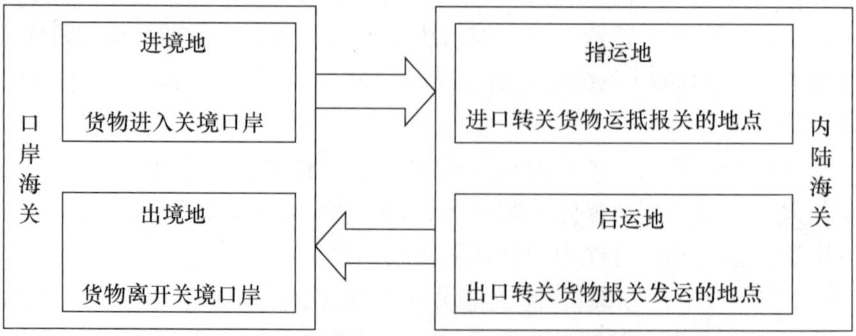

图6-3 集装箱多式联运货物通关涉及的“两关”“四地”

在指运地或启运地办理进出口手续的，必须由内陆与口岸两个海关共同完成监管任务，由此导致货物在内地与口岸之间的运输、通关与退税等均有其特点。

（2）主要内容。

1）舱单申报业务。与货运代理人不同，集装箱多式联运经营人因签发提单或运单而成为无船承运人或契约承运人，因而与实际承运人一样，需履行海关所规定的舱单申报义务。

2）集装箱监管业务。许多多式联运经营人自身购置或租赁集装箱，必然涉及集装箱监管问题。

3）跨关区通关业务。按照我国《海关法》的规定：进出口货物除应当在进出境地办理海关手续外，经收货人、发货人申请，海关同意，也可以在设有海关的进口货物的指运地或出口货物的启运地办理海关手续。在多式联运模式下，货主往往选择在指运地或启运地办理进出口手续，因而必然会涉及跨关通关。

4）过境、转运通关业务。在集装箱多式联运模式下，在口岸往往会发生货物的过境、转运与通运，因而会涉及相关的通关业务。

上述内容可归纳为两大方面：一是针对多式联运经营人方面的集装箱多式联运物流通关，包括对载运工具及载运货物、集装箱的海关监管；二是针对收货人、发货人方面的集装箱多式联运货物通关，包括一般货物、涉证货物、涉检货物等各种进出口货物的海关监管。

6.1.2　集装箱多式联运物流通关

1. 中国舱单申报实务

（1）舱单传输主体与传输内容。新的舱单管理办法不再仅是对舱单本身的管理，而是延伸至对整个物流链的管理，从运输工具进境的预报、抵港申报、卸货到出境的装箱、配载、装货，涵盖物流全过程，涉及船公司、无船承运业务经营人、船舶代理、海关监管场所、理货公司、货主等多方面。表 6－1 显示了海运舱单传输的主体及应传输的内容。

表 6－1　海运舱单传输的主体及应传输的内容

序号	传输的主体	应传输的内容
1	无船承运人	原始舱单、预配舱单的货代提单（house B/L）数据以及分拨申请
2	船舶负责人	原始舱单、预配舱单和装载舱单的船公司提单（master B/L）数据
3	船舶代理公司	原始舱单、预配舱单和装载舱单的船公司提单数据以及分拨申请
4	海关监管场所经营人	进口：进口理货报告、分拨运抵报告、分拨理货报告、疏港分流申请、疏港运抵报告；出口：运抵报告、出口理货报告
5	理货部门	理货报告
6	发货人	装箱清单

（2）舱单传输时限。舱单传输时限的具体规定如表 6－2 所示。

表6-2　我国货物进出境舱单的具体时限规定

<table>
<tr><th rowspan="2"></th><th colspan="2">海运</th><th rowspan="2">空运</th><th colspan="2">陆运</th></tr>
<tr><th>集装箱船</th><th>非集装箱船</th><th>铁路</th><th>公路</th></tr>
<tr><td rowspan="2">进口</td><td>装船的24小时以前</td><td>抵境内第一目的港的24小时以前</td><td>航程4小时以下的，起飞前；超过4小时的，抵境内第一目的港的4小时以前</td><td>抵境内第一目的站的2小时以前</td><td>抵境内第一目的站的1小时以前</td></tr>
<tr><td colspan="5">舱单传输人应当在进境货物、物品运抵目的港以前向海关传输原始舱单其他数据。海关接受原始舱单主要数据传输后，收货人、受委托报关企业方可向海关办理货物、物品的申报手续</td></tr>
<tr><td>出口</td><td>装船的24小时之前</td><td>开始装货的2小时之前</td><td>开始装货的4小时之前</td><td>开始装货的1小时之前</td><td>开始装货的1小时之前</td></tr>
</table>

（3）装箱清单的传输。装箱清单，是指反映以集装箱运输的出境货物、物品在装箱以前的实际装载信息的单据。

对集装箱运输的货物、物品，在货物装箱前，出口货物的发货人应当按照规定的内容、格式向海关传输装箱清单电子数据。在报关单电子审单时，海关系统会判断有无装箱清单，若没有申报，将无法审单。

（4）运抵报告的传输。运抵报告，是指进出境货物、物品运抵海关监管场所时，海关监管场所经营人向海关提交的反映货物、物品实际到货情况的记录。

出境货物、物品运抵海关监管场所时，海关监管场所经营人应当以电子数据方式向海关提交运抵报告。产地装箱货物，监管场所经营人应待相应集装箱进入仓库场地后发送运抵报告；场站装箱货物，海关监管场所经营人应在装箱施封后向海关发送运抵报告；对于爆炸品、化工危险品、放射性物品、鲜活物品、超宽超高集装箱以及由于特殊原因需采取船放操作的特殊货物，可由货主或其代理联系码头运抵堆场并随附保函，码头运抵堆场根据保函提前发送运抵报告，货主进行申报时需在报关单备注栏注明“船放”字样，同时码头运抵堆场每月须将当月实施船放货物明细报海关物流监控部门备查。

（5）理货报告的传输。理货报告，是指海关监管场所经营人或者理货部门对进出境运输工具所载货物、物品的实际装卸情况予以核对、确认的记录。

对于进口货物理货报告，理货部门或者海关监管场所经营人应当在进境运输工具卸载货物、物品完毕后的6小时内以电子数据方式向海关提交理货报告。需要二次理货的，经海关同意，可以在进境运输工具卸载货物、物品完毕后的24小时以内以电子数据方式向海关提交理货报告。

对于出口货物理货报告，出境运输工具驶离装货港的6小时以内，海关监管场所经营人或者理货部门应当以电子数据方式向海关提交理货报告。

（6）进口货物分拨申请。分拨，是指海关监管场所经营人将进境货物、物品从一海关监管场所运至另一海关监管场所的行为。

分拨货物、物品运抵海关监管场所时，海关监管场所经营人应当以电子数据方式向海关提交分拨货物、物品运抵报告。

在分拨货物、物品拆分完毕后的2小时以内，理货部门或者海关监管场所经营人应当以电子数据方式向海关提交分拨货物、物品理货报告。

（7）进口货物疏港分流及其申请。疏港分流，是指为防止货物、物品积压、阻塞港口，根据港口行政管理部门的决定，将相关货物、物品疏散到其他海关监管场所的行为。

货物、物品需要疏港分流的，海关监管场所经营人应当以电子数据方式向海关提出疏港分流申请，经海关同意后方可疏港分流。

疏港分流完毕后，海关监管场所经营人应当以电子数据方式向海关提交疏港分流货物、物品运抵报告。

（8）过境、转运、通运货物的信息传输。过境货物（transit goods）、转运货物（transshipment goods）、通运货物（through goods），均是由境外启运，通过中国境内继续运往境外的货物，即为两头在外，途经我国的货物，具体情况如表 6－3 所示。

表 6－3　过境、转运和通运货物的比较

项目	过境货物	转运货物	通运货物
启运地	境外	境外	境外
目的地	境外	境外	境外
托运人	境外货主	境外货主	境外货主
收货人	境外货主	境外货主	境外货主
是否已办理进出口手续	未办理	未办理	未办理
是否通过境内陆路运输	通过	不通过	不通过
是否换装运输工具	视情况而定	同一种运输方式间换装	不换装
进出境运输工具	车、船、飞机	车、船、飞机	船、飞机
海关监管目的	防止货物在口岸换装中混卸进口或混装进口	防止货物在口岸混同进口货物卸地，并监管其原状、如数运出境外	防止货物在口岸混同进口货物卸地，并监管其原状、如数运出境外
海关查验	外形查验	外形查验	外形查验

过境货物，舱单及相关电子数据传输人应当按照《中华人民共和国海关进出境运输工具舱单管理办法》（以下简称《舱单办法》）规定传输进出境舱单及相关电子数据。

转运货物，舱单传输人应当按照《舱单办法》规定向海关传输原始舱单、预配舱单、装载舱单以及理货报告等电子数据。

通运货物，舱单及相关电子数据传输人暂不传输舱单及相关电子数据。

（9）空箱的电子数据传输。舱单传输人应当向海关传输调拨进出境空箱电子数据；空箱未按报送数据实际装卸的，舱单传输人应当按照相关规定办理空箱的电子数据变更手续。

2. 美国反恐舱单申报实务

20 世纪 90 年代，美国海关开始引入船公司自动舱单系统（automated manifest system，AMS）。“9 • 11”事件之后，美国海关实施集装箱安全预检系统（container

security initiative，CSI）。基于集装箱安全预检的要求，自2003年2月2日起，美国海关开始在全球严格实施《装船前24小时申报舱单管理规则》，即对所有挂靠美国港口的集装箱船舶，美国海关强制要求集装箱班轮运输公司和无船承运人在境外港口装船前24小时，必须向美国海关的AMS预先申报集装箱内所装载货物的舱单资料，故也称反恐舱单申报或AMS申报。

（1）申报主体。向美国海关进行AMS申报的主体主要是船公司。但在实际操作中，由于无船承运人都签发自己的提单，因而在任何情况下，无船承运人都被要求参与24小时预先申报舱单信息系统。

（2）申报时限。一是集装箱货物。不论是进口货还是过境货（foreign cargo remaining on board，FCOB），均要求在装货港（指本票货的第一装货港而非船舶抵达美国前的最后一个外国港）装货前24小时申报。二是散货。对进口货，在船抵美港口前24小时申报；对过境货，在货装船前24小时申报。三是件杂货。对进口货，可申请享有24小时提前申报的豁免，如申请获批准，则在船抵美港口前24小时申报，如申请未获批准，则应在国外港口装货前24小时申报；对于过境货，在国外港口装货前24小时申报。

（3）未申报的后果。对申报主体设置了三重惩罚制度：

一是罚款。首次违规行为罚款5 000美元，第二次违规则罚款1万美元，并依次累加。

二是经济赔偿。如果无船承运人不能在规定的时间内向海关提供准确的舱单信息，或者提供了错误的、伪造的及经过改动的舱单信息，除被处以上述罚款，还要因违反了无船承运人保证金的要求承担相应的经济赔偿责任。

三是推迟卸船，即美国海关不发卸船许可证。规则规定，只有在船舶进港并且从海关获得了卸货许可后，才能将货物卸下。

（4）无船承运人的申报方式。自行或通过代理申报，但不得通过船公司申报。美国海关做出这一规定的意图是：避免船公司和无船承运人之间在申报舱单时操作混乱，责任不明确，也可以减少舱单数据的差错。在美国，无船承运人可分为可具备AMS申报能力的无船承运人（AMS NVOCC）和不具备AMS申报能力的无船承运人（NON-AMS NVOCC）。前者是指有权通过AMS系统直接申报的无船承运人，它必须符合三个条件：一是具有美国联邦海事委员会（Federal Maritime Commission，FMC）颁发的无船承运人证书或者在FMC取得登记；二是向美国海关缴纳了保证金或取得国际承运人担保；三是能够利用AMS系统传输数据。不具备AMS申报能力的无船承运人，必须通过具备AMS申报能力的服务商、港口当局或者船舶代理，向美国海关申报其舱单信息。

（5）注意事项。

一是船公司提单号码。美国海关要求无船承运人在提交给美国海关的舱单信息里，应加上船公司提单号码，便于美国海关和船公司之间交换货物的相关信息。美国海关做出这一规定的意图是：加强无船承运人和船公司之间的舱单申报状态信息交流，减少信息交流不及时导致的货物不能装船或者是不能及时提货的问题。

二是AMS中的第二通知方栏（second notify party）的填写。在AMS中，有一栏被标记为第二通知方，具有自动申报能力的无船承运人在申报时必须将与其签约的船公司填入第二通知方栏内。经确认的第二通知方栏内的各方，在每一次提单变更、货物被禁止装船或放行时，都会收到美国海关边防总署的通知。这样，利用第二通知方的方法可以将参加AMS的无船承运人或者舱位互租人申报的信息告知承运人。

三是套约拼装货物的申报。套约拼装（co-loading），也称合并出运、合作装载，是指两个或两个以上的无船承运人的拼装货物，以一个主装无船承运人的名义，通过代理商出运的行为。其中，主装无船承运人（master NVOCC），也称签约无船承运人（contract NVOCC），美国海关边防总署对其的定义是："负责将箱子交由船舶承运人运输的无船承运人"。参与拼装的无船承运人（tendering NVOCC），也称交运货物的无船承运人，是指把货物交给主装无船承运人运输的无船承运人。

显然，在套约拼装下，一般需要签发三套提单：参与拼装的无船承运人向实际发货人签发的提单、主装无船承运人向参与拼装的无船承运人签发的提单、船公司向主装无船承运人签发的提单。

如表6-4所示，在套约拼装下，基于是否具备自动申报资格的不同，无船承运人的申报方式也有所不同。对于参与拼装的无船承运人而言，如果具有自动申报（指加入AMS或通过合法的代理申报）资格，则必须通过AMS直接向美国海关边防总署报备，反之，则必须通过主装无船承运人申报；对于主装无船承运人而言，如果具有自动申报的资格，则直接向海关申报，反之则通过代理商申报。

表6-4 套约拼装下各无船承运人的申报方式

序号	是否具备申报AMS资格		申报方式
	参与拼装的无船承运人	主装无船承运人	
1	否	是	参与拼装的无船承运人→主装无船承运人→海关
2	是	否	参与拼装的无船承运人→海关，主装无船承运人→代理商→海关
3	否	否	参与拼装的无船承运人→主装无船承运人→代理商→海关
4	是	是	参与拼装的无船承运人→海关，主装无船承运人→海关

3. 集装箱海关监管实务

（1）国际集装箱牌照的核发。我国境内制造的集装箱可以申请我国海关批准牌照，也可以向加入联合国《一九七二年集装箱关务公约》的境外有关国家当局申请外国海关的批准牌照。境外制造的集装箱可以申请我国海关的批准牌照。

海关总署授权中国船级社统一办理集装箱我国海关批准牌照。境内或境外制造的集装箱的所有人申请我国海关批准牌照的：首先，经检验合格的，中国船级社应向其签发按定型设计批准证明书（适用于新造箱）或者按制成以后批准证明书（适用于制成后的箱或维修箱）；其次，集装箱的所有人应当在经批准的集装箱上安装中国船级社核发的海关批准牌照，并在箱体外部规定位置标识序列号。

（2）进出口集装箱的海关申报。从国外购买的进口集装箱或在国内生产的出口集装箱，系国际贸易中的一种商品，应按一般进出口货物向海关申报。

对于暂时入境集装箱，如系国内多式联运经营人的集装箱，无论是否装载货物，进出境均无须对集装箱单独申报，也不受期限限制；如系境外多式联运经营人的集装箱，无论是否装有货物，承运人均应当对集装箱单独向海关申报，按暂时进出口货物办理海关手续，并于入境之日起6个月内复运出境，特殊情况下，可申请延长3个月。进境需担保方可放行；复出境，凭出口报关单退保证金。

（3）境内空箱调运。经国务院交通主管部门批准，国际集装箱班轮公司可以在境内沿海港口之间调运其周转空箱及租用空箱。对此，国际集装箱班轮公司或者其代理人应凭交通主管部门的批准文件和自制的集装箱调运清单，向调出地和调入地海关申报。至于采用海运以外的其他运输方式在境内调拨或者运输的空集装箱，则无须再办理海关手续。

6.1.3 集装箱多式联运货物通关

1. 企业取得报关资质与报关准备

自2018年8月1日起，所有企业均由“中国国际贸易单一窗口”标准版或“互联网+海关”新系统进行新版报关单的统一申报。

企业需要同时具备报关和报检双重资质且使用电子口岸报关员卡或操作员卡才能成功申报新版报关单。

（1）企业取得报关资质。根据海关总署2018年第28号《关于企业报关报检资质合并有关事项的公告》要求，自2018年4月20日起，企业在海关注册登记或者备案后，将同时取得报关报检资质。

注册登记或者备案申请。企业在互联网上办理注册登记或者备案的，应当通过“中国国际贸易单一窗口”标准版（http：//www.singlewindow.cn/）“企业资质”子系统填写相关信息，并向海关提交申请。企业申请提交成功后，可以到其所在地海关任一业务现场提交申请材料。审核通过的，海关向注册登记或者备案企业核发中华人民共和国海关报关单位注册登记证书。

（2）办理IC卡。进出口企业申请办理申报所需报关员或操作员IC卡介质。关于申请办理IC/IKEY卡流程，可通过中国电子口岸数据中心热线咨询。

（3）用户注册。进出口企业完成“中国国际贸易单一窗口”标准版的用户注册，获取企业已备案信息，绑定IC卡信息。

2. 新的报关单及随附单证的变化

按照海关总署统一部署，从2018年8月1日起，报关报检面向企业端整合形成“四个一”，即一张报关单、一套随附单证、一组参数代码、一个申报系统。同步修订、编写并对外发布《中华人民共和国海关进出口货物报关单填制规范》（海关总署2018年第60号）、《进出口货物报关单和进出境货物备案清单格式》（海关总署2018年第 61 号)、《进出口货物报关单申报电子报文格式》(海关总署 2018 年第 67 号) 等。

此次修改涉及 4 种单证：中华人民共和国海关进口货物报关单 (JG01，简称“进口货物报关单”)、中华人民共和国海关出口货物报关单 (JG02，简称“出口货物报关单”)、中华人民共和国海关进境货物备案清单 (JG21，简称“进境货物备案清单”) 和中华人民共和国海关出境货物备案清单 (JG22，简称“出境货物备案清单”)。

此次修改对进口、出口货物报关单和进境、出境货物备案清单布局结构进行了优化，版式由竖版改为横版，纸质单证全部采用普通打印方式，取消套打，不再印制空白格式单证。

(1) 报关系统和申报程序变化。关检融合前，企业分别登录报检和报关两个系统进行进出口货物的申报。关检融合后，企业用户可通过海关总署网页内的“互联网＋海关”或“中国国际贸易单一窗口”两个接入点进行报关报检申报，使用一个系统界面、一次申报，由系统自动核对检验检疫电子底账数据，录入报关和报检信息，点击“一次申报”即可完成申报程序。

(2) 涉检产品申报变化。关检融合前，针对涉检产品，企业的报关单和报检单上分别有独立的编号。而关检融合后，企业只有一个报关单编号，没有报检号。入境申报企业需要同时具备报关、报检双资质才能申报新报关单。出境申报企业暂时不需要双资质，即原来仅报检不报关的企业，由境内发货人在报关前向产地/出口地海关申请出口前监管并生成电子底账数据后，再委托其他企业报关即可。

(3) 报关单填制规范、内容等变化。

1) 进出口报关单的填制规范变化。关检融合后，最新的报关单填制规范整合了原报关单、报检单上共有的填报指标，新增了境外收发货人、货物存放地点、启运港、入境口岸/离境口岸、自报自缴 5 项填制要求，并同时修改了原有的收发货人、进口口岸/出口口岸、装货港/指运港、随附单证 4 个栏目的名称。

2) 进出口报关单的内容变化。新版进出口报关单除了增加页码/页数、报关人员证号、电话、自报自缴 4 项内容外，出口报关单新增境外收货人、离境口岸、原产国 (地区) 等 7 项内容，进口报关单新增境外发货人、货物存放地点、最终目的国 (地区) 等 9 项内容。

3) 进出境货物备案清单及参数代码变化。随着报关单填制规范的变化，海关特殊监管区域企业的进出境货物备案清单也在填报细节上发生了一些相类似的变化。同时，关检融合后因新报关单录入参数的变更，部分原有报关单报检单的参数代码字段也随之变化。

(4) HS 商品编码变化。关检融合前，HS 编码为 10 位数字的商品编号。关检融合后，HS 编码需填报 13 位数字，新增的第 11～13 位数字为检验检疫附加编号 (CIQ 编码)，即检验检疫监管扩展码。如果货物的 10 位编码对应多个 3 位检验检疫附加码及名称，需根据货物的具体情况选择其中一个。以新鲜的去骨牛肉为例，关检融合前，HS 编码是 0201300090；关检整合申报后，经查，该商品的 CIQ 编码是 101，HS 编码为 0201300090101。

3. 涉检货物的通关

涉检货物，是指属于《出入境检验检疫机构实施检验检疫的进出境商品目录》

（简称《法检目录》）内商品及法律法规规定需检验或检疫的货物。此类货物的申报应参照中华人民共和国国务院令第447号《中华人民共和国进出口商品检验法实施条例》（2019年修订）、海关总署公告2018年第89号《关于优化出口货物检验检疫监管的公告》等有关规定执行。

（1）报检范围。出入境检验检疫范围包括商品检验、食品检验、动植物检疫、卫生检疫、认证认可等。

1）列入《法检目录》以及虽未列入《法检目录》但根据法律法规规定需实施检验或检疫的，例如列入《危险化学品目录》（2015版）中的货物以及旧机电设备等，以及国家法律法规规定必须由出入境检验检疫机构检验检疫的。

2）输入国家或地区规定必须凭出入境检验检疫机构出具的证书方准入境的。

3）有关国际条约规定须经检验检疫的。

4）申请签发普惠制原产地证或一般原产地证的。

5）对外贸易关系人申请的鉴定业务和委托检验。

6）对外贸易合同、信用证规定由出入境检验检疫机构或官方机构出具证书的。

7）未列入《法检目录》的入境货物经收、用货单位验收发现质量不合格或残损、短缺，需检验检疫机构出证索赔的。

8）涉及出入境检验检疫内容的司法和行政机关委托的鉴定业务。

出入境检验检疫机构对列入《法检目录》的进出口商品以及法律、行政法规规定须经出入境检验检疫机构检验的其他进出口商品实施检验（以下称“法定检验”），对法定检验以外的进出口商品，根据国家规定实施抽查检验。

（2）报检人。进出口商品的收货人或者发货人可以自行办理报检手续，也可以委托代理报检企业办理报检手续；采用快件方式进出口商品的，收货人或者发货人应当委托出入境快件运营企业办理报检手续。

进出口商品的收货人或者发货人办理报检手续，应当依法向出入境检验检疫机构备案。

（3）进口商品的检验。

1）法定检验的进口商品的收货人应当持合同、发票、装箱单、提单等必要的凭证和相关批准文件，向报关地的出入境检验检疫机构报检；通关放行后20日内，收货人应向出入境检验检疫机构申请检验。法定检验的进口商品未经检验的，不准销售，不准使用。进口实行验证管理的商品，收货人应当向报关地的出入境检验检疫机构申请验证。出入境检验检疫机构按照海关总署的规定实施验证。

2）法定检验的进口商品应当在收货人报检时申报的目的地检验。大宗散装商品、易腐烂变质商品、可用作原料的固体废物以及已发生残损、短缺的商品，应当在卸货口岸检验。海关总署可以根据便利对外贸易和进出口商品检验工作的需要，指定在其他地点检验。

（4）出口商品的检验。

1）法定检验的出口商品的发货人应当在海关总署统一规定的地点和期限内，持合同等必要的凭证和相关批准文件向出入境检验检疫机构报检。法定检验的出口商品未经检验或者经检验不合格的，不准出口。

2）出口商品应当在商品的生产地检验。海关总署可以根据便利对外贸易和进出口商品检验工作的需要，指定在其他地点检验。出口实行验证管理的商品，发货人应当向出入境检验检疫机构申请验证。出入境检验检疫机构按照海关总署的规定实施验证。

3）在商品生产地检验的出口商品需要在口岸换证出口的，由商品生产地的出入境检验检疫机构按照规定签发检验换证凭单。发货人应当在规定的期限内持检验换证凭单和必要的凭证，向口岸出入境检验检疫机构申请查验。经查验合格的，由口岸出入境检验检疫机构签发货物通关单。

4）出口危险货物包装容器的生产企业，应当向出入境检验检疫机构申请包装容器的性能鉴定。包装容器经出入境检验检疫机构鉴定合格并取得性能鉴定证书的，方可用于包装危险货物。出口危险货物的生产企业，应当向出入境检验检疫机构申请危险货物包装容器的使用鉴定。使用未经鉴定或者经鉴定不合格的包装容器的危险货物，不准出口。

5）对装运出口的易腐烂变质食品、冷冻品的集装箱、船舱、飞机、车辆等运载工具，承运人、装箱单位或者其代理人应当在装运前向出入境检验检疫机构申请清洁、卫生、冷藏、密固等适载检验。未经检验或者经检验不合格的，不准装运。

（5）报关单中涉检业务申报注意事项。按照申报类型，可分为涉证业务的申报检验检疫和非涉证业务的申报检验检疫。

1）检验检疫名称。录入 HS 编码后根据检验检疫名称描述进行选择。

2）使用单位联系电话。如需出具 e 证书，务必填写手机号。

3）检验检疫机关。不得选择机关本部等无业务的部门。受理机关和领证机关根据实际需求填报。

4）资质、属性。一是涉及企业资质的需勾选“企业承诺”；二是涉及许可证的货物需准确填报产品资质；三是涉及强制性认证、食品和化妆品首次进口、转基因、成套设备、旧机电、特殊物品、木材等情况时，必须填报货物属性。

4. 特定进出口货物的通关

海关对不同类型的进出口货物，其要求的报关程序有所不同。比如，一般进出口货物通常包括申报、查验、缴税、放行四大环节，而海关对保税加工货物、特定减免税货物、暂准进出口货物等，增加了前期备案和后续解除监管两个环节，对禁限管制的货物，则需要提交有关部门颁发的监管证书。

（1）特定减免税货物。特定减免税货物，是指海关根据国家的政策规定准予减税、免税进口使用于特定地区、特定企业、特定用途的货物。特定地区是指我国关境内由行政法规规定的某一特别限定区域，享受减免税优惠的进口货物只能在这一特别限定的区域内使用。特定企业是指由国务院制定的行政法规专门规定的企业，享受减免税优惠的进口货物只能由这些专门规定的企业使用。特定用途是指国家规定可以享受减免税优惠的进口货物只能用于行政法规专门规定的用途。其报关基本程序包括以下环节：进口前的减免税申请、申报进口、监管期间接受监督和核查、海关监管期限届满后解除监管。

（2）暂准（时）进出口货物。此处特指为了特定的目的经海关批准暂时进境或暂时出境并在规定时间内原状复运出境或复运进境的货物。其报关基本程序包括以下环节：进（出）口前备案及担保申请、进（出）口时凭担保报关、监管期间接受监督与核查、复出（进）口时报关、核销结关。

（3）转关货物。转关货物是指在海关的监管下，从一个海关运至另一个海关办理某海关手续的进出口货物。包括三种情况：由进境地入境后，向海关申请转关运输、运往另一设关地点办理进口海关手续的货物；在启运地已办理出口海关手续运往出境地，由出境地海关监管放行的货物；由关境内一设关地点转运到另一设关地点应受海关监管的货物。

全国海关一体化后，企业可以任意选取一个海关进行申报，并自报自缴税款。由于申报更自由、手续更简便、通关更顺畅，因而未来转关货物将大大减少。根据2017年10月11日海关总署发布的《关于规范转关运输业务的公告》（2017年第48号）规定，除以下几种情况外，海关不接受转关申报：

1）多式联运货物，以及具有全程提（运）单需要在境内换装运输工具的进出口货物，其收发货人可以向海关申请办理多式联运手续，有关手续按照联程转关模式办理。

2）进口固体废物满足以下条件的，经海关批准后，其收发货人方可申请办理转关手续，开展转关运输：一是按照水水联运模式进境的废纸、废金属。二是货物进境地为指定进口固体废物口岸。三是转关运输指运地已安装大型集装箱检查设备。四是进口废金属的联运指运地为经国家环保部门批准设立、通过国家环保等部门验收合格、已实现海关驻点监管的进口固体废物“圈区管理”园区。五是联运至进口固体废物“圈区管理”园区的进口废金属仅限园区内企业加工利用。

3）易受温度、静电、粉尘等自然因素影响或者因其他特殊原因，不宜在口岸海关监管区实施查验的进出口货物，满足以下条件的，经主管地海关（进口为指运地海关，出口为启运地海关）批准后，其收发货人方可按照提前报关方式办理转关手续。一是收发货人为高级认证企业。二是转关运输企业最近一年内没有因走私违法行为被海关处罚。三是转关启运地或指运地与货物实际进出境地，不在同一直属关区内。四是货物实际进境地已安装非侵入式查验设备。进口转关货物应当直接运输至收货人所在地，出口转关货物应当直接在发货人所在地启运。

4）邮件、快件、暂时进出口货物（含ATA单证册项下货物）、过境货物、中欧班列载运货物、市场采购方式出口货物、跨境电子商务零售进出口商品、免税品以及外交、常驻机构和人员公自用物品，其收发货人可按照现行相关规定向海关申请办理转关手续，开展转关运输。

显然，不再以转关方式运输，意味着原只有转关备案车辆可承接的业务，自公告执行后，所有的车辆均可参与竞争，再无制度性的门槛可言。因而，对那些主要业务为内陆转关运输的公司影响很大，其业务缩减或收入缩减的比例甚至可能达80%以上。

此外，进出口货物可以按照提前报关、直转、中转三种方式办理转关手续。它们之间的异同如表 6-5 所示。

表 6-5　三种转关方式的异同

<table>
<tr><td rowspan="2">对比项目</td><td colspan="2">提前报关方式</td><td colspan="2">直转方式</td><td colspan="2">中转方式</td></tr>
<tr><td>出口</td><td>进口</td><td>出口</td><td>进口</td><td>出口</td><td>进口</td></tr>
<tr><td>属地海关申报人</td><td>发货人</td><td>收货人</td><td>发货人</td><td>收货人</td><td>发货人</td><td>收货人</td></tr>
<tr><td>口岸海关申报人</td><td>发货人</td><td>收货人</td><td>发货人</td><td>收货人</td><td>承运人</td><td>承运人</td></tr>
<tr><td>是否换装运输工具</td><td>视情况</td><td>视情况</td><td>视情况</td><td>视情况</td><td>是</td><td>是</td></tr>
<tr><td>运输单据上装货地</td><td>出境地</td><td>国外</td><td>出境地</td><td>国外</td><td>启运地</td><td>国外</td></tr>
<tr><td>运输单据上卸货地</td><td>国外</td><td>进境地</td><td>国外</td><td>进境地</td><td>国外</td><td>指运地</td></tr>
<tr><td>进口货物申报期限</td><td colspan="6">自运输工具申报进境之日起 14 天内向进境地海关办理转关手续，在海关限定期限内运抵指运地海关之日起 14 天内，向指运地海关办理报关手续，逾期按规定征收滞报金</td></tr>
</table>

提前报关方式、直转方式之间的区别在于：前者先向指运地或启运地海关申报，而后者可直接向进境地或启运地海关申报。

中转方式与提前报关方式、直转方式的区别在于：中转方式适用于联运物（或称中转货），即货物采用全程运输单据，且必须换装境内运输工具，因而应由境内承运人或其代理办理转关事宜；而提前报关方式、直转方式适用于非联运货（非中转货）。

（4）涉证货物。涉证货物，是指属于禁限管制的货物。对此类货物，报关时需要提交相关部门签发的监管证件。

5. 进口货物“两步申报”通关模式

根据海关总署发布的《关于开展“两步申报”改革试点的公告》（2019 年第 127 号），自 2019 年 8 月 24 日起，在部分海关开展进口货物“两步申报”改革试点。

（1）“两步申报”的概念与优势。“两步申报”通关模式，是指企业概要申报后经海关同意即可提离货物，随后再在规定时间内完成完整申报的新型通关模式。

“两步申报”与现有的“一次申报、分步处置”模式相比，具有以下优势：

1）“时点申报”变为“过程申报”。企业不必一次性填报完整，而是根据掌握的信息分步填报，概要申报环节仅申报“9＋2＋N”（申报 9 个基础项目、确认 2 个物流项目，如果涉证、涉检分别补充相应申报项目），其他项目在完整申报补充。

2）货物提离加快。概要申报后，如果货物不需要查验，即可将货物提离海关监管场所。

3）税收担保创新。依托社会信用体系，建立概要申报的担保制度，高级认证企业可向海关申请免除担保。

4）监管理念转变，秉承“告知承诺制”。企业在概要申报时自行确认是否涉证涉检涉税，这一确认行为视同企业向海关做出守法承诺。

（2）“两步申报”的内容。

1）概要申报的内容。概要申报环节仅申报“9＋2＋N”（申报 9 个基础项目、确认2个物流项目，如果涉证、涉检分别补充相应申报项目）。

不属于禁限管制且不属于依法需检验或检疫的，申报9个项目：境内收发货人、运输方式/运输工具名称及航次号、提运单号、监管方式、商品编号（6位）、商品名称、数量及单位、总价、原产国（地区）。确认涉及物流的2个项目（毛重、集装箱号），应税的须选择符合要求的担保备案编号。

属于禁限管制的需增加申报2个项目：许可证号/随附证件代码及随附证件编号、集装箱商品项号关系。

依法需检验或检疫的需增加申报5个项目：产品资质（产品许可/审批/备案）、商品编号（10位）＋检验检疫名称、货物属性、用途、集装箱商品项号关系。

2）完整申报的内容。企业自运输工具申报进境之日起14日内完成完整申报，办理缴纳税款等其他通关手续。税款缴库后，企业担保额度自动恢复。如概要申报时选择不需要缴纳税款，完整申报时经确认为需要缴纳税款的，企业应当按照进出口货物报关单撤销的相关规定办理。

（3）“两步申报”试点条件。试点期间，适用“两步申报”需同时满足三个条件：

1）境内收发货人信用等级是一般信用及以上的；

2）经由试点海关实际进境货物的；

3）涉及的监管证件已实现联网核查的。

此外，转关业务暂不适用“两步申报”模式。对加工贸易和海关特殊监管区域内企业以及保税监管场所的货物申报，可以适用“两步申报”模式，但在使用金关二期系统开展“两步申报”时，第一步概要申报环节不使用保税核注清单，第二步完整申报环节报关单按原有模式，由保税核注清单生成。

6. 特殊监管区货物报关

（1）保税货物的通关。保税货物，是指经海关批准未办理纳税手续进境，在境内储存、加工、装配后复运出境的货物。其报关基本程序包括以下环节：合同登记备案、申报进口、监管期间接受监督和核查、按最终去向申报出口或办理其他海关手续、核销结案。

为推进实施以保税核注清单核注账册的管理改革，海关总署发布《关于启用保税核注清单的公告》（2018年第23号），推行保税核注清单制度。

1）保税核注清单的概念与类型。保税核注清单是金关二期保税底账核注的专用单证，属于办理加工贸易及保税监管业务的相关单证，是所有金关二期保税底账的进、出、转、存的唯一凭证。通俗地说，就是设立了金关二期保税账册的企业，保税底账的核增核减有了“新规矩”，报关单不再直接承担保税底账核注功能，这是海关保税底账管理的“创制之举”。

按照相关保税监管业务类型，保税核注清单可分为普通清单、分送集报清单、先入区后报关清单、简单加工清单、保税展示交易清单、区内流转清单、异常补录清单等。

2）保税核注清单与报关单的区别与联系。在商品上，保税核注清单是反映企业生产实际的料号级（料号级是指企业自己商品的编号）商品，报关单是用于通关、料号级数据经过归并汇总的项号级（项号级是指海关的商品HS编码）商品，两级数据需要保持一致。

保税核注清单和报关单的数量关系是一对一（需要报关）或一对零（不需要报关）。企业报送保税核注清单后需要办理报关单（备案清单）申报手续的，报关单（备案清单）申报数据由保税核注清单数据归并生成。

3）保税核注清单的应用范围。加工贸易及保税监管企业已设立金关二期保税底账的，在办理货物进出境、进出海关特殊监管区域、保税监管场所，以及开展海关特殊监管区域、保税监管场所、加工贸易企业间保税货物流（结）转业务的，相关企业应按照金关二期保税核注清单系统设定的格式和填制要求向海关报送保税核注清单数据信息，再根据实际业务需要办理报关手续。

4）保税核注清单的优点。全面支持企业料号级管理的需求，可以实现加工贸易及保税监管企业料号级管理以及通关项号级的申报；简化了保税货物流转手续，凡是设立了金关二期保税账册的企业，办理加工贸易货物余料结转、加工贸易货物销毁（处置后未获得收入）、加工贸易不作价设备结转手续时，可不再办理报关单申报手续。

5）保税核注清单的报送。海关特殊监管区域、保税监管场所、加工贸易企业间加工贸易及保税货物流转，应先由转入企业报送进口保税核注清单，再由转出企业报送出口保税核注清单。

（2）“先出区、后报关”通关模式。根据海关总署发布的 2018 年第 198 号《关于“先出区、后报关”有关事项的公告》，海关总署决定在特殊区域及保税物流中心（B 型）（以下简称“中心”）实施“先出区、后报关”监管改革。

“先出区、后报关”，是指特殊区域及中心内企业对出境货物，可通过信息化系统凭核放单先行办理出特殊区域及中心手续，再向海关报关的业务办理模式。此处所称“信息化系统”，是指金关二期特殊区域管理系统、保税物流管理系统。

对适用“先出区、后报关”模式的货物，企业应采用全国通关一体化方式通关。

（3）“先入区、后报关”通关模式。“先入区、后报关”是指在特殊区域境外入区环节，经海关注册登记的特殊区域内企业可以自运输工具申报进境之日起 14 日内，先凭进口舱单信息进行申报后将货物提运进区，再向特殊区域主管海关办理进境备案清单申报手续的作业模式。

1）“先入区、后报关”模式的适用条件。

①企业管理类别为一般信用企业及以上；

②建立符合海关监管要求的计算机管理系统，能够通过数据交换平台或者其他计算机网络，按照海关认可的方式与海关特殊监管区域综合管理系统联网，向海关报送能够满足海关监管要求的相关数据。

企业货物属于国家禁止或者限制进境货物的，不适用“先入区、后报关”作业模式。

2）“先入区、后报关”与“两步申报”的比较。“先入区、后报关”与“两步申报”均是货物先离开进境口岸、到达监管区域后再申报，二者差别在于：“先入区、后报关”只适用于特殊监管区域，而“两步申报”能够适用于一般贸易、区外保税加工、特殊监管区域，适用范围更大。此外，“两步申报”可以直接借助“单一窗口”进行全流程的操作，不用额外的系统改造。

（4）多式联运海关监管中心通关。多式联运海关监管中心是依据国家相关发展规划，设在国家或区域物流节点城市的综合性海关监管场所，由经营主体负责建设、管理并接受海关监管，采取多式联运方式，即由水、陆、空两种及以上的交通工具相互衔接、转运而共同完成运输过程，满足各种运输方式的货物进行换装、仓储、中转、集拼、配送等作业需求。在监管中心内，海关、检验检疫部门对进出口货物实施“一次申报、一次查验、一次放行”。

2014年，青岛、西安成为首批多式联运海关监管中心，2015年，郑州、乌鲁木齐、成都、连云港、满洲里成为第二批多式联运海关监管中心。海关总署根据国家发展规划部署，支持在成都、乌鲁木齐、西安、武汉、连云港、满洲里、哈尔滨、大连、营口、青岛、郑州这11个城市建设多式联运海关监管中心。

1）进口货物海铁联运：船舶运抵前舱单传输人按规定向海关传输舱单电子数据—货物到达港口，理货正常后企业凭转关申报单、海关监管簿向海关申请放行—海关施加封志后，企业使用海关监管车辆将货物公路运输至多式联运海关监管中心—海关验核封志、车辆信息，办理相关海关手续—铁路中心站凭海关放行信息装载发运货物至国内目的地。

2）出口货物海铁联运：货物运抵多式联运海关监管中心—铁路中心站向海关发送运抵报告并装载货物发运至港口—企业向海关申报出口报关单—海关放行—港口装载出口。

3）过境货物海铁联运：船舶运抵前舱单传输人按规定向海关传输舱单电子数据—货物到达港口，理货正常后企业向海关发送疏港分流申请—海关审批同意后货物通过铁路运输至多式联运海关监管中心—监管场所经营人发送货物运抵报告后企业凭转关申报单、过境报关单、铁路大票（货运单）等向海关申请放行—海关验核封志后放行—铁路中心站凭海关放行信息和铁路大票装载发运货物—货物运抵出境地海关监管场所（如阿拉山口、霍尔果斯）—出境地海关验核封志后核销转关申报单—货物出境。

案例6-1

青岛多式联运海关监管中心实行“前港后站”海铁一体化作业模式

自2014年12月27日，胶州中铁联集青岛中心站海关监管中心正式投运以来，通过41公里的胶黄铁路开行“胶黄小运转”集装箱班列，实行“前港后站”海铁一体化作业模式，集装箱到发总运量连上4个台阶，2015—2018年分别为20万标箱、35万标箱、42万标箱、54万标箱，带动青岛港海铁联运量连续4年居全国规模以上港口首位。

（1）海关政策优势。黄岛海关支持港口部门搭建陆港联运平台，将码头前沿配舱、收费等相关业务前移到中心站，充分发挥中心站和青岛港之间“陆海联动、铁水联运”优势，实行运抵报告三地互认，实现“前港后站、港站一体、站站一体”作业，胶州及周边企业可直接在铁路中心站实现装箱、通关，通过集港绿色通道直达港口。

(2) 两级政府补贴政策。胶州市政府 2015—2017 年三年共拨补贴款 1 亿元，专项用于中心站发展铁水多式联运和吸引船公司进驻，青岛市政府从 2015 年 7 月 1 日开始也给予相应的补贴。

(3) 费收优惠政策。1) 胶黄铁路零收费。利用多式联运基金，给予（港）内装卸、堆存等费用优惠减免、标箱适当补助，并向济南铁路局争取优惠，通过系列政策的补助减免，最终实现了胶州至黄岛段运输“零收费”，即从胶州中心站经铁路转运至黄岛码头前沿铁路免运费的服务。2) 实施“量价互保”政策。与辐射潍坊地区货源的凯航集团，辐射平度、莱州等地区货源并且设置还箱点的新海丰等大客户签订“量价互保”协议。在优惠政策扶持下，班列平均运输费用较公路低 20%。每天开行班列可随时根据需求量上调。

7. “互联网＋预约通关”

根据海关总署发布的 2018 年第 109 号《关于“互联网＋预约通关”的公告》，海关推行“预约通关”互联网模式。

(1) 适用情形。进出口收发货人或其代理人（失信企业除外），遇下列情形之一，需在海关正常办公时间以外办理通关手续的，可向海关提出预约通关申请：

1) 国家紧急救灾救援物资、危险货物；

2) 鲜活、冷冻、易变质腐烂的需紧急通关的货物；

3) 其他经海关认可确有需要紧急验放的货物。

海关在正常办公时间内受理预约通关申请，企业需提前 24 小时提出申请，高级认证企业为 8 小时。

(2) 操作方式。申请人统一登录“互联网＋海关”一体化网上办事平台（http：//online. customs. gov. cn），应用“货物通关”模块的“预约通关”功能，在线填写并提交预约通关申请。海关网上反馈受理结果。特殊情形下，申请人在现场递交加盖企业印章的纸质预约通关申请单，由海关按应急处置方式协调办理。

(3) 取消预约。海关同意预约通关申请后，企业因故取消预约的，需及时联系海关，并于事后 5 日内提交情况说明。

6.2 集装箱多式联运计费

6.2.1 集装箱多式联运定价原理

1. 集装箱多式联运费用的构成

集装箱多式联运费用，是指集装箱多式联运企业根据约定向托运人或收货人收取的全程运杂费。

集装箱多式联运企业开展业务时，需要借助船公司、港口、内陆运输公司、装卸仓储公司等运输供应商来完成具体的运输业务，因而集装箱多式联运企业的总成本包括两大部分：一是企业自身付出的成本；二是企业为获得运输、仓储等服务而支付给各运输供应商的报酬（见图6-4）。

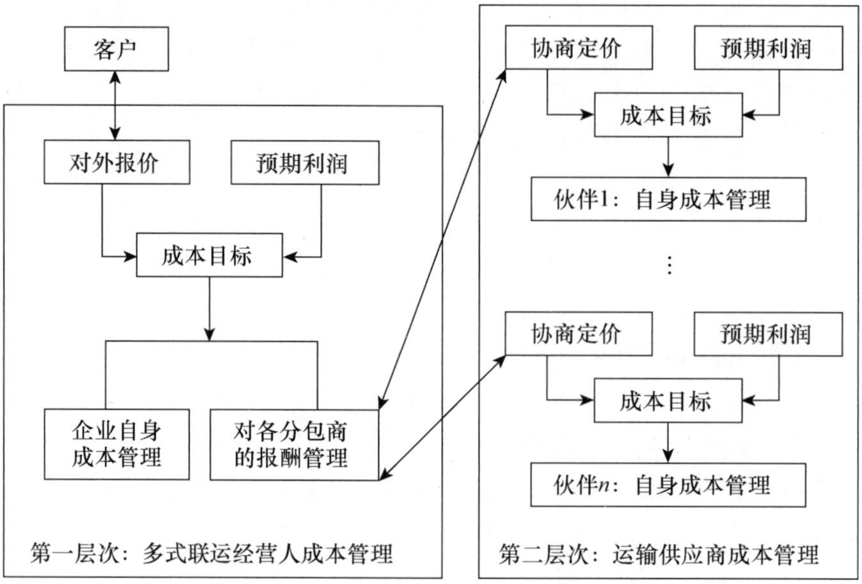

图6-4 集装箱多式联运企业成本管理层次结构示意图

与国际货运代理、国际船舶代理不同，集装箱多式联运企业作为当事人，在其业务经营过程中，并不存在代收代付费用项目，其收入与支付取决于经营过程中的报价和必需开支，收支按其经营要求和财务管理做相应的安排，自负盈亏，自担风险。显然，支付给各运输供应商报酬的高低，直接影响多式联运企业的成本费用。由于受运输市场供求关系的影响，各运输供应商的价格变动较大，这种不确定性导致集装箱多式联运企业产生成本费用风险。

综上所述，集装箱多式联运费用＝运输总成本＋经营管理费＋合理利润。

（1）运输总成本。运输总成本的构成与大小和多种因素有关，其中影响最大的是集装箱交接方式与运输方式的构成。表6-6显示了陆海联运模式下运输总成本结构。

表6-6 陆海联运模式下集装箱多式联运运输总成本结构

交接方式		运输	CFS	运输	CY	海上运输	CY	运输	CFS	运输
		A	B	C	D	E	D	C	B	A
LCL/LCL	CFS/CFS		√	√	√	√	√	√	√	
FCL/FCL	DR/DR	√		√	√	√	√	√		√
	DR/CY	√		√	√	√	√			
	CY/CY				√	√	√			
	CY/DR				√	√	√	√		√

续表

交接方式		运输	CFS	运输	CY	海上运输	CY	运输	CFS	运输
		A	B	C	D	E	D	C	B	A
LCL/FCL	CFS/CY		√	√	√	√	√			
	CFS/DR		√	√	√	√	√	√		√
FCL/LCL	DR/CFS	√		√	√	√	√	√	√	
	CY/CFS				√	√	√	√	√	

注：表中的字母 A、B、C、D、E 所代表的含义如下：

A 代表工厂至货运站之间的内陆运输费用及其杂费（inland transportation charge）。

B 代表货运站所发生的拆拼箱服务费（LCL service charge），包括装箱、拆箱及理货、其间的堆存、签单、制单等各种作业所发生的费用。

C 代表货运站至码头/堆场之间所发生的取送重箱、空箱的运输费用及其杂费。

D 代表码头/堆场所发生的服务费（terminal charge），包括船与堆场间搬运、其间的堆存、装卸及单证制作等费用。

E 代表海运费及其杂费（ocean freight）。

（2）经营管理费。经营管理费主要应包括集装箱多式联运企业与货主、各派出机构、代理人、实际承运人之间信息、单证传递费用，通信费用，单证成本和制单手续费，以及各派出机构的管理费用。这部分费用既可单独计算，也可分别加到不同区段的运输成本中一并计算。

（3）经营利润。经营利润是指集装箱多式联运企业预期所获得的毛利润。利润的多少受多种因素的制约，应坚持合理收费、薄利多运的原则。

运输过程中口岸管理机关所收取的检查费、检验费、检疫费与管理费等费用，原则上应由实际承运人和货主各自支付，如果多式联运企业代收代付了这些费用，可向相关责任人追偿这些费用。

2. 集装箱多式联运的计费方式与运价表结构

（1）集装箱多式联运的计费方式。

1）单一制。它是指所有运输区段均实行相同的运费率。

2）分段制。它是指按运输区段实行不同的运费率。

理论上讲，国际多式联运应实行单一制，但实践中却以分段制居多。当然，实践中也可以采用混合制，比如，国内段按单一费率向发货人计收（预付运费），国外段按向实际承运人支付的运费向收货人收取（到付运费）。当然，也有多式联运经营人采取分段累加计收，或者根据分段累加的总费用换算出单一运费率计收。

（2）集装箱多式联运运价表的结构。国际集装箱多式联运运价表根据结构不同，可分为两种形式：

1）门到门费率。这种费率结构可以是以整箱货或拼箱货为计费单位的货物等级费率，也可以是按 TEU 计费的包箱费率。这是一种真正意义上的多式联运运价。

2）与海运运价表相似，为港到港间费率加上内陆运费率。这种运价结构较为灵活。

3. 集装箱多式联运运价的制定

（1）选择合适的定价方法。通常而言，多式联运企业采取的定价方法可归结为以下三类：

1）成本导向定价方法（cost-oriented pricing）。它是基于运输服务成本原则（the cost of service），依据多式联运企业的总成本支出制定企业的运价。

2）需求导向定价方法（demand-oriented pricing）。它是基于运输服务价值原则（the value of service）和运输承受能力原则（what the traffic can bear），从多式联运服务需求者的角度出发，依据多式联运服务所创造的价值的多少以及承运商品价值的高低制定企业的运价。

3）竞争导向定价方法（competition-oriented pricing）。它主要是多式联运企业依据竞争对手的运价水平来确定自身的运价水平。

上述三种定价方法各有优缺点。理论上，成本导向下的定价应该是多式联运企业可以接受的最低价，需求导向下的定价应该是货主可以接受的最高价，但实践中多式联运企业通常在综合考虑诸如企业的成本支出、市场供求关系、市场结构模式、客户的购买力、货物的价值、经营航线的状况等因素的基础上，基于竞争导向确定最终的运价。

（2）适时调整运价。如前所述，由于运输成本的高低很大程度上受制于各区段的承运人和市场竞争状况，因此，应根据市场运价的变化及时调整费率水平。

通常，内陆运费率及有关费用的变化比海上运费率要频繁得多。因此，当内陆运费率及有关费用发生变化时，必须对多式联运运价尽快做出相应的调整。如果内陆运输成本上升而多式联运运价仍保持在原有水平，那么，多式联运企业的盈利就会减少。相反，如果内陆运输费用降低，而多式联运运价没有相应降低，多式联运企业的竞争地位就会受影响。

6.2.2 海运区段集装箱运杂费及其计算

1. 海上集装箱运价及其计算

班轮杂货运价与集装箱货物运价的主要差别，如表6－7所示。

表6－7 班轮杂货运价与集装箱货物运价主要项目对比

对比项目	集装箱货物		班轮杂货
	整箱货	拼箱货	
普通货物费率级别	一般为4个级别费率或3个级别费率。比如，1～7级，8～10级，11～15级，16～20级；或者1～8级，9级，10～11级，12～20级等		21个级别费率，由商品20级与Ad. Val构成
货类划分	普通货、一般化工品、半危险品、全危险品、冷藏货5类，有的还单列出挂衣箱费率		普通货、冷藏货、活牲畜等
计费方式	除采用与班轮杂货相同的计费方式，大多采用FCS、FCB、FAK等包箱计费	与班轮杂货计算方法相同	按等级费率或商品列名费率计收运费

续表

对比项目	集装箱货物		班轮杂货
	整箱货	拼箱货	
超长、超重附加费	无（因系货主自行装箱，与船公司无关）	收取，如 CFS/CY 减半收取	收取
变更目的卸货港附加费	有	无（不允许变更卸货港）	有
选择目的卸货港附加费	有	无（不允许选择卸货港）	有
转船附加费	有	有	有
对于家具、行李与服装的计费	对于非成组装箱的载于集装箱内的家具与行李，运费按箱内容积的 100%计收；对于挂衣箱，运费按箱内容积的 85%计收		按实际运费吨计收运费
最低运费	每箱规定最低运费，计算办法与班轮杂货不同	每份提单规定最低运费	每份提单规定最低运费
最高运费	有	无	无
货物滞期费	有	有	有
箱滞期费	有	无	无
运价表费率适用范围	港至港（包括港区附近的货运站）间费用		舷（钩）至舷（钩）间费用

（1）拼箱货运价及其计算。目前，集装箱拼箱货的运价仍沿用班轮杂货运费的计算方法，即以每运费吨为单位（俗称散货价）。

1）基本费率与附加费。海上班轮杂货运费由基本费率与附加费构成。

基本费率（basic rate）是运价表中对货物规定的必收的基本运费单位。它是运价的主要部分，是其他一些按百分比收取的附加费的计算基础。

基本费率只是根据一般商品在班轮公司定期挂靠的基本港口之间进行运输的平均水平制定，并不包括在运输、装卸、积载过程中以及由于经济变化等原因而额外增加的费用，因此，运价表中除了列明基本费率，还列明了名目繁多的附加费（additionals，surcharges）。

常见的附加费主要有以下几种：

①因商品的特点而需要特殊设备或作业所发生的附加费，比如超重附加费（heavy lift additional）、超长附加费（long length additional）等。

②因商品的运达港口的不同情况而增收的附加费，比如港口附加费（port surcharge）、直航附加费（direct additional）、转船附加费（transshipment additional）、港口拥挤费（port congestion surcharge）、选择卸货港附加费（additional for optional destination）、变更卸货港附加费（additional for alteration of destination）等。

③因经济变化、汇率浮动、原油产量增减等而临时增加的附加费，比如燃油附加费（bunker surcharge，BS；bunker adjustment factor，BAF）、货币贬值附加费

(currency adjustment factor，CAF）等。

各种附加费用或者是在基本费率的基础上以一定的百分比计算，或者是按绝对数增收若干美元。

2）计费标准。目前，运费的计算标准不尽相同。例如，对于重货，一般按重量吨（weight ton）作为运费吨/计费吨（freight ton，FT/revenue ton，RT，西方常用RT，中国常用FT）计收运费，轻泡货按体积吨（measurement ton）计收，有些价值高的商品按FOB货值的一定百分比计收，有的商品按混合标准计收，例如先按重量吨或体积吨计收，然后再加若干从价运费。计费标准表现在运价表中为：

①注明“W”。表示按商品的毛重，以重量吨为计费单位，每1吨（1吨=1 000千克）为1重量吨。

②注明“M”。表示按货物“满尺丈量”的体积，以立方米为计费单位，每1立方米为1体积吨。

③注明“W/M”。表示分别按重量吨和体积吨计算运费。

④注明“Ad. Val”。表示按货物FOB价格的一定百分比收取运费，即采取从价计费。

⑤注明“W/M or Ad. Val”。表示分别按重量吨、体积吨和从价运费计算运费，并选择其中运费高者计收。

⑥注明“W/M plus Ad. Val”。表示按重量吨或体积吨再加从价运费。

一般情况下，是按重量或体积计算运费；对于贵重商品，则按其货价的一定百分比计算运费；当货物以重量吨或体积吨或从价计费时，择其运费收入高者进行计费，称为择大计费。至于各种商品应按何种计算标准计收运费，在承运人公布的运价表中均有具体的规定。

3）等级运价与商品运价。

①等级运价（class rate）。它是以航线为基础的等级运价，即按照货物的价值、易受损程度等因素把商品分为若干等级，每个等级都规定了不同航线上的基本费率，等级越高运价越贵。它需要与货物分级表配套使用。付费人首先在货物分级表中确定商品所属的等级，然后再根据指定航线的等级费率表查出该商品等级所对应的运价，即为该类商品的运价。

②商品运价（commodity rate）。商品运价，也称单项运价（single rate），是对各种不同的货物在不同的航线上分别制定一个基本运价，即将每项商品及其基本费率逐一列出，付费人只需根据货物的名称及所运输的航线，即可直接查找出该货物的费率来计收运费的运价表。由于无须与货物等级表配套使用，因此使用方便，但缺点是有些商品未能列入运价表中，计费时则需要合理地“靠”和“套”在与运价表中商品相同或相似的费率上。

实践中大多数公司采用商品等级运价的形式制定运价。

4）运费的计算。一般应按照选用运价表，确定航线、基本港等，确定是否采取协议运价或特价，确定商品的基本费率，查出各项应收附加费的计算办法及费率，确定商品的计量单位和计量单位换算的步骤，列式进行具体计算。

◆ **例题 6-1**

某货主以 CFS/CFS 条款从上海装运 10 吨，共计 11.3 立方米蛋制品，到英国普利茅斯港，要求直航。计算全部运费。

解：经查货物分级表、中国—欧洲地中海航线等级费率表和附加费率表可知：蛋制品是 10 级，计算标准是 W/M，10 级货物的基本费率为 116 元/吨，普利茅斯港直航附加费，每计费吨为 18 元，燃油附加费为 35%。由于重量吨小于体积吨，因此该货物计费吨应为 11 体积吨（四舍五入取整），因此，全部运费（F）为：

$$F=(116+116\times 35\%+18)\times 11=1\,920.60(\text{元})$$

（2）整箱货运价及其计算。海上整箱货的运价也由基本费率与附加费构成。

1）基本费率的计费方式。目前普遍实行包箱费率（box rate）的计费方式。这种包箱费率可分为三种形式。

①FAK（freight for all kinds）包箱费率。它是指对每一集装箱不细分箱内货类、不计货量（当然不能超过规定的重量限额），而只按普通货、一般化工品、半危险品、全危险品、冷藏货分别制定出不同箱型的费率计收运价。

②FCS（freight for class）包箱费率。它是在 FAK 包箱费率计费方式的基础上，将其中的普通货细分为 3～4 个等级并制定相应的费率。显然，在这种费率下，对于整箱货，首先应根据货名查到等级，然后按等级和交货条件以及箱子规格查到每只箱子相应的费率。

③FCB（freight for class and basis）包箱费率。它是在 FCS 包箱费率计费方式的基础上，针对货物计算标准的不同分别制定不同的包箱费率。显然，在这种费率下，以重量吨或体积吨为计费吨时，其包箱费率并不相同。

2）最低运费与最高运费。

①最低运费。对于由货主自行装箱，且非实行包箱运费的整箱货的最低运费的计收，船公司通常不是规定一个最低运费金额，而是规定一个最低运费吨。比如，远东水脚公会（Far East Freight Conference，FEFC）规定：一个 20 英尺干货集装箱的最低运费吨为：重量吨为 17.5 吨，体积吨为 21.5 立方米。规定最低运费吨的目的是在发货人自己装箱且箱内货物没能装满时，确保船公司的经济利益。

②最高运费。最高运费的含义是当托运人箱中所装货物体积吨超过承运人所规定的最高运费吨时，承运人仅按最高运费吨计收运费，超过最高运费吨部分免收运费。设置最高运费的目的在于鼓励托运人采用集装箱装运货物并能最大限度地利用集装箱的内容积。它仅适用于按体积计算运费且使用船公司箱并由货主自行装箱的商品，不适用于按重量吨计算运费的商品，以及货主使用自备箱或由承运人货运站装箱或采用包箱费率的场合，当然也不适用于非集装箱货。

大多数船公司通常按箱子的规格和类型规定一个按集装箱的内部容积折算的最高运费吨。比如，20 英尺集装箱的最高运费吨为 31 立方米，而 40 英尺集装箱的最高运费吨为67立方米。至于运费计收的费率标准，如果箱内货物的费率等级只有一种，则按该费率计收；如果箱内装有不同等级的货物，通常是按费率高低，从高费率起往低费率计算，直至货物的总体积吨与规定的集装箱内容积相等为止。

3）堆存费和滞箱费。

①堆存费。堆存费是指因集装箱或货物存放码头堆场或货运站而需支付的费用。对于进口集装箱，集装箱运抵目的地后，通常给予1～4天的免费堆存期（通常称为免堆期）。如果未在规定的免堆期内前往堆场提取集装箱，对超出规定免费堆存时间而没有提取的集装箱，货主应支付超期堆存费。对于出口集装箱，通常没有免堆期。

②滞箱费。对于整箱货，船公司通常给予货主1～7天免费使用集装箱的期限（通常称为免箱期），但如果货主超过这个期限，船公司就要向货主收取一定的超期使用费，即集装箱超期使用费，也称集装箱滞期费（简称“滞箱费”）。

2. 港口费用

（1）港口费收概述。港口费收，是港口经营人或其有关部门向船方或货方所收取的各种费用的总称。2019年3月13日，交通运输部、国家发展改革委联合印发了《关于修订印发〈港口收费计费办法〉的通知》，自2019年4月1日起施行，有效期为5年。

2019年版《计费办法》有以下特点：

1）合并收费项目。将堆存保管费、库场使用费合并名称为库场使用费；将供水（物料）服务费、供油（气）服务费、供电服务费合并名称为船舶供应服务费；将垃圾接收处理服务费、污油水接收处理服务费合并名称为船舶污染物接收处理服务费。调整后港口经营服务性收费项目从15项减至11项。

2）降低部分政府定价收费标准。将政府定价、政府指导价的4项收费——货物港务费、港口设施保安费、引航（移泊）费、航行国内航线船舶拖轮费的收费标准分别降低15%、20%、10%和5%。

3）取消对小型船舶靠离泊使用拖轮的配置要求。考虑实际情况和各地现有做法，明确了进出沿海港口的80米及以下内贸船舶（化学品船、液化气体船除外）、进出长江干线港口的150米及以下内贸船舶，由船方根据需要确定是否使用拖轮，管理部门不再统一要求。

2019年版《计费办法》实行三种计费方式：

1）政府定价。它是指由政府价格主管部门或者其他有关部门，按照定价权限和范围制定的价格。实行政府定价的港口收费包括货物港务费、港口设施保安费。

2）政府指导价。它是指由政府价格主管部门或者其他有关部门，按照定价权限和范围规定基准价及其浮动幅度，指导经营者制定的价格。实行政府指导价的港口收费包括引航（移泊）费、拖轮费、停泊费和围油栏使用费。

3）市场调节价。它是指由经营者自主制定，通过市场竞争形成的价格。实行市场调节价的港口收费包括港口作业包干费、库场使用费、船舶供应服务费、船舶污染物接收处理服务费、理货服务费。

实行政府定价的港口收费必须按照《计费办法》规定的收费标准计收；实行政府

指导价的港口收费应以《计费办法》规定的收费标准为上限，港口经营人和引航机构可在不超过上限收费标准的范围内自主制定具体收费标准；实行市场调节价的港口收费由港口经营人根据市场供求和竞争状况、生产经营成本和服务内容自主制定收费标准。

（2）向货主征收的港口费用。如前所述，由于集装箱运输属于班轮运输，因而大部分港口费用通常包含在船公司所收取的运费之中。因此，以下所称的港口费用是指港口进行集装箱中转作业时向货主或多式联运经营人所收取的费用（即不包括应由船方付费的部分）。实践中，主要包括以下各项费用：

1）港口劳务费。主要包括集装箱或货物堆存费（享有免堆期的除外）、重箱过磅费（如货主申请）、集装箱搬移费（如货主申请）、拆装箱费等。

2）代收代征费。主要包括货物港务费、港口建设费、港口设施保安费等。

3）附加费。主要包括铁路线使用费、危烈箱的夏季喷水降温作业费以及拆装箱包干费等。

6.2.3 铁路区段集装箱运杂费及其计算

1. 铁路定价特点

（1）由政府定价改为政府指导价。2014 年 1 月 30 日，国家发展改革委发布《关于调整铁路货物运价有关问题的通知》（发改价格〔2014〕210 号），决定自 2014 年 2 月 15 日起，铁路货物运价由政府定价改为政府指导价。国铁普通运营线以国家规定的统一运价为上限（执行特殊运价的国铁线路及国铁控股合资铁路以国家规定的运价或浮动上限价为上限），铁路运输企业可以根据市场供求自主确定具体运价水平。

国家发展改革委《关于深化铁路货运价格市场化改革等有关问题的通知》（发改价格〔2017〕2163 号）规定，将执行国铁统一运价电气化路段收取的电力附加费并入国铁统一运价，不再单独收取。实行政府指导价的整车运输各货物品类基准运价不变，铁路运输企业可以国家规定的基准运价为基础，在上浮不超过 15%、下浮不限的范围内，根据市场供求状况自主确定具体运价水平。原整车运输运价号“7 号”调整为“1 号”。

（2）部分项目由企业自主定价。2014 年 12 月 23 日，国家发展改革委对外公布《关于放开部分铁路运输产品价格的通知》（发改价格〔2014〕2928 号），宣布放开铁路散货快运价格、铁路包裹运输价格、社会资本投资控股新建铁路货物运价、社会资本投资控股新建铁路客运专线旅客票价四项具备竞争条件的铁路运输价格。

国家发展改革委《关于深化铁路货运价格市场化改革等有关问题的通知》（发改价格〔2017〕2163 号）进一步明确，铁路集装箱、零担各类货物运输价格，以及整车运输的矿物性建筑材料、金属制品、工业机械等 12 个货物品类运输价格实行市场调节，由铁路运输企业依法自主制定。

（3）实行铁路价格浮动机制。2015 年 1 月 29 日，国家发展改革委公布《关于调整铁路货运价格进一步完善价格形成机制的通知》（发改价格〔2015〕183 号），决定适当调整铁路货运价格，并建立上下浮动机制。

（4）扩大铁路局运价调整自主权。中国铁路总公司2016年3月18日下发《中国铁路总公司关于推进铁路供给侧改革深化现代物流建设若干措施的通知》（铁总运发〔2016〕54号），要求扩大铁路局运价调整自主权。以煤炭、冶炼物资为重点，通过扩大铁路局运价调整自主权限。统一合资铁路与国铁直通运价。对直通运价高于国铁的合资铁路，调整为国铁统一运价水平。经由国铁和合资铁路并有运价下浮的，国铁和合资铁路实行统一运价下浮幅度。此外，灵活运价促使其他货物入箱，增强了市场竞争力。新增货源按“竞争性一口价”报价，参照“新直通、新管内”项目管理制操作。

2. 铁路集装箱运费

铁路集装箱运费由发到运费和运行运费组成，按照使用的箱数和铁路货物运价率表规定的集装箱运价率（见表6-8）计算，其计算公式为：

集装箱运费＝发到运费＋运行运费

＝基价1×箱数＋基价2×运价里程×箱数

表6-8 铁路集装箱运价率表

运价号	基价1		基价2	
	单位	标准	单位	标准
20英尺集装箱	元/箱	440.00	元/箱公里	3.185
40英尺集装箱	元/箱	532.00	元/箱公里	3.357

资料来源：中国铁路总公司《关于调整铁路集装箱运价有关事项的通知》（铁总货电〔2018〕57号）。

（1）中国铁路总公司于2018年5月30日发布的《关于调整铁路集装箱运价有关事项的通知》中规定，《铁路货物运价规则》第二十二条第二款：“罐式集装箱、其他铁路专用集装箱按‘铁路货物运价率表’中规定的运价率分别加30%、20%计算；标记总重量为30.480吨的通用20英尺集装箱按《铁路货物运价率表》中规定的运价率加20%计算，按规定对集装箱总重限制在24吨以下的除外”的内容停止执行。20英尺罐式、35吨通用集装箱、冷藏箱（使用BX型车为冷藏箱提供在途供电时）按“铁路货物运价率表”中规定的20英尺集装箱运价率加5%、20%、30%计算。40英尺罐式集装箱按“铁路货物运价率表”中规定的40英尺集装箱运价率加30%计算，其他集装箱加成仍按有关规定执行。《关于调整铁路货运电气化附加费等有关事项的通知》（铁总货电〔2017〕215号）中有关集装箱运价电气化区段等额浮动规定停止执行。

（2）装运一级毒害品（剧毒品）的集装箱按“铁路货物运价率表”中规定的运价率加100%计算；装运爆炸品、压缩气体和液化气体、一级易燃液体（代码表02石油类除外）、一级易燃固体、一级自燃物品、一级遇湿易燃物品、一级氧化剂和过氧化物、二级毒害品、感染性物品、放射性物品的集装箱按“铁路货物运价率表”中规定的运价率加50%计算。装运危险货物的集装箱按上述两款规定适用两种加成率时，只适用其中较大的一种加成率。

（3）零散快运货物的装卸费、仓储费等杂费按铁路零担运输的计费条件和收费标准核收，浮动政策按既有规定执行。

（4）对于 35 吨敞顶箱，一是按货物对应的整车计费方式计价，铁路建设基金等亦按整车相关政策执行。二是根据中国铁路总公司《关于调整铁路集装箱运价有关事项的通知》的规定，《关于 20 英尺 35 吨箱计费有关事项的通知》（铁总价电〔2016〕67 号）第二条第三款“35 吨敞顶箱暂免收集装箱装卸费（吊装吊卸费）”停止执行。20 英尺 35 吨敞顶箱装卸费（吊装吊卸费）按 20 英尺通用箱标准执行。三是鼓励铁路局和企业自行购置敞顶箱，对企业自备敞顶箱实行免费回空。

（5）根据中国铁路总公司发布的《关于大力发展自备箱运输提高集装箱铁路运量的通知》（铁总运电〔2015〕8 号），铁路到达的自备箱空箱免费堆存由原先的 3 日提高至 50 日；自备箱空箱运输运价率标准由原先重箱的 40%降低至 10%。对自备空箱堆存服务，按《铁路货运实行门到门运输及制定调整相关费目和费率的通知》（铁总运〔2013〕39 号）规定的计费条件和收费标准核收仓储费。铁路局可在规定范围内自主确定实际执行费率。

3. 铁路集装箱杂费

（1）集装箱使用费。凡使用铁路集装箱运输货物，除核收运费，还要按箱型、箱数和运价里程核收使用费；如使用铁路危险品专用集装箱装运货物，集装箱使用费加 20%核收。此外，根据中国铁路总公司《关于大力组织货物入箱促进集装箱增量增收的通知》（铁总运电〔2015〕4 号），鼓励零散货物集装箱运输，在国铁及其控股的集装箱办理站，小型铁路集装箱（1～5 吨）在零散快运列车上使用时，不按集装箱办理和计费，所有费用与零散货物快运运价率和计费条件保持一致。发到站不允许加收集装箱使用费、装卸箱费、站内装掏箱费、仓储费等任何费用。批量零散货物快运在办理门到门或门到站运输时，原则上全部使用 20 英尺、40 英尺铁路集装箱装载，并视同集装化用具，货物按实重计费（不按箱计费），执行批量零散货物快运运价率。

（2）集装箱货物暂存费。发送的集装箱应于承运人指定的进站日期当日进站完毕。到达的集装箱，应于承运人发出催领通知的次日起算，2 天内领取集装箱货物，并于领取的当日内将箱内货物掏完或将集装箱搬出。集装箱货物（含空自备箱）在车站存放超过上述免费暂存期限，应按规定核收货物暂存费。此外，对于危险货物和易燃货物的暂存费率按《延期使用运输设备、违约及委托服务费费率表》中规定的费率加 100%计算。

（3）集装箱延期使用费。托运人或收货人使用铁路箱超过下列期限，自超过之日起核收集装箱延期使用费：站内装箱时，应于承运人指定的进货日期当日装完。站内掏箱时，应于领取的当日内掏完。到达的集装箱应于承运人发出催领通知的次日起算，2 天内领取集装箱。集装箱门到门运输重去空回或空去重回时，应于领取的次日送回；重去重回时应于领取的 3 天内送回。

4. 铁路集装箱运输一口价与铁路门到门集装箱运输一口价

（1）铁路集装箱运输一口价。铁路集装箱运输一口价是指集装箱自进入发站货场时起至搬出到站货场时止的运输全过程的各项价格总和一次收取、一票结清的一种运费结算办法。

集装箱运输一口价包括门到门运输取空箱、还空箱的站内装卸作业，专用线取送车作业，港站作业的费用，及经铁路部门确认的集资货场、转场货场费用，但不包括下列费用：要求保价运输的保价费用、快运费、委托铁路装拆箱的装拆箱综合作业费、专用线装卸作业费用、集装箱在到站超过免费暂存期间产生的费用、托运人或收货人责任发生的费用。

铁路集装箱运输一口价主要适用于国内铁路普通集装箱运输，集装箱国际铁路联运、集装箱危险品运输（可按普通货物条件运输的除外）以及冷藏、罐式、框架等专用集装箱运输不适用集装箱运输一口价，仍按一般计费规定计费。此外，实行一口价的集装箱暂不办理在货物中途站或到站提出的运输变更。

（2）铁路门到门集装箱运输一口价。铁路门到门集装箱运输一口价（简称“门到门一口价”）是指货物从托运人指定上门取货地点装车开始接运至发站、运输至到站、送达卸货至收货人指定到门收货地点止的全过程运输服务中发生的费用。包括与国铁办理直通的合资、地方铁路的到收运费、发站装卸费等杂费和到站装卸费等杂费。在路产专用线和开展专用线共用的企业专用线发到的非专用线产权单位的货物，在专用线核收的费用也纳入门到门一口价范围。

门到门一口价包括门到门运输服务全过程中按规定收取的所有费用，但不包括下列费用：

1）专用线、专用铁路（路产专用线和开展专用线共用的地方企业专用线发到的非专用线单位的货物除外）发到的货物在发送前、交付后的费用。

2）途中和到站因托运人或收货人要求或责任发生的整理费、装掏箱作业费、仓储费、集装箱延期使用费、货车延期占用费、D型长大货物车延期使用费、篷布延期使用费、违约金、运杂费迟交金、清扫除污费等费用。

3）出口货物运输在国境站发生的杂费。

4）按规定由托运人或收货人组织装卸货物发生的费用，25英尺、50英尺汽车板架箱两端装卸费和自装卸发生的费用。

5）托运人或收货人要求运输变更产生的费用和产生的退补款。

6）到站卸车时，散装货物发生冻结或黏结、货物单件重量超过车站最大起重能力等情况下，额外增加的装卸费。

7）护路联防费等代收款。

练习题

1. 选择题

（1）郑州某企业使用进口料件加工的成品，在郑州海关办妥出口手续，经天津海关复核放行后装船运往美国。这项加工成品复出口业务，除按规定已办理了出口手续，还要办理的手续是（　　）。

A. 境内转关运输手续　　B. 货物登记备案手续

C. 货物过境手续　　D. 出口转关运输手续

（2）通常转关运输包括（　　）。

A. 从进境地运往指运地　　B. 从启运地运往指运地

C. 从启运地运往出境地　　D. 从指运地运往出境地

（3）（　　）是指以某种运输工具从一个国家的境外启运，在该国边境不论换装运输工具与否，通过该国境内的陆路运输，继续运往境外其他国家的货物。

A. 过境货物　　B. 转关货物

C. 转运货物　　D. 通运货物

（4）一般而言，基于（　　）制定的运价应该是集装箱多式联运企业可承受的最低价格。

A. 成本定价法　　B. 需求定价法

C. 竞争法　　D. 综合定价法

（5）理论上，集装箱多式联运计费方式为（　　）。

A. 单一制　　B. 分段制

C. 包干制　　D. 混合制

（6）集装箱整箱货通常采用（　　）方式计费。

A. FAK　　B. FCS

C. FCB　　D. CFS

2. 判断题

（1）舱单申报主体仅限于实际承运人。（　　）

（2）集装箱多式联运费用的构成与集装箱交付方式有关。（　　）

（3）最低运费与最高运费是集装箱运输所独有的。（　　）

（4）铁路集装箱与海运集装箱均可供货主免费使用。（　　）

3. 简答题

（1）简述我国铁路定价的特点。

（2）简述“两步申报”通关模式的适用条件。

（3）简述转关运输的范围。

4. 计算题

某轮从广州港装载杂货人造纤维，体积为20立方米，毛重为17.8吨，运往欧洲某港口，托运人要求选择卸货港鹿特丹或汉堡，鹿特丹和汉堡都是基本港口，基本运费率为80美元/计费吨，三个以内选卸港的附加费率为每计费吨加收3美元，W/M。请回答以下问题：

（1）该托运人应支付多少运费（以美元计）？

（2）如果改用集装箱运输，海运费的基本费率为1 100美元/TEU，货币附加费为10%，燃油附加费为10%。改用集装箱运输时，该托运人应支付多少运费（以美元计）？

（3）若不计杂货运输和集装箱运输两种方式的其他费用，托运人从节省海运费考虑，是否应选择改用集装箱运输？

第 7 章 集装箱多式联运保险与理赔

引导案例　多式联运经营人通过保险转移风险

2018 年 8 月，某多式联运经营人负责承运的集装箱内装有 148 个纸箱，每箱有 3 600 个乒乓球，共有 532 800 个乒乓球。装有乒乓球的集装箱运抵香港后存放在露天集装箱堆场。在阳光强烈照射下，气温高达 32℃，致使密封在集装箱内的乒乓球自燃并引起爆炸。爆炸发生后，火势蔓延，有毒气体泄漏，周围人群紧急疏散。此次意外事故不仅造成货物全损，而且导致周围的食堂、写字楼被烧坏，有人因吸入毒气需送医院进行治疗，损失金额超过 500 万港元。

经查，在办理托运时，托运人已经通知多式联运经营人的代理人该集装箱内装载的货物是乒乓球，并有特殊的要求，但多式联运经营人的代理人并未将此情况告知船公司，因而作为实际承运人的船公司因仅负有按一般性集装箱货物照管处理的义务，故不应承担责任。但多式联运经营人作为全程承运人则往往要承担责任，并且包括第三者的人身伤亡和财产损坏或灭失的责任。所幸的是，该多式联运经营人事先向保赔协会投保了运输经营人责任险，最终由保赔协会承担了责任。

本案表明，多式联运经营人在运作过程中所面临的责任风险往往是巨大的，因而需要通过投保责任险转移风险。同时，许多多式联运经营人也往往作为兼业代理从事进出口货物保险业务。这就要求多式联运从业人员必须掌握相应的保险知识，具备保险投保与保险事故索赔的能力。

7.1 集装箱多式联运保险

7.1.1 集装箱多式联运保险概述

1. 集装箱多式联运保险的概念与分类

集装箱多式联运保险有广义和狭义之分。广义的集装箱多式联运保险指多式联运过程当中涉及的全部保险，包括货运险、财产险、责任险。狭义的集装箱多式联运保险仅指责任险。

（1）货运险。货运险的保险标的是集装箱多式联运下的货物本身，应由货主向货物保险公司投保货运险。投保人和受益人都是货方。

（2）财产险。财产险的保险标的是集装箱多式联运下的集装箱、底盘车、拖车以及其他在承保时提供的设备表中列明的设备。一般而言，财产险以一切险或者全损险为承保条件受理，通常由设备的所有人或者承租人作为投保人。集装箱多式联运经营人可以对本公司所有或者租赁的运输设备如集装箱、底盘车及拖车等投保一切险或者全损险。

（3）责任险。责任险的保险标的是集装箱所有人/承租人或集装箱多式联运经营人所承担的赔偿责任。它分为两种情形：一是承保集装箱所有人或承租人的赔偿责任；二是承保集装箱多式联运经营人的赔偿责任。

2. 三种集装箱多式联运保险的相互关系

（1）货运险与责任险互为补充，共同承保货物运输风险。责任险是以由运输合同约束的货主与承运人（经营人）之间的权利、义务为基础的保险；货运险则是由有无损害发生的事实约束的货主与保险人之间以损害赔偿合同约定的保险。因承运人保留权利而不得不由货主负担的各种风险，比如，责任险规定对不可抗力以及罢工、战争原因所造成的损害应予以免责，对此类风险则理所当然地属于货运险的承保范围，需要在货运险中通过增加战争险、罢工险等附加险来予以承保，这不但是货运险的实质功能，而且也是货运险在国际贸易中不可或缺的重要原因。

（2）财产险与责任险密不可分，财产险是责任险的基础。财产险可以单独投保，但责任险不能单独投保，必须以投保了财产险为前提。

3. 集装箱多式联运保险的特点

如表 7－1 所示，与单一运输方式相比，国际集装箱多式联运既可以减少一些风险，但也增加了新的风险，产生了新的问题。比如，保险人责任期限延长、承保责任范围扩大、保险费率调整（即对舱面集装箱征收高保险费率，或征收保险附加费）以及集装箱运输责任保险等。

表 7－1　国际集装箱多式联运所引起的风险变化

减少的风险	增加的风险
（1）装卸过程中的货损事故； （2）货物偷窃、水湿、雨淋事故； （3）污染事故； （4）货物数量溢短现象。	（1）使用集装箱运输，货物包装从简，货物在箱内易造成损坏； （2）货物在箱内堆装不当、加固不牢造成损坏； （3）货物灭失或损坏时，责任人对每一件或每一货损单位的赔偿限额大为增加； （4）装运舱面集装箱货物的风险增大。

（1）保险利益范围扩大。集装箱多式联运过程涉及海陆空承运人、货运代理人、无船承运人、场站经营人、集装箱出租人、多式联运经营人等各类关系人，相应的保险利益所涉及的范围有所增加。比如，多式联运经营人如果拥有或租赁了集装箱或其

他运输设备，则应该对其投保。在投保责任险时，不仅应对货物损坏和灭失责任进行投保，还应对第三者（货主以外的人）责任进行投保。

（2）损失大。国际集装箱多式联运覆盖面广、涉及环节多，货物在运输过程中发生事故的概率增加，造成的损失也大。

（3）国际性。国际集装箱多式联运保险涉及不同国家和地区的承运人、货主、供箱人、运箱人、用箱人和收箱人等，相关保险的预防与处理，必须依赖于国际上公认的制度、规则和方法。

（4）复杂性。国际集装箱多式联运保险，除了涉及保险合同本身的承保范围外，因涉及多种运输方式，也必然涉及各种运输方式下承运人的责任问题，因而比单一运输方式下的保险更为复杂。

7.1.2 集装箱多式联运财产险

考虑到实务中多式联运经营人通常拥有或租赁集装箱，以下以集装箱保险为例，说明集装箱多式联运财产险。

1. 集装箱保险的含义与投保人

集装箱保险是指赔偿因集装箱箱体的灭失、损坏而产生的经济损失的保险。

集装箱保险一般是由集装箱所有人作为投保人。而在租赁集装箱情况下，则由承租人（lessee）作为准所有人（quasiowner）签订合同。另外，承租人也可以把其对所有人的赔偿责任加以投保，即承租人投保责任险。

集装箱自身保险为定期保险，每个集装箱作为一个单独保险单位，各有明确的标记。被保险人对投保的集装箱应定期做好维修和保养工作。

2. 集装箱保险种类与承保范围

集装箱保险分为全损险和综合险（一切险）。全损险赔偿集装箱的全部损失。综合险承保范围如下：

（1）集装箱的全部损失或部分损失。

（2）由于下列原因造成的集装箱的机器部分损失：运输船舶的沉没、触礁、搁浅、碰撞（包括同冰碰撞）引起的，陆上或空中运输工具的碰撞、倾覆及其他意外事故引起的，外来的火灾、爆炸引起的。

不论是承保全损险还是综合险，保险公司对被保险人在集装箱受损后所采取的抢救措施和防止损失扩大而支付的合理费用也负责补偿，但对上述抢救和防损费用的补偿金额以不超过被救集装箱的保险金额为限。

3. 集装箱保险的除外责任

保险公司对下列损失、费用不负责赔偿：

（1）集装箱不符合国际标准，或由于其内在缺陷和特性，或工人罢工，或延迟所引起的损失和费用。

（2）正常磨损及其修理费用。

（3）集装箱战争险条款规定的承保责任和除外责任。

(4) 与投保集装箱经营有关的或由其引起的第三者责任和费用。

4. 责任起讫

定期保险，起止时间以保险单规定为准。

5. 赔偿

(1) 集装箱全损时，保险公司按保额全部赔付。

(2) 集装箱发生部分损失时，保险公司按合理的修理费用扣除免赔额后赔付。如果修理费用超过保险金额时，可作为推定全损处理。

(3) 被保险人在收取赔款时，必须将向船方、其他受托人或任何第三者责任方的追偿权利转给保险公司。

7.1.3　集装箱多式联运货运险

1. 货运险的种类

按运输方式划分，可分为海洋运输货物保险、陆上运输货物保险、航空运输货物保险和邮包保险。

海洋运输货物保险条款所承保的险别，分为基本险别和附加险别两类，其中，基本险可细分为平安险、水渍险和一切险三种。

(1) 平安险（free from particular average，F. P. A.）的责任范围：主要承保因自然灾害造成整批货物的全部损失或推定全损，以及因运输工具遭受意外事故造成货物全部或部分损失。

(2) 水渍险（with average，W. A.；with particular average，W. P. A.）的责任范围：除平安险的各项责任外，还承保因自然灾害造成的部分货物损失。

(3) 一切险（all risks，A. R.）的责任范围：除平安险和水渍险的各项责任外，还承保运输途中由于一般外来原因所造成的全部或部分货物损失。

(4) 附加险别是基本险责任的扩大和补充，它不能单独投保。附加险可分为一般附加险、特别附加险和特殊附加险三类。一般附加险承保各种外来原因造成的全部或部分货物损失，一般附加险包括偷窃、提货不着险，淡水雨淋险，短量险，渗漏险，混杂、沾污险，碰损、破碎险，串味险，受潮受热险，钩损险，包装破裂险，锈损险等 11 种。一般附加险均已包括在一切险的责任范围内，换言之，投保一切险后就无须再加保一般附加险。特别附加险是对因特殊风险造成的保险标的的损失负赔偿责任的附加险，包括交货不到险、进口关税险、舱面险、拒收险、黄曲霉素险等。特别附加险所承保的责任不在一切险的范围内，换言之，投保一切险后，只有加保特别附加险，才能规避相关风险。特殊附加险包括战争险和罢工险。

陆上运输货物保险分为陆运险和陆运一切险两种。被保险货物除投保陆运险和陆运一切险外，经过协商还可以加保战争险等附加险。

航空运输货物保险分为航空运输险和航空运输一切险两种。被保险货物在投保航空运输险和航空运输一切险后，还可经协商加保战争险等附加险。

2. 保险责任期限

按照国际保险业的习惯，基本险采用的是“仓至仓条款”（warehouse to warehouse clause，WWclause)，即保险责任自被保险货物至保险单所载明的启运地发货人仓库或储存处所开始生效，包括正常运输过程中的海上、陆上、内河和驳船运输在内，直至该项货物到达保险单所载明目的地收货人的仓库为止，但最长不超过被保险货物卸离海轮或车站后60天。航空货物险的保险责任期限则以被保险货物在最后卸货地卸离飞机后30天为限。战争险的保险责任期限以水面危险为限，即自货物在启运港装上海轮或驳船时开始，直到目的港卸离海轮或驳船为止；如不卸离海轮或驳船，则从海轮到达目的港的当天午夜起算满15天，保险责任自行终止。

3. 保险除外责任

保险除外责任是指保险公司不予负责的损失或费用，一般都属非意外的、非偶然性的或需特约承保的风险。比如，中国人民保险公司海洋运输货物保险条款中对海运基本险别的除外责任规定了下列五项：

（1）被保险人的故意行为或过失所造成的损失；

（2）发货人责任所引起的损失；

（3）在保险责任开始前，被保险货物已存在品质不良或数量短差所造成的损失；

（4）被保险货物因自然损耗、本质缺陷、特性以及市场跌落、运输延迟所引起的损失和费用；

（5）战争险和罢工险条款规定的责任及其险外责任。

陆运、空运、邮运保险的除外责任与海运基本险别的除外责任基本相同。

对于集装箱货物运输保险，除了应适用以上除外责任外，还应受以下限制：

（1）凡集装箱箱体无明显损坏，铅封完整，经启封开箱后，发现卸载数量规格与销售合同不符，或因积载和配载不当所致的残损，保险人不予负责；

（2）因集装箱不适应货物所造成的货物短少或损坏，保险人不予负责；

（3）对放置在海轮甲板的集装箱货物，可按舱内货物责任范围负责，但开顶式和框架式集装箱所载货物除外；

（4）被保险货物运抵保险单所载明的目的港（地）或启封开箱地以后，如发现集装箱箱体有明显损坏，或铅封损坏或丢失，或铅封号码与提单、发票所列号码不符时，被保险人应立即向保险单所规定的检验理赔代理人申请检验，并必须向责任方或有关当局取证，同时保留索赔权。

4. 保险险别的选择

（1）在保险范围和保险费之间寻找平衡点。首先对货物的种类、性质和特点、包装情况、运输情况（运输方式、运输工具、运输路线）、在港口和装卸过程中的损耗情况、目的地的政治局势等因素进行综合评估，甄别哪种风险最大、最可能发生；然后再通过权衡不同险种的保险费率，最终确定保险险种。

（2）视情况选用一切险。就保险费率而言，水渍险的费率约为一切险的1/2，平安险约为一切险的1/3，因此，是否选择一切险作为主险要视实际情况而定。例如，毛、棉、麻、丝、绸、服装类和化学纤维类商品，遭受损失的可能性较大，如沾污、钩损、偷窃、短少、雨淋等，有必要投保一切险。低值、裸装的大宗货物，如矿砂、钢材、铸铁制品，主险投保平安险就可以了，没有必要投保一切险。另外，也可根据实际情况再投保舱面险作为附加险。对于不大可能发生碰损、破碎或容易生锈但不影响使用的货物，如铁钉、铁丝、螺丝等小五金类商品，以及旧汽车、旧机床等二手货，可以投保水渍险作为主险。

相反，有的货物投保了一切险作为主险可能还不够，还需投保特别附加险。比如，某些有黄曲霉素霉变风险的食物，如花生、油菜籽、大米等食品，应将黄曲霉素险作为特别附加险予以承保，以避免因被拒绝进口、没收或强制改变用途所造成的损失。

（3）主险与附加险灵活使用。附加险的选择要针对易出险因素来加以考虑。例如，玻璃制品、陶瓷类的日用品或工艺品等产品，会因破碎造成损失，投保时可在平安险或水渍险的基础上加保碰损、破碎险；麻类商品，受潮后会因发热引起霉变、自燃等，从而带来损失，应在平安险或水渍险的基础上加保受热受潮险；石棉瓦（板）、水泥板、大理石等建筑材料类商品，主要损失因破碎导致，应该在平安险的基础上加保碰损、破碎险。

此外，货主在选择险种的时候，要根据市场情况选择附加险，比如，出口到菲律宾、印度尼西亚、印度等国家的货物，由于当地码头情况混乱、风险比较大，因此，应选择偷窃、提货不着险和短量险作为附加险，或者干脆投保一切险。

7.1.4　集装箱多式联运责任险

1. 集装箱多式联运责任险的含义与特征

广义的集装箱多式联运责任险通常是指集装箱多式联运经营人对因集装箱运输过程中产生的货物损坏或灭失而必须承担的赔偿责任所进行的保险，包括客户（即多式联运合同相对方——发货人或收货人）责任险和第三者（除集装箱多式联运经营人和客户以外的人）责任险。

狭义的集装箱多式联运责任险通常是指集装箱多式联运经营人对因集装箱运输过程中产生的货物损坏或灭失而向客户承担的赔偿责任所进行的保险，即并不包括第三者责任险。

责任险与货运险的区别如表 7－2 所示。

表 7－2　责任险与货运险的区别

比较项目	责任险	货运险
险种	责任险类	运输险类
标的	责任事故	货物
运输方式	无须申报运输方式	按运输方式投保
保障内容	意外事故、过失、疏忽、错误、遗漏	自然灾害、意外事故
赔偿内容	货损货差、费用损失	货损货差
重要免责	自然灾害	责任事故

续表

比较项目	责任险	货运险
责任区段	自收货到交货全程	标明运输线路
投保方式	按年度投保	单票投保
保费计算依据	多式联运经营人年度营业额	货物价值
赔偿对象	多式联运经营人或实际货主	实际货主
追偿对象	实际责任人	多式联运经营人或实际承运人

（1）责任险的标的为一定范围内的违约或侵权损害赔偿责任，非损害赔偿责任不能作为责任险的标的，如刑事责任就不能作为责任险的标的。

（2）责任险不能及于多式联运经营人的人身或财产。责任险的目的在于转移多式联运经营人对客户及第三者应当承担的赔偿责任，所以，当多式联运经营人的人身或者财产发生损失时，保险人不承担保险责任。从这个意义上讲，责任险合同是为客户及第三者的利益而订立的保险合同。

（3）保险人承担多式联运经营人的赔偿责任。尽管责任险保险人的赔款是支付给多式联运经营人的，但这种赔款实质上是对多式联运经营人之外的受害方即客户及第三人的赔偿，这是因为只有当客户及第三者的利益损失客观存在并依法应由多式联运经营人负责赔偿时，才会产生被保险人的利益损失。因此，责任险是由保险人直接保障多式联运经营人利益，间接保障受害人利益的一种双重保障机制。

（4）保险最高限额给付。由于保险事故所造成损害的不确定性，在订立保险合同时，多式联运经营人和保险人不可能约定保险金额，只能约定保险责任的最高限额，而保险人给付保险金额均以合同约定的最高限额为限。

（5）责任险的理赔复杂。其一，每一起责任险的理赔，均以多式联运经营人对客户及第三方产生损害并依法应承担经济赔偿责任为前提条件，从而必然要涉及受害方，这就表明责任险的理赔并非像财产险那样只是保险人与被保险人双方的事情；其二，责任险的承保以法律制度的规范为基础，责任险的理赔也是以法院的判决或执法部门的裁决为依据，从而需要更全面地运用法律制度；其三，责任险的赔款最后并非归多式联运经营人所有，而是实质上支付给了受害方。

2. 保险人的选择

集装箱多式联运经营人可选择向保赔协会或商业保险公司投保责任险。

（1）保赔协会。保赔协会不同于商业保险公司，它是由有相同风险倾向的公司结合起来，实行集体自保的组织，其实质上是互助（mutuality）保险。被保险人也是保险人，被保险人拥有保险基金，互保的目标是承保损失，而非营利。

（2）商业保险公司。商业保险公司不具备保赔协会的互助功能，其与被保险人之间的合同关系是单一的，不具有保赔协会与会员之间的“双重合同”（入会证书证明了两个合同——保险合同和会员合同）关系。

保赔协会与商业保险公司之间的差异如表7-3所示。

表 7-3 保赔协会与商业保险公司的差异

项目	保赔协会	商业保险公司
经营目的	非营利性	利润最大化
董事会	来自会员且由会员选举	由股东选举，受股东利益支配
主要业务	以责任风险为主	以货运险或财产险为主，责任风险非依特别约定不予赔偿
保险合同	入会证书	保险单
保费或会费	会费不固定，受缴纳会费或返还额约束——互助	保险费是固定的，不发生追加保费和收取退会费的问题
二者关系	协会与会员	供应商与客户

国际上的保赔协会可分为四类：船东保赔协会（shipowners protection and indemnity club）、租船人保赔协会（charters protection and indemnity club）、联运保赔协会（through transport club）（会员为多式联运经营人、无船承运人等各类运输经营人）、国际运输中介人协会（ITIC）（会员为船舶代理、船舶经纪公司、船舶管理公司、船员管理公司、海运检验公司等）。

3. 保险险种的选择

实践中，有关集装箱多式联运责任险的名称不尽相同，比如，运输服务商责任险、运输专业经营者法律责任险、运输及相关责任险等。一般而言，集装箱多式联运经营人可根据实际业务情况，在以下险种中做出选择。

（1）联运保赔协会的运输经营人责任险（transport operator liability insurance）。运输经营人责任险的承保对象包括国际货运代理、无船承运人、空运承运人、多式联运经营人、物流公司、集装箱卡车运输公司、堆场和集装箱货运站等。

（2）货代责任险中的提单责任险或无船承运人责任险。比如，由人保、平安、太平洋、大地等保险公司联合承保的中国国际货运代理责任险，包括代理人责任险和提单责任险两款险种，其中，提单责任险即是承保国际货运代理作为当事人（包括作为集装箱多式联运经营人）的责任风险。

（3）物流责任险。2004 年，人保推出了物流责任险条款，该条款仅适用于国内物流业务，且物流服务过程中给第三者造成的人身伤亡或其他财产损失不属于保险的范围（除非附加投保危险货物第三者责任险）。

4. 责任险的承保范围

在实践中，有些保险条款的承保范围较宽，几乎承担集装箱多式联运经营人的所有赔偿责任，比如联运保赔协会的运输经营人责任险；而有些承保范围则较窄，比如，我国国际货运代理责任险主要承保对货主的赔偿责任，如欲投保第三者责任险，则应增加附加条款。

限于篇幅，以下仅介绍联运保赔协会的运输经营人责任险的承保范围。

（1）货物的损坏或灭失责任。无船承运人因货物的实际损坏或灭失所造成的责任，以及由此引起的间接损失的责任。

（2）错误操作和疏忽责任。包括延误责任、交货错误、海外的第三方代理无单放货、不正确填写单证资料等。但必须强调的是，联运保赔协会对会员公司自己职员的故意放货行为或基于商业考虑而做出的无单放货不予承保。

（3）第三者责任。第三者责任险承保会员公司因在操作经营中的错误或疏忽，造成第三方的财产损失或人员伤亡。

第三者指的是除联运保赔协会和会员公司以外的任何其他人。而第三者财产则指第三者的任何财产，但不包括货物（因为在“货物的损坏或灭失责任”中承保）以及任何会员承租的财产，如设备、场地或建筑物。

联运保赔协会承保的第三者责任险也包括一般的公众责任险，即访客、朋友或家属在会员公司的经营场所内，因会员公司的过错或疏忽而受到伤害或引致财产损失的赔偿责任，均在保险保障范围之内。但是，会员公司的雇员并不归类为“第三者”。这是因为一般情况下，雇员意外人身伤亡保险已在法定的劳工保险中予以承保。联运保赔协会运输经营人责任险中为避免重复，故予以除外。

（4）罚款。运输经营人在业务操作中可能由于职员的疏忽违反了有关的政府规定，从而遭罚款。也有可能完全是货主的过错，譬如货主隐瞒托运危险品而不申报，或提供虚假的发票/装箱单等。虽然有时过错不在货代企业，但许多国家的海关当局（尤其是南美洲和印度等地的海关），仍然会对货代企业处以巨额罚款。

（5）费用。主要承保减少损失的费用（mitigation），调查、抗辩的费用（investigation & defence），处理费用（disposal），检疫和消毒费用（quarantine & disinfection），货物错运的费用（mis-direction），共同海损和海难救助的分摊费用（general average & salvage），无主货处理的费用（uncollected cargo），为完成运输合同而产生的额外费用（completion of carriage costs）等。针对运输经营人的特殊行业风险，联运保赔协会在费用承保方面提供多达八项保障。除了减少损失的费用一项适用相应的免赔额，其余费用均由联运保赔协会全额承担。

5. 责任险的除外责任

（1）全部除外责任。全部除外责任，是指保单中明确规定的除外责任，通常适用于所有险种中的除外条款和限制，主要有：

1）在承保期间以外发生的危险或事故。

2）索赔时间超过承保条例或法律规定的时效。

3）承保合同或保险人的条例中规定的除外条款，即不在承保范围内的损失。

4）违法行为造成的后果，如运输毒品、枪支、弹药、走私物品或国家禁止的物品。

5）蓄意或故意行为，如倒签提单、预借提单引起的损失。

6）战争、入侵、外敌、敌对行为（不论是否宣战）、内战、反叛、革命、起义、军事或武装侵占、罢工、停业、暴动、骚乱、戒严和没收、充公、征购等的任何后果，以及为执行任何政府、公众或地方权威的指令而造成的任何损失或损害。

7）任何由核燃料或核燃料爆炸所致、核废料产生之离子辐射或放射性污染所致、引起或可归咎于此的任何财产灭失、摧毁、毁坏或损失及费用，不论直接或间接，均作为其后果损失。

（2）部分除外责任。部分除外责任，通常表现为免赔额或最高限额的规定，如超出承保合同关于赔偿限额规定的部分。

（3）以投保人履行的义务为前提的除外责任。事先未征求保险人的意见，擅自赔付对方，也可能从保险人处得不到赔偿或得不到全部赔偿。例如，当货物发生残损或短少后，集装箱多式联运经营人自认为是自己的责任，未征求保险人的意见，就自作主张赔付给了对方。事后证明不属于或不完全属于集装箱多式联运经营人的责任，保险人将不承担或仅承担其应负责的部分损失。

7.2　集装箱多式联运责任

7.2.1　多式联运责任的构成

多式联运责任是指多式联运经营人按照法律规定或运输合同的约定所承担的对货物的灭失、损坏或迟延交付所造成损失的违约责任，它由责任期间、责任基础、责任形式、责任限额、承运人责任的免除几部分构成。

表 7－4 显示了多式联运公约及与其他单一运输方式有关的国际公约与惯例在多式联运经营人/承运人责任限额、诉讼时效等方面的规定。表 7－5 显示了我国现有法律关于多式联运经营人责任的规定。如果某一多式联运合同同时属于我国《海商法》和《民法典》的适用范围，而两者又有不同规定的，应首先适用《海商法》的规定，然后是《民法典》。

1. 责任期间

多式联运经营人的责任期间是指多式联运经营人履行义务和承担责任的期间。对于责任期间，有关的国际公约或国内法的规定不尽相同。

（1）在国际海上运输领域，不同的公约或法律对承运人责任期间存在不同的规定。目前我国《海商法》采用两种规定：一是船至船，适用于非集装箱货物；二是港至港，适用于集装箱货物。

（2）在其他国际运输领域，包括国际多式联运领域的有关公约或法律均规定承运人的责任期间为从接收货物时起至交付货物时止，即承运人掌管货物的全部期间。然而，除了《联合国国际货物多式联运公约》对于承运人收取货物与交付货物的地点不予以限制，公路、航空、铁路运输领域的收货地与交付地均仅限于各自运输方式下的车站或机场，因而，实质上仍为场至场或站至站。

对于收取货物，承运人可以按通常的方式从托运人或其代理处接收货物，也可以根据法律法规从海关或港口当局处接收货物；对于交付货物，承运人可以把货物直接交给收货人或其代理，也可以根据法律法规将货物交给有关当局或第三人，在交付不能时，承运人将货物存放于合适的地点并发出通知后，货物视为已交付收货人，承运人责任已终止。

表 7-4 有关国际公约/惯例对承运人责任等方面规定一览表

公约或法律名称		责任基础	责任形式	责任期间	货损货差责任限额		迟延交付损失		货损货差通知时限		诉讼时效
					SDR/件	SDR/千克	责任限额	推定灭失	显而易见	非显而易见	
《海牙规则》		不完全过失责任		船/船	100 英镑		未规定		交付之前或当时	3 个连续日	1 年
《维斯比规则》		不完全过失责任		船/船	666.67	2					1 年，3 个月追偿期
《汉堡规则》		完全过失责任		港/港	835	2.5	迟延货 2.5 倍运费，不得超过总运费	60 天	1 个工作日	15 个连续日	2 年，3 个月追偿期；迟延交付：60 天
《国际货约》		严格责任		站/站		16.66	2 倍运费	30 天	未作规定		1 年，故意或严重过失为 2 年
《国际道路货物运输合同公约》		严格责任		站/站		8.33	不超过运费	约定期限：30 天；未约定期限：60 天	交付之前或当时	7 个工作日	1 年，故意或严重过失为 3 年；迟延交付：21 天
空运：《华沙公约》《海牙议定书》《蒙特利尔公约》		《华沙公约》：不完全过失责任；《海牙议定书》：完全过失责任；《蒙特利尔公约》：严格责任		场/场		17	未规定	7 天	《海牙议定书》规定：损坏：行李 7 天，货物 14 天；延误：21 天		2 年
《联合国国际货物多式联运公约》	含水运	完全过失责任	修正统一责任制	接货/交货	920	2.75	迟延货 2.5 倍运费，不得超过总运费	90 天	1 个工作日	6 个连续日	2 年，3 个月追偿期；迟延交付：60 天
						8.33					
	不含水运				如区段适用法律规定限额高，则适用该区段的法律规定						
1973 年《联合运输单证统一规则》		确定区段：等同区段适用运输公约/法规；非确定区段：完全过失责任	网状责任制	接货/交货	确定区段：等同区段适用运输公约/法规规定；非确定区段：2SDR/千克		确定区段:取决于适用运输公约规定,且不得超过运费;非确定区段:不赔	90 天	交付之前或当时	7 个连续日	9 个月
1991 年《多式联运单证规则》	含水运	完全过失责任，但水运段仍实行不完全过失责任	网状责任制	接货/交货	666.67	2	不超过运费	90 天	交付之前或当时	6 个连续日	9 个月
						8.33					
	不含水运				如区段适用法律规定了限额，则适用该区段的法律规定						

表 7－5　我国现有法律关于多式联运经营人责任的规定

		《海商法》	《民法典》
运输方式限定		多式联运必须包含海运	海陆空均可
责任形式		网状责任制	网状责任制
责任免除	货损区段确定	适用调整该区段运输方式的有关法律规定	适用调整该区段运输方式的有关法律规定
	货损区段未确定	实行不完全过失责任制，即享有《海商法》第五十一条规定的 12 项免责	实行严格责任制，即仅在不可抗力时才可免责
责任限额	货损区段确定	适用调整该区段运输方式的有关法律规定	适用调整该区段运输方式的有关法律规定
	货损区段未确定	适用海运规定，即《海商法》第五十六条第一款规定	不享受责任限额，即按全额赔偿
迟延交付责任		对约定的迟延交付损失承担责任（参见《海商法》第五十条）	承担责任，并按实际损失给予赔偿（参见《民法典》第五百八十四条）

2. 责任基础

责任基础是指多式联运经营人对于货物运输所采取的赔偿责任原则。对于承运人赔偿责任基础，各单一运输公约或法律的规定不一，但大致可分为过失责任制和严格责任制两种。过失责任制是指按承运人对货损货差是否有过失而决定其是否负责，又可分为完全过失责任制和不完全过失责任制两种，前者是指只要承运人对货损货差有过失就应承担责任，而后者却附有一部分除外规定，即基本前提是应承担责任，但对某些过失，法律仍允许承运人免责。严格责任制是指除了不可抗力等有限的免责事由，不论有无过失，承运人对于货损货差均应承担责任。由于采用严格责任制的国际公约或国内法也列举了大量的免责事项，因此，严格责任制与完全过失责任制之间已无甚差别。

《海牙规则》、《维斯比规则》和《华沙公约》采用不完全过失责任制，对于航行/驾驶过失免责；《汉堡规则》、《海牙议定书》和《联合国国际货物多式联运公约》采用完全过失责任制；《国际道路货物运输合同公约》、《国际货约》、《国际货协》和我国《铁路法》、《民法典》均采用严格责任制；我国《民用航空法》采用双重责任制，对于货损货差采用严格责任制，对于迟延交付损失采用完全过失责任制。

3. 责任形式

（1）网状责任制（network system of liability）。网状责任制是指多式联运经营人对全程运输负责。货物的灭失或损坏发生于多式联运某一区段的，多式联运经营人的赔偿责任和责任限额适用调整该区段运输方式的有关法律规定。如果货物的灭失、损坏发生的区段不能确定（俗称隐藏损害），多式联运经营人则按照海运或双方约定的某一标准来确定赔偿责任和责任限制。目前，大多数国家的多式联运经营人采用网状责任制。1973 年《联合运输单证统一规则》、1991 年《多式联运单证规则》和我国《海商法》、《民法典》均采纳了该责任制。例如，1991 年《多式联运单证规则》对货物的灭失、损坏和迟延交付规定了统一的归责原则，并对多式联运是否包含海运规定了两种统一的责任限制，同时该规则进一步规定，如果能清楚地知道货损发生的运输区段，而该运输区段所适用的国际公约或国内法又规定了另一项责任限额，则应优先适用该公约或该国家法律。

（2）统一责任制（uniform liability system）。统一责任制是指多式联运经营人对货主赔偿时不考虑各区段运输方式的种类及其所适用的法律，而是对全程运输按一个统一的原则并一律按一个约定的责任进行赔偿。统一责任制是与多式联运的基本特征最为一致的责任形式，然而，由于适用于各运输区段的国际公约或者法律所确定的区段承运人的责任不同，而且可能低于多式联运经营人根据统一责任制所承担的责任，这意味着多式联运经营人向货主承担赔偿责任后，面临不能向造成货物损害的区段承运人全额追偿的危险，从而无法预见其最终承担的责任。因此，目前没有多式联运经营人愿意采用这种责任形式。

（3）经修正的统一责任制（modified uniform liability system）。经修正的统一责任制是指多式联运经营人对全程运输负责，并且原则上全程运输采用单一的归责原则和责任限额，但保留适用于某种运输方式的较为特殊的责任限额的规定。这种修正通常针对多式联运的海运阶段，且有利于多式联运经营人。

经修正的统一责任制最大限度地保留了统一责任制的优点，同时通过对其加以修正，缓和了统一责任制下各区段运输方式责任体制之间存在的差异和矛盾，较好地适应了运输法律发展的现状，使多式联运中的运输风险在承托双方间得到较为合理的分配。

《联合国国际货物多式联运公约》采用了此种责任制。该公约对货物的灭失、损坏和迟延交付规定了统一的归责原则，并对多式联运是否包含海运规定了两种统一的责任限制，同时该公约进一步规定，如果能清楚地知道货损发生的运输区段，而该运输区段所适用的国际公约或国内法又规定了比公约的限额高的限额，则应优先适用该公约或该国家法律。

4. 责任限额

（1）有关货损货差的责任限额。目前，各国际货物运输公约所规定的责任限额，除了在数值上不尽相同，在计量的币值上也有很大的不同。值得注意的是，公约或法律所规定的责任限额为强制性规定，对于承运人而言，任何降低责任限额的条款均属无效，除非公约或法律允许。而且，除了在托运人已事先申明货物的价格并支付附加费的情况下，承运人不得根据责任限额限制自己的赔偿额外，对于因承运人或其代理人故意或明知可能会造成损失而轻率地作为或不作为所造成的货物损失，除《海牙规则》未对此做出规定，《维斯比规则》、《汉堡规则》、《联合国国际货物多式联运公约》，以及我国《海商法》、《民用航空法》均规定承运人无权享受责任限额。

（2）有关迟延交付的责任限额。迟延交付是指货物未在明确议定的时间内交付或在无此协议时，未能按照具体情况，在一个对勤奋的承运人所能合理要求的时间内交付。在海上运输中，我国《海商法》规定承运人仅对有明确议定交付期限的迟延损失予以赔偿。根据我国《海商法》的规定，对于明确议定交付期限下所造成的迟延损失予以赔偿，其责任限额为迟延交付货物的运费数额，如果迟延损失与货物的灭失、损坏同时发生，则按货物灭失、损坏的责任限额为准，即对于货物迟延损失的赔偿责任不能超过货物灭失、损坏所规定的责任限额。《汉堡规则》《联合国国际货物多式联运公约》则规定无论有无议定交付期限，承运人对于迟延损失均予以赔偿。《汉堡规则》和《联合国国际货物多式联运公约》做出如下相同的规定：对于迟延损失的责任限额，相当于迟延交付的货物应付运费的 2.5 倍，但不得超过整个合同运费额，而且，在同时伴随货物的灭失、损坏时，总赔偿责任不能超过按公约所规定的货物灭失、损坏的责任限额所确定的货物全部灭失的赔偿责任限额。

5. 承运人责任的免除

目前，对于承运人可以免除责任的所谓免责条款，除了《汉堡规则》及《联合国国际货物多式联运公约》未采用列举法，其他国际公约、惯例及国内法律法规大多采用列举方式列举了若干免责事项。

7.2.2 多式联运经营人与区段承运人责任分担

1. 衔接式多式联运经营人与区段承运人的责任分担

在衔接式多式联运下，多式联运经营人与区段承运人的责任，我国《海商法》与《民法典》的规定基本相同。

(1) 多式联运经营人对区段承运人的行为负连带责任。《民法典》第八百三十九条规定："多式联运经营人可以与参加多式联运的各区段承运人就多式联运合同的各区段运输约定相互之间的责任；但是，该约定不影响多式联运经营人对全程运输承担的义务。"多式联运经营人与区段承运人的约定不能对抗货主。这一原则表明：多式联运经营人应当对合同约定的全部运输负责。多式联运经营人除了对自己及自己的受雇人或代理人的行为负责，还必须对区段承运人及其受雇人或代理人的行为负责。可见，多式联运经营人的责任范围相当广泛，尤其在实务中，多式联运经营人很难控制区段承运人对其受雇人或代理人的选择。然而，如果法律不做出如此规定，而免除多式联运经营人对区段承运人的受雇人或代理人的行为负责，货主的利益则难以保障，继而会影响商业关系的稳定。

(2) 区段承运人对其履行的运输承担与多式联运经营人同等的法律责任。这一原则表明：区段承运人对自身及其受雇人或代理人的行为责任仅限于自己履行的运输期间，而且，由于他与托运人无合同关系，因而对于多式联运经营人与托运人间约定的诸如扩大承运人责任范围、放弃承运人所享有的责任限制或放弃免除责任等超出法定责任的条款，只有在区段承运人以书面方式表示接受时才对区段承运人产生效力。因此，多式联运经营人在接受此类义务之前，应考虑区段承运人是否接受，否则将由自己承担此类义务。

(3) 多式联运经营人、区段承运人及其受雇人或代理人的赔偿总额不能超出法定限额。这一原则表明：托运人或收货人无权以分别追索赔偿的方式取得双倍赔偿。这也说明区段承运人在对其履行运输区段承担责任的同时，也享有法律所规定的有关承运人的权利及责任限制与法定免责事项。

（4）多式联运经营人与区段承运人可按他们之间的合同约定相互追偿。当多式联运经营人或区段承运人赔偿了托运人或收货人以后，可按他们之间的合同约定相互追偿。

2. 协作式多式联运经营人与区段承运人的责任分担

在协作式多式联运下，多式联运经营人与区段承运人的责任，目前并没有明确的法律规定，但可参照《民法典》有关联运的规定。《民法典》第八百三十四条规定："两个以上承运人以同一运输方式联运的，与托运人订立合同的承运人应当对全程运输承担责任；损失发生在某一运输区段的，与托运人订立合同的承运人和该区段的承运人承担连带责任。"显然，上述规定尽管适用于同一运输方式下的联运，但与衔接式多式联运下有关多式联运经营人与区段承运人的情况并无差别，因为在衔接式多式联运下，多式联运经营人就是与托运人订立合同的承运人。

（1）对外，对于收货人或发货人而言，与之订立全程运输合同的承运人承担全程责任，并与造成货损产生的区段承运人承担连带责任。

（2）对内，各承运人之间可依据所签订的合作协议，分担收益与责任。

7.3 集装箱多式联运事故处理

7.3.1 集装箱多式联运理赔

集装箱多式联运理赔（settlement of claim），是指集装箱多式联运经营人对货主（托运人或收货人）所提出的货运事故赔偿要求予以受理并进行处理的过程。

1. 多式联运经营人理赔要点

多式联运经营人作为多式联运合同的当事人，既享有权利，也要承担义务与责任。在理赔的过程中，应依照图7－1的程序处理。

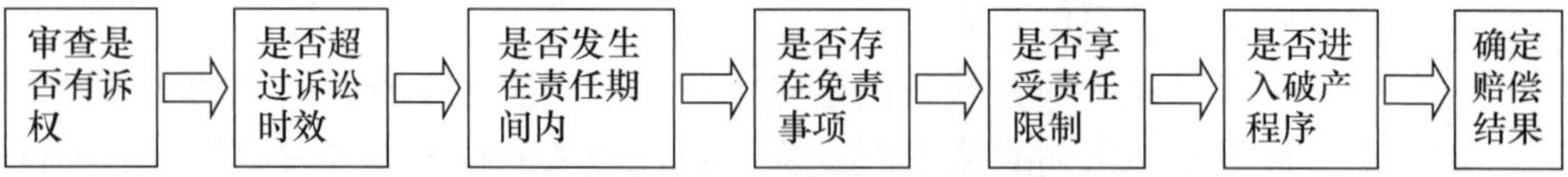

图7－1 集装箱多式联运经营人理赔要点示意图

2. 解决争议的途径

对于争议，主要有和解、调解、诉讼和仲裁四种解决办法，如图7－2所示。

（1）和解。和解（consultation，negotiation）也称为协商，是指在发生争议后，由当事人双方直接进行磋商，自行解决纠纷。和解的方式大致分为四种：自行解决、委托代理解决、仲裁庭外和解、法院庭外和解。和解的优点是，解决争议时间短，费用低或没有费用，不伤和气，有利于以后的进一步合作。其不足是，当事人达成的和解协议不具有强制执行力。

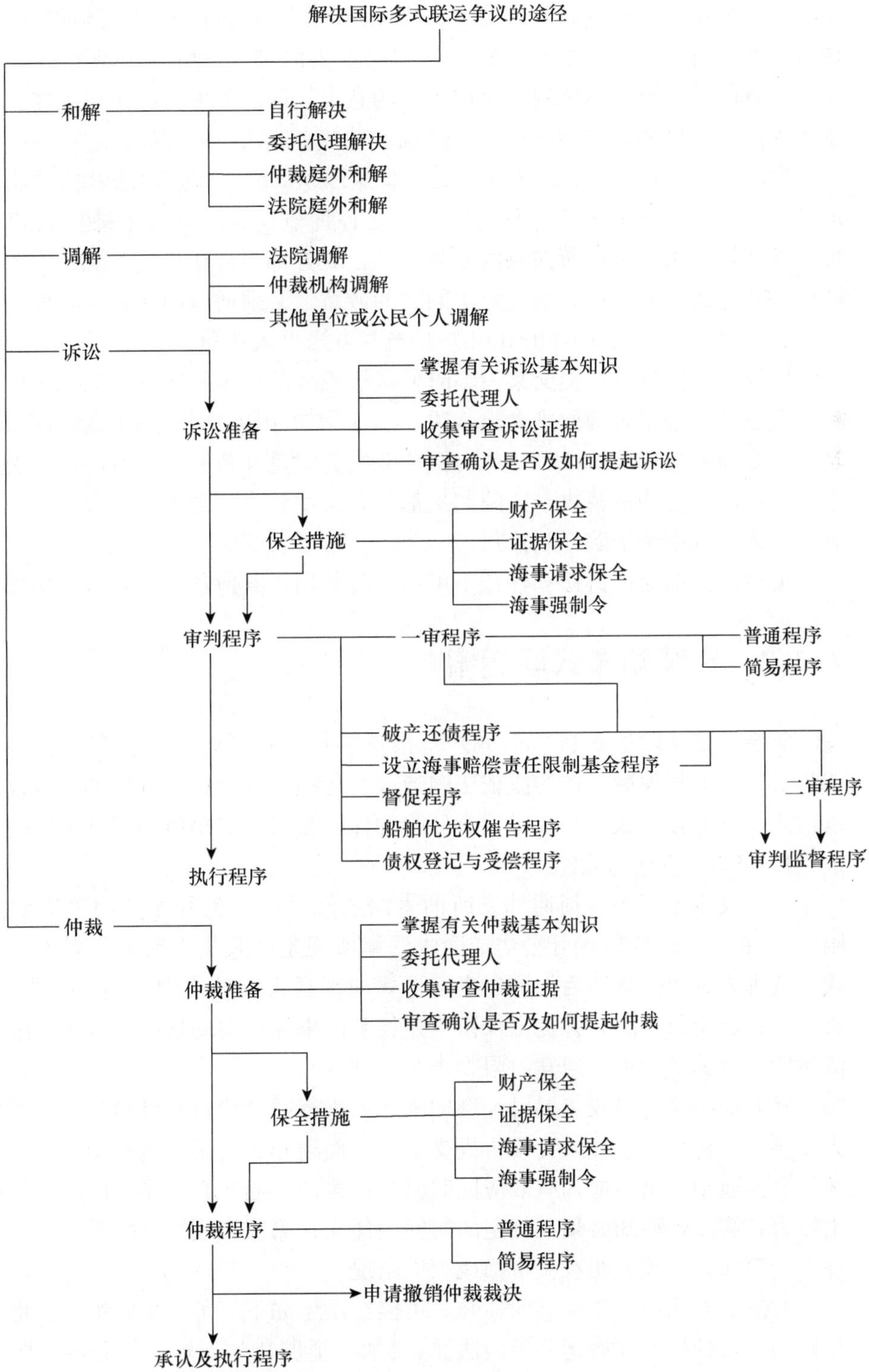

图 7－2 解决国际多式联运争议的途径

（2）调解。调解（conciliation）是指在第三者的主持或参与下解决当事人之间的争议。根据调解人不同，调解可分为法院调解、仲裁机构调解、其他单位或公民个人调解。是否有第三者参加是调解与和解的主要区别。调解与仲裁和诉讼的主要区别是：调解的结果更多地体现了争议主体的意志，最后的解决办法还须经当事人一致同意才能成立；而仲裁和诉讼更多地体现了仲裁者或法院的意志。

（3）诉讼。诉讼（litigation）是当事人以起诉的方式，由法院依照法定程序行使审判权来解决双方争议的一种途径。它是各种争议解决方式中最权威和最有效的一种。这通常是由于争议所涉及的金额较大，双方都不肯让步，不愿或不能采取友好协商或仲裁方式，或者一方缺乏解决问题的诚意，必须通过向法院提起诉讼来解决。

（4）仲裁。仲裁（arbitration）是指双方当事人在争议发生后，依据仲裁条款或仲裁协议，自愿将争议提交某一临时仲裁机构或某一国际常设仲裁机构审理，由其根据有关法律或公平合理原则做出裁决，从而解决争议。仲裁和诉讼的不同主要在于，当事人之间通过仲裁协议，达成自愿仲裁的合意是仲裁的必备条件，诉讼则无此必备条件；相同点是仲裁裁决与法院判决都具有法律效力，当事人必须履行，否则，另一方当事人有权申请法院强制执行。

值得注意的是，诉讼和仲裁不可以同时并用，其他各种途径可以单用或共用。

7.3.2 集装箱多式联运索赔

集装箱多式联运索赔（claim）是指集装箱多式联运经营人在赔偿货主（托运人或收货人）的损失后，依约或依法向造成货运损失的责任人（比如货运代理人、区段承运人、港站经营人等）或承保责任险的保险公司或保赔协会进行追偿的过程。

1. 向相关责任方索赔

（1）发出书面的货损通知。所谓索赔通知时限（也称作货物灭失或损坏通知时限），是指有关运输的国际公约或国内法律所规定的收货人或其代理人，在从承运人或其代理人处收受货物后，应以书面形式向承运人或其代理人提出表明货物的损坏、灭失、迟延交付情况，并提出保留索赔权利的书面声明的期限。有关国际公约或国内法律所规定的货物损失通知时限如表7-4所示。

除非货物交付时收货人已经会同承运人进行联合检查或者检验，或者已记载于双方交接的文件上，收货人无须再提交上述书面通知。否则，应提交对于货物灭失或损坏的书面通知。书面通知有效应同时满足：第一，通知必须是书面的，口头通知不发生效力；第二，通知必须在规定的时间内递交；第三，通知必须递交于承运人或其代理人；第四，必须表明有关货损或灭失情况。

在法定时间内未提交书面通知，可能会产生如下三种后果：第一，形成货物状况良好的初步证据。在海运公约或法律、《国际道路货物运输合同公约》中规定：如果收货人未在规定的时间内提出书面通知，则货物的交付可视为承运人已经按照运输单证的记载交付以及货物状况良好的初步证据。第二，丧失索赔权。《华沙公约》、我国《民用航空法》、《国际货协》等规定：除非承运人有欺诈行为，否则收货人未在规定时间内递交书面的索赔通知将丧失索赔权。第三，后果视不同情况而区别对待。在《联合国国际货物多式联运公约》中，除了对货物灭失、损坏规定了一般索赔通知时限，并规定未能及时通知则视为多式联运经营人按货物状况良好交付的初步证据，还进一步规定：如果在货物交付之日或应当交付之日后 6 个月内没有提出书面索赔通知，并说明索赔的性质和主要事项，则在期满后失去诉讼时效。

（2）提交索赔申请书或索赔清单及随附单证。索赔申请书、索赔函或索赔清单是索赔人向货运责任方正式要求赔偿的书面文件。索赔函的提交意味着货运责任方正式向被索赔人提出索赔要求，也就是说，如果索赔方仅仅提出货损通知，而没有递交索赔申请书或索赔清单，或出具有关的货运单证，则可解释为没有提出正式索赔要求，被索赔方不会受理货损货差的索赔。因此，索赔方在提出书面的货损通知后，应尽快备妥各种有关证明文件，在规定的时效内向责任人正式提交索赔要求。

索赔人除了提交索赔函，还应该提供能够证明货运事故的原因、损失程度、索赔金额、责任所在以及索赔人具有索赔权利的单证，这些单证主要有提单或运单正本、商业发票、装箱单、货损货差理货报告及货物残损检验报告、修理单、权益转让书、往来电传等。

（3）解决争议。双方通常采取和解或调解途径解决争议，如果无法解决争议，则可能进入诉讼或仲裁程序。值得注意的是，法律对涉及索赔的诉讼案件规定了诉讼时效（详见表 7－4），因此，无论向货运事故的责任人提出索赔与否，在无法自行解决问题的前提下，索赔人均应在规定的诉讼时效届满之前提起仲裁或诉讼，否则，就失去了起诉的权利，往往也失去了索赔的权利和经济利益。

2. 向保险公司或保赔协会索赔

图 7－3 显示了责任险的索赔流程。

（1）损失通知。一旦发生有可能在保险单项下索赔的事件，被保险人应立即按照保险单上的报案电话通知保险人，并尽快以书面形式提供有关信息，主要有：

1）损失发生时间、地点。

2）损失发生经过、可能的原因。

3）损失程度及预计费用。

（2）进行施救。采取一切必要措施防止损失进一步扩大，并将损失减到最低限度。

（3）申请检验。如有物质损失，对于物质损失原因和损失程度的确定，需要有公估人或检验人或保险人进行现场查勘，被保险人应按照保单规定或保险人的指示，申请并安排现场查勘和检验。

（4）保护现场。在保险人的代表或公估人或检验师进行勘查之前，保留事故现场及有关实物证据。若损失涉及其他责任方，应及时向该责任方行使或保留索赔权利。

（5）取得证明。在货物遭受盗窃或恶意破坏时，立即向公安机关或行政管理部门报案，并取得其立案或事故证明。

（6）收集证据。根据损害赔偿请求人提出的赔偿要求，向其收集相关证据。一方面证明请求人要求的合理性，另一方面以备向保险人索赔。

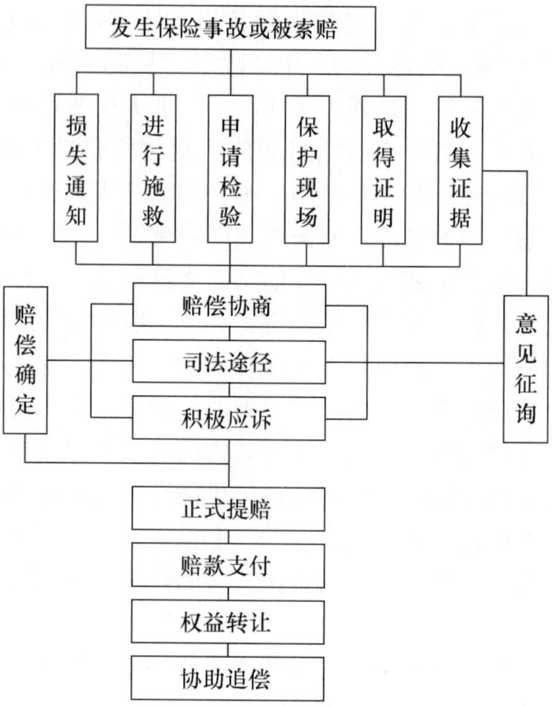

图7-3 集装箱多式联运责任险索赔流程图

（7）赔偿协商。根据损害赔偿请求人的请求及其提供的相关证据，被保险人结合本方查勘检验的结果和掌握的其他证据及相关法律法规，与损害赔偿请求人进行协商。

（8）司法途径。在通过协商无法达成一致的情况下，可通过仲裁、诉讼和其他适用的途径解决。

（9）意见征询。

1）在收到赔偿请求人的损害赔偿请求时，应立即通知保险人。未经保险人书面同意，被保险人不要对赔偿请求人做出任何承诺、拒绝、出价、约定、付款或赔偿。

2）在预知可能引起诉讼时，立即以书面形式通知保险人，并在接到法院传票或其他法律文件后，立即将副本交付保险人，征询保险人的下一步处理意见。

（10）积极应诉。

1）在保险人的协助下，如未能与损害赔偿请求人协商解决损害赔偿请求而被起诉，被保险人要与保险人保持密切联系，就如何应诉、委托律师及法律费用等事项与保险人进行沟通。

2）如保险人要求或在被保险人要求下保险人同意以被保险人名义应诉，被保险人应予以积极配合。

（11）赔偿确定。经过与损害赔偿请求人的协商，或仲裁或诉讼或其他方式，最终确定赔偿金额。这一金额既是被保险人应该赔付损害赔偿请求人的赔偿金额，也是向保险人索赔的基础索赔金额，而保险人的赔偿金额与被保险人赔付给损害赔偿请求人的金额可能不完全一致。

（12）正式提赔。在损害赔偿请求人提交的证据充足、赔偿金额确定后，即可向保险人正式提赔。以书面形式将索赔的金额正式向保险人提出，同时附上所有保险单中要求的索赔单证。

1）出险通知书（获知发生保险事故时提供）。

2）有效保险单正本。

3）索赔申请书（在损失责任、金额均已确定，索赔证明材料均已齐全，需要正式提赔时，连同其他索赔单证一并提供）。

4）有关部门出具的事故证明。

5）损失清单。

6）损失证明材料及支付凭证（有关费用发票等）。

7）相应的货物运输合同/提单（如有）。

8）有关的法律文书（裁定书、裁决书、调解书、判决书）或和解协议（如有）。

9）被保险人上年度财务报表。

10）保险人合理要求的作为请求赔偿依据的其他证明和资料。

在索赔金额中还应该包括被保险人进行施救和为了应诉所产生的法律费用。

（13）赔款支付。保险人在接到被保险人的正式索赔后，审核索赔单证，并根据保险单中规定的保险责任、除外责任、赔偿限额、免赔额等条款，及被保险人履行保单中规定的被保险人义务等情况，对被保险人进行赔付。

（14）权益转让。根据保险法的规定，保险人在赔付后，与赔款有关的权益相应转移给保险人，保险人为了行使这一权益，需要被保险人向其签发权益转让书，被保险人应履行该义务。

（15）协助追偿。如果损失是由对被保险人负责的另外一方造成的（如实际承运人、仓储管理人等），保险人可以在赔付被保险人后，凭被保险人签发的权益转让书，向第三方实际责任人进行追偿，被保险人应给予保险人协助。

练习题

1. 选择题

（1）多式联运经营人承担的货物运输责任是（　　）。

A. 全程　　B. 自己运输区段

C. 实际承运人区段外的区段　　D. 自己控制区段

（2）集装箱多式联运的责任形式主要有（　　）。

A. 分割责任制　　B. 网状责任制

C. 统一责任制　　D. 经修正的统一责任制

（3）一般而言，集装箱多式联运经营人可根据实际业务情况选择（　　）。

A. 提单责任险　　B. 无船承运人责任险

C. 运输经营人责任险　　D. 物流责任险

（4）国际货运业务纠纷主要的解决办法为（　　）。

A. 和解　　B. 调解

C. 诉讼　　D. 仲裁

2. 判断题

（1）多式联运经营人只能在商业保险公司投保责任险。（　　）

（2）现阶段集装箱多式联运提单大多采用网状责任制。（　　）

（3）集装箱多式联运的责任期间为门到门。（　　）

3. 简答题

（1）简述集装箱多式联运责任险、货运险、财产险的关系。

（2）简述多式联运经营人理赔的要点。

（3）简述多式联运经营人与区段承运人的法律关系。

（4）简述集装箱多式联运责任保险事故索赔的基本流程。

专题篇

第 8 章 基于大陆桥的集装箱多式联运

引导案例　开展国际铁路运邮测试

2015 年，在多方共同努力下，《国际货协》取消了国际铁路禁止运邮规定，清除了建立国际铁路邮件运输规则的主要法律障碍。2016 年 1 月，中国国家邮政局牵头成立中欧班列运邮（快）件工作领导小组和联合工作组。2016 年 5 月，万国邮联、世界海关组织、国际铁路组织在莫斯科召开国际邮寄物品铁路运输项目研讨会，会议通过《莫斯科宣言》，旨在推进国际组织层面共同努力，利用国际铁路运输国际邮件。2016 年 8 月，万国邮联在瑞士伯尔尼再次组织国际铁路运邮协调工作组会议，通过了简化国际铁路运邮流程、减少处理环节、实现邮件运输效率最大化的原则。据了解，从 2013 年到 2016 年，中国邮政集团公司在邮政、海关、铁路等部门及地方政府支持下，开展了 9 次国际铁路运邮测试，其中 5 次利用中欧班列进行，4 次利用国际客运列车进行。尤其值得一提的是，2015 年 9 月，在中国国家主席习近平和俄罗斯总统普京共同见证下，中国邮政与俄罗斯联邦邮政签署《关于响应"一带一路"倡议　加强合作推进跨境电商市场发展的协议》，开启了中俄间铁路运邮合作。此后，中俄两国海关、铁路、邮政部门多次举行会谈，并进行了中俄间客运列车运邮测试。2016 年 10 月，在中国重庆—德国杜伊斯堡中欧班列运邮测试中，搭乘渝新欧班列的 26 袋邮包，共计 139 件邮件，顺利抵达德国杜伊斯堡。此次运邮测试成功，标志着利用中欧班列运输国际邮件常态化运作的基础已经夯实。

8.1　中欧班列运输操作实务

8.1.1　中欧班列相关概念

1. 中欧班列

所谓"中欧班列"（China-Europe Railway Express），全称"中欧国际铁路联运

班列”，是指按照固定车次、线路、班期和全程运行时刻开行，往来于中国至欧洲以及沿线各国的集装箱国际铁路联运班列。

中亚班列，是指往来于中国至哈萨克斯坦、乌兹别克斯坦等中亚各国的集装箱国际铁路联运班列。由于这些国家位于亚欧铁路运输的主通道上，所以国内各发运平台在运输时，也将其命名为“中欧班列”。此外，我国东西部的一些地区，也把用于进出口运输的国际铁路联运称为“中欧班列”，比如，昆明到越南河内的班列运输、吉林到韩国釜山的海铁联运等。

表8-1显示了中欧班列的主要班列及其特点。

表8-1　中欧班列的主要班列及其特点

班列名称	起讫点	里程（公里）	时间（天）	开通时间	主要货类	运营主体	主要特点	班列频次
渝新欧	重庆—杜伊斯堡	11 179	13	2011年3月19日	IT产品、服装、机械、家具	渝新欧（重庆）物流有限公司	开行最早，运营最为成熟，通关最便利（一关通）	每周3～4列
汉新欧	武汉—捷克、波兰	10 700	15	2012年10月24日	电子产品、服装、机械及医用产品	武汉汉欧国际物流有限公司	本省资源占比较大，规模较小	每周1～2列
蓉欧快铁	成都—罗兹	9 826	11	2013年4月26日	IT产品、汽车零配件、家电产品、服装鞋帽	成都亚欧班列物流有限公司	实施“蓉欧＋”战略，开展出口拼箱和中转业务	每周1～2列
郑欧	郑州—汉堡	10 399	15	2013年7月18日	电子产品、高档服装、轻工业消费品、机电产品等	郑州国际陆港开发建设有限公司	辐射范围最广，补贴限额最高	每周2列
苏满欧	苏州—华沙	11 200	15	2013年9月30日	电子产品、机械、服装、小商品	三家公司组成“三方联合体”操作平台	运输费用较低，运输时间较短	每周2列
义新欧	义乌—马德里	13 052	21	2014年11月18日	小百货、五金工具	义乌市天盟实业投资有限公司	三次换轨作业，民企运作	已常态化
粤满欧	东莞—杜伊斯堡	13 500	19	2016年8月28日	家电、家具、机械配件、通信器材	中铁集运与广东外运	里程最长	每周1列

中欧班列日均运行1 300公里，以其海运时间的1/3、航空价格的1/5，以及班列化、客车化开行的组织方式，为客户提供了良好的物流体验，货源吸引范围已远远超出开行班列的国内城市和欧洲城市，越来越多的城市、省份乃至亚洲、欧洲国家纷纷加入中欧班列，中欧班列“快捷准时、安全稳定、绿色环保”的品牌效应逐步显现。当然，中欧班列运营还存在以下问题：

（1）沿线国家政府对物流企业协调不到位。欧盟境内班列沿线国家物流企业与铁路运营商相对较多，国家间缺乏对物流企业的协调，造成中欧班列在欧洲部分的整体运营效率较低。

（2）沿线国家政府对班列基础设施投入不足。欧盟将中欧班列的建设和运营视为纯粹的市场行为，在班列盈利的基础上才会规划下一步的建设，并且对中欧班列没有任何形式的补贴政策，特别是口岸及保税仓库基础设施建设发展缓慢。比如，波兰的欧盟边境口岸运力不足，班列入境需等待较长时间。

（3）沿线国家对运营商没有补贴等扶持政策和便利措施。中方对中欧班列的规划起步较早，近年来中欧班列在各地方政府补贴支持下发展迅速，但欧盟国家，如波兰没有制定相应的补贴体系。同时，在货物清关等便利化措施方面，波兰的清关政策增加了企业负担。波兰政府规定货物抵达波兰后企业需要立即支付货物增值税，而有的欧盟国家如德国无此要求，因此一些企业对中欧班列运入波兰的中国商品选择在德国、荷兰等地清关再转运回波兰，增加了企业成本。

（4）回程货源不足。俄罗斯与欧盟关系限制了中欧班列承运商品种类。当前俄罗斯对欧盟食品实行禁运，因此欧盟无法通过中欧班列将食品运往中国，造成欧盟到中国的回程货物不足，一定程度影响了中欧班列的经济效益。

2. 大陆桥运输

大陆桥运输（land bridge transport），也称陆桥运输，是指将横贯大陆的铁路、公路运输系统作为中间桥梁，把大陆两端的海洋连接起来，形成跨越大陆、连接海洋的运输组织形式。由于大陆起了两种运输方式之间的“桥梁”作用，因此人们从地理概念出发，形象地将这种海—陆—海联运中的铁路主干线和干线公路称为大陆桥，而将通过大陆桥实现的海—陆—海联运称为大陆桥运输。

显然，大陆桥运输是海陆海多式联运，其中的陆运部分采用的组织方式为国际铁路联运。

目前，大陆桥主要包括西伯利亚大陆桥、新亚欧大陆桥、北美大陆桥等。具体情况将在后面予以说明。

3. 国际铁路联运

国际铁路联运是指使用一份统一的国际铁路联运票据，在跨及两个及两个以上国家的铁路货物运送中，由参加国的铁路部门负责办理两个或两个以上国家铁路全程运送货物的过程，由托运人支付全程的运输费用，而无须收发货人参加的铁路运输组织形式。

（1）“两个国家”：每运送一批货物都要涉及两个或两个以上国家、几个国境站。这是有别于国内铁路运输的重要标志。

（2）“一种方式”：国际铁路货物联运仅使用铁路一种运输方式。这是有别于多式联运的重要标志。

（3）“一人负责”：国际铁路货物联运运输责任方面采用统一责任制，全程由承运人负责。也就是说，发货人在始发站托运货物，取得一份国际铁路联运运单，铁路方根据国际铁路联运运单将货物运往终点站交给收货人。在由一国铁路向另一国铁路移交货物时，不需收发货人参与，途经各国按国际条约承担国际铁路联运的义务。

（4）“一张单据或两张单据”：全程使用一份国际货协运单或者国际货协/国际货约统一运单，或者“国际货协运单＋国际货约运单”两张单据。铁路运单只能在相对应的铁路组织国之间流转，中欧班列想要实现从亚洲到欧洲（即从货协缔约国到货约缔约国）或者相反方向的运输，除了要进行换轨以外，还需要换单操作。以中欧班列去程来讲（中国出口欧洲），班列在进入欧洲时（目前绝大多数班列都是经波兰马拉舍维奇），都要办理转关手续，需把国际货协运单换成国际货约运单，才能继续开往欧洲。同样，开行回程班列时（欧洲出口中国），需在出欧边境站进行申报转关，将国际货约运单换成国际货协运单，班列才能继续驶向中国。频繁地换单很大程度上影响了班列的运行时效，既耽误了时间，也浪费了人力、物力。有关运单及换单的详细内容将在后面予以说明。

（5）有时需要换装作业或更换轮对。铁路轨距可分为标准轨、宽轨及窄轨三大类。中国、朝鲜、欧盟绝大多数国家及北美洲一些国家铁路轨距为1 435毫米，即标准轨；俄罗斯等原苏联加盟共和国、蒙古国铁路轨距为1 524毫米，西班牙的部分铁路轨距为1 676毫米，即宽轨；日本（除新干线）、菲律宾、印度尼西亚、坦桑尼亚、赞比亚等国铁路轨距为1 067毫米，即窄轨。

根据国际惯例，各国在本国境内设置口岸站（换装站），各自承担进口货物的换装作业；客车一般采用换轮作业，地点由两国协商确定。对于货运列车，除油罐车在有条件的口岸站可采用换轮作业，其他货物或集装箱均采用换装作业，即需要换装到对方列车上，加固好后，编组入境。换装车辆在站平均停留一般为2～4天，当然，有些口岸站对无法及时交运的货物甚至以车代库，致使车站能力紧张；对于旅客列车，经过指定的口岸站时在换轮库内更换转向架，即使用起重设备将客车抬起，原转向架推出，再推进另一轨距的备用转向架。换轮期间乘客不需要下车，通常一列11节车厢的整列换轮需要大约40个工人同时操作，用时50分钟。

我国幅员辽阔，与我国有铁路相连的国家主要有俄罗斯、朝鲜、蒙古国、越南、哈萨克斯坦。如表8-2所示，我国承担国际货运的铁路干线有10条，相应的口岸有11对，包括通往俄罗斯3条、哈萨克斯坦2条、蒙古国1条、朝鲜3条、越南2条。

表8-2 我国与邻国的边境铁路车站站名及其他

通道名称	我国国境站的站名	邻国国境站的站名	邻接轨距（毫米）	距国境线的距离（公里）	
				我国国境站	邻国国境站
中俄	满洲里	后贝加尔	1 520	9.8	1.3
	绥芬河	格罗迭科沃	1 520	5.9	20.6
	珲春	马哈林诺	1 520	—	—
中蒙	二连浩特	扎门乌德	1 524	4.8	4.5
中哈	阿拉山口	多斯特克	1 520	4.02	8.13
	霍尔果斯	阿腾科里	1 520	0.21	14.79
中朝	丹东	新义州	1 435	1.4	1.7
	集安	满浦	1 435	7.3	3.8
	图们	南阳	1 435	2.1	1.3
中越	凭祥	同登	1 000	13.2	4.6
	山腰	新铺	1 000	6.5	4.2

（6）办理手续复杂、要求条件高。货物必须有两个或两个以上国家铁路参加运

送，在办理国际铁路联运时，其运输票据、货物、车辆及有关单证都必须符合有关规定和一些国家的正当要求。每批货物的运输条件，如包装、转载、票据的编制、添附文件及车辆使用，都要符合有关国际联运的规章、规定。

8. 1. 2　中欧班列主要通道分析

目前，我国已铺划了东、中、西三条中欧班列运行线。未来可能会开辟新的通道，比如南部通道。

1. 东部通道

东部通道由东南沿海经满洲里（或绥芬河），依托西伯利亚大陆桥出境：满洲里（中）—俄罗斯—白俄罗斯—欧盟国家，全程 7 678 公里，其中，俄罗斯境内 7 069 公里，白俄罗斯境内 609 公里。该通道在我国主要以大连港口群（包括大连、营口等港口）和天津港口为桥头堡，辐射东北、华北等地区。

西伯利亚大陆桥，也称亚欧第一大陆桥、北线亚欧大陆桥，东起俄罗斯符拉迪沃斯托克。由于绥芬河、珲春两个口岸以从俄罗斯进口原木、锯材、煤炭、铁矿砂、化肥和农产品为主，而且国际铁路联运通过量较少，因而，我国依托西伯利亚大陆桥开行的中欧班列主要经由满洲里和二连浩特两个口岸进出境。

与全海运相比，这条大陆桥运输线具有三个明显的优点：

（1）运输距离缩短。从远东到西欧，经西伯利亚大陆桥的路程是 13 000 公里，比绕道非洲好望角的航程缩短约 1/2，比经苏伊士运河的航程亦可缩短 1/3。

（2）途中运行时间减少。途经西伯利亚大陆桥的集装箱运输，一般比全程海运可提前 15～35 天。

（3）运输成本降低。一般情况下，运输成本比全程海运便宜 20％～30％。

当然，这条大陆桥运输线亦有局限性。例如，冬季严寒，会使运输能力受到影响；来回运量不平衡，西向大于东向的 2 倍；原苏联地区使用宽轨铁路，必须换轨才能进入欧洲其他各国。

2. 中部通道

中部通道由华北地区经二连浩特，依托西伯利亚大陆桥出境：二连浩特（中）—蒙古国—俄罗斯—白俄罗斯—欧盟国家，全程 8 030 公里，其中，蒙古国境内 1 110 公里，俄罗斯境内 6 311 公里，白俄罗斯境内 609 公里。该通道主要以天津、青岛、上海、大连等港口为桥头堡，辐射华北、华东和东北等地区，其缺点是蒙古国方面的国境站接卸能力不足，线路通行能力较低。

目前，中蒙欧通道仍以二连浩特口岸为出口口岸，未来随着中蒙铁路建设步伐加快，将会增加东西两大中蒙欧通道。比如，辽宁省拟建设以锦州港、丹东港为起点，途经辽宁至蒙古国乔巴山铁路出海通道，再到达欧洲各地的新辽蒙欧通道。

（1）西部通道：锦—珠—乔新亚欧大通道全线贯通。以盘锦、锦州、葫芦岛港为起点，经锦赤线、赤大白线、巴新线、巴珠线等铁路，再经内蒙古锡林郭勒盟珠恩嘎达布其口岸至蒙古国毕其格图口岸，到达蒙古国乔巴山，全长约 1 240 公里（简称

“珠乔铁路”），再经乔巴山至俄罗斯铁路到达欧洲各地。该通道是蒙古国、俄罗斯最便捷的出海口之一，是京津冀地区通往俄罗斯、蒙古国最便捷的重要通道，也是连接俄罗斯赤塔和中国锦州港的亚欧大陆桥。

（2）东部通道。以丹东港为起点，经沈丹线、京哈线、平齐线、白阿线等铁路，再经内蒙古兴安盟阿尔山口岸至蒙古国松贝尔口岸，到达蒙古国乔巴山，全长约1 730公里，再经乔巴山至俄罗斯铁路，到达欧洲各地。2015年，吉林提出建设中蒙阿尔山至乔巴山铁路（简称“两山铁路”），形成珲春—长春—白城—阿尔山—蒙古国乔巴山的亚欧运输通道。

蒙古国境内铁路自毕其格图口岸到乔巴山有500多公里，均是戈壁铁路。阿尔山毗邻的蒙方松贝尔苏木地处偏远，距离阿尔山市275公里。该铁路口岸需要在蒙古国境内修建300公里铁路，投资巨大，同时在运量上没有经济效益，因此，蒙古国方面的铁路至今并没有动工。同时，我国境内相关铁路建设，辽宁省、吉林省地方政府虽积极性较高，但短期内很难吸引投资者的青睐。

3. 西部通道

（1）新亚欧大陆桥概述。西部通道由中西部经阿拉山口（或霍尔果斯）依托新亚欧大陆桥出境。新亚欧大陆桥，也称第二亚欧大陆桥、南线亚欧大陆桥，东起我国的连云港，由阿拉山口口岸和霍尔果斯口岸出境，过境哈萨克斯坦、俄罗斯、白俄罗斯至欧盟国家，全长10 870公里，在中国境内长4 131公里，超过全长的1/3。

新亚欧大陆桥中国段西端从新疆阿拉山口站换装出境进入中亚，与哈萨克斯坦多斯特克站接轨，西行至阿克斗卡站与西大铁路相接，进而分北中南三线接上欧洲铁路网通往欧洲。

1）北通道：运输径路为哈萨克斯坦—俄罗斯—白俄罗斯—波兰—德国的干线通道，中国至欧洲的绝大部分国际班列如渝新欧、蓉欧、郑欧、汉新欧、义新欧等均通过该通道运行。阿拉山口—汉堡间运距7 385公里，运输时间15天，是目前中欧间成熟、快捷、顺畅的铁路货运通道，受到沿线途经国的高度重视。

2）中通道：运输径路为中国（阿拉山口）—哈萨克斯坦（阿克套港）—里海—阿塞拜疆（巴库港）—格鲁吉亚（波季港）—黑海沿岸国家，运输里程6 200～6 500公里，运输天数21～23天。也可以由哈萨克斯坦经俄罗斯、乌克兰至欧洲各国。

案例8-1

乌克兰牵手哈萨克斯坦开辟新丝绸之路

2016年1月15日，20个集装箱被装上货船，从乌克兰的港口出发，穿越黑海，抵达格鲁吉亚的巴统后装上列车，过境阿塞拜疆，在巴库附近的阿里亚特港再次装上货船（铁路轮渡），横跨里海，1月24日抵达哈萨克斯坦阿克套港，之后再一次装载至列车，并沿着既定路线抵达哈萨克斯坦中部城市扎纳阿尔卡，1月27日，哈萨克斯坦全国多式联运物流公司KTZ Express扣押了这趟乌克兰列车，理由是乌克兰方面没有按照规定在货物离港前付清运输费。此趟列车在扎纳阿尔卡车站停留了48小时，于1月31日抵达多斯特克站，共耗时17天。

建立跨里海运输走廊，开拓至土耳其、伊朗的路线，对相关方是有利的，比如，哈萨克斯坦可以提升阿克套港吞吐量，阿塞拜疆和格鲁吉亚可收取相应的过境费用，乌克兰则可以由此规避俄罗斯的制裁。不过，此运输通道试图绕过俄罗斯，一方面会引起俄罗斯的不满，另一方面，因该运输通道涉及多次货船与列车的转载，一个40英尺集装箱运费约为5 500美元，而传统经俄罗斯的运输通道仅需3 920美元，因此，尽管乌克兰方面称，新的运输通道将把中国至欧洲的货运时间缩短至15天，这与过境俄罗斯所需的30天相比，具有一定的竞争力，但无论是从经济上还是政治上，该运输通道的前景均堪忧。

3）南通道：运输径路为中国（阿拉山口、霍尔果斯）—哈萨克斯坦—乌兹别克斯坦—土库曼斯坦—伊朗—土耳其（伊斯坦布尔），全程运距约6 997公里，运输时间约20天。

案例8-2

“义乌—德黑兰”首趟国际货运班列

2016年1月28日，载有床上用品、五金工具、饰品等义乌小商品，计为82个TEU的“义乌—德黑兰”班列，从义乌出发，历经5天4 491公里抵达阿拉山口；在哈萨克斯坦境内行程3 417公里，历经4天抵达哈土边境；在土库曼斯坦境内行程1 156公里，历经2天；再经3天抵达终点伊朗首都德黑兰。此条中哈土伊铁路线路全程大约1万公里，约耗时2周，可将货物从中国东部运送到波斯湾市场，比海运25～30天节约一半时间。此外，从新疆阿拉山口出境，铁路运输至哈萨克斯坦，还可以选择另外两条线路：一是通过里海海运至伊朗港口；二是经乌兹别克斯坦、土库曼斯坦，直抵伊朗德黑兰。

（2）经由新亚欧大陆桥的两口岸、两通道。经由新亚欧大陆桥，涉及我国两大铁路口岸，形成了两大通道。

1）阿拉山口通道：阿拉山口（中）—哈萨克斯坦—俄罗斯—白俄罗斯—欧盟国家，全程5 439公里，其中，哈萨克斯坦境内1 910公里，俄罗斯境内2 920公里，白俄罗斯境内609公里。该通道在我国主要以东部各沿海港口为桥头堡（包括连云港、上海、宁波、青岛、天津等）。

2）霍尔果斯通道：中国东部港口—乌鲁木齐—精河—伊宁—霍尔果斯/阿腾科里（中哈铁路口岸）—阿拉木图—希姆肯特—十月城—奥津基—萨拉托夫—米丘林斯克—布良斯克—布列斯特—华沙—柏林，分别抵达终点鹿特丹或安特卫普。同时形成两大分支：一是到莫斯科，向南可经哈尔科夫抵基辅，再到西欧的径路；二是通过乌兹别克斯坦进入土库曼斯坦，经谢拉赫斯（土库曼斯坦）/萨拉赫斯（伊朗）边境站至伊朗马什哈德，再经德黑兰向西进入土耳其，然后穿越整个土耳其，从伊斯坦布尔跨过博斯普鲁斯海峡进入欧洲铁路网的径路。与阿拉山口口岸相比，霍尔果斯口岸的地缘优势更加明显，口岸距新疆伊宁市70多公里，距哈萨克斯坦阿拉木图市378公里，是中国西部距中亚中心城市运距最短的国家一类口岸。

（3）新亚欧大陆桥存在的问题。与西伯利亚大陆桥相比，新亚欧大陆桥虽距离较短，但存在以下不足：

1）哈萨克斯坦口岸能力不足、铁路运力紧张。目前，多斯特克站准轨场仅有13条线路，且装卸机具、人力严重不足，设备故障率高，装卸队伍不稳定，每日最大换装能力仅450车左右，无法满足阿拉山口口岸每日650车的换装需求，加之缺乏车皮，时常造成货物滞留。

2）通关便利性差。该线路涉及多个国家，尤其是中亚国家的口岸通关便利性较差。据统计，货物在口岸的平均滞留时间占全程运输时间的30%，其中，单证、海关查验等原因导致的滞留占60%，运力衔接等其他原因导致的滞留占40%。

3）俄罗斯抵制。该条线路北通道有1 000多公里在俄罗斯境内，但俄罗斯一直不愿意货物经由这条线路。一方面，货物进入俄罗斯境内，俄罗斯海关检查得非常苛刻；另一方面，为了维护西伯利亚大陆桥的利益，俄罗斯铁路部门采取“口岸差别运价”的方式争夺市场。比如，经由俄罗斯远东港口（比如东方港、纳霍德卡港、符拉迪沃斯托克港）、我国满洲里或二连浩特口岸（经由蒙古国）、阿拉山口（经由哈萨克斯坦）进入西伯利亚大陆桥的运价（美元/箱公里）分别为0.03、0.20、0.30。

4）信息共享差。新亚欧大陆桥运输业务不具备透明、即时的物流信息化服务体系，也成为制约其发展的重要因素。

（4）未来可能的中亚跨境运输通道。喀什作为中国的西大门，拥有六个一类口岸，有888公里长的中国陆地边界，与印度、巴基斯坦、阿富汗、塔吉克斯坦、吉尔吉斯斯坦5国接壤，与乌兹别克斯坦、土库曼斯坦和哈萨克斯坦也非常接近。因此，以喀什为起点，拟规划建设以下三条通道。

1）中国至吉尔吉斯斯坦、乌兹别克斯坦铁路（中吉乌铁路）。

2）中国至吉尔吉斯斯坦、塔吉克斯坦铁路（中吉塔铁路）。

3）中国至塔吉克斯坦、阿富汗到伊朗铁路（中塔阿伊铁路）。

由于受到资金、地缘政治等多因素的影响，上述通道仍处于规划建设阶段。

一般而言，经过海上运输上桥后，亚欧大陆桥运输主要采用如下三种方式：

1）铁铁（transrail）方式。它是用船把货物运至东方港、纳霍德卡港（或者通过满洲里、二连浩特、阿拉山口、霍尔果斯等陆路口岸进入原苏联地区），再用火车运到原苏联地区西部边境站，继续用铁路运至欧洲和伊朗等地或相反方向。

2）铁海（transea）方式。它是用船把货物运至东方港、纳霍德卡港（或者通过满洲里、二连浩特、阿拉山口、霍尔果斯等陆路口岸进入原苏联地区），再用火车运到波罗的海和黑海的港口，装船运至北欧、西欧、巴尔干地区的港口，最终交收货人。

3）铁卡（tracons）方式。它是用船把货物运至东方港、纳霍德卡港（或者通过满洲里、二连浩特、阿拉山口、霍尔果斯等陆路口岸进入原苏联地区），用铁路运至布列斯特附近的奥托布列斯特，再用卡车将货运至德国、瑞士、奥地利等国。

4. 南部通道

2007年11月1日，云南省社科院、云南省发改委经济研究院相关专家提出了构建“第三亚欧大陆桥”——南亚大陆桥的战略构想。战略构想中的第三亚欧大陆桥起点始于以深圳港为代表的广东沿海港口群，沿途由昆明经缅甸、孟加拉国、印度、巴基斯坦、伊朗，从土耳其进入欧洲，最终抵达荷兰鹿特丹，横贯亚欧 20 多个国家，全长约 15 000 公里，比目前经东南沿海通过马六甲海峡进入印度洋行程要短 3 000 公里左右。

（1）中巴铁路（中国至巴基斯坦铁路）。喀什—红其拉甫—白沙瓦（巴）铁路。中巴铁路终点在巴基斯坦西南港口城市瓜达尔，该线路一旦建成，其位于阿拉伯海沿岸的瓜达尔港将成为中国与阿拉伯和东非国家的中转站。瓜达尔港是丝绸之路经济带和 21 世纪海上丝绸之路的交会处，它位于巴基斯坦俾路支省西南部，是巴基斯坦的深水良港，同时是中巴经济走廊的终点。2013 年，中国海外港口控股有限公司从新加坡港务局手里取得瓜达尔港的运营权。2015 年，巴基斯坦向中国移交瓜达尔港自贸区 152 公顷土地使用权。目前瓜达尔港已开通的航线主要从中国港口出发，经停巴基斯坦卡拉奇港、瓜达尔港，运至波斯湾港口。随着中巴经济走廊项目的实施，尤其是瓜达尔港的投资与建设，瓜达尔港将会发挥日益重要的作用。

（2）中缅铁路。孟中印缅经济走廊的主通道，自昆明到缅甸实兑港。该线路是西北、西南进出境国际铁路通道，并连接缅甸铁路网，配合实施东盟国家提出的“泛亚铁路西线”方案，即泰国曼谷—班塔通纳—缅甸耶城—仰光（勃固）—腊戍—中国瑞丽—昆明。瑞丽出境后国外段新建 132 公里铁路至腊戍，与缅甸铁路网对接，最后抵达缅甸实兑港。这条铁路建成后，向西继续通过孟加拉国进入印度，最终形成孟中印缅经济走廊的基础物流通道，也开辟了绕过马六甲海峡和南海的重要能源通道。

（3）西部陆海新通道。西部陆海新通道最初称为“南向通道”，它是在中新（重庆）战略性互联互通示范项目框架下，由中国西部省份与新加坡合作打造的陆海贸易新通道。该通道以重庆为运营中心，以广西、贵州、甘肃、青海、新疆等西部省份为关键节点，利用铁路、海运、公路等运输方式，向南经广西北部湾通达新加坡等东盟国家，比经东部地区出海省时 15 天左右。

西部陆海新通道位于我国西部地区腹地，北接丝绸之路经济带，南连 21 世纪海上丝绸之路，协同衔接长江经济带，在区域协调发展格局中具有重要战略地位。为贯彻落实党中央、国务院决策部署，推进西部陆海新通道建设，2019 年 8 月 2 日，国家发展改革委印发《西部陆海新通道总体规划》（发改基础〔2019〕1333 号），规划期为 2019—2025 年，展望到 2035 年。

8.1.3　中欧班列面临的问题与挑战

由于中国对欧出口货源还不充沛，中欧班列被当地政府普遍列为必保补贴范围。在货源短缺、打价格战、亏损严重等短期不足，以及线路重复、资源浪费、前景堪忧的远期困境下，中欧班列如何“逆势而上”改善运营，如何实现协同发展，共享资源、共同获益，成为亟待解决的问题。

1. 国内铁路运行时间得不到保证阻碍了运量增长

尽管我国铁路网络已经逐步形成并初具规模，但是铁路运输能力的紧张并没有从根本上缓解，加之沿途车辆解体、停留，运行时间仍得不到保证等矛盾，从客观上造成了铁路集装箱货源的流失转移。特别是使用国际铁路联运的集装箱货物本身在时间上就有比较高的要求。运行时间得不到保证，造成了本来可以用铁路运输的货品流失到了海运。

2. 集装箱运输信息系统不完善、流程烦琐

集装箱管理及运输信息系统和电子数据交换系统尚未完全开发，自动化程度低，许多集装箱管理及运输的管理受人为因素控制，业务信息交流无法正常进行。

以集装箱箱务审批系统为例，用于国际铁路联运的中铁集装箱、互使箱，由“中铁多联”统一向中铁集装箱公司提报，由中铁集装箱公司箱管员向中国国铁集团调度提报；车站向铁路局调度提报、铁路局调度统一向中国国铁集团调度提报，由中国国铁集团统一审核。“双轨制”审核无误后，下发出境令。流程烦琐、经手人员较多，导致出境命令下达时间严重滞后，甚至达到7天左右。集装箱国际铁路联运本身是以运输时间短为优势的，这样一来，由于下令时间延长，货源大量流失。

以集装箱国际铁路联运信息跟踪为例，目前，我国铁路与国外尚未建立成熟的集装箱路径跟踪平台，集装箱经铁路口岸出境后，若不依靠国外代理，很难掌握运踪，这种状况使得我国集装箱国际铁路联运难以顺应集装箱发展的国内外潮流，在参与国际物流竞争时受到严重制约。

3. 俄白哈联合物流运输公司的挑战

作为“欧亚经济共同体”的俄罗斯、白俄罗斯和哈萨克斯坦三国，以各自的铁路公司联合组建了跨地区的俄白哈联合物流运输公司。该公司主要从事俄、白、哈统一关税同盟国家内的集装箱货物运输。由于三国是亚欧大陆桥沿线的重要途经国家，该公司的成立给我国集装箱铁路国际联运带来巨大的挑战。

4. 俄罗斯、哈萨克斯坦集装箱运输经营的挑战

（1）价格不对等。在俄罗斯境内的中铁箱价格为重去空回的价格，在其境内到站使用和办理流程成本高于俄铁箱。由于中铁箱在俄境内价格不具备优势，因而客户选择俄铁箱，造成了中铁箱使用量严重萎缩。

（2）俄罗斯通过海运方式向中国境内大量输入自备箱（TKRU），并且在我国上海、天津、宁波等地和集装箱使用密集地区制造新箱。经由海运及我国境内新造的自备箱，不需要办理铁路调度命令手续，也不需支付清算费用，因而更为灵活，这给我国中铁箱及企业自备箱用于铁路国际联运造成了巨大冲击。

（3）俄罗斯铁路股份公司及俄罗斯集装箱公司已在我国周边逐步构建运营网络，争夺我国市场。俄罗斯集装箱公司与哈萨克斯坦铁路总公司全资子公司哈萨克斯坦海关服务公司建立合资公司，并控股67%，影响并控制中国通过哈萨克斯坦发往欧洲的货物；俄罗斯集装箱公司利用在韩国的子公司，对由日韩出发和经日韩中转过境中国和中亚的运往欧洲的货物施以影响。同时，为强化东方港和西伯利亚通道的作用，将日韩和中国港口城市，特别是上海地区以及华南的货源通过海运线路经航运运至俄罗斯东方港，通过对大客户采取较大运价优惠的政策，在东方港及其附近集装箱办理站开设了“西伯利亚铁路七日直通”项目的快速集装箱班列，大大分流了中国铁路的过境和出口货物。

（4）改变贸易交付方式，影响中国出口至俄的集装箱货源。目前从中国出口至俄罗斯的适箱货源多于进口，大量集装箱经铁路运输进入俄罗斯。对在俄境内注册的企业向俄罗斯集装箱经营公司支付全程运费，俄罗斯集装箱经营公司给予其 18%的俄罗斯段运费增值税退税支持。通过这种交付方式，俄罗斯集装箱经营公司可以掌握全程运输的订舱权，从而有效地掌控中国国内的出口货源。

（5）俄罗斯集装箱公司庞大、统一的运营体系对我国对俄业务及亚欧大陆桥集装箱运输形成巨大挑战。俄罗斯集装箱公司由俄铁股份公司控股，拥有 5.91 万只大吨位集装箱，46 个办理站，多个境外子公司和合资公司。俄铁股份公司各分、子公司之间没有重叠业务，分类别、分路线、分区域进行合作经营。比如向俄铁股份公司旗下的任何一家企业询问集装箱的运输业务，都会被介绍到俄罗斯集装箱公司，而不是把业务留给自己来做。以俄罗斯集装箱公司的业务为例，作为其股东之一的 FESCO 只经营海运业务，当其海铁联运箱进入俄罗斯东方港附近铁路时，或交由 FESCO 与俄罗斯集装箱公司的合资公司“俄罗斯三驾马车”公司操作，或直接交由俄罗斯集装箱公司操作，并且这些操作只限于海铁联运的集装箱。而经满洲里、绥芬河或经蒙古国、哈萨克斯坦进入俄罗斯的全铁集装箱运输则完全由俄罗斯集装箱公司独家操作。这种一体化经营、一体化管理，市场化、资本化的运作模式，为俄罗斯集装箱公司发展注入了活力，其在俄境内运输市场上占据了 50%左右的份额，并辐射亚洲市场。目前，俄罗斯集装箱公司在北京和上海设置了办事处，并出资入股成立了中俄铁集（北京）合资公司。

（6）哈萨克斯坦铁路改革对中亚集装箱铁路运输市场带来了影响。比如，哈萨克斯坦铁路进行车辆私有化改革，导致较长时间内哈萨克斯坦的运价核算处于混乱、停滞状态，进而影响了报价，直接导致客户流失。同时，由于改革造成了运费大量上涨，中铁箱在哈境内的优势逐步丧失。

8.1.4　中欧班列运营主体与组织模式

1. 中欧班列运营主体

目前，中欧班列普遍采用铁路班列经营人实行全班列承包经营模式，即成立中欧班列平台公司负责整个班列的货源组织与运营。这些中欧班列运营主体可分为以下三种：

（1）国有或国有控股企业参与成立班列运营企业，如武汉汉欧国际物流有限公司是武汉市属国资企业武汉新港建设投资开发集团有限公司的全资子公司。郑新欧运营方郑州国际陆港开发建设有限公司，是郑州经济技术开发区管委会和河南物资集团公司共同投资组建的合资公司。

（2）由中铁总和地方政府联合沿线主要国家铁路公司组建合资企业，如渝新欧（重庆）物流有限公司是由中铁总、俄铁、哈铁、德铁及重庆交运集团合资组建。这一组织形式有利于提高沿线各国的积极性。

（3）民营企业自主开发和主导的平台公司作为班列运营方，目前仅有义乌的中欧班列由义乌市天盟实业投资有限公司负责运营。

无论运营方是什么类型的企业，其背后均有地方政府财政补贴。补贴方式有所不同，有的是按照货运量补贴，有的是每年给所属国企一定金额的补贴。

此外，中铁集装箱运输有限责任公司（以下简称“中铁集”），代表中国国铁集团作为中欧班列全程经营和服务平台。

根据班列平台公司是否独立组织运输，可分为五种情况：

（1）班列平台公司全程负责运输组织工作；

（2）班列平台公司全程委托中铁集负责运输组织工作；

（3）班列平台公司负责国内段运输组织工作，由国际物流商负责国外段运输组织工作；

（4）班列平台公司委托中铁集负责国内段运输组织工作，由国际物流商负责国外段运输组织工作。

（5）中铁集代表中国国铁集团，直接接受货主委托，全程负责运输组织工作。

目前，采用第四种方案的较为常见，其原因在于：首先，中铁集担负着中国国铁集团中欧班列全程经营和服务平台的职责，各地平台公司委托中铁集负责国内段运输组织工作，可以更有效地与国内铁路部门沟通与对接；其次，因国外并非中铁集控制的范围，或许是相比国外代理公司，中铁集缺乏竞争力，因而，对国外段中欧班列业务，各平台公司大多委托国外代理公司全权处理。

2. 中欧班列的组织模式

（1）开行列数。目前大体分为三个阵营。

第一阵营：常态化开行且密度合理，可保证每天到发一列，年运行 300 列以上。

第二阵营：具备了常态化的要素，每周能够开行至少一列。

第三阵营：开行密度不高，稳定性不高，走走停停，时好时坏。

目前，属于第一阵营的中欧班列还不到 10 个城市。

（2）编组数量。集装箱班列的编组辆数，由班列运行区段的牵引重量和班列挂靠车站到发线有效长度决定。

日本及欧洲国家，因国土面积比较小，主要开行以轻载为特征的班列。如日本铁路集装箱直达列车编组数较少，大多为 24 辆或 26 辆，牵引重量分别为 1 200 吨和 1 300 吨，运行速度达 110 千米/时。

美国、加拿大、俄罗斯等国家，国土面积比较大，主要开行以重载为特征的班列。以美国为例，美国铁路通常采取固定编排的定期直达列车，通常以五个专用车厢为一组（car），形成五联车（5-well double stack car，见图 8－1），“甩”和“挂”均以一组为单位，既可灵活运用运力，又不影响直达的速度和准时性。美国集装箱办理站装卸线有效长度在 1 610 米，编组的列车总长度为 1 609 米，牵引重量达 6 000 吨，由 20 组，计 100 辆专用车组成，双层可装载 200 个 40 英尺集装箱。

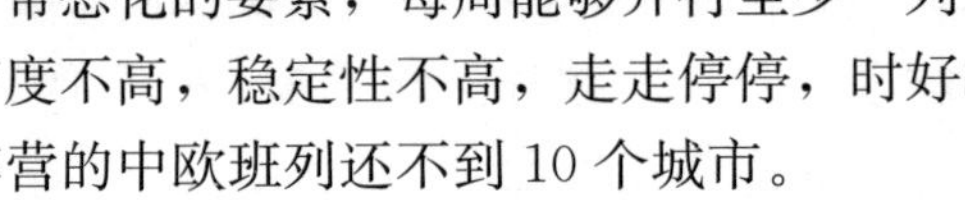

图 8－1　五联双层集装箱专用车示意图

目前，我国铁路部门统一规定中欧班列由 41 辆专用车组成（略低于中国境内班列编组数 52 辆），可装载 41 个 40 英尺集装箱或 82 个 20 英尺集装箱。如果发运站货源不足，班列经营人往往需要搭配空箱，以便满足中欧班列编组不得少于 41 辆的要求，这必然造成极大的空载运费支出。

（3）宽轨段“三并二”集并运输模式。宽轨段“三并二”集并运输，是指在宽轨段起始口岸换装时，将国内始发的三列中欧班列合并为两列，集并运输到宽轨段终点口岸，再换装还原为原来的三列中欧班列。

目前，俄罗斯、乌克兰和哈萨克斯坦等国广泛采用的是 1 524 毫米宽轨，在宽轨段每列最多可装载 72 个 40 英尺集装箱，而标准轨段上则被限制装 41 个 40 英尺集装箱。为此，成都国际铁路班列有限公司与中铁集共同制定了中欧班列“三并二”集并运输方案，并与哈萨克斯坦铁路公司合作，在霍尔果斯进行了率先测试。2018 年 11 月 2 日、3 日，成都至罗兹的三列班列驶出；11 月 6 日到达霍尔果斯口岸后，分别交接到阿腾格里口岸；在阿腾格里口岸站进行拆分，合并为两列运输；抵达波兰马拉口岸后拆分重组为原三列班列，分别于 11 月 17 日、18 日到达罗兹站。实践表明，通过“三列并两列”，节约了宽轨段运输成本，全程物流成本下降了 5%～10%。在运行途中的拆分、合并未对班列运行造成不良影响。

（4）“对称往返”开行班列。2019 年 8 月 9 日，首趟“对称往返”中欧班列从成都国际铁路港始发，去程班列预计在 15 天后抵达匈牙利首都布达佩斯，回程班列于去程班列到达当日 8 小时内依托原车返回成都。“对称往返”开行班列采取提前双向备货模式，在去程班列在货物到达马拉海外运控中心后，精确计算到达布达佩斯场站时间，在班列到站后即刻组织回程，无缝对接来自欧洲当地的进口建筑材料等货品，于去程班列到达当日 8 小时内依托原车返回成都，从而大大提升班列运营时效、降低运营成本，走出“提质增效”新路径。

（5）集散方式。

1）始发班列。在始发城市进行集装箱业务办理的中欧班列，开行过程中不经补轴直接到达欧洲到站。

2）集结班列。中欧班列各箱流在国内不同始发城市进行办理，随后集结至规模较大的集结中心，汇集成列开往欧洲到站。

3）阶梯接续班列。始发城市开行中欧班列，行至中途一个或若干个城市补轴后，继续开往欧洲到站。

目前，中欧班列以第一种模式为主，同时也在积极拓展第二、三种模式。

8.1.5　中欧班列运输单据

1. 国际铁路联运运单在中欧班列中的应用

（1）铁路联运运单的种类。目前，中欧班列各国铁路使用国际铁路联运运单。国际铁路联运运单（international through rail waybill）是国际铁路联运的主要运输单据，它是参加联运的发送铁路与发货人之间订立的运输契约，其中规定了参加联运的各国铁路和收发货人的权利和义务，对收发货人和铁路都具有法律约束力。

国际铁路联运运单，属于UCP 600规定的公路、铁路或内河运单（road，rail or inland waterway transport documents）的范畴，具有运输合同证明和货物收据的功能，但与海运提单不同，它并不具有物权凭证的功能，不具有流通性。因此，《国际货协》和《国际货约》均明确规定铁路联运运单中的收货人一栏必须是记名的。

目前，国际铁路联运运单包括国际货协运单、国际货约运单和国际货约/国际货协统一运单三种。

1）国际货协运单（SMGS运单）。国际货协运单是指参加《国际货协》的各国之间办理铁路联运时所使用的货运单据。国际货协运单，适用于《国际货协》国之间以及《国际货协》国与退出或虽未参加《国际货协》但适用《国际货协》规定的国家之间的铁路联运。

旧版国际货协运单由运单正本、运行报单、运单副本、货物交付单、货物到达通知书以及必要份数的补充运行报单组成，2015年新版国际货协运单增加了一张货物接收单。根据新版《国际货协》附件第1号《货物运送规则》第2章“运单”规定，国际货协运单系一整套票据，由带编号的6联和必要份数的补充运行报单（补充联）组成（见表8－3）。

表8－3 国际货协运单构成、用途及流转程序

第……张	名称	领收人	用途
1	运单正本	收货人	随同货物至到站
2	运行报单	将货物交付收货人的承运人	随同货物至到站
3	货物交付单	将货物交付收货人的承运人	随同货物至到站
4	运单副本	发货人	运输合同缔结后，交给发货人
5	货物接收单	缔约承运人	缔约承运人留存
6	货物到达通知单	收货人	随同货物至到站
无编号	补充运行报单（补充联）	承运人	给货物运送途中承运人（将货物交付收货人的承运人除外）

补充运行报单的份数应同参加运送的承运人数量一致（但将货物交付收货人的承运人除外），是否需要为缔约承运人编制补充运行报单，由缔约承运人确定。

2）国际货约运单（CIM运单）。国际货约运单是指参加《国际货约》的各国之间办理铁路联运时所使用的货运单据。国际货约运单，适用于《国际货约》国家之间的铁路联运。

3）国际货约/国际货协统一运单（CIM/SMGS运单）。国际货约/国际货协统一运单，也称欧亚直通运单，是适用《国际货约》和《国际货协》的国家间联运中证明《国际货约》和《国际货协》运输合同缔结的单据。

2006年7月，铁路合作组织（OSJD）和国际铁路运输政府间组织（OTIF）制定了国际货约/国际货协运单，即统一运单，并自2007年7月1日起在乌克兰、白俄罗斯、俄罗斯等国正式实施。除东欧各国，目前哈萨克斯坦、蒙古国、摩尔多瓦铁路已确认适用统一运单。我国自2012年1月1日起，对由中国经满洲里、二连浩特、阿拉山口三个口岸到欧洲国家的集装箱运输，试验采用国际货约/国际货协运单。

根据《国际货约/国际货协运单指导手册》(《国际货协》附件第6号)的规定，国际货约/国际货协运单由6张连续编号的A4纸组成(见表8-4)。

表8-4 国际货约/国际货协运单构成、用途及流转程序

顺号	名称	领收人
1	运单正本	收货人
2	运行报单	向收货人交付货物的承运人/目的地承运人
3	货物交付单(国际货协)	向收货人交付货物的承运人/目的地承运人+海关
4	运单副本	发货人
5	货物接收单(国际货协)	缔约承运人/发送承运人
6	货物到达通知单(国际货协)	国际货约→国际货协联运：收货人

(2)铁路联运运单在中欧班列中的应用模式。

1)一单制：国际货协运单。适用于发运到欧洲或中西亚地区《国际货协》参加国的中欧班列。一是发运到欧洲《国际货协》参加国的货物，直接使用国际货协运单办理。包括已经加入欧盟的《国际货协》成员，比如波兰、匈牙利、斯洛伐克、爱沙尼亚、拉脱维亚、立陶宛、保加利亚，以及《国际货协》参加国，比如阿尔巴尼亚、白俄罗斯、摩尔多瓦、俄罗斯、乌克兰等国家。二是在中西亚地区有铁路衔接的国家，包括哈萨克斯坦、吉尔吉斯斯坦、土库曼斯坦、塔吉克斯坦、乌兹别克斯坦、格鲁吉亚、伊朗、阿富汗、阿塞拜疆、亚美尼亚。它们均是《国际货协》成员，可以使用国际货协运单办理铁路货物运输。

2)两单制：国际货协运单+国际货约运单。适用于发往欧洲《国际货约》参加国(均为欧盟成员国)的中欧班列。发运时使用国际货协运单，到《国际货协》与《国际货约》交界处，采用更换运输单据的办法，重新填制国际货约运单换单运输。比如，成都蓉欧快铁的终点站是波兰的罗兹站。由于波兰也是《国际货协》成员，因而可以全程使用国际货协运单；倘若蓉欧快铁需要延伸至西欧国家，则需要在波兰进行换单操作，将其换成国际货约运单，即全程需要使用两个单证：国际货协运单+国际货约运单。过去，通常由国境站站长负责办理转发运手续。随着运输代理业的快速发展，目前已改由运输代理公司负责接货、报关报验手续、接运车辆的提供、转运票据的填制和运费支付等作业。

3)一单制：国际货约/国际货协统一运单。适用于发往欧洲《国际货约》参加国(均为欧盟成员国)，并经各国铁路事先书面商定同意使用统一运单的中欧班列。

三类模式的特点及适用情况，如表8-5所示。

表8-5 不同运单类型使用特点一览表

运单类型	优点	缺点
国际货协运单	无须商定；《国际货协》成员"一票到底"	仅限于《国际货协》成员

续表

运单类型	优点	缺点
国际货协运单＋国际货约运单	无须商定；覆盖《国际货协》和《国际货约》成员	需要途中重新制票，降低运输效率，增加录入出错机会
统一运单	《国际货协》和《国际货约》成员间"一票到底"	需要每批货物发运前对外商定；运单填写要求高、难度大

与传统运单相比，采用国际货约/国际货协统一运单，不仅节约一定费用，还可缩短班列的停留时间。重庆中欧班列是我国最先使用统一运单的中欧班列。

2012年10月31日，我国首次通过重庆中欧班列（渝新欧）集装箱试验列车，采用了国际货约/国际货协统一运单，该列车于11月16日到达德国杜伊斯堡，试验取得了圆满成功。目前，对于经阿拉山口、满洲里、二连浩特、绥芬河、霍尔果斯铁路口岸开行的中国至欧洲国家及返程方向的集装箱列车，是否采用国际货约/国际货协统一运单办理货物运送，由发货人自愿选择。从使用情况来看，中欧班列仍以两单制为主，即使用国际货协运单在国际铁路组织交接点换票运输。

2. 国际多式联运提单在中欧班列中的应用

由于单证的名称并不重要，很多联合运输单据，甚至空运单据都会出现在多式联运之中，履行多式联运单证的职能。当然，如前所述，这些单证也可作为海运提单签发，但前提是必须符合UCP 600第20条关于提单的规定。

据此推论，在国际铁路联运下，虽然仅涉及铁路运输这一种方式，但国际多式联运经营人应货主要求签发多式联运提单也未尝不可，此时多式联运经营人可能面临如下风险：

（1）多式联运提单的条款未必会被法院认定。根据UCP 600第19条"涵盖至少两种不同运输方式的运输单据"可知，多式联运单证必须是至少包括两种不同运输方式的运输单证。显然，国际铁路联运下所签发的多式联运提单，虽有多式联运提单之名，却无多式联运提单之实。此外，目前使用的国际多式联运提单几乎均是基于相关国际海运公约而制订的，其条款并未充分考虑陆路运输的实际情况，在发生纠纷时，相关法院可能以承运人减轻或免除责任为由，判决提单上约定的相关条款无效。

（2）多式联运经营人在全程运输中如无法控制提货权，则可能引发无单放货索赔。这是因为国际铁路联运运单并非物权凭证，必须是记名的，各铁路车站核对收货人的身份后交付货物，即"认人不认单"。显然，国际多式联运经营人只有在成为铁路联运运单上的收发货人的情况下，才有可能行使货物运输中止权和提货权，有效地防止收货人未经允许而提走货物。

多式联运提单与各区段承运人签发的运输单据（提单或运单等）在缮制与流转上既有一定的联系，又有一定的差别（见表8-6）。因此，在多式联运下，尤其在不含海运的多式联运下，应签发不可转让的多式联运单据，如果必须签发多式联运提单，则应确保能掌握各区段运输的中止权与提货权，比如，在区段承运人签发运单或记名提单时，应确保自己成为该运单或记名提单上的托运人、收货人，在区段承运人签发指示提单时，除了应确保自己成为提单上的托运人，应签发凭指示提单，如为记名指示提单，则应确保为凭自己指示的提单。否则一旦货物被实际收货人提走，多式联运经营人将承担无单放货的责任。此外，除了有关当事人及部分运输栏目，应确保相关栏目的记载相互一致，尤其不要发生加重多式联运经营人责任或减轻、免除区段承运人责任的现象，否则，多式联运经营人在赔偿货主货损货差后，无法向造成货损货差责任的区段承运人追偿。

表 8-6　多式联运提单与各区段承运人运输单据的区别与联系

项目	多式联运提单	各运输区段承运人单据（提单、运单）
收货地	起始收货地点	区段运输工具实际收货地
装货港	一程承运船的装货港	区段运输工具（船）的实际装货港
卸货港	最末程承运船卸货港	区段运输工具（船）的实际卸货港
交货地	最终交货地点	区段运输工具的实际交货地
签单地	起始收货地点	区段运输工具的收货地（港）
托运人	依贸易合同而定	多式联运经营人或其代理
通知人	依贸易合同而定	多式联运经营人或其代理
收货人	依贸易合同而定	多式联运经营人或其代理（俄罗斯、白俄罗斯、哈萨克斯坦、乌兹别克斯坦等国家规定，铁路联运运单上的收货人只能写实际收货人）
签发人	多式联运经营人或其代理	区段承运人或其代理
责任区间	承担全程责任	承担各自负责区段责任
主要用途	结汇与提货	货物交接与提取

综上所述，在中欧班列下，国际多式联运经营人应拒绝签发国际多式联运提单，可以签发不具有物权凭证的多式联运运单。倘若必须签发，则应确保自身能成为国际铁路运单中的托运人、收货人，以便掌握提货权，否则将会产生很大的风险。值得注意的是，目前有些国家，比如俄罗斯、中亚一些国家的海关，往往要求运输单据上的收货人必须是真正的收货人，且为当地企业，同时提供准确的收货人海关 HS 编码。显然，在这些国家，因海关的特殊要求而使国际多式联运经营人无法掌握提货权，因此，多式联运企业应该拒绝签发多式联运提单。

下面介绍的几个案例表明，单证的名称并不重要，其核心在于所签发的单证是否满足国际多式联运的构成要件。

案例 8-3

1998 年 6 月中下旬，宁波四联国贸（以下称“被告”）为履行出口合同，电话委托上海天原货运宁波办事处（以下称“原告”）以海空联运方式出运货物。原告接受委托后，签发了空运单。该空运单载明，一程海运由“新东轮”029 航次承运，二程空运航班为 KE 061，航班日期为 7 月 2 日，托运人为被告，收货人为巴西中间商 KETER，运费预付，费率按约定。随后原告以自己的名义将货物委托中菲行空运（香港）有限公司（以下简称“中菲行公司”）进行多式联运。中菲行公司向原告签发编号为 SHA 103932 空运单，载明托运人为原告，收货人为原告在巴西的代理人，运费预付，按约定费率。中菲行公司遂又将货物委托新东轮船公司完成由上海至釜山的一程海运。该海运提单载明，托运人为中菲行公司上海办事处，收货人为大韩航空公司，运费预付。二程空运由大韩航空公司负责承运，该公司空运单载明，托运人为中菲行公司上海办事处，收货人为原告在巴西的代理人，运费根据安排。该货物于同年 7 月 8 日完成多式联运，抵达巴西圣保罗机场。后因运费未付等，双方诉讼至法院。

此案原告所签发的空运单的性质：由于其记载包括一程海运与二程空运的内容，因此该空运单实质上是一份多式联运单证。该单证初步证明了多式联运合同的订立以及多式联运经营人收到单证项下货物的事实。至于原告与中菲行公司以及中菲行公司与新东轮船公司、大韩航空公司建立的实际承托法律关系，与被告无关。依照法律规定，原告作为多式联运经营人，对多式联运的货物应当承担自接收货物时起至交付货物时止的全部责任。

案例 8-4

1992 年 9 月 17 日，广西机械公司通过福州进出口公司上海办事处向中铁上海公司填写一份出口货运委托书，委托书注明发货人为广西机械公司，收货人一栏为俄罗斯收货人的姓名、护照号码、电话号码。运输方式为铁路列车：上海—满洲里—莫斯科。委托人要求出 3 份提单并送到指定地点，运费预付。广西机械公司货物交付后，中铁上海公司代表华远船务公司签发了大陆桥运输提单，并收取了全程运费，提单收货人等填写的内容与委托书基本相同，另有华远船务公司在莫斯科联系人的详细地址，提单背面规定责任限额为 2 美元/千克。1992 年 11 月 10 日，华远船务公司经由中铁上海公司向铁路企业办理国际联运货物的托运，上海铁路桃浦站制作的国际货协运单上记明发货人为华远船务公司，收货人与委托书填写相同。后因货物在目的地被俄方车站拍卖而发生纠纷。

本案仍系国际铁路联运纠纷，但与上一案例不同，法院认定华远船务公司是契约承运人而不是代理人，应承担货物灭失责任；同时，法院还认为承运人主张海上运输承运人的限额赔偿制适用，必须以海上运输作为基础，而本案运输根本不存在海上运输的任何环节和事实，因此，基于公平的民事原则，不允许华远船务公司依据提单的背面条款，主张对发货人承担限额赔偿责任。

8.1.6 中欧班列运输费用

国际铁路联运费用由发送路运送费用、到达路运送费用和过境路运送费用三部分构成。国际铁路联运运送费用的计算和核收，必须遵循《国际货协》、《国际铁路货物联运统一过境运价规程》（以下简称《统一货价》）和我国《铁路货物运价规则》的规定。

1. 参加《国际货协》各铁路间运送费用核收的原则

（1）发送路的运送费用——在发站向发货人或根据发送路国内现行规定核收。

（2）到达路的运送费用——在到站向收货人或根据到达路国内现行规定核收。

（3）过境路的运送费用——按《统一货价》在发站向发货人或在到站向收货人核收。

2.《国际货协》参加路与非《国际货协》铁路间运送费用核收的规定

（1）发送路和到达路的运送费用与上面的规定相同。

（2）过境路的运送费用则按下列规定计收：参加《国际货协》并实行《统一货价》各过境路的运送费用，在发站向发货人（相反方向运送则在到站向收货人）核收，但办理转发送国家铁路的运送费用，可以在发站向发货人或在到站向收货人核收。过境非《国际货协》铁路的运送费用，在到站向收货人（相反方向运送则在发站向发货人）核收。

3. 通过过境铁路港口站货物运送费用核收的规定

从参加《国际货协》铁路发站至港口站的运送费用，在发站向发货人核收；相反方向运送时，在到站向收货人核收。在港口站所发生的杂费和其他费用，在任何情况下，都在这些港口车站向发货人或收货人的代理人核收。过境铁路的运送费用按《统一货价》规定计收。

4. 中欧班列的运价构成与特点

（1）各国运价差别较大。目前，中国段的 40 英尺集装箱的箱公里运价为 0.7～0.8 美元，哈萨克斯坦段为 0.5 美元，俄罗斯段为 1.2～1.3 美元。波兰到德国段，运费执行欧盟运费标准，箱公里价格为 1.4 美元。此外，欧盟地区的人工和管理费用均比中国要高很多。

（2）空箱成本。由于没有返程货源，许多集装箱需要在当地按废箱销售。为了尽可能减少损失，许多中欧班列直接选择海运二手箱，比如，在重庆二手箱的价格约为 1 500 美元，在德国按废箱出售的价格约为 200 美元，产生多于 1 000 美元的箱成本。此外，欧洲各国对集装箱箱况要求比较高，而国内去程基本使用海运二手箱，其箱况无法满足欧洲的要求，在此种情况下，需要在欧洲采购集装箱用作回程，则其运输成本会大大增加。显然，应该在综合考虑回程是否有货源以及当地对集装箱箱况要求等因素的基础上，决定去程是否选择海运二手箱。

（3）量价捆绑。中国铁路总公司已建立统一的“量价捆绑”优惠打折机制。平台公司发送的集装箱运输量越多，其享受的价格就越优惠。

（4）各班列价格高低与财政补贴力度有关。根据测算，一个 40 英尺集装箱的运行成本大概为 1 万美元，但在财政补贴之后，郑欧班列运价为 3 000～6 800 美元、成都与重庆的站到站价格为 7 000～9 000 美元。此外，郑州除参照海运价格对班列公司进行财政补贴，还对 1 500 公里以内货源地的货物实行免费集结，武汉则是补贴铁路运价的 60%～70%。

8.1.7　中欧班列运作流程

限于篇幅，以下以郑欧班列为例，介绍中国与欧洲之间铁路集装箱运输操作实务。

郑欧班列经营主体为郑州国际陆港开发建设有限公司（以下简称“陆港公司”），其运作流程如下：

1. 订舱

（1）发货人登录陆港公司订舱综合服务平台。

1）根据要求，录入相关信息。

2）若货物包装易碎或者货物无法堆叠，应在填写订舱信息时如实填写（是否可以堆叠、是否为易碎品、是否为普货）。

（2）发货人与陆港公司协商并签订运输合同。

1）确认费用、货物品名、件重尺、货源地等信息（发车前5～7个工作日）；

2）确定班列日期、装箱时间、签订无纸化通关协议（发车前5～7个工作日）；

3）下委托书、备货，收到入货通知后集货（发车前5个工作日）。

2. 集装箱使用

（1）客户自备箱。

1）进口自备箱要求：国际标准海运集装箱；

2）出口自备箱及ATA报关的进口自备箱要求：国际标准海运集装箱，需提供有效的船级社证书。

（2）陆港箱。目前，陆港公司自有箱2 000多只，除了普通箱外，还包括冷藏箱、开顶箱、挂衣箱（郑欧特制），可满足客户高档服装、机械、电子产品、红酒啤酒、食品药品等各种货物进出口用箱的需求。目前。陆港箱在国内主要沿海港口及内陆的郑州、武汉、南京、沈阳、常州、合肥等地均有堆存，在欧洲的汉堡、杜伊斯堡、曼海姆、慕尼黑、莱比锡、鹿特丹、安特卫普、华沙、马拉、布列斯特、明斯克、伦敦、巴黎、布达佩斯、米兰等地均有分布。另外，通过与多家船公司合作，在日本、韩国、东南亚及我国台湾、香港均可提供优质集装箱服务，可满足这些地区过境货物的用箱需求。

1）卸货后，清扫集装箱内杂物，以免还箱后产生清理费用。

2）还箱前，依照还箱指令上的联系方式，提前联系堆场，预约还箱。

3）还箱出现问题时，立即反馈陆港公司操作经理进行协调解决，以免产生额外费用。

4）普通集装箱去程班列免费使用期为$n+7$个工作日（n：班列到站发送提箱资料当日，下同），逾期40英尺箱10美元/天，20英尺箱5美元/天。

5）普通集装箱回程班列免费使用期为班列到站后10个工作日，逾期40英尺箱90元/天，20英尺箱70元/天。

3. 货物包装

（1）纸箱货物包装标准。

1）纸箱规则，无变形、无破损、无开口；

2）纸箱无淋湿、受潮；

3）纸箱外无污染、油腻等；

4）纸箱密封完整；

5）纸箱上标识清晰，标明货物性质以及装箱要求。

（2）木箱托盘货物包装标准。

1）托盘无掉腿、变形、破损、淋湿、受潮等；

2）外侧无破损漏洞、污染油腻等；

3）底托承重量超过货物自重；

4）外包装与底托或货物加固牢固，自成一体；

5）货物密封完整；

6）内部货物摆放合理，加固有效，避免在包装内晃动；

7）木箱或者托盘上注明货物性质，包含堆叠层数及重量限制、货物重心位置、货物重量及尺寸、是否易碎等标识、货物危险标识。

（3）超重货物包装标准。超重货物为重量在 5 吨以上的货物，由于货物较重，物流运输及卸货装箱过程中操作难度较大，对货物的包装则有更高的要求，超重货物若包装不符合要求会导致货物和集装箱受损。超重货物包装及装箱要求：

1）货物底托采用四通路结构，且货物托盘满足集装箱承重要求（40 英尺集装箱地板最大承重量为 1 吨/平方米，20 英尺集装箱地板最大承重量为 2 吨/平方米）。

2）外包装强度足以支撑货物装卸（吊车用绷带卸货）及装箱要求。

3）托盘强度足以支撑货物自身重量，在卸货及装箱过程中不会产生木条断裂。

4）托盘底部平整，没有螺钉、螺母或其他凸出部件，避免对集装箱破坏。

5）货物包装满足木箱托盘货物包装标准。

4. 货物装箱加固

（1）装载要求。

1）限重要求。20 英尺普柜（20GP）和 20 英尺高柜（20HQ）不得超过 21 吨；20 英尺开顶箱（20OT）不得超过 20 吨；40 英尺柜不得超过 23 吨。

2）偏重偏心要求。国外段没有偏重偏心要求，而国内段在边境口岸需要对集装箱偏重偏心进行测定，严禁超出规定。

①偏重要求。如果为普通货物，以横向中心线为界，前后货物重量差不得超过 2 吨。

②偏心要求。如果为普通货物，以纵向中心线为界，左右货物重量差不得超过 500 千克。

3）具体装载要求。

①轻货放在重货上面，叠放时确定下层货物足够承重；

②包装强度弱的货物放在包装强度强的货物上面；

③不同形状、不同包装的货物尽可能不叠放在一起；

④箱内货物重量分布均衡，不能使负荷在局部过轻或过重，严格禁止负荷重心偏在一端的情况，防止箱底变形及脱箱；

⑤货物在箱内的码放要整齐，尽量不留空隙，防止货物在箱内移动，以免货物在运输中相互碰撞导致包装损坏。

4）装箱照片。

①进口货物要求：集装箱内每隔两米对货物进行拍照，要求能看清货物的具体装载情况，并在装箱完毕后对货物整体拍照。

②出口货物要求：每个集装箱需要拍摄3张照片，空箱照、半箱照和满箱照。集装箱内部四个角落和箱号清晰可见。

③对超长超重等有安全风险的货物，应额外对货物状态进行货物拍照。

（2）加固要求。

1）合理选择加固材料，确保清洁、干燥、无污染，在运输途中加固不失效。

2）装载完毕后，如果箱门处尚有较大空隙，须用木板和木条将木箱总体撑牢，防止其在运输过程中对箱门的冲击。

3）对于重量较大、体积较小的木箱货，如果装载后其四周均有空隙，须从四周进行支撑固定。

4）重心较高且四周有空隙时，在货物1/2～2/3高度处进行额外加固。

5）叠放货物时，若装载后四周有空隙，须对四周固定，确保运输途中安全。

5. 班列报关

（1）进口通关。

1）发车前的准备。

①查收入货通知，由于陆港公司拥有多个国外场站，请查清送货地址以及截港时间，截港时间通常为发车日前3个工作日。

②需要收货人和郑州海关签订无纸化通关协议，签约成功后将截图发给陆港公司备案。

③收货人在东方支付平台和郑州关务上签订网上交税协议，可以加快清关进度1～2天，签约成功后将截图发给陆港公司备案。

④若委托陆港公司报关的，需要收货人在发车日前4个工作日之前向陆港公司提供箱单、发票、EORI号[①]、国外HS编码[②]，同时在提交委托书当天邮寄两份一式三联的盖章报关委托书、一份报检委托书、一份中铁提货委托书、10张空白盖右下角公章纸、1张空白盖右中部公章纸至陆港公司，以备口岸转关和郑州清关用。

⑤若自行报关的，需要收货人在发车日前4个工作日之前向陆港公司提供箱单、发票、箱封号、进站发运计划等。

2）口岸转关。

①发车当天填写货物信息表。

②发车当天提供一份中英文对照合同。

③如无法提供空白公章纸，陆港公司将以自己名义将货物由阿拉山口转关至郑州，此种情况下需要将运单的收货人改为陆港公司。

---

① EORI全称Economic Operator Registration and Identification。该号码是欧盟国家内凡是有经济活动，尤其是有进出口生意的个人/企业必备的一个登记号。只要在企业所属国海关登记获得该号码，在全欧盟通用。

② HS编码系海关编码，其全称为《商品名称及编码协调制度的国际公约》（International Convention for Harmonized Commodity Description and Coding System），简称“协调制度”（Harmonized System，HS）。

3）郑州清关。整理清关单据，如箱单、发票、合同等，在发车后 5 日整理完毕，并将电子单据发送给陆港公司。

（2）出口通关。

1）班列截关日期为发车日前 2 个工作日，需要发货人在发车日前 3 个工作日中午 12 点之前提供相关的报关以及随车单据至陆港公司。

2）班列出口需要报关经营单位和郑州关区签订无纸化通关协议。

3）班列报关需要提供的报关单据为：电子版的合同、箱单、发票等。另需提供纸质版的报关委托书、合同、箱单、发票及其他文件（可以提供每票 4 张的盖章纸、一份报关委托书）。

4）如果是以非一般贸易的方式出口货物，需提前和陆港公司负责对接的操作经理沟通。

5）随车单据的件重、尺码数据需要同报关单据保持一致。整柜随车单据应按照每个集装箱一套提供。拼箱随车单据如无特殊要求，陆港公司默认为按照报关单据统一汇总制作。

6）报关在班列发车日前 2 天结束，如遇海关布控查验会及时告知客户并安排查验。

6. 班列运营全过程监控

按运送环节划分，可分为以下三个阶段的监控：

（1）前程运输及物流服务（发车前 3～5 天），包括文件核查、铁路与卡车支线服务、物流服务（如复杂的装箱计划）。

（2）场站与专列操作监控，包括始发站与终点站场站操作、边境转关操作。

（3）后程运输及物流服务，包括在相关过境站，如白俄罗斯—波兰边境对独立集装箱或集装箱组进行线路重组，以便发往欧洲各地。

由于承托双方约定运输交付地点不同，陆港公司责任期间最长的是门到门运输服务，其全过程监控环节包括：门（发货人仓库或工厂）—场（陆港公司所属货运站或物流园区）—始发站（中铁集装箱中心站）—在途运输—目的站（国外到达站）—门（收货人仓库或工厂），其具体内容详见下面说明。

（1）货物安全监管。

1）门到场过程管控。

①上门取货：司机携带派车单及陆港公司铅封提货，工厂/仓库与司机核对货物信息、司机信息、车牌号、集装箱号及铅封号后交接货物，货物装箱时司机拍摄空箱、半箱、满箱、半关门、全关门、铅封照片。

②货物运输：司机保证运输途中的货物安全，陆港公司对运输车辆加装 GPS，随时跟踪车辆位置信息。

③现场交货：司机将派车单及货物交付陆港公司。整柜货物，堆场核对陆港公司铅封是否完好；拼箱货物，堆场核对货物数量。

2）场到站安全管控。

①陆港公司场站：堆场全封闭作业，有专业的保安公司负责检查进出车辆及人

员；整柜货物开箱检查前拍铅封照，检查过程做详细记录并保留照片；检查完毕后重新施陆港公司封；拼箱货物每票拍摄堆存照，装箱时拍摄每票货在箱内的情况，装箱后拍摄整体情况照片，施陆港公司封等待进站。

②中铁集装箱中心站：首先，进中铁集装箱中心站时，应现场打开陆港公司铅封，检查货物。陆港公司工作人员在场拍摄开箱前陆港公司封完整照、开箱货物情况照、重新施封照。其次，在中铁集装箱中心站期间，货物应处于海关和铁路的共同监管下。海关查验时应有陆港公司人员（2人以上）在场，现场打开陆港公司封，查验通过后施加海关封。查验及施封的过程陆港公司人员录像。

3）班列在途安全管控。陆港公司与铁路操作代理加强沟通配合，尽可能缩短班列中途停靠和滞留的时间；根据客户需要在单个集装箱内加GPS定位装置，时时跟进集装箱运输情况；中途站点海关或铁路检查时会确认箱况及关封、铁路封是否完好；如发现异常会第一时间反馈，陆港公司接到反馈后立即启动应急机制。

4）站到门过程管控。

①文件方面：货物到站时，陆港公司发送提箱文件，邮件正文红字注明提箱时须确认集装箱及关封、铁路封情况，如有异常可以拒绝提箱。

②拆箱方面：拼箱货物代理拆箱时如发现货损货差等异常情况，须保护现场、拍照取证，并在第一时间联系陆港公司或保险公司查勘。

③投保方面：如系投保货物，发现异常应保护现场（整柜/拼箱），第一时间联系保险公司国外代理人查勘现场/第一时间反馈陆港公司。经保险公司查勘取证，确属保险责任范围的，保险公司进入理赔程序。如系未投保货物，发现货物异常后第一时间反馈至陆港公司。客户保护现场，拍照取证。货损应拍摄每件货物的受损照片。陆港公司业务部提供资料：如系整柜，则提供随车箱单、发票、运单、货物清点记录/货损照片、货损检测报告等资料；如系拼箱，则提供报关箱单、发票、拆箱代理提供的异常照片。陆港公司在收到完整资料后尽快完成调查工作。情况属实，确属陆港公司责任的，赔付客户。赔付金额根据随车/报关发票上的金额计算。

8.2 北美陆桥运输操作实务

1. 北美陆桥运输的组织形式

北美地区的陆桥运输不仅包括大陆桥运输，还包括小陆桥运输和微型陆桥运输等其他运输组织形式。

（1）北美大陆桥运输。北美大陆桥（north American land bridge）运输是指利用北美的大铁路从远东到欧洲的海陆海联运。随着巴拿马运河的开通、海上运输成本的下调，以及美国东部港口和铁路过于拥挤，货物到达后很难保证及时换装，北美大陆桥运输带来的优越性——节省时间不能体现，所以该大陆桥运输业务由于海陆竞争和经济效益下降等而萎缩，已名存实亡，但由此派生的北美小陆桥和微型陆桥运输方式却有了发展。

(2) 北美小陆桥运输。所谓小陆桥（mini land bridge，MLB）运输，就是比大陆桥的海陆海形式缩短一段海上运输的海陆或陆海运输方式。目前，北美小陆桥运送的主要是远东、日本经美国西海岸，到美国太平洋岸西南向、墨西哥湾口岸港口的集装箱货物，例如大连—长滩—休斯敦。

(3) 北美微型陆桥运输。所谓微型陆桥（micro bridge，micro land bridge）运输，就是没有通过整条陆桥，而只利用了部分陆桥区段，是比小陆桥更短的海陆运输方式，又称为半陆桥（semi land bridge，SLB）。它通常是指货物由美国西海岸或美国东海岸之港口采用铁路或公路转运至内陆点，例如芝加哥、菲尼克斯、底特律等。

内陆点多式联运（interior point intermodal，IPI）就是典型的微型陆桥运输。也就是说，IPI 运输是指远东、日本经美国西海岸至美国太平洋岸西南向、墨西哥湾口岸港口，利用集装箱拖车或铁路运输将货物运至美国内陆城市的海陆联运。

IPI 与 MLB 的区别在于：

一是目的地：IPI 是指定的内陆点，MLB 是美国太平洋岸西南向、墨西哥湾口岸港口。

二是内陆运输方式：IPI 可采用火车或公路拖车，MLB 不可采用公路拖车。

此外，在美线运输中，还有 RIPI 术语与 IPI 极为相似。RIPI 下的 R 为 reverse 或 return 等表示回、返回的词，它是指货物在美国东海岸卸船后采用内陆运输至 IPI 内陆点。很显然，IPI 与 RIPI 的区别在于，IPI 为美国内陆点多式联运的统称，RIPI 则是指在全海运情况下经美国东海岸卸船转运至 IPI 内陆点的行为，并非多式联运。

(4) 内陆公共点运输。内陆公共点或陆上公共点（overland common points，OCP）运输，是使用两种运输方式将卸至美国西海岸港口的货物通过铁路转运抵美国的内陆公共点地区，并享有优惠运价的运输方式。所谓内陆公共点地区，是指从美国的北达科他州、南达科他州、内布拉斯加州、科罗拉多州、新墨西哥州起以东各州，约占全美 2/3 的地区。所有经美国西海岸转运至这些地区的（或反向的）货物均称为 OCP 地区货物，并享有 OCP 运输的优惠费率，每吨商品比当地地区费率要节省 2～3 美元。

尽管 OCP 运输与 IPI 运输的目的地均为美国内陆点，但二者有本质的不同：

一是 OCP 运输区域范围点多面广，约占全美 2/3 的地区。

二是 OCP 虽然由海运、陆运两种运输方式来完成，但海运、陆运段分别由两个承运人签发单据，运输与责任风险也是分段负责。因此，它并不是国际多式联运。而 IPI 运输是真正的多式联运。

三是 OCP 运输通常是经美国西海岸至美国太平洋岸西北向港口，比如西雅图转运；而 IPI 运输通常是经美国西海岸至美国太平洋岸西南向、墨西哥湾口岸港口转运。

在 OCP 运输时，收货人可要求保税运输，于目的地结关提货。事实上，现行的地区运输费率与 OCP 已相差无几，加上 OCP 运输时收货人需在美国西海岸自行办理中转手续，因此OCP使用不多。

表8-7显示了SLB、OCP、MLB、IPI四种运输组织方式的区别。

表8-7　SLB、OCP、MLB、IPI四种运输组织方式的区别

比较项目	SLB	OCP	MLB	IPI
运输单证签发	适用于全程运输区段	仅适用于海上区段的货物运输	适用于全程运输区段	适用于全程运输区段
运费计收	收取全程运费	海、陆运输区段分别计收运费	收取全程运费	收取全程运费
保险区段	可全程投保	海、陆运输区段分别投保	可全程投保	可全程投保
货物运抵区域	内陆点	内陆公共点	美国太平洋岸西南向、墨西哥湾口岸港口	内陆点
多式联运方式	是	不是	是	是

资料8-1

北美陆桥运输相关资料

1. 与海关有关的两个术语

一是D/O，全称是delivery order，与国内的D/O概念完全不同，它是美国海关在客户办理进口清关后发放给客户的一个编码，海关也会同时将其告知船公司和码头。

二是IT number，即immediate transport number的缩写，与港口清关（port clear customs）相对，是指直接转运流水号。除非客户特殊通知，船公司会默认所有内陆货均在内陆清关，为此，会自动匹配一个IT流水号。对特殊通知在港口清关的内陆货，船公司则将做一个取消IT number的操作，客户将清关选择地告诉船公司，由船公司通过EDI方式将这些信息通知到港区，以便码头知道哪些可以直接放行，哪些需要在港口清关后才能交付铁路转运。

2. 北美公路运输

（1）拖车运输模式。与我国不同，在美国，车头（tractor）和底盘车（chassis）相分离，集装箱卡车公司通常只有车头，不配置底盘车。美国船公司一般承担为货主提供底盘车的责任。底盘车堆场（chassis pool）设在码头或铁路场站内，一般分为两种：一种为合营堆场（co-operation pool），由几家船公司各自投入一定数量的底盘车成立，堆场的董事会由各家船公司组成，董事会决定各项协议和底盘车使用费率，投票选出堆场的管理方。没有投入底盘车的船公司也可以租用堆场的底盘车，但是需要支付较高的费用。另一种是独立堆场（neutral pool），由非船公司的底盘车拥有者建立和管理，船公司按合同租用底盘车。

（2）拖车公司和拖车费用。在美国，大部分的拖车司机是车头的实际拥有者，并且挂靠一家拖车公司。拖车公司则为拖车司机安排拖车业务并收取佣金。拖车费用是以来回程（round trip）为单位结算的，拖车司机在A地提底盘车和集装箱送至B地，再返回指定地点还底盘车和空箱的整个过程为一个来回程。一般在集装箱送到客户仓库后，有2小时的免费作业时间，超过2小时要支付给拖车司机加班费用。此外，拖车还有一些附加费用，包括危险品附加费、燃油附加费、超重附加费以及其他特殊操作附加费等。

(3) 超重。美国国内道路限重很严格，各州之间法律规定均有不同（15～17吨不等），故不可超载，以免遭到罚款。此外，对于超重的集装箱，要求使用三轴的底盘车（triaxle chassis），并由具有超重箱运输资质的拖车司机负责运输。

(4) 门点服务（store door delivery service，SDD）。通常可采用以下模式：一是车上拆箱（live unload/driver stand by）模式。司机送货至指定地点，待收货人拆箱完毕，司机将空箱运回。收货人通常享有一段免费的拆箱时间（一般为2小时），超期需支付滞期费，一般为45～50美元/小时。二是甩挂运输模式。甩箱后，司机直接空车返回，待收货人拆箱完毕后，再来取空箱。三是多点送货（multiple stops）模式。承运人根据仓库地点，精心安排以最短路径、最省费用的方式组织送货。四是港外堆存（pre-pull）模式。在收货人无法在仓库拆箱的情况下，为避免在码头或铁路场站堆存产生高额的超期堆存费，安排拖车先将重箱拖至港外堆场堆存，待以后再运至收货人仓库拆箱。

3. 北美铁路运输

(1) 铁路场站。北美铁路场站（RAMP）相当于我国的集装箱中心站，只能堆存经铁路运输的进出口集装箱。重箱堆存有两种方式：一是装在底盘车上；二是直接放在地面上。如果是后者，收货人提箱时，船公司应承担重箱从地面装到底盘车上的费用（称为flip费用）。船公司一般只负责运至收货人所在地附近的与船公司有合约的RAMP，需要收货人或者公路运输公司在RAMP办理提箱手续，然后返空箱至RAMP或船公司指定的堆场。若在收货人当地并无RAMP可供放置重/空箱，船公司会提供门点服务，可采用拖车运输送货上门。

(2) 铁路运输公司。包括Union Pacific（UP）、BNSF、CSXI、Norfolk Southern（NS）和Illinois Central五家公司。其中CSXI和NS主要提供芝加哥/堪萨斯城/孟菲斯/新奥尔良以东的铁路运输服务。BNSF和UP主要提供芝加哥/堪萨斯城/孟菲斯/新奥尔良以西的铁路运输服务。Illinois Central主要提供南北向的铁路运输服务。

(3) 码头火车装卸服务。美国码头包括港内拥有铁路线（on dock rail）和港内无铁路线（off dock rail）两种情况。如系前者，则港口可提供装卸火车服务（on-dock rail service），集装箱可在港内直接装至火车上，如系后者，则港口不能提供装卸火车服务（off-dock rail service），船公司需要承担从港口到港外铁路场站之间的拖车费用。

(4) RAIL/CY与RAIL/RAMP没有本质区别，均为CY/CY运输。二者的差别在于，RAMP有可能不提供底盘车，需要拖车司机到其他堆场租底盘车，此外，RAMP的免费堆存期非常短，只有1～2天（包含节假日），易产生堆存费。

(5) 铁路之间中转。不同铁路公司之间的中转（interchange）可分为两种情况：一是铁路公司之间直接中转（street interchange），即两家铁路公司之间签订协议，当集装箱货物从一家铁路公司换为另一家铁路公司承运时，通常情况下是在场站内换车头，不换车皮。如需要把集装箱拖到另外场站进行换装，则由铁路公司负责拖车运输，无须多式联运经营人介入，从这个意义讲，仍然属于铁路公司之间中转。目前，大约95%的横跨美国东西的铁路运输采用这种方式。二是铁路公司之间非直接中转（cross town interchange），即多式联运经营人安排拖车将集装箱从一家铁路公司场站运至另一家铁路公司场站，所发生的拖车费用，由多式联运经营人承担。此种模式通常适用于货量不足的城镇地区。

2. 北美陆桥运输运作流程

(1) MLB和IPI业务流程。MLB和IPI均是海陆联运，它们的业务流程与一般的海陆联运并无差别，只不过应注意以下几点：

1) 成交订约方面。在MLB运输和IPI运输下，发货人应采用CIF价或CFR价交易。

2) 贸易合同、信用证及货物运输标志方面。在MLB运输和IPI运输下，在贸易合同和信用证目的地一栏应加注MLB或IPI字样；在货物的运输标志内，应把卸货港和MLB或IPI的最后目的地同时列明，如"LONG BEACH MLB HOUSTON"。

3) 订舱与运输单证制作方面。申请订舱时，应说明MLB运输或IPI运输，并在货运单证中将卸货港和MLB或IPI的最后目的地同时列明。在提单制作时，提单上的交货地栏中应加注"MLB"或"IPI"字样。比如，MLB运输下，卸货港为长滩，目的地为休斯敦，则提单上的卸货港和交货地分别填写"LONG BEACH"和"MLB HOUSTON"。IPI运输下，卸货港为长滩，目的地为孟菲斯，则提单上的卸货港和交货地分别填写"LONG BEACH"和"IPI MEMPHIS，TN"。

(2) OCP运输业务流程。在进行OCP运输业务流程设计时，应特别注意以下几点：

1) 贸易合同订立方面。首先，OCP运输只适用于美国内陆区域，而且货物的最终目的地必须属于OCP地区范围，因此，签订贸易合同时应在运输条款中予以明确，同时也要明确是集装箱运输，OCP运输方式；其次，必须经由美国西海岸港口中转，以CFR/CIF美国西岸港口作为价格条款。同时，为方便制单结汇，信用证也应做出相应规定。比如，收货人的最终目的地是在OCP区域的芝加哥，则成交价应为CIF或CFR美国西海岸指定港口（例如西雅图），并在贸易合同中明确货物的运输方式是从中国口岸到美国西海岸指定港口转运至OCP最后目的地，即写明"SHIPMENT FROM CHINA TO SEATTLE WEST COAST OCP CHICAGO"。

2) 贸易合同、信用证及货物运输标志方面。OCP运输条件下，在贸易合同和信用证目的地一栏应加注OCP字样；在货物的运输标志内，应把卸货港和OCP的最后目的地同时列明，如"SEATTLE OCP CHICAGO"。

3) 订舱与运输单证制作方面。申请订舱时，应说明OCP运输，并在货运单证中将卸货港和OCP的最后目的地同时列明。在提单制作时，提单上的交货地栏中应加注"OCP"字样，同时在提单正面的货物内容一栏内加注"转运至内陆点"字样。比如，卸货港为西雅图，目的地为芝加哥，则应在卸货港栏内填写"SEATTLE"，目的地栏内填写"OCP CHICAGO"，货物内容栏加注"IN TRANSIT TO CHICAGO"。

4) 保税运输申请手续方面。货物抵达美国西海岸后，收货人应及时凭船公司签发的海运提单等单据委托铁路公司代办保税运输申请手续。在美国，由集装箱海运至港口的货物，收货人在收到货物舱单后10天内，必须申请进口或要求保税运输将货物运至最终目的地，否则货物就会转到保税仓库，从而增加转仓等费用。

5）收货人应提交的单证方面。为了防止在西海岸销售和使用的货物假借 OCP 名义享受优惠条件，收货人应在卸船后 45 天内向铁路部门提供有关证明，例如陆运运输单证、转运单、海关转口申请单等。如不在规定期限内提交上述证明，铁路部门要按当地费率调整运费。

（3）进口操作流程。

1）船公司向海关进行反恐舱单申报。

2）船舶代理向客户发到货通知，客户安排付费、交付正本提单，并自行办理清关。

3）船公司管理系统与码头、海关联网，可获知各票货的状态，比如运费支付状态、海关放行状态、正本提单的收回状态，三个状态都为 YES 时，船舶代理一是可以批量给码头发送 EDI 方式的放货指令（cargo releasing instruction），码头凭此予以放货；二是向客户确认放货指令，此时，客户可以随时来提箱。值得注意的是，对船公司而言，发出放货确认后对该单货物的进口责任即终止。

4）对于运输条款是 TO RAMP 的货物，应及时向客户发送铁路签发给每票货的装货流水号（pick up number），以作为火车抵达通知（rail arrival notice）。所谓装货流水号，是铁路公司签发给内陆货准备装货的编号，但是通常不告诉客户，只告诉船公司。因此，船公司可以通过告知客户装货流水号与否来控制内陆货的放行。对于运输条款为 TO DOOR 的货物，安排卡车送货并进行跟踪，保证及时拖出铁路场站。

8.3　TIR 道路运输操作实务

1. TIR 制度的基本原理

TIR 制度是一种全球通用的国际海关中转和担保系统。根据公约规定，对集装箱的公路运输承运人，如持有 TIR 手册，允许其由发运地到达目的地，在海关签封下，中途可不受检查、不支付关税，也可不提供押金。这种 TIR 手册由有关国家政府批准的运输团体发行，这些团体大都是参加国际公路联合会的成员，它们必须保证监督其所属运输企业遵守海关法规和其他规则。

TIR 制度是目前国际上比较通用的一种国际公路运输制度，遵循此制度的车辆，车头面板上都要挂蓝底白字的 TIR 标记。

2. TIR 制度的基本原则

TIR 制度规定了五项基本原则，即所谓的 TIR 制度的五大支柱：

（1）采用符合标准的运输车辆或集装箱。TIR 公约要求使用符合海关监管要求、具有海关监管设置、能够确保安全的车辆或集装箱装载货物。

（2）国际担保。为承担整个运输过程中的海关关税和费收的风险，TIR 公约建立了国际担保制度，由国际道路运输联盟（IRU）管理。所有 TIR 公约缔约国的国家担保协会（通常为国家级道路运输协会）和国际道路运输联盟共同构成了联保系统，在TIR公约缔约国中形成一个TIR单证运输的国际担保链。该联保系统又由几家大保险公司担保，并由TIR执行理事会监督。在担保总额方面，各缔约国可以确定担保金的限额，但是国际道路运输联盟最大担保限额是每张TIR运单5万美元，其中，运输酒精和烟草，最大担保限额为每张TIR运单20万美元。

（3）TIR单证。TIR单证是TIR制度下所载运货物具备“国际担保”条件的法律证明文件，更是启运国、过境国和目的地国海关监管的依据。

TIR单证由国际道路运输联盟向各缔约国的国家担保协会发放，国家担保协会再根据与承运人的相关协议发放给承运人。

（4）海关监管的相互承认。由启运国海关查验并施加关封后的道路车辆或集装箱，在通过过境国及目的地国家边境海关时无须开封检查。只有在有充分证据怀疑TIR单证运输存在违法可能或存有欺诈行为的情况下方可开封检查。

（5）控制使用。各国政府主管部门（通常是海关）授权国家担保协会向符合条件的企业发放TIR单证，并对承运人使用TIR单证实行行政许可管理。

3. TIR道路运输操作程序

TIR道路运输包括启运、出境、过境、抵达四大环节。

（1）启运。启运地海关根据承运人在TIR单证上填报的内容检查所载货物，符合要求后由海关对装载室或集装箱施加关封，同时在TIR单证上做相应记录，保留第一联凭单并填写相应的存根，然后将TIR单证交还给运输经营人，由其开始TIR单证运输作业。

（2）出境。装载货物的TIR单证的运输车辆离开启运国国境时，由启运国出境海关检查封志，从TIR单证上撕下第二联，填写相应的存根，并将撕下的凭单寄给启运地海关（通常为内陆海关），或使用电子邮件等其他方式发给启运地海关，以加快审核速度，启运地海关核对收到的凭单与自己原来保存的凭单，如果出境海关没有任何反对意见或保留意见，则放行，出境海关填写的存根则作为TIR业务在该国已经完成的凭据。如果出境海关对撕下的一联凭单含有保留意见，或没有送达启运地海关，或因其他原因怀疑TIR业务，则有权利进行调查，即“TIR业务例外性调查”。

（3）过境。装载货物的TIR单证的运输车辆在途经每一个过境国时都适用与启运国相似的海关过境制度。沿途过境国的入境海关对封志进行检查，并从TIR单证中撕下一联凭单，出境海关也像启运国的出境海关一样处理TIR凭单。经核对该国入境海关与出境海关所取下的两联TIR凭单填写无误一致后即放行TIR作业，若出现异常情况，则依出境环节所述程序进行处理。

（4）抵达。若入境海关同时也是目的地海关，便由入境海关填写TIR单证，并保存两联凭单，进行进口货物贸易清关处理；若货物入境后还需运往该国的另一海关（通常为内陆海关），则入境海关成为一个入境边境海关，执行过境环节中入境海关的类似程序，而该国境内的另一个海关成为目的地海关，执行开箱查验、清关等程序。

练习题

1. 选择题

(1) 中欧班列可以使用的运单是（　　）。

A. 国际货约运单　　B. 国际货协运单

C. 国际货约/国际货协运单　　D. 国际货协运单+国际货约运单

(2) 国际铁路联运与国际多式联运的最大区别是（　　）。

A. 运输方式　　B. 运输单证

C. 运价　　D. 过轨作业

2. 判断题

(1) 大陆桥运输与国际铁路联运是同一概念。（　　）

(2) 我国已成为TIR公约国。（　　）

(3) 中欧班列由中铁集团组织运营。（　　）

3. 简答题

(1) 简述中欧班列的主要通道。

(2) 简述MLB和IPI的区别。

(3) 简述郑欧班列的运作流程。

第9章 特种货物集装箱多式联运

引导案例　“8·12”天津滨海新区危险货物爆炸事故

2015年8月12日23时34分06秒，位于天津滨海新区塘沽开发区的天津东疆保税港区瑞海国际物流有限公司所属危险品仓库发生了第一次爆炸。受到火焰蔓延的作用以及第一次爆炸冲击波的影响，23时34分37秒发生了第二次更剧烈的爆炸。据测算，本次事故中爆炸的总能量约为450吨TNT当量。该火灾爆炸事故，造成165人遇难，798人受伤，304幢建筑物、12 428辆商品汽车、7 533个集装箱受损。已核定的直接经济损失68.66亿元。此外，本次事故产生的残留化学品与二次污染物逾百种，对事故中心区及周边局部区域大气环境、水环境和土壤环境造成了不同程度的污染。

事故的直接原因是：瑞海公司危险品仓库运抵区南侧集装箱内的硝化棉由于湿润剂散失出现局部干燥，在高温（天气）等因素的作用下加速分解放热，积热自燃，引起相邻集装箱内的硝化棉和其他危险化学品长时间大面积燃烧，导致堆放于运抵区的硝酸铵等危险化学品发生爆炸。此次事故教训极其惨痛：一是瑞海公司违规超量储存易燃易爆、剧毒等危险化学品，远远超出设计上限，尤其是严重违规存放大量不允许存放的硝酸铵，埋下巨大隐患。二是消防力量对事故企业储存的危险货物底数不清、情况不明，致使先期处置的一些措施针对性、有效性不强。三是在毫无征兆的情况下，短时间内接连发生了两次大爆炸，消防人员虽然已经撤离发生火灾的运抵区，但仍处于爆炸核心区，猝不及防，造成了大量人员伤亡。

9.1　危险货物集装箱多式联运

9.1.1　危险货物集装箱多式联运概述

危险货物集装箱多式联运是一种以集装箱为运输单元，载运危险货物，将不同的运输方式（海运、公路、铁路、航空）有机组合在一起，构成连续的、综合性的一体化集装箱运输。通过一次托运、一次计费、一份单证、一次保险，由各运输区段的承运人共同完成危险货物集装箱的全程运输。

1. 危险货物集装箱多式联运国际公约与法规概述

（1）国际公约。

1）《规章范本》。指联合国危险货物运输专家委员会编写的《关于危险货物运输的建议书—规章范本》（United Nations Recommendations on the Transport of Dangerous Goods Model Regulations），基本上每两年修正一次，适用于所有运输方式。

2）《国际海运危规》。国际海事组织编写的《国际海运危险货物规则》（International Maritime Dangerous Goods Code，IMDG Code），简称《国际海运危规》，每两年修订一次，其内容覆盖了《规章范本》的要求，并增加了有关船舶方面的特别规定。

3）适用于欧洲地区的三个国际公约。

①《国际铁路危险货物运输规则》（Regulation Concerning the International Carriage of Dangerous Goods by Rail，RID）。

②《危险货物国际道路运输欧洲公约》（European Agreement Concerning the International Carriage of Dangerous Goods by Road，ADR）。

③《国际危险货物内河运输欧洲协定》（European Agreement Concerning the International Carriage of Dangerous Goods by Inland Waterways，ADN ）。

4）《国际集装箱安全公约》（International Convention for Safe Containers，CSC）。CSC 规定了国际运输集装箱取得缔约方主管机关安全合格牌照批准的程序。我国对应的主管机关交通运输部海事局，已授权中国船级社承担检验发证义务。

5）《集装箱海关公约》（Customs Convention on Containers，CCC）。CCC 规定，海关主管机关颁发集装箱海关合格牌照，并在集装箱上适当和明显的地方应加盖耐久不变的标记。我国对应的主管机关海关总署，已授权中国船级社承担检验发证义务。

6）《国际铁路联盟条例》。国际铁路联盟规定，铁路主管机关应颁发国际铁路联盟合格牌照，并标记在集装箱的两侧。我国对应的主管机关是交通运输部国家铁路局，已授权中铁集装箱运输中心签发国际铁路联盟合格牌照。

7）《国际货协》附件第 2 号《危险货物运送规则》，适用于《国际货协》缔约国。

（2）国内法规与标准。

1）《铁路危险货物运输安全监督管理规定》（交通运输部令 2015 年第 1 号）。

2）《船舶载运危险货物安全监督管理规定》（交通运输部令 2018 年第 11 号）。

3）《道路危险货物运输管理规定》（交通运输部令 2019 年第 42 号）。

4）《危险货物道路运输规则》（JT/T 617—2018）。

5）《危险货物道路运输安全管理办法》，于 2019 年 11 月 10 日由交通运输部、工业和信息化部、公安部、生态环境部、应急管理部、市场监督管理总局六部门共同颁布，自 2020 年 1 月 1 日起施行。

2. 危险货物集装箱多式联运系统概述

（1）危险货物。

1）危险货物的概念与构成要素。国家标准 GB 6944—2012《危险货物分类和品名编号》给出的危险货物的定义是：具有爆炸、易燃、毒害、感染、腐蚀、放射性等危险特性，在运输、储存、生产、经营、使用和处置中，容易造成人身伤亡、财产损毁或环境污染而需要特别防护的物质和物品，均属危险货物（dangerous goods）。

由此可见，危险货物必须同时具备三个要素：一是具有爆炸、易燃、毒害、感染、腐蚀、放射性等危险特性：二是容易造成人身伤亡、财产损毁或环境污染：三是在运输、储存、生产、经营、使用和处置中需要特别防护。三个要素缺一则不构成危险货物，比如，精密仪器防震动、易碎器具防破损都需要特别防护，但这些物品不具有危险特性，一旦防护失措，不致造成人身伤亡或除货物本身以外的财物毁损，所以不属于危险货物。

2）危险货物的来源。危险货物主要来源于以下四大方面：

①列入国家标准《危险货物品名表》（GB 12268—2005）中的危险货物。

②国家安全生产监督管理部门会同国务院公安、环境保护、卫生、质检、交通部门确定并公布的未列入《危险货物品名表》的其他危险化学品。

③国家安全生产监督管理部门汇总公布的《危险化学品目录》中规定的化学品。

④符合联合国危险货物运输专家委员会《关于危险货物运输的建议书—规章范本》规定的危险货物特性的货物。

3）危险货物的分类。联合国将危险货物分成 9 大类 22 项。

第 1 类：爆炸品（explosives），是指在外界作用下能发生剧烈的化学反应，瞬间产生大量的气体和热量，使周围压力急剧上升，引发爆炸的物质和物品。按爆炸的危险性和爆炸品在火中的变化，细分为第 1.1 类～第 1.6 类。其中，第 1.1 类危险性最大，第 1.6 类危险性最小。特性为化学爆炸性、燃烧性、毒性和窒息性等。

第 2 类：气体，包括压缩、液化和加压溶解气体（gas：compressed，liquefied and dissolved under pressure），是指在 50℃时蒸气压力大于 300 千帕或在 20℃和 101.3 千帕的标准压力下完全呈气态，经压缩或降温加压后，贮存于耐压容器或特制的高绝热耐压容器或装有特殊溶剂的耐压容器中的物质。细分为第 2.1 类～第 2.3 类。特性为易燃性、物理爆炸性、麻醉性、毒性和窒息性等。

第 3 类：易燃液体（inflammable liquids），是指闭杯闪点低于 61℃（包括 61℃）时放出易燃蒸气的液体、混合液体、含有溶解固体或悬浮固体的溶液。按包装类分为包装类Ⅰ～包装类Ⅲ。特性为爆炸性、易燃性、毒害性、挥发性、麻醉性、窒息性和易积聚静电性等。

第 4 类：易燃固体、易自燃物质和遇水放出易燃气体的物质（inflammable solids，spontaneously combustible substance and substances emitting inflammable gases when wet），是指在给定的条件下，可燃气体或易燃固体、液体的蒸气与空气的混合物接触火焰时能产生持续燃烧 5 秒钟的最低温度。细分为第 4.1 类～第 4.3 类。特性为爆炸性、易燃性、毒害性、腐蚀性和污染性等。

第5类：氧化剂和有机过氧化物（oxidizing substances and organic peroxides）。氧化剂系指处于高氧化态，具有强氧化性，易分解并放出氧和热量的物质，包括含有过氧基的无机物，其本身不一定可燃，但能导致可燃物的燃烧，与松软的粉末状可燃物能组成爆炸性混合物，对热、震动或摩擦较敏感。有机过氧化物系指分子组成中含有过氧基的有机物，其本身易燃易爆，极易分解，对热、震动或摩擦极为敏感。细分为第5.1类～第5.2类。特性为毒性、腐蚀性和强氧化性等。

第6类：有毒物质和感染性物质（toxic and infectious substances）。有毒物质是指如吞咽、吸入或皮肤接触易于造成死亡、严重伤害或损害人体健康的物质。感染性物质是指已知或一般有理由相信含有病原体的物质。所谓病原体，是指已知或有理由相信会使人或动物引起感染性疾病的微生物或微生物重组体。细分为第6.1类～第6.2类。特性为毒性和感染性等。

第7类：放射性物质（radioactive substances），是指能自原子核内部自行放出人感觉器官不能察觉的射线的物质。特性为放射性等。

第8类：腐蚀品（corrosive substances），是指化学性质非常活泼，与人畜或其他物品接触，在短时间内能造成明显破坏现象的固体或液体物质和物品，如硝酸、硫酸、氢氧化钠等。特性为腐蚀性、易燃性、氧化性和毒害性等。

第9类：杂类危险货物和物品（miscellaneous dangerous substances），是指在运输中呈现的危险性质不包括在上述8类危险品中的物质和物品。如干冰、蓖麻籽、自行充气救生设备等。

（2）危险货物集装箱。危险货物集装箱，是指从箱内装有《国际海运危规》等法规中列明的危险品货物之日起，直到该集装箱拆箱、清洗妥当为止的集装箱。显然，装载危险品的集装箱就是普通的集装箱，其箱体上本身是没有相关危险品的图形标记的，但是在集装箱装了危险品后，需要在集装箱外部四周贴上与箱内货物内容相同的危险品标牌和标志。

危险品标志是用来表示危险品的物理、化学性质，以及危险程度的标志。危险货物集装箱通过长途运输、装卸、中转等多频次的流转后，非常容易造成集装箱外观的危险品标牌、标志、标记褪色破损脱落，甚至可能有的装箱单位忘记张贴危险品标牌、标记、标识等，给安全生产等带来了一定的安全隐患。

根据国家标准GB 190—2009规定，应在水、陆、空运危险货物的外包装上拴挂、印刷或标打不同的标志，如爆炸品、遇湿易燃物品、有毒品、剧毒品、腐蚀品、放射性物品等。下面介绍《国际海运危规》对海上集装箱装载危险货物时集装箱张贴危险品标志和标记的基本要求。

1）封闭式集装箱载运危险货物标记的要求。使用封闭式集装箱载运危险货物，因无法看到箱内包件的标志或标记，故应在集装箱的四侧显示放大的标志（称为标牌）、标记，以警示人们组件内装有危险货物并存在危险性。

张贴在集装箱四侧的标牌应做成：

①不小于250毫米×250毫米；

②应与集装箱内危险货物标志相同；

③在标牌的下半部的适当位置显示类别号数字高度不小于25毫米。

案例9-1

危险品集装箱未按规定张贴危险品标志

箱号为YGMU4000XXX的集装箱开箱查验时，其箱内装有《国际海运危规》编号为2211的危险货物“聚苯乙烯珠体，可膨胀的，会放出易燃蒸气的”，但箱外四周未张贴任何危险货物标记，涉嫌未按规定张贴危险品标识。

2）限量内危险货物标记的要求。

①含限量内危险货物而没有其他危险货物的集装箱，须在其外部依据下面③的规定进行合适的标记。

②含危险货物和限量内的危险货物的集装箱，须按《国际海运危规》的规定进行标记，而不以限量内的危险货物进行标记，然而，如果危险货物无标牌和标记的要求，货物运输组件须按下面③的规定进行合适的标记。

③货物运输组件限量内危险货物标识要求如下：标记必须明显、清晰，货物运输组件标记的信息在海中至少经过3个月的浸泡仍能辨别。考虑适宜的标记方法时，须采取在货物运输组件的表面进行标记的方法。标牌顶部、底部和边缘为黑色，中间区域为白色或与黑色形成鲜明反差的适当颜色。最小尺寸须是250毫米×250毫米。

案例9-2

未按规定在集装箱四周张贴限量内危险货物标记

箱号为TEMU4256XXX的危险货物集装箱，查验箱内只有一种货物，且是限量危险货物，但在箱体四周未张贴限量内危险货物标记，不符合《国际海运危规》有关限量内包装危险货物的要求。

3）副危险性标记的要求。当危险货物具有两种或两种以上的危险性，并需要同时表示时，除用主标志表示其主危险性外，还应贴副危险性标牌或标记来表示其他的危险性。

根据《国际海运危规》规定，以下情况应贴副危险性标牌或标记：危险货物一览表中具体列出的物质或物品，须具备一览表第3栏所示危害性的危险类别标志并附加由第4栏中类别或分类号所表示的危险性的副危险性标志；当一览表中未标明标注副危险性标志或在标明危险性的同时明示可以免除副危险性标志的要求时，一览表第6栏的特殊规定可能要求副危险性标志。

案例9-3

未按规定在集装箱四周张贴副危险性标识

开箱检查时，发现箱号为CAIU2479XXX的集装箱的箱内货物联合国危险品编号为

1992，其货物提单信息显示：该货物的主危险性为第3类（易燃液体），还有副危险性为第6.1类（有毒性物质），且为海洋污染物（P），综合说明此种货物危险性极大。但是该危险品集装箱箱体四周只显示第3类主危险标志，第6.1类的副危险性标志未张贴，不满足《国际海运危规》相关章节标志标记的规定，一旦发生事故险情造成该危险货物泄漏，现场人员却根本不了解其副危险毒性，存在极易导致救援人员中毒甚至死亡的安全隐患。

4）联合国危险品编号显示的要求。《国际海运危规》中危险货物的编号是联合国危险货物运输专家委员会制定的顺序号，采用4位数编码。以0号码开头的编号为爆炸品编号（如烟花的编号0337），其他类别的编号没有规律。联合国危险品编号在《国际海运危规》危险货物一览表第1栏和第18栏中列出。

以下5个条件仅需满足其中一项，货物运输组件上就必须显示联合国危险品编号（除第1类货物外，联合国危险品编号须按要求显示在下列托运货物上）：

①在罐柜货物运输组件中运输的固体、液体、气体，包括多格罐柜货物运输组件的每个分格上。

②对于包装危险货物（通常意义上的集装箱包装危险货物），须同时满足以下三个条件：一是包装危险货物，总重超过4 000千克；二是该货物只有一个联合国危险品编号；三是货物运输组件中只有唯一的危险货物。

③在车辆或集装箱或罐柜中未包装的第7类LSA-I或SCO-I的物质。

④当要求以独家使用运输时，装载于车辆或集装箱内具有唯一联合国危险品编号的包装放射性物。

⑤在散装容器内的固定危险货物。

案例9-4

未按规定在可移动罐柜上张贴联合国危险品编号

箱号为PRKU0111XXX的可移动罐柜查验时，根据货物提单信息显示，该货物为第3类危险品，联合国危险品编号1866，但在柜体外观上只标识了第3类危险标记且倒置，缺少联合国危险品编号，不符合《国际海运危规》（一）5.3.2.1章节有关联合国危险品编号的显示的要求。

（3）危险货物集装箱载运工具。各类危险货物集装箱载运工具配备应符合国家相关法规规定。以道路运输为例，危险货物道路运输企业应当符合以下条件：

1）使用安全技术条件符合国家标准要求的，与承运危险货物性质、重量相匹配的运输车辆、设备；

2）按照要求配备具有危险货物道路运输从业资格的驾驶人、押运员进行运输；

3）运输危险货物应当随车携带危险货物运单，车辆应当安装、悬挂符合《道路运输危险货物车辆标志》（GB 13392—2005）要求的警示标志，根据国家规定的标准要求随车携带防护用品、应急救援器材和道路危险货物运输安全卡，严格遵守道路交通安全法律法规规定，保障道路运输安全；

4）运输爆炸品和剧毒化学品车辆还应当安装、粘贴符合《道路运输爆炸品和剧毒化学品车辆安全技术条件》（GB 20300—2018）要求的安全标示牌。运输剧毒化学品、民用爆炸物品、放射性物品或者危险废物时，还应当随车携带《危险货物道路运输安全管理办法》规定的证明文件。

（4）危险货物集装箱码头与场站。危险货物集装箱港站，除了符合集装箱港站的一般规定外，还应执行相关危险货物运输规定。

1）水运码头。对于各个集装箱码头应指定一块区域用于专门存放危险品集装箱，并按照《国际海运危规》中的隔离要求隔离堆放。

危险品集装箱装箱区周围要贴有明显的警告标识，并用障碍物与其他箱区隔离。各码头存箱位置如有变动，要先通知有关部门并获得批准。

各码头须按危险品集装箱堆场管理制度严格执行，建立危险品集装箱进出记录、交接班日志和喷淋记录。高温季节期间当温度超过30℃时，对可喷淋的危险品集装箱要每2个小时进行一次喷淋，要求箱体四周都能喷到。对于在危险品管理中发生的特殊情况，要立即向营运操作部门报告，营运操作部门应协助码头及时解决。危险品集装箱专用堆场除了实行温度、湿度等项日常监控，设置事故报警系统和撤离通道外，还要配备齐全的消防器材和处理材料，对操作人员进行严格培训，专人负责，堆场内的危险品集装箱应按照公安、消防等部门指定的行车路线和时间集疏。

2）铁路办理站。危险货物铁路办理站分为三种。

①站内办理站：仅在站内办理危险货物业务的车站。

②专用线接轨站：仅在接轨的专用线办理危险货物业务的车站。

③兼办站：在站内和接轨的专用线均办理危险货物业务的车站。

危险货物铁路办理站除应执行铁路货场、专用线一般规定外，还应符合铁路危险货物办理站、专用线货运安全设备设施有关技术条件等相关规定以及有关法律、法规、规章对危险货物运输安全管理、安全作业、安全培训和应急处置等要求。

在专用线办理危险货物运输时，产权单位应与办理站（货运中心）签订专用线运输协议和危险货物运输安全协议。危险货物运输需要共用专用线时，应由产权单位、共用单位、办理站（货运中心）签订危险货物专用线共用协议。

9.1.2 海上危险货物运输操作实务

1. 国际海上危险品安全申报实务

（1）货申报。船舶载运危险货物，托运人或收货人应在船舶进出港口前24小时，向海事管理机构办理危险货物申报手续。其中，货物申报员应经过有关危险货物法规和专业技能培训，并经海事部门考核发证。如无法直接申报，可委托有危险货物申报资质的货代或船代企业办理申报。

1）申报材料。申报人应提交危险货物安全适运申报单及其相关证明材料（见表9－1）。危险货物安全适运申报单一式三份，经主管机关审核批准后，一份留主管机关存查，另两份退申报人（其中一份由申报人转送承运船舶）。

表 9-1　申报不同包装或货类危险品需提交的证书

序号	单证名称	出具单位	适用包装或货种
1	包装性能证、包装使用证	商检或质检	一般包装
2	罐柜检验合格证明书	船级社	罐柜
3	集装箱装运危险货物装箱证明书	集装箱场站	普通柜
4	压力容器检验合格报告（证明书）	锅检所	压力容器
5	检验报告	商检（柔性）或船级社（半钢性或钢性）	中型散装容器或大宗包装
6	放射性剂量证明	环保部门	装载放射性物品
7	限量危险货物证明	国家认可机构	装运限量危险货物
8	油、水含量品质证书	商检	含油压榨物质
9	含水量检测报告	国家认可机构	散装固体硅铁
10	危险货物鉴定表	交通运输部认可机构	《国际海运危规》未列的货物
11	危险化学品技术说明书	国家认可机构	散装液货船装化学品
12	熏蒸剂类型和用量等技术说明书	国家认可机构	集装箱托运熏蒸物
13	危险货物安全技术说明书	国家认可机构	易燃、易爆、易腐蚀、剧毒、放射性、感染性、污染危害性等危险品
14	包装危险货物技术说明书	国家认可机构	按“未另列明”项装运、需拼箱出运的危险货物等
15	船舶适装证明、码头作业许可证、散装液态化学品技术说明书	国家认可机构	散装液态危险货物
16	货况安全适运证明	国家认可机构	装运货况有特殊安全要求
17	爆炸物品运输证	县市公安机关	托运内贸民用爆炸品

2）对于《国际海运危规》未列名危险品，托运人应当于托运前向主管机关提交有效的注明货物性质的有关材料，经主管机关按规定审批后，按相应“未另列明”项办理。

3）申报变更。危险货物安全适运申报单经主管机关核准后 7 天内有效。因故需改船或改航次出运的货物，应当向海事局提交载明更改原因的书面报告、货物申报单以及经认可的船舶代理出具的退关、漏装、短装证明等单证，经审核后，方予办理申报变更手续。

（2）箱申报。集装箱装箱点装运危险货物时，应接受现场检查员监督并由其出具装箱证明。其中，现场检查员应经过有关危险货物法规和专业技能培训，并经海事部门考核发证。

经检查合格，装箱现场检查员负责签署集装箱装运危险货物装箱证明书一式两份，并由装箱单位核盖公章，一份提交海事局危防处，另一份应在办理集装箱进港时通过码头转交承运人。

危险货物装箱后，现场检查员应及时在网上报送集装箱装运危险货物装箱证明书，并以附件形式附送装箱情况的照片（照片内容应包括作业前、作业中、作业后，要求能看到箱号、标牌和箱内货物标记、标志及绑扎、衬垫等情况）。同提单号、同种货物、一次性装箱的集装箱可只发送其中一个集装箱作业的照片（所有照片存放在一个 Word 文档中），货物申报员应积极督促场站及时报送。

（3）船申报。船舶载运危险货物，船舶负责人、船舶所有人或经营人应在船舶进出港口前24小时，向海事管理机构办理危险货物申报手续。其中，货物申报员应经过有关危险货物法规和专业技能培训，并经海事部门考核发证。如无法直接申报，可委托有危险货物申报资质的船代企业办理申报。

申报时，应提交船舶载运危险货物申报单以及相关证书、舱单、配载等附加资料。以集装箱船为例，其报送的附送材料包括：危险货物安全适运申报单、危险货物清单或舱单（书面）（包括所有在船危险货物），出口申报应加报积载图（书面）（预配图也可）等。过境申报需报送上一港申报单或危险货物舱单（清单）的书面附送材料，中转申报应在书面附送材料危险货物舱单（清单）中注明二程船的船名和航次，作为二程船的危险安全适运申报。

船舶载运危险货物申报单一式三份，经主管机关审核批准后，一份留主管机关存查，另两份退申报人（其中一份由申报人转送港口作业单位）。该证书经主管机关核准后7天内有效。

2. 国际海上危险品的订舱操作实务

（1）危险品订舱。

1）订舱前了解船公司规定。对于高度危险货物（第1类、第2类、第3.1类、第5.2类和第7类）的托运，托运人事先应了解清楚船舶能否适运，以免造成配船后再退关而延误装期。

2）订舱前了解挂靠港口的规定。比如，货物如需在中国香港和新加坡转运，两港口对危险货物的进出转运都有特殊的规定和要求，许多品种禁止转运。

3）预订舱。危险品订舱需要事先填写危险品申请表，待船公司确认所申请危险品可以接受后，再进行电子订舱或纸面订舱，务必在托单上标注危品级别（CLASS）及联合国危险品编号（UN NO.），否则无法接受订舱。

4）按危险货物的不同特性分别订舱。比如，一份信用证和合同中同时出运氧化剂、易燃液体和腐蚀品三种不同性质的货物，托运时必须按三种不同性质的危险货物分别缮制三份托运单，切忌互不相容的危险货物同装一集装箱内。

5）危险货物的包装应能经受一定程度的温度、湿度、压力的变化，包装的重量、体积、外形应便于运输、装卸和堆码。

（2）危险品单证的缮制。

1）托运单。危险货物托运单应增加以下七项内容：

①货物名称必须使用正确的化学学名或技术名称，不能使用商品俗名。

②必须注明危险货物 DANGEROUS CARGO 字样，以引起船方和船务代理的

重视。

③必须注明危险货物的性质和类别，如氧化剂（OXIDIZING AGENT）和第5.1类（CLASS 5.1）字样，或易燃液体（INFLAMMABLE LIQUIDS）和第3.2类（CLASS 3.2）字样。

④必须注明联合国危险品编号，如磷酸为UN NO.1805。

⑤必须注明《国际海运危规》页码，如硝酸钾为IMDG CODE PAGE 5171。

⑥易燃液体必须注明闪点，如FLASH PIONT 20℃。

⑦在积载时有特殊要求的，必须在托运单上注明。比如：必须装舱面的货物，需注明DECK SHIPMENT ONLY；需远离火源和热源的货物，应注明FAR AWAY FROM FIRE AND HEAT等。

2）危险品申请表或危险品信息表。危险品订舱，需要提供出境危险货物运输包装性能检验结果单、出境危险货物运输包装使用鉴定结果单、危险品申请表（IMDG Application Form）或危险品信息表（Hazardous Materials Shipping Information Form）或多式联运危险品信息表（Multimodal Dangerous Goods Form，MDGF）等单证。

3. 国际海上危险品港口操作实务

（1）危险品申报。各港口均颁布了港口危险货物集装箱操作分类表，对危险货物集装箱港口操作范围与方式做出明确规定，因此，凡经码头进出的危险货物，货主、船公司或其代理事先均须向港方申报，获得同意后，船方才能承运，港方才能允许进出港。

（2）危险货物集装箱交接。危险货物集装箱卸船前，码头理货员仔细检查箱体、铅封和箱体四周张贴的与箱内货物相应的危险品标志，并仔细核对箱号，发现不符或异常，通知船方并记录。

出口危险货物集装箱在进入码头时，承运人须持海事局签署的集装箱装运危险货物装箱证明书。检查桥工作人员仔细检查箱体、铅封和箱体四周张贴的与箱内货物相应的危险品标志，如有不符应拒绝接收。

（3）危险货物集装箱的储存。危险货物集装箱堆垛根据危险货物的不同，一般只许堆两层，并须根据《国际海运危规》的隔离要求对不同性质的危险货物进行有效的隔离。

危险货物集装箱堆放在专用的危险品箱区，应设有隔离栏和喷淋装置，在高温季节对一些可喷淋的危险货物集装箱喷淋降温。

（4）危险品装卸作业。目前，不同码头对危险品的装卸、储存有不同的规定，比如，宁波港规定：凡《国际海运危规》中第1类、第7类危险货物集装箱作业，不予受理；第2类及冷冻危险货物集装箱采用车船直装直提方式接运。特殊情况按操作部指令进行。

在实践中，可根据每一种危险品的危险系数，将其分为红色标志或绿色标志危险品，并对每一类危险品制定详细的操作程序，以保证和这些货物有关的操作风险能降到最低（见表9-2）。

表 9-2 红色或绿色标志危险品的构成

危险品种类	红色标志第1类	红色标志第2类	绿色标志
1.1、1.2、1.3、1.4、1.5、1.6 爆炸物	▲		
2.1 易燃气体		▲	
2.2 非易燃无毒气体			▲
2.3 有毒气体		▲	
3.1 易燃液体	▲		
3.2 易燃液体		▲	
3.3 易燃液体			▲
4.1 易燃固体			▲
4.2 易燃固体		▲	
4.3 易燃固体		▲	
5.1 氧化剂		▲	
5.2 有机过氧化物	▲		
6.1 有毒物质			▲
6.2 感染性物质	▲		
7. 放射性物质	▲		
8. 腐蚀品			▲
9. 杂类危险物质和物品			▲

从表 9-2 中可以看出，红色标志危险品集装箱被分成第 1 类和第 2 类，每一类都有其相应的规定。

1）红色标志第 1 类：出口危险品集装箱同进口危险品集装箱一样，红色标志第 1 类危险品只能采取车船直取方式。船务公司在收箱前，会进行检查以确保司机带有正确的单据，同时检查箱子是否有损坏，以及有无必要的危险品标签，如不符合将被拒收。危险品等级第 1 类和第 7 类进口箱的程序同时也适用于出口箱。

2）红色标志第 2 类：红色标志第 2 类的危险品比第 1 类危险品稳定，对其限制也就相对较少。红色标志第 2 类危险品可以存放在堆场中，但最多只能存放 4 个小时，且必须遵循一定的标准。

3）绿色标志：所有的绿色标志的危险品的箱子会被堆存在指定的堆场位置，且同红色标志第 2 类危险品隔离开。绿色标志的箱子可以堆码 3 个高，但会根据危险品的等级不同，进行隔离。绿色标志的箱子最多存放 7 天，如果超过此期限，集装箱会被转运到指定的场站堆存和发箱，相关的运输费用由进口商承担。

由此可见，发货人或货运代理应遵守码头对不同类型危险品的要求及进港时间安排货物进港。在到达检查桥入口时，港口工作人员将对司机、卡车以及是否持有海事局盖章确认的危险品装箱证明等进行检查。收箱之前，还要检查铅封号和危险品标签是否有损坏，然后集装箱会被放到预先指定的位置，并由危险品专管员进行监控。

（5）进口危险品在港提货操作。

1）在进口危险品时，应提前同货运代理公司联络，以便及时安排相关单位落实提货计划。

2）在进口危险品时，在提货前应确保所有的进口清关手续已完成，以方便卸船时直接提货（只限于红色标志第1类和第2类危险品）。

3）车队在到达码头检查桥之前，一定要确保持有正确的单证，确保所有运输危险品集装箱的卡车具有必需的证件和授权，确保拖盘上所有的集装箱的安全固定装置处于正常状态。

9.1.3 铁路危险货物运输操作实务

在我国，铁路危险货物集装箱（以下简称“危货箱”）除应执行铁路集装箱及其装卸场所、设施的一般规定外，还应符合《铁路危险货物运输管理规则》第十三章“危险货物集装箱”的规定。

1. 可办理的危险货物种类

危货箱仅办理铁路危险货物品名表中下列品类：

（1）铁路通用箱。二级易燃固体、二级氧化性物质、腐蚀性物质（包括二级酸性腐蚀性物质、二级碱性腐蚀性物质和二级其他腐蚀性物质）。

（2）自备危货箱。除了适用铁路通用箱的品类外，可适用二级毒性物质。

（3）罐式集装箱。危货箱装运前述规定以外的危险货物，以及使用罐式集装箱装运危险货物的，由所属铁路局组织研究提出安全运输条件建议（罐式箱还应提出框架静强度及冲击试验合格报告），报中国国铁集团运输局。中国国铁集团运输局组织专家进行技术审查，通过技术审查后公布安全运输条件。

2. 自备箱的规定

自备危货箱投入运用前，铁路局应按《铁路危险货物集装箱编号登记簿》进行登记并编号，编号方式如：哈TWX0001、京TWX0001、上TWX0001。

3. 业务操作

（1）托运。

1）托运人托运危货箱时，应在货物运单“托运人记载事项”栏内填写箱内所装危险货物品名和铁危编号。

2）托运人应根据危险货物类别在箱体上拴挂相应包装标志。拴挂位置：箱门把手处（罐式箱在装卸料设施适当位置）各1枚，箱角吊装孔各1枚，共计6枚，需拴挂牢固，不得脱落。标志采用塑料双面彩色印刷，规格为：100毫米×100毫米。

3）危货箱同一车限装同一品名、同一铁危编号的危险货物；包装应与《铁路危险货物运输管理规则》要求一致。装箱应采取安全防护措施，防止货物在运输中倒塌、窜动和撒漏。运输时只允许办理一站直达并符合办理限制要求。

（2）受理。

1）车站办理危货箱时，应对品名、包装、标志、标记等进行核查，防止匿报、谎报危险货物或在危货箱中夹带违禁物品。严禁在站内办理危货箱的装箱、掏箱作业。

2）办理罐式箱运输时，托运人、收货人、发到站、专用线、货物品名等应与办理限制相符。限使用集装箱专用平车（含两用平车）运输。

（3）存放。危货箱的堆码存放应符合配放表的有关规定。

（4）装卸。集装箱装车作业，除货物装车作业的一般要求外，还要注意以下几点：

1）装车时应逐箱核对箱号、施封号码与运单记载是否一致，核对集装箱到站与该车去向是否一致。

2）一车内各箱货物的重量差距较大时，要防止重量较重的箱都装在一端，造成车辆偏载影响安全，前后箱重量相差不超过10吨。使用一辆货车装运两个20英尺集装箱时，两个集装箱应门对门装载，中间间隔距离不得大于200毫米。

3）使用一般平车（集装箱专用平车除外）装运集装箱时，除按上述规定办理外，还应采取加固措施。加固时，应牢固地将箱体下部四个角配件倒八字形捆绑在车底板或插槽上。一车装两个集装箱时，两个集装箱的重量不得相差10吨。

4）装卸车作业前，货运员应向装卸工组说明货物性质及作业安全事项，作业时应做到轻起轻放，不得冲撞、拖拉、刮碰。

（5）洗刷。收货人应负责危货箱的洗刷除污，并负责撤除拴挂的危险货物标志。无洗刷能力时，可委托铁路部门洗刷，费用由收货人负担。

4. 中欧班列危货箱操作

近年来，中铁国际多式联运公司对铁路集装箱国际联运危险货物运输进行了一些有益的尝试。2011年7月、10月，中铁国际多式联运公司、好运物流公司完成巴斯夫公司20英尺罐式集装箱装运六亚甲基二胺两次试运工作。该货物铁路运输途经波兰（换轨）、白俄罗斯、俄罗斯、蒙古国，行驶里程约为11 000千米，共运输4标箱，这也是欧洲危险品第一次通过铁路运抵中国。2012年中铁国际多式联运公司组织的氰化钠集装箱国际联运班列全年开行了9列，经阿拉山口口岸出境，目的地为哈萨克斯坦和吉尔吉斯斯坦，共发运336标箱。2013年6月6日，中铁国际多式联运公司进行了聚苯乙烯危险品的集装箱试运。该批货物从无锡南站发出，终到蒙古国乌兰巴托。

目前，受制于我国对危险货物铁路集装箱运输的严格管理，我国使用集装箱铁路发运危险货物还处于不断探索阶段。中欧班列载运危货箱时，还应符合《铁路危险货物运输管理规则》（以下简称《铁路危货运管理规则》）第十六章“危险货物进出口运输”的规定。

（1）办理危险货物进出口运输时，对委托代理人代理的，铁路局在签订托运危险货物安全协议时，除应按《铁路危货运管理规则》第二十九条要求查验进出口代理人（委托人）的相关材料外，还应查验国家有关部门核发的进出口代理报关资质和委托代理合同。对国家规定需要办理进出口许可的危险货物，还应查验相应的许可证明。

（2）进出口危险货物，按下列规定办理：

1）在《国际海运危险货物规则》和《国际铁路货物联运协定》附件第2号《危险货物运送规则》等有关国际运输组织规定中属危险货物、《铁路危货运管理规则》按普通货物条件运输的按《铁路危货运管理规则》第五章有关要求办理运输，包装和标志应符合上述有关国际运输组织的规定。托运人应在货物运单“托运人记载事项”

栏内注明“转运进（出）口”字样。

2）《铁路危货运管理规则》为危险货物，而《国际海运危险货物规则》和《国际铁路货物联运协定》附件第 2 号《危险货物运送规则》等有关国际运输组织规定中属非危险货物时，按《铁路危货运管理规则》办理。

3）办理非国际联运的危险货物时，同属危险货物但包装方法不同时，进口的货物，经托运人确认包装完好，符合安全运输要求，并在货物运单“托运人记载事项”栏内注明“进口原包装”字样，由托运人或进出口代理人提供有关的包装检测资料，车站请示铁路局批准后，可按原包装方法运输；出口的货物，托运人应按《铁路危货运管理规则》第五章有关规定办理。

4）办理国际联运的进出口危险货物，在我国陆运口岸站不进行换装时，不受办理限制中有关口岸站办理危险货物品名的限制，其他均应符合《铁路危货运管理规则》及办理限制的规定。

（3）进口集装箱装运的危险货物，在 30 个工作日前，托运人以中文文书形式提出申请报告、技术说明书、集装箱类型、包装形式及装载方式等有关技术文件和资料，经铁路局审核后，报总公司批准。

（4）剧毒品进出口运输按下列规定办理：

1）受理、承运进出口剧毒品比照《铁路危货运管理规则》第三十一条、第一百一十五条办理。

2）出口剧毒品，办理站除按规定要求填写联运运单外，还需填写国内剧毒品专用运单 2 份（专用运单仅作为添附文件，连同联运运单装入封套内，并在封套外加盖剧毒品专用戳记），一份发站留存，一份随联运运单到口岸站存查。

3）出口剧毒品到达口岸站后，需撤出专用运单并将运单所载信息和口岸站作业信息输入剧毒品运输跟踪管理系统。

4）进口剧毒品由口岸站填写剧毒品专用运单 2 份，一份口岸站留存，一份随联运运单到到站存查，并将剧毒品专用运单所载信息和作业信息输入剧毒品运输跟踪管理系统。

5）剧毒品专用运单由办理站保存 1 年。

9.1.4　道路危险货物运输操作实务

1. 运输监管机构

（1）职能分工。

1）交通运输主管部门负责核发危险货物道路运输经营许可证，定期对危险货物道路运输企业动态监控工作的情况进行考核，依法对危险货物道路运输企业进行监督检查，负责对运输环节充装查验、核准、记录等进行监管。

2）工业和信息化主管部门应当依法对《道路机动车辆生产企业及产品公告》内的危险货物运输车辆生产企业进行监督检查，依法查处违法违规生产企业及产品。

3）公安机关负责核发剧毒化学品道路运输通行证、民用爆炸物品运输许可证、烟花爆竹道路运输许可证和放射性物品运输许可证明或者文件，并负责危险货物运输车辆的通行秩序管理。

4）生态环境主管部门应当依法对放射性物品运输容器的设计、制造和使用等进行监督检查，负责监督核设施营运单位、核技术利用单位建立健全并执行托运及充装管理制度规程。

5）应急管理部门和其他负有安全生产监督管理职责的部门依法负责危险化学品生产、储存、使用和经营环节的监管，按照职责分工督促企业建立健全充装管理制度规程。

6）市场监督管理部门负责依法查处危险化学品及常压罐式车辆罐体质量违法行为和常压罐式车辆罐体检验机构出具虚假检验合格证书的行为。

（2）相关机制。

1）对危险货物道路运输负有安全监督管理职责的部门，应当建立联合执法协作机制。

2）对危险货物道路运输负有安全监督管理职责的部门发现危险货物托运、承运或者装载过程中存在重大隐患，有可能发生安全事故的，应当要求其停止作业并消除隐患。

3）对危险货物道路运输负有安全监督管理职责的部门监督检查时，发现需由其他负有安全监督管理职责的部门处理的违法行为，应当及时移交。其他负有安全监督管理职责的部门应当接收，依法处理，并将处理结果反馈移交部门。

2. 托运

明确托运人在危险货物信息确定、妥善包装、标志设置、托运清单及相关单证报告提供等方面的义务。

（1）承运人的选择。危险货物托运人应当委托具有相应危险货物道路运输资质的企业承运危险货物。托运民用爆炸物品、烟花爆竹的，应当委托具有第 1 类爆炸品或者第 1 类爆炸品中相应项别运输资质的企业承运。

（2）特殊要求的告知。托运人应当按照《危险货物道路运输规则》（JT/T 617）确定危险货物的类别、项别、品名、编号，遵守相关特殊规定要求。需要添加抑制剂或者稳定剂的，托运人应当按照规定添加，并将有关情况告知承运人。

（3）包装与标志。托运人应当按照《危险货物道路运输规则》（JT/T 617）妥善包装危险货物，并在外包装设置相应的危险货物标志。

（4）实行托运清单制度。针对非法托运危险货物问题，建立了危险货物托运清单制度，要求托运人在托运危险货物时，应当向承运人提交电子或者纸质形式的危险货物托运清单，不得在托运的普通货物中违规夹带危险货物，或者将危险货物匿报、谎报为普通货物托运。

危险货物托运清单应当载明危险货物的托运人、承运人、收货人、装货人、始发地、目的地，危险货物的类别、项别、品名、编号、包装及规格、数量，应急联系电话等信息，以及危险货物危险特性、运输注意事项、急救措施、消防措施、泄漏应急处置、次生环境污染处置措施等信息。

托运人应当妥善保存危险货物托运清单，保存期限不得少于 12 个月。

（5）相关许可证明。托运人托运剧毒化学品、民用爆炸物品、烟花爆竹或者放射性物品的，应当向承运人相应提供公安机关核发的剧毒化学品道路运输通行证、民用爆炸物品运输许可证、烟花爆竹道路运输许可证、放射性物品道路运输许可证明或者文件。

托运人托运第 7 类放射性物品的，应当向承运人提供国务院核安全监管部门批准的放射性物品运输核与辐射安全分析报告。

托运人托运危险废物（包括医疗废物，下同）的，应当向承运人提供生态环境主管部门发放的电子或者纸质形式的危险废物转移联单。

（6）通信联络。托运人应当在危险货物运输期间保持应急联系电话畅通。

3. 承运

要求承运人使用符合标准且与危险货物相匹配的车辆、设备运输，制作并使用危险货物运单，在运输前履行相关检查义务。

（1）不得超范围经营。危险货物承运人应当按照交通运输主管部门许可的经营范围承运危险货物。

（2）选择合适的载运工具与设备。危险货物承运人应当使用安全技术条件符合国家标准要求且与承运危险货物性质、重量相匹配的车辆、设备进行运输。

危险货物承运人使用常压液体危险货物罐式车辆运输危险货物的，应当在罐式车辆罐体的适装介质列表范围内承运；使用移动式压力容器运输危险货物的，应当按照移动式压力容器使用登记证上限定的介质承运。

危险货物承运人应当按照运输车辆的核定载质量装载危险货物，不得超载。

（3）实行运单制度。针对运输企业对所属车辆“挂而不管”“以包代管”等问题，建立了危险货物运单制度，运输过程中应当随车携带危险货物运单，强化运输过程安全管理。

危险货物承运人应当制作危险货物运单，并交由驾驶人随车携带。危险货物运单应当妥善保存，保存期限不得少于 12 个月。

危险货物运单格式由国务院交通运输主管部门统一制定。危险货物运单可以是电子或者纸质形式。

运输危险废物的企业还应当填写并随车携带电子或者纸质形式的危险废物转移联单。

（4）检查义务。危险货物承运人在运输前，应当对运输车辆、罐式车辆罐体、可移动罐柜、罐式集装箱（以下简称“罐箱”）及相关设备的技术状况，以及卫星定位装置进行检查并做好记录，对驾驶人、押运人员进行运输安全告知。

危险货物道路运输车辆驾驶人、押运人员在启运前，应当对承运危险货物的运输车辆、罐式车辆罐体、可移动罐柜、罐箱进行外观检查，确保没有影响运输安全的缺陷。

危险货物道路运输车辆驾驶人、押运人员在启运前，应当检查确认危险货物运输车辆按照《道路运输危险货物车辆标志》（GB 13392）要求安装、悬挂标志。运输爆炸品和剧毒化学品的，还应当检查确认车辆安装、粘贴符合《道路运输爆炸品和剧毒化学品车辆安全技术条件》（GB 20300）要求的安全标示牌。

4. 装卸

装货人，是指受托运人委托将危险货物装进危险货物车辆、罐式车辆罐体、可移动罐柜、集装箱、散装容器，或者将装有危险货物的包装容器装载到车辆上的企业或者单位。

装货人应当在充装或者装载前查验相关事项，装载作业应当符合相关标准，并做好相关信息的记录和保存。收货人应当及时收货，并按照操作规程进行卸货作业。

（1）装前检查。装货人应当在充装或者装载货物前查验以下事项；不符合要求的，不得充装或者装载：

1）车辆是否具有有效行驶证和营运证；

2）驾驶人、押运人员是否具有有效资质证件；

3）运输车辆、罐式车辆罐体、可移动罐柜、罐箱是否在检验合格有效期内；

4）所充装或者装载的危险货物是否与危险货物运单载明的事项相一致；

5）所充装的危险货物是否在罐式车辆罐体的适装介质列表范围内，或者满足可移动罐柜导则、罐箱适用代码的要求。

充装或者装载剧毒化学品、民用爆炸物品、烟花爆竹、放射性物品或者危险废物时，还应当查验《危险货物道路运输安全管理办法》（以下简称《办法》）第十五条所规定的单证报告。

（2）装载作业。装货人应当按照相关标准进行装载作业。装载货物不得超过运输车辆的核定装载量，不得超出罐式车辆罐体、可移动罐柜、罐箱的允许充装量。

（3）交付运输。危险货物交付运输时，装货人应当确保危险货物运输车辆按照《道路运输危险货物车辆标志》（GB 13392）要求安装、悬挂标志，确保包装容器没有损坏或者泄漏，罐式车辆罐体、可移动罐柜、罐箱的关闭装置处于关闭状态。

爆炸品和剧毒化学品交付运输时，装货人还应当确保车辆安装、粘贴符合《道路运输爆炸品和剧毒化学品车辆安全技术条件》（GB 20300）要求的安全标示牌。

（4）装货记录制度。装货人应当建立危险货物装货记录制度，记录所充装或者装载的危险货物类别、品名、数量、运单编号和托运人、承运人、运输车辆及驾驶人等相关信息并妥善保存，保存期限不得少于12个月。

（5）健全相关制度。充装或者装载危险化学品的生产、储存、运输、使用和经营企业，应当按照《办法》要求建立健全并严格执行充装或者装载查验、记录制度。

（6）收货人要求。收货人应当及时收货，并按照安全操作规程进行卸货作业。

5. 车辆运行管理

（1）相关人员与安全设施配备与监控。押运员、警示标志、防护用品、应急救援器材、安全卡等人员和安全设施的配备要求，以及承运人对车辆、驾驶人的监控管理要求如下。

1）在危险货物道路运输过程中，除驾驶人外，还应当在专用车辆上配备必要的押运人员，确保危险货物处于押运人员监管之下。

2）运输车辆应当安装、悬挂符合《道路运输危险货物车辆标志》（GB 13392）要求的警示标志，随车携带防护用品、应急救援器材和危险货物道路运输安全卡，严格遵守道路交通安全法律法规规定，保障道路运输安全。

3）运输爆炸品和剧毒化学品车辆还应当安装、粘贴符合《道路运输爆炸品和剧毒化学品车辆安全技术条件》（GB 20300）要求的安全标示牌。

4）运输剧毒化学品、民用爆炸物品、烟花爆竹、放射性物品或者危险废物时，还应当随车携带《办法》第十五条所规定的单证报告。

5）危险货物承运人应当按照《中华人民共和国反恐怖主义法》和《道路运输车辆动态监督管理办法》要求，在车辆运行期间通过定位系统对车辆和驾驶人进行监控管理。

（2）严格限制危险货物运输车辆行驶速度。在高速公路及其他道路上行驶速度分别不得超过每小时80公里、每小时60公里，承运人应当对车辆及驾驶人进行动态监督管理。

1）危险货物运输车辆在高速公路上行驶速度不得超过每小时80公里，在其他道路上行驶速度不得超过每小时60公里。道路限速标志、标线标明的速度低于上述规定速度的，车辆行驶速度不得高于限速标志、标线标明的速度。

2）驾驶人应当确保罐式车辆罐体、可移动罐柜、罐箱的关闭装置在运输过程中处于关闭状态。

3）运输民用爆炸物品、烟花爆竹和剧毒、放射性等危险物品时，应当按照公安机关批准的路线、时间行驶。

（3）车辆运行管控措施。

1）有下列情形之一的，公安机关可以依法采取措施，限制危险货物运输车辆通行：城市（含县城）重点地区、重点单位、人流密集场所、居民生活区；饮用水水源保护区、重点景区、自然保护区；特大桥梁、特长隧道、隧道群、桥隧相连路段及水下公路隧道；坡长坡陡、临水临崖等通行条件差的山区公路；法律、行政法规规定的其他可以限制通行的情形。

2）除法律、行政法规另有规定外，公安机关综合考虑相关因素，确需对通过高速公路运输危险化学品依法采取限制通行措施的，限制通行时段应当在0时至6时之间确定。

3）公安机关采取限制危险货物运输车辆通行措施的，应当提前向社会公布，并会同交通运输主管部门确定合理的绕行路线，设置明显的绕行提示标志。

4）遇恶劣天气、重大活动、重要节假日、交通事故、突发事件等，公安机关可以临时限制危险货物运输车辆通行，并做好告知提示。

5）危险货物运输车辆需在高速公路服务区停车的，驾驶人、押运人员应当按照有关规定采取相应的安全防范措施。

6. 运输装备的安全管理

（1）生产环节。工业和信息化部门公布车辆产品型号、车辆类型，生产企业按产品型号生产，车辆应取得认证证书；常压罐车罐体生产企业应当取得生产许可证。

（2）检验环节。实施罐体检验制度，罐车罐体、可移动罐柜、罐式集装箱需经具有专业资质的检验机构检验合格方可使用。

（3）移动式压力容器或者气瓶的特殊要求。对于危险货物包装容器属于移动式压力容器或者气瓶的，应当满足特种设备相关法律法规、安全技术规范以及国际条约的要求。

（4）常压罐车罐体检验制度。针对常压罐车安全水平低、带病运行问题，建立了常压罐车罐体检验制度，只有经具备专业资质检验机构检验合格的罐车罐体方可出厂使用，保障运输装备本质安全。

7. 例外数量与有限数量危险货物运输的特别规定

例外数量危险货物，是指列入《危险货物道路运输规则》（JT/T 617），通过包装、包件测试、单证等特别要求，消除或者降低其运输危险性并免除相关运输条件的危险货物。

有限数量危险货物，是指列入《危险货物道路运输规则》（JT/T 617），通过数量限制、包装、标记等特别要求，消除或者降低其运输危险性并免除相关运输条件的危险货物。

根据《办法》规定，符合要求的例外数量危险货物、有限数量危险货物，可以与其他危险货物、普通货物混载，未达到一定数量的可以按照普通货物运输，以有效降低企业的运输成本。同时，《办法》对例外数量、有限数量危险货物的包装、标记、测试报告或者书面声明做出明确要求，以保障运输安全。

（1）例外数量危险货物的包装、标记、包件测试，以及每个内容器和外容器可运输危险货物的最大数量，应当符合《危险货物道路运输规则》（JT/T 617）要求。

（2）有限数量危险货物的包装、标记，以及每个内容器或者物品所装的最大数量、总质量（含包装），应当符合《危险货物道路运输规则》（JT/T 617）要求。

（3）托运人托运例外数量危险货物的，应当向承运人书面声明危险货物符合《危险货物道路运输规则》（JT/T 617）包装要求。承运人应当要求驾驶人随车携带书面声明。托运人应当在托运清单中注明例外数量危险货物以及包件的数量。

（4）托运人托运有限数量危险货物的，应当向承运人提供包装性能测试报告或者书面声明危险货物符合《危险货物道路运输规则》（JT/T 617）包装要求。承运人应当要求驾驶人随车携带测试报告或者书面声明。托运人应当在托运清单中注明有限数量危险货物以及包件的数量、总质量（含包装）。

（5）例外数量、有限数量危险货物包件可以与其他危险货物、普通货物混合装载，但有限数量危险货物包件不得与爆炸品混合装载。

（6）运输车辆载运例外数量危险货物包件数不超过1 000个或者有限数量危险货物总质量（含包装）不超过8 000千克的，可以按照普通货物运输。

9.2 罐式集装箱多式联运

9.2.1 罐式集装箱

1. 罐式集装箱的概念与结构

罐式集装箱简称“罐箱”，是指专门用于装运各种液体、气体货物，如液体化学药品、液体食品、各种石油制品及酒类货物等的集装箱。

如图9-1所示，这种集装箱主要由液罐和框架两部分构件组成。其中，罐是装运货物的主体，其形状有圆形、椭圆形和近似球形等。框架通常用钢材或高强度钢材制成，框架尺寸及外形同于一般集装箱。液罐装于框架中间，所以罐箱又称液体货物集装箱或液罐集装箱。

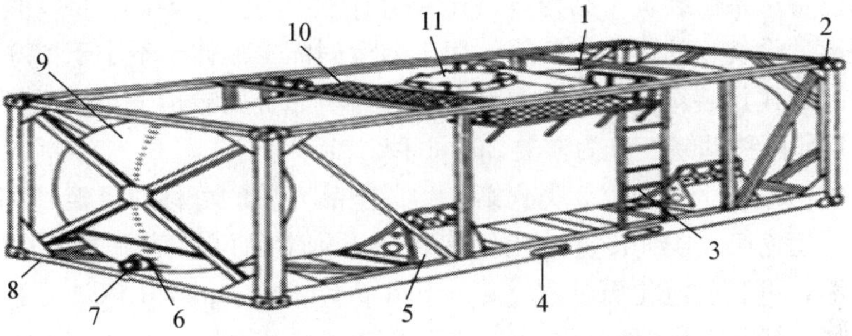

图9-1　罐式集装箱结构示意图

注：1. 安全阀座；2. 角件；3. 梯子；4. 叉齿孔（空箱时使用）；5. 罐座架；6. 排水管；7. 排水阀；8. 框架；9. 罐体；10. 踏脚板；11. 入孔。

2. 罐式集装箱的种类

在实践中，可以基于不同的角度对罐式集装箱进行分类，比如按载重、罐体容积、罐体结构、装卸方式、材质、罐体形式、行走方式等。限于篇幅，以下仅介绍常见的3种分类。

(1) 按标准化与否分类。可分为标准罐式集装箱和非标准类罐式集装箱。非标准类罐式集装箱主要包括制冷/加热罐式集装箱、气体罐式集装箱、近海罐式集装箱。

(2) 按装运货物危险性分类。罐式集装箱一般用于装运液态或气态散货，如条件适合也可以用来装运干散货。一般情况下，它是承受内压的压力容器，但也不排除内部为负压的罐体。其最低试验压力因不同的货种而异，一般在45千帕～2 200千帕之间，因此，罐式集装箱可以在一定范围内装运危险品。

1) 非危险货物罐式集装箱。用于装运普通货物的罐式集装箱，比如承压干散货罐式集装箱，如水泥罐式集装箱；液体非危险货物罐式集装箱，如水煤浆罐式集装箱。

2) 危险货物罐式集装箱。用于装运危险货物的罐式集装箱，它需要增加IMDG铭牌、危险品标签等。

装运危险货物的罐式集装箱，通常称为可移动罐柜（portable tank），也可译为便携式罐体，该用语来源于《规章范本》。

可移动罐柜大多数情况下可以像标准集装箱那样无须拆除或增加任何结构设备就可以作为一个整体，在灌装货物后，直接从船上（车上或车厢）吊上吊下或装在车辆上成为罐车，直接开到船上或目的地。

值得注意的是，尽管习惯上简称为“罐柜”，但可移动罐柜的使用和构造必须符合《规章范本》的规定。它与罐柜、罐式集装箱有本质的区别：一是可移动罐柜不等于罐柜，二者结构不同；二是可移动罐柜不等于罐式集装箱，二者装运介质及结构均不同。

（3）按适用的公约分类。可分为5种：UN、IMDG、IMO、RID、ADR可移动罐柜。

1）UN可移动罐柜。基于《规章范本》的分类，UN可移动罐柜相当于罐柜＋辅助设备＋系固装置＋结构设备＋装卸附件。包括CSC及ISO 1496—3标准中专用于装运危险货物的罐式集装箱、用于装运固体＋液体＋不小于450升以上气体的危险货物的罐式集装箱；不包括中型散装容器＋非金属罐柜＋多单元气体集装箱。

UN可移动罐柜分为4类25＋1种。

①运输第1类和第3类到第9类危险品介质的可移动罐柜（T1～T23）。

②运输第2类非冷冻液化气体和加压化学品可移动罐柜（T50）：非冷冻液化气体罐箱，可装载液化石油气（liquefied petroleum gas，LPG）、丁二烯、二甲醚、丙烯、异丁烯等70多种介质。

③运输第2类冷冻液化气体可移动罐柜（T75）：冷冻液化气体罐箱，可装载冷冻液化天然气（liquefied natural gas，LNG）、液体二氧化碳等冷冻液化气。

④多单元气体集装箱。“T”之后的数值越大，其等级及罐柜的安全设计要求越高。

2）IMDG可移动罐柜。基于IMDG的分类，IMDG可移动罐柜相当于IMDG罐柜＋辅助设备＋系固装置＋结构设备＋装卸附件。

由于IMDG可移动罐柜不包括IMO公路槽车＋铁路罐车＋中型散装容器＋非金属罐柜＋多单元气体集装箱，同时完全覆盖了UN可移动罐柜的所有要求，故IMDG可移动罐柜与UN可移动罐柜可以相互替代，通常也称为UN可移动罐柜，以区别ADR/RID可移动罐柜等。

3）IMO可移动罐柜。基于国际海事组织（IMO）的分类，IMO可移动罐柜对应的是IMDG 29—98版之前的版本要求，其分类已显得有些过时，当然，在最低设计温度、与介质的对应关系等方面也有所不同。

可分为1＋8种类型：

①IMO0型。装运闪点超过61℃的非危险货物、无毒性和无腐蚀性货物、国际执行机构禁运清单以外的货物、部分液态食品。

②IMO1、IMO2、IMO5、IMO7型（共4个罐柜型号）。

③IMO3、IMO4、IMO6、IMO8型。目前IMO3型罐柜已停止使用。IMO4、IMO6、IMO8型罐柜，对应于公路槽车。

4）RID可移动罐柜。基于RID的分类，包括RID可移动罐柜和RID罐柜。其中，RID可移动罐柜＝UN可移动罐柜，箱体外无RID标记，装运危险货物；RID罐柜（RID tank），箱体外有RID标记，装运非危险货物。

5）ADR可移动罐柜。基于ADR的分类，包括ADR可移动罐柜和ADR罐柜。其中，ADR可移动罐柜＝UN可移动罐柜，箱体外无ADR标记，装运危险货物；ADR罐柜（ADR tank），箱体外有ADR标记，装运非危险货物。

3. 罐式集装箱供求分析

（1）罐式集装箱产量与保有量。罐式集装箱最早主要在欧洲生产。21 世纪初，罐式集装箱生产开始逐渐向中国转移。目前中国集中了全球 80%以上的罐箱产能，主要生产企业为中集集团、四方冷链和胜狮集团等。在我国现有罐式集装箱中，外资及合资品牌约占 15%的份额；国产主导品牌，如中集、闰土、吉华等约占 49%的份额；一般性地方品牌约占 36%的份额。

2018 年全球罐箱保有量 55 万台，以液体货物为主，但用罐箱运输化学品的比例仍较低，约占化学品物流总量的 1%，将来会爆发式增长。其中，LNG 罐式集装箱为 4 019 台。目前，全球 LNG 罐式集装箱行业三巨头分别为中集安瑞科、Chart Industries、北京海天，这三家企业占全球总销售额的 51.32%。LNG 罐式集装箱行业主要集中在美国、欧洲和中国，目前，中国是最大的生产地区。从消费端来看，2018 年中国 LNG 罐式集装箱行业占全球销量的 44.64%，中国是 LNG 罐式集装箱销量增长最快的地区。

（2）罐式集装箱的地区分布。按全球罐式集装箱主要消费市场划分，罐式集装箱销售额最高的地区是亚洲，约占全球市场的 31%；欧洲次之，约占 28%；美洲、大洋洲分别约占 21%和 13%。

现阶段我国罐式集装箱最大区域消费市场是华东区，华东区罐式集装箱销售额约占全国的 64%，江苏、上海、山东、浙江是罐式集装箱主要消费地区。其次是华南区和华北区，华南区罐式集装箱销售额约占 16%，以广东省的消费为主。华北区销售额约占 10%，以天津为主。东北区约占 7%，以大连为主。其他地区相对较少。

（3）罐式集装箱的箱型分布。目前，IMO5 型和 IMO4 型罐式集装箱应用量较高，占整个市场 1/3 以上。其中，IMO5 型罐式集装箱消费量较高，约占我国罐式集装箱产品市场销售量的 20%；IMO4 型罐式集装箱约占销售量的 14%（见表 9－3）。预计未来 IMO5 型罐式集装箱车可占整个市场的 23%，IMO4 型约占 18%。

表 9－3　我国罐式集装箱的市场构成

类型	IMO0	IMO1	IMO2	IMO4	IMO5	IMO6	IMO7	IMO8
比例	10%	11%	16%	14%	20%	13%	10%	6%

（4）罐式集装箱的拥有主体分布。罐式集装箱主要由以下三类企业拥有：运输公司（罐箱箱主）、租赁公司、货主。

根据国际罐式集装箱组织（International Tank Container Organisation，ITCO）的统计，世界上所有罐式集装箱存量的 65%来源于租箱公司（leasing companies），租箱公司的运营模式是通过在国内的主要造箱厂投资生产罐式集装箱，并长期出租给下游客户，其下游客户一般包括第三方物流商、船公司、铁路公司、拖车公司以及贸易公司、化工品生产工厂。

大型罐式集装箱运输公司（tank operators）的罐式集装箱来源多元化，一部分是从罐式集装箱生产厂家直接购买，另一部分是从罐式集装箱租赁公司租赁；小型操作公司一般会选择租箱。

9.2.2 罐式集装箱多式联运的需求与运作

1. 罐式集装箱多式联运的概念与优势

如图9-2所示，罐式集装箱多式联运是指多式联运经营人按照多式联运合同，以罐式集装箱为载体，使用至少两种不同的运输方式，实现货物的空间位移的运输组织模式。

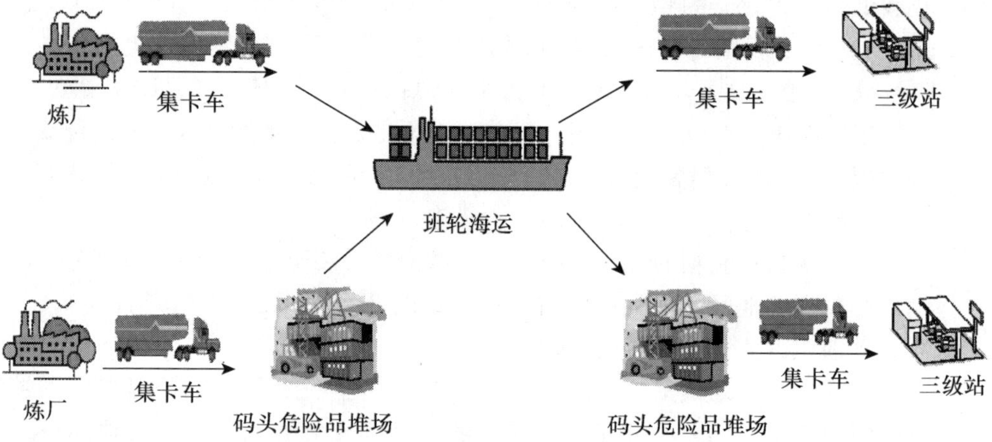

图9-2 罐式集装箱多式联运示意图

罐式集装箱多式联运，除了具有安全、经济、环保的优势外，最突出的优势是便利，即“一罐到底”，真正实现门到门运输。

（1）宜运宜储。罐式集装箱适用于多种运输方式，也可以作为储存设备，具有很高的储运灵活性。公路槽车的车头与罐体是合二为一的，槽车用作LPG、LNG储备工具成本过高，不现实。罐式集装箱既具有公路运输的灵活性，同时可利用集装箱卡车甩挂运输之特点，将装有货物的罐式集装箱临时堆存，真正起到移动储罐的作用，对调运工作的意义非常显著。

（2）宜多宜少。在数量上可以随意搭配，提高运输批量灵活性。依据交通运输部2012年1月18日颁布的《船舶载运非冷冻液化气体罐柜技术要求》，船舶载运非冷冻液化气体罐柜的最大数量（以TEU计算）不应超过其载箱量的4%，且最多不超过100TEU。目前，国内南北航线船舶载运集装箱量多为3 000TEU左右。

（3）宜海宜陆。罐式集装箱可以用集卡车公路运输，可以铁路运输（理论上、技术上均可以实现，只是目前我国铁路有“不接受货主罐式集装箱”之规定），可装载在集装箱船上水运。若与集装箱班轮结合，在不同的运输工具间转换时，可使用标准集装箱的装卸设备，大大缩短传统模式的运输周期，提高物流效率。

2. 罐式集装箱多式联运的需求分析

罐式集装箱具有安全环保、灵活高效以及成本经济性等优势，目前除在化工领域的应用更加普及，已逐渐扩大到食品饮料、能源等其他行业。具体而言，罐式集装箱多式联运的主要目标市场包括液体化工物流市场、液体食品物流市场和气体化工物流市场。

（1）液体化工物流市场分析。我国的液体化工主要资源如石油、煤炭、矿石等主要分布在东北、内蒙古、西藏、新疆、四川等地区，这些地区的资源一般都是初始原料，而东部沿海地区，则是主要的精细化工企业聚集地，例如珠三角、长三角，这些地区一般都临近港口。因此，液体化工产品的流向是由东北、内蒙古等主要的原料产地运输至长三角或珠三角临近港口地区进行精细加工，从而更加便于精细化工产品的出口，而精细化工产品的出口有较大的比例是需要用到罐式集装箱的。

（2）液体食品物流市场分析。目前国内使用罐式集装箱装运的液态食品以食用油、液态糖浆为主，包括液态果葡糖浆、液态麦芽糖浆，还包括一些果汁、乳品、葡萄酒等。

目前国内的液态食品出口，主要集中在浓缩果汁、麦芽糖浆、果葡糖浆等方面，其出口使用罐式集装箱量约为 5 000 罐次/年。由于韩国等国家的玉米都是转基因作物，而中国的玉米是非转基因玉米，因此，使用中国非转基因玉米生产的麦芽糖浆和果葡糖浆在韩国的需求量非常大，而糖浆类产品由于特殊的理化性质，只有在较高温度下才能有较好的流动性，才能实现顺利卸货。目前，尽管有些液袋也号称可以做到加热，但是由于其产品本身设计的局限性，很容易卸货不净或加热时造成泄漏。罐式集装箱由于自带加热管路，可以在目的港进行热水或蒸汽加热，因而成为我国出口糖浆的不二选择。

随着消费者收入水平和购买能力的提高，全球液态食品饮料市场将平稳增长，中国食品饮料行业将获得较快发展，相关食品饮料物流需求亦将相应增长；同时由于食品安全要求的提高，食品饮料物流中将更多地采用罐式集装箱进行运输。上述因素都将有助于罐式集装箱行业的发展。

（3）气体化工物流市场分析。在国内，使用罐式集装箱运输气体还处于起步阶段，远远落后于液态产品罐式集装箱物流。随着国家对运输安全和环保要求的提高，以及国内气体生产厂家和物流企业对罐式集装箱认知度的提高，气体化工品物流市场对罐式集装箱的需求量会越来越大。

目前主要使用的箱型有 T50 和 T75 高压气体箱，主要产品包括低压罐的液化石油气（LPG）、高压罐的液化天然气（LNG）等。

3. 罐式集装箱多式联运运作模式

根据运输方式的不同，罐式集装箱多式联运运作模式主要包括三种类型。

（1）罐式集装箱公海联运模式。该种模式是指通过公路集装箱拖车，从港口的罐式集装箱堆场拖空罐至终端用户厂家装运液体货物，然后将重罐拖回港口上集装箱船运输到目的港口。

这种运输模式适合生产厂家距离港口较近的情况，另外，由于我国目前铁路部门不允许罐式集装箱承运危险品上铁路，因此，如果是罐装危险品，即使是较远的运距，也要采用公海联运模式，即必须使用公路拖车拖至港口，然后转为海上运输。

（2）罐式集装箱海铁联运模式。这种运输模式是指通过铁路运输空罐到终端用户厂家，装货返回港口堆场上集装箱船运到目的港口，这种模式适合发货量较大、工厂自己有铁路专用线并且能够充装罐式集装箱的情况。对于时间要求不严格并且发货工厂距离港口较远的内陆地区，采用罐式集装箱铁路运输的优势在于运费相比公路便宜很多。

目前我国从新疆运往华东地区，或者从内蒙古运送至华北、华东地区，采用这种模式较多。相比罐式集装箱公海联运，海铁联运的最大优势就是成本大大降低，如果箱量达到一定的数量，还可以向当地铁路主管单位申请罐式集装箱铁路专列。

（3）罐式集装箱其他联运模式。罐式集装箱除了和普通集装箱一样，能够以标准多式联运的运输模式操作运输，由于其本身是液体容器的特殊性，还有其他联运模式。例如，可以直接在液体储罐码头进行装货，再运入港内装船出口；或者可以直接从工厂装货到码头，再在码头倒装至小桶或者液袋等其他包装模式出口运输。

案例 9-5

LNG 罐箱多式联运

随着我国 LNG 市场的发展，LNG 终端的需求愈加呈现出分布广泛、批量灵活多样的趋势，而目前管网存在覆盖不足、运输方式单一等问题，无法完全应对市场变化，为满足多元化的消费需求，迫切需要开发新的运输模式。更重要的是，以往槽车拉运 LNG 至终端时，需先将 LNG 输送至终端储罐中，耗时较长，且频繁卸车大大增加了安全隐患。LNG 罐箱多式联运模式改变了传统的运输和储存方式，它以罐式集装箱为载体，集合水路、公路、铁路多种运输方式，经济、灵活、稳定地为终端提供门到门的 LNG 物流服务，有效增加了能源配送通道，开创了全新的绿色能源供给模式，并将成为 LNG 常态化的运输方式。

根据海关总署统计，2019 年前三季度，我国通过水运罐箱方式进口 LNG 总量为 0.084 6 万吨，上一年同期则为零。此外，2019 年，我国还首次利用罐箱运输方式，将国内 LNG 汽运出口至蒙古国。

除了进口业务外，国内 LNG 罐箱运输业务也在进一步推进，主要进口 LNG 企业如中海油、中石化、中石油等均有参与。2018 年 11 月 4 日，由海南洋浦发往山东龙口、辽宁锦州的 130 个 LNG 罐式集装箱，经过 9 天 1 600 海里的日夜兼程安全运抵目的地。这不仅标志着中国第一次大规模 LNG 罐箱多式联运试点工作正式完成，也成为全球规模最大的一次 LNG 罐箱多式联运测试。试点工作的顺利完成，开创了天然气运输新模式，为打通南气北运海上通道，构造海上移动的天然气运输大动脉奠定了基础。下一步，灵活方便的罐箱运输，将很有可能通过铁路网、长江和京杭运河将天然气运输到中国内陆，实现天然气的多元化运输供给。

目前，LNG 罐箱多式联运仍停留在试点阶段，距离真正的规模化经济化，还有很长的路要走。其中，对于这一方式阻碍最大的因素，就是相关政策和标准的落实。之所以现在还是试点，是因为包括装船、海运等在内的诸多运输方面的标准还没有落实，有的甚至差别巨大。2019 年 6 月 18 日，国家发展改革委和国家能源局发布《关于做好 2019 年能源迎峰度夏工作的通知》，要求各地按照已签订的《明确储气设施规划建设责任备忘录》要求，建设储气设施。若储气任务目标达不到，要提前采取增加备用 LNG 罐箱、租赁储气能力、签订可中断用户等方式，来履行储气责任。这一规定为 LNG 罐箱在国内发展提供了有力支撑。随后，2019 年 7 月 9 日，交通运输部发布《整船载运液化天然气可移动罐柜安全运输要求

(征求意见稿)》，定义了“整船载运 LNG 罐柜”，并明确了 LNG 罐柜运输中的船舶、船员、航运企业、港口等一系列相关主体的资质要求。此前 LNG 罐箱海运虽有试点，但因没有具体的操作指南而难以大规模展开。该文件对船舶 LNG 罐柜物流安全进行了细致而具体的要求和规范，从而促使 LNG 罐柜水运走向商业化发展之路。在铁路运输方式，2019 年，中铁特货运输有限责任公司和中海石油气电集团有限责任公司联合推动铁路 LNG 罐箱试运工作，虽然至今仍因技术等问题未能如期实现试运，但一系列场站建设、器材配备等工作已经展开，推动了 LNG 铁路运输实施进展。

9.3 冷藏货物集装箱多式联运

9.3.1 冷藏集装箱多式联运概述

1. 冷藏集装箱多式联运概念与特点

冷藏集装箱多式联运是一种以冷藏集装箱为运输单元，将不同的运输方式（海运、公路、铁路、航空）有机组合在一起，构成连续的、综合性的一体化冷藏集装箱运输的运输方式。通过一次托运，一次计费，一份单证，一次保险，由各运输区段的承运人共同完成冷藏集装箱的全程运输。

（1）运输对象的特殊性。冷藏货物相较于其他一般的产品，其显著的特点是容易腐败变质，共性特征均以“鲜”为主，具有季节性、保鲜性、温控要求高等特点。

1）具有明显的地区性、季节性和不稳定性。冷藏货物大部分是季节性生产的农副产品，比如，水果集中在第三、四季度，南菜北运集中在第四季度，水产品集中在春汛和秋汛期间。由于这些农副产品受自然气候的影响较大，所以运量时多时少，运输计划难以掌握。

2）冷藏货物运输需要“冷藏链”，使之不间断地处于低温状态，并可根据食品种类或环境变化进行温度调节。不同冷藏货物都有一定的贮藏温度、湿度条件（如表 9-4 所示），这就要求在冷藏运输过程中，冷藏集装箱必须有温度检测和控制设备，能够准确连续地记录货物温度，以确保在整个过程中能满足冷藏货物贮藏条件的要求，并保持其稳定性。

表 9-4　不同易腐食品的运输要求

货名	运输温度（℃）	相对湿度（%）	货名	运输温度（℃）	相对湿度（%）
冻结牛肉	−11.1～−9.4	90～95	苹果	−0.6～0	85～88
冻蛋	−12.2～−9.4	60	柑	3.9～4.4	85
鲜肉	0～1.1	85～90	白菜	0～1.1	90～95
猪油	0.6～4.4		香蕉	11.6～12.7	75
干鱼	4.4～10		干果	0～10	70～75

3）对送达时间有明确规定，运输途中需要特殊照顾。承运人不仅要配备专用车辆和设备，安排专人沿途进行照看、饲养，还要以最短的时间、最快的速度运达目的地，以防止鲜活货物死亡、腐烂或变质。

（2）运输过程的专业性与风险控制。

1）专业性。多式联运企业应加强对各种冷藏运输工具、冷藏集装箱、易腐货物、货源组织、作业调度等的管理，实现对冷藏产品的全程温控、配送服务等方面的全面提升，满足客户对冷藏运输服务的需求。

2）风险控制。为了保证冷藏运输产品质量与安全，运输企业不仅应具有包括温度监测、异常提示、异常报警等功能在内的风险监测系统，还需具备异常作业高效处理、运输人员管理考核、安全卫生要求、温度检测等管控方案，提升服务，有效控制风险。

此外，与冷藏船（车）运输相比，冷藏集装箱运输以冷藏集装箱为载体，具有装卸效率高、货损率低的优势，在一定条件下冷藏集装箱也可以当作移动式冷库使用。采用冷藏集装箱运输的缺点是设备购置成本和运营成本相对较高。

2. 冷藏集装箱多式联运发展现状与存在的问题

（1）现状。

1）冷藏集装箱公水联运。冷藏集装箱公水联运是目前我国发展最为成熟的冷藏集装箱联运形式。上海、青岛等主要港口，以及中远海物流、中外运物流等大型企业均开展了冷藏集装箱公水联运业务。目前，冷藏集装箱公水联运业务量较大的是大连港、天津港、上海港、青岛港。2017年底我国冷藏集装箱公水联运量达到18万TEU。

2）冷藏集装箱公铁联运。冷藏集装箱公铁联运发展较快，从事该联运业务的公司主要是中铁铁龙集装箱物流股份有限公司，该公司拥有3 000个公铁联运的冷藏集装箱，大多为40英尺冷藏集装箱。近年来，开始引进45英尺冷藏集装箱，目前约有400个45英尺冷藏集装箱，该种集装箱自带柴油机，自发电制冷，减少了对外部电源的依赖性。2017年底我国冷藏集装箱公铁联运量达到3万TEU。

3）冷藏集装箱铁水联运、海铁联运。冷藏集装箱铁水联运、海铁联运起步晚，主要原因是铁路缺乏和海运冷藏集装箱兼容的运输工具，无法直接给海运冷藏集装箱供电。

2015年，中车石家庄车辆有限公司研制了BX1K集装箱专用平车组，该车组由发电车、带电缆的平板车组成，实现了海运冷藏集装箱在铁路运输中的直接供电、换装。2016年6月，大连港依托交通运输部第一批多式联运示范工程项目，进行冷藏集装箱海铁联运班列示范，其中40英尺的海运冷藏集装箱直接装运在铁路集装箱专用平车上，实现了冷藏集装箱从海运到铁路运输的直接转运。2017年底，大连港冷藏集装箱海铁联运量达到1 200 TEU。

4）冷藏集装箱空陆联运。冷藏集装箱空陆联运发展较快，北京首都机场、上海浦东机场等主要机场，以及顺丰公司等大型企业均开展了冷藏集装箱空陆联运业务。目前，冷藏集装箱空陆联运业务量较大的是北京首都机场、上海浦东机场、广州白云机场等。2017 年底，我国冷藏集装箱空陆联运量达到 18 万吨。

5）冷藏集装箱铁空联运。冷藏集装箱铁空联运正在起步，尚未有具体的实践。中车集团唐山机车车辆有限公司考虑铁空联运需求，参考航空货运集装器和货物装载方式，研制时速 300 公里/小时的高速货运动车组，该车组采 CR380 车底，采用改进的动车组集装器（集装箱），目前已经生产出了样车、样箱，正在进行实验测试。随着我国“八横八纵”高铁网的形成，以及对高速货运的需求不断增加，空铁联运的应用前景广阔。

（2）存在的问题。

1）设施不足，运输效率较低。以铁路运输为例，冷藏集装箱在发达国家从 20 世纪 80 年代后就开始取代铁路冰冷车和机冷车，并以每年 15%的速度递增，美国到 80 年代中期已基本不使用冷藏列车，全部采用冷藏集装箱运送易腐货物。目前，我国冷藏箱设备不足，铁路沿线冷链基础设施相对匮乏，同时，铁路集装箱在途加油作业、货源不平衡导致的空箱回运、繁杂的运输手续等问题也延长了冷藏集装箱的周转时间。

2）货源不稳定，运量波动大。冷藏货物主要是一些季节性的农产品、加工食品和生物医药类产品。其中，比重最大的农产品销地分散，每年的产需量都会有所变化，运量也随季节变化而时多时少。货源的不稳定，给冷藏集装箱运输计划的安排以及运输组织工作带来了一定难度。

3）衔接不顺畅，效益难发挥。以铁路运输为例，由于铁路本身存在的设施、体制以及海关政策方面的问题，现有的冷藏集装箱多式联运基本沿袭传统的港口铁路疏运组织方式，运输组织比较粗放，尚未做到班轮与班列的紧密衔接，易造成运输延误和集装箱滞港，增加了成本，削弱了冷藏集装箱多式联运的先天优势。

4）信息化水平不高。以铁路运输为例，目前铁路与客户及合作企业间存在信息断链的现实问题，尤其是中欧班列作为远距离跨国运输，此问题更加突出。无法及时提供以市场需求为中心的完整信息化服务，制约铁路冷链物流服务水平的提升。

5）冷藏集装箱运输竞争力弱。与国外积极发展冷链物流、抢滩我国市场的情形相比，国内物流运营商行动迟缓，食品冷链物流的市场化程度很低，第三方介入很少。中国物资储运协会对逾 200 家物流企业进行了调查，其结果显示，我国第三方物流企业能够提供的专门针对冷鲜食品的物流服务微乎其微。另外，从业人员素质参差不齐也是我国冷链物流企业竞争力薄弱的重要原因。

9.3.2　冷藏集装箱多式联运系统分析

1. 冷藏货物

冷藏货物，是指需要采取诸如冷藏、保温、防寒、通风等特殊措施，以防止其死亡和腐烂变质的货物。广义的冷藏货物包括以下两大类：

（1）易腐货物，也称鲜活易腐货物，是指容易在较短时间内腐烂或变质的货物，比如肉、蛋、水果等。此类货物过去基本以冷冻食品（冷冻肉类、水产品）为主，而现在新鲜肉类、水果、蔬菜占较大比例，还有乳制品、冷饮、糕点、巧克力、保健食品等。

（2）有生动植物，是指有生命的动物、植物，比如活鱼、鱼苗、蜜蜂、家畜、野生动物（包括鸟类）、试验用的动物、两栖动物、昆虫以及其他动物等。

上述冷藏货物并非均适宜用冷藏集装箱运输。一般而言，冷藏集装箱主要适宜装载以下三类货物：一是鱼、肉、蛋浆等冷冻货；二是柑橘、甜瓜、干酪等低温货；三是胶片、某些药品等需要保持一定温度的货物。

限于篇幅，以下对其中的生鲜农产品、冷冻食品、乳制品等做简要说明。

（1）生鲜农产品。生鲜农产品主要包括水果、蔬菜、肉类、水产、家禽、乳制品、熟食及干货等八大类生鲜初级产品。其中，果蔬、肉类、水产是最重要的“生鲜三品”。

1）果蔬冷库占比较高。在冷库市场，果蔬占比最高，达30%，肉制品占24%，水产品占17%，速冻食品占10%，乳制品占6%，鲜花、红酒等其他产品占13%。

2）生鲜农产品消费追求便捷，特点是“小量多次”。有关市场调查数据显示，城市生鲜市场份额的63%被农贸市场占领，29%被超市生鲜专柜占领，4%被直营店占领，4%被流动菜贩占领。此外，生鲜产品保质期短，消费者需要通过高频次购买以及采购量限制，来保证产品的新鲜度。

3）生鲜农产品保质期短、损腐高，产地预冷是关键。由于生鲜农产品保质期短的特性，解决生鲜农产品供应链的关键是“最先一公里”的问题，应在产地进行即时低温储藏。

（2）冷冻食品。冷冻食品，是指被冷却或冻结的食品。按原料及消费形式，可分为果蔬类、水产类、肉禽蛋类、调理方便食品类四大类。按食品是否冻结，可分为冷却食品和冻结食品。

1）冷却食品，不需要冻结，是将食品的温度降到接近冻结点，并在此温度下冷藏的食品。冷藏（cold storage）是指在低于常温且高于食品的冻结点的温度下进行的食品保藏，其温度范围一般为－2℃～15℃，0℃～4℃是常用的冷藏温度。供食品冷藏用的冷库一般被称为高温（冷藏）库。

2）冻结食品，是冻结后在低于冻结点的温度下冻藏的食品。冻藏（frozen storage）是指食品在冻结的状态下进行贮藏。一般冻藏的温度范围为－30℃～－2℃，常用的温度为－18℃。供食品冻藏用的冷库一般被称为低温（冷）库。

（3）乳制品。乳制品（dairy products）又称奶油制品，是使用牛乳或羊乳及其加工制品为主要原料，加入或不加入适量的维生素、矿物质和其他辅料，使用法律法规及标准规定所要求的条件，加工制作的产品。目前，需要进行冷链处理的乳制品包括巴氏奶、酸奶、冰淇淋等。

2. 冷藏集装箱

（1）冷藏集装箱的概念与特点。冷藏集装箱（refrigerated container），是指具有冷源和隔热箱体，适用于各类易腐物品的运送、贮存的特殊集装箱。

相对于普通箱，冷藏集装箱除了在箱子内部包裹着保温用的保温层（俗称发泡层）以外，还有一些比较特殊的设备。

1）隔热。隔热，是指在冷藏集装箱外部与内部之间建立一个隔层，以阻止外界热量传入箱内部。现代冷藏集装箱一般采用聚氨酯泡沫进行隔热。

2）制冷。常见的制冷方法包括制冷工质（剂）制冷、冷板制冷、机械制冷等。

①制冷工质（剂）制冷。制冷工质，又称制冷剂，是制冷循环的工作介质。常见制冷剂包括干冰、液氮、液态二氮化碳等。制冷工质制冷，是指利用制冷剂的相变来传递热量（制冷剂在蒸发器中汽化时吸热，在冷凝器中凝结时放热），实现制冷。该方法的优点是无须外接电源或燃料供应，缺点是无法实现连续制冷和精确的温度控制，制冷设备占用空间较大，仅适用于小型冷藏集装箱以及短距离运输。

②冷板制冷。冷板制冷原理就是利用冷板中的蓄冷剂（通常为低融点共晶溶液）冷冻后所蓄存的冷量进行制冷，故冷板又称“蓄冷板”，该方法也称为蓄冷系统制冷。实践中，通常车上只有制冷机组和蓄冷板，因此，当停车时需要利用地面的动力装置驱动制冷机组对蓄冷板“充冷”。该方法一般适于中小型冷藏集装箱以及中轻型冷藏汽车的中短途运输。近年来，随着能源和环境污染问题日益突出，冷板制冷的应用发展较快，已成为仅次于机械制冷的制冷方式。

③机械制冷。机械制冷是依靠机械作用或热力作用，使制冷工质发生状态变化（包括集态变化），完成制冷循环，并利用工质在低温下的温升或集态变化进行制冷。目前，机械制冷已经成为冷藏集装箱的主要制冷方式，其制冷装置可以满足以下要求：全自动加热、冷却和除霜；既可独立驱动，又可接外部电源；根据装载食品的要求，可以在一定的范围内调节温度，温度偏差小；换气系统可为每平方米冷藏集装箱容积提供 50 立方米/时左右的新鲜空气；空气相对湿度为 85%～95%，以防干燥。

3）供电。对于机械制冷集装箱，需要解决如何向机械式制冷机组供电的问题。以汽车运输用制冷机组为例，它可分为不同的类型，参见表 9-5。

表 9-5　汽车运输用制冷机组的分类标准

分类标准	类型	定义
按冷凝器安装位置	前置式	机组安装在箱体前部
	底置式	机组安装在箱体底部
	顶置式	机组安装在箱体顶部
按结构形式	整体式	机组的蒸发器与冷凝器组成一体式结构
	分体式	机组的蒸发器与冷凝器为分体式结构
按驱动方式	发动机驱动	机组以发动机为驱动动力
	电力（电机）驱动	机组以电力为驱动动力
按动力来源	独立式	机组使用独立的动力作驱动，不使用车辆发动机动力
	非独立式	机组以车辆发动机为驱动动力
按温度控制	单温机组	机组只对箱体内单个空间进行温度控制
	多温机组	机组对箱体内多个相互隔离空间进行不同温度的控制

①独立式制冷机组。它是指制冷机组拥有单独的动力源，即自带发动机，通常是柴油发动机，以此来独立地驱动制冷系统，而无须借助牵引车的发动机动力，同时还自带备电系统，可在停车时切换备电驱动，因此也称为自驱动。独立式制冷机组更适

用于大批量且对温度要求较高的货物的中长途运输。

②非独立式制冷机组。非独立式机组本身没有发动机，主要依靠车辆的发动机作为动力来源，因此，也称为车驱动。相对于独立机组来说，非独立机组质量更轻、价格低廉，成为城市配送、宅配的主流。

4）超高、超宽、大尺寸。目前，传统的20英尺、40英尺标准冷藏集装箱已逐步被40英尺的冷藏高箱所取代，后者占冷藏集装箱的比重已超过90%。同时，45英尺冷藏集装箱的应用日益增多。

（2）冷藏集装箱的分类。

1）根据冷藏温度分类。根据冷藏温度不同，可分为冷藏集装箱（refrigerated container）、冷冻集装箱（reefer container）、保温集装箱（insulated container）。冷藏集装箱箱内温度一般在－16℃～5℃，适用于运送水果、蔬菜、花木等；冷冻集装箱箱内温度在－18℃以下，用于运送冻结食品，如猪肉、牛肉、鱼、家禽等；保温集装箱主要用于装载水果、蔬菜等鲜货，一般用干冰等制冷剂防止箱内温度过度上升，通常的保温时间为72小时左右。

2）根据制冷方式分类。

①机械式冷藏集装箱，也称内藏式冷藏集装箱，即箱体设有制冷装置的冷藏集装箱。通常由船上或陆上电源供电，或自备发电机供制冷装置运行使用，以保证向集装箱供冷。

②外置式冷藏集装箱，无制冷装置，箱体隔热结构良好，箱端处有软管连接器，可与船上或陆上冷冻站的制冷装置连接，供给箱体冷源。

③耗用冷剂式冷藏集装箱，利用液氮喷淋或干冰向集装箱提供冷源，比如液氮冷藏集装箱、干冰冷藏集装箱。

④冷冻板冷藏集装箱，利用冷冻板低融点共晶溶液进行蓄冷并向集装箱提供冷源。

⑤气调冷藏集装箱，通过控制集装箱内空气中的氧、二氧化碳和乙烯等气体的浓度，抑制果蔬的呼吸和催熟作用，并把箱内温度降至所需贮藏温度的一种特种冷藏集装箱。

3）根据运输方式分类。海运冷藏集装箱均为带有冷冻机的内藏式机械冷藏集装箱，由船上发电机或者便携式发电机提供电源。当集装箱到达集装箱码头或场站之后，使用陆上的电源使冷冻机运转。在陆上运输时，如运输时间较长，则需要带有电动发电机组的底盘车进行运输，以防止箱内温度上升；如果运输时间很短，则即使冷冻机停止运转，温度也不会有很大的变化。

在铁路与公路运输中，除了中长距离范围内使用机械式冷藏集装箱外，在短距离运输中也使用耗用冷剂式冷藏集装箱。此外，公路运输市场上还有利用二手海运集装箱改装成的非正规冷藏集装箱。利用二手海运集装箱改装的冷藏箱价格低廉、回本快，同时可以方便加宽、加高、加长。不过，由于根据海运冷藏集装箱改装而成，其制冷系统多为淘汰产品，因而制冷效果和稳定性较差，同时自重较重、保温性能差、使用寿命短、油耗高。

当采用空运时，为了适合飞机某些位置的特殊形状，需要将货品装入集装器（ULD）。一般的冷藏集装器采用干冰作为冷媒。近年来，航空公司推出采用机械压缩式制冷方式的航空温控集装器。该航空温控集装器主要用于一些特殊的温控运输用途，例如疫苗以及对温度敏感的药品（蛋白质类药物）等，其温度控制范围一般在2℃～8℃。

（3）冷藏集装箱的技术要求。不同运输方式的冷藏集装箱技术要求有所不同。

1）公铁联运、公水联运、铁水联运的冷藏集装箱技术条件应符合《系列 1：集装箱的技术要求和试验方法　保温集装箱》（GB/T 7392—1988）的要求。改装后用于多式联运的冷藏集装箱还应符合《低温保存箱》（GB/T 20145—2014）的技术要求。

2）空陆联运的冷藏集装箱应符合《航空货运集装单元技术要求》（GB/T 15140—2008）、《集装箱空/陆/水（联运）通用集装箱技术要求和试验方法》（GB/T 17770—1999）的规定，还应符合适航要求或国际航空运输协会（IATA）《集装器规则》（ULDR）的要求。

3. 冷藏集装箱载运工具

（1）集装箱船。载运冷藏集装箱的船舶包括全冷箱集装箱船和普通集装箱船。目前，全球最大的全冷箱集装箱船“Cap San 级洛伦佐号”隶属于汉堡南美航运公司，载箱量达9 600TEU，拥有 2 100 个冷藏箱电源插头。为了便于承载冷藏箱，普通集装箱船均设置了冷藏箱的电源插座及箱位，通常一艘标准集装箱船的冷藏箱位占总箱位的 15%～20%。近年来，随着集装箱班轮公司逐步将冷藏集装箱业务作为主要的利润增长点，新造船的冷藏集装箱箱位数越来越多。比如，法国达飞轮船订造的22 000TEU 的 LNG 动力集装箱船，总长 400 米，型宽 61.3 米，型深 33.5 米，载重量达 22 万吨，载箱量达 2.2 万 TEU，可载运 4 400 个 20 英尺冷藏集装箱，占总箱位量约 20%。

为了便于船员对冷机进行管理以及冷藏箱散热排风，冷藏箱以放在集装箱船甲板为主，随着冷藏箱箱位的增加，许多集装箱船在舱内也可以装载冷藏箱。比如，20 000TEU 集装箱船专设了两个冷藏集装箱货舱，可装载冷藏集装箱 160TEU，加上甲板上可装 840TEU 冷藏集装箱，全船可装冷藏集装箱 1 000TEU。

（2）铁路 BX1K 型冷藏集装箱专用平车。近年来，我国铁路部门充分利用现有装备资源和技术，创新研制开发出了 BX1K 型冷藏集装箱专用平车。BX1K 型冷藏集装箱专用平车主要由 X1K 型集装箱平车安装插电线路和设施，由 B23 机械保温车负责供电，以“一拖多”的形式与 B23 型机械保温车组成冷藏集装箱运输车组。该车最大的特点是车上配备了动力制冷设备，可为随车保温箱提供最低达－25℃的温度，根据不同货物的保温需要可调节适合温度，在整个运输过程中持续提供制冷保温，达到运距长、运时快、节能环保等效果。该车也有效解决了铁路车辆不能为接运的海运冷藏箱供电的问题，实现了海铁联运的无缝衔接。2016 年 2 月，铁路 BX1K 型冷藏集装箱专用平车首次在烟台港、大连港运用，实现了铁路与海运的无缝对接。

（3）汽车冷藏集装箱牵引车与半挂车。冷藏集装箱半挂车由集装箱平板或者骨架车组成。与厢式冷藏半挂车相比，冷藏集装箱半挂车价格更具有优势，同时冷藏集装箱可拆卸，具有很高的机动灵活性，但因具有独立车架，故其整车自重较高。

1）公铁联运车辆不匹配。目前，运载冷藏集装箱的半挂车标准与铁路平车标准不匹配，公铁联运中经常出现超高、超重等问题。此外，冷藏集装箱到达铁路中心站后，拖车载箱入港时，许多拖车不具备打冷条件。为此建议：一是根据冷藏集装箱的规格系列，选择与之匹配的运载车辆；二是放宽汽车半挂车装载铁路冷藏箱的规定；三是港内拖车配备供电设备。

2）为了提高装载效率，应合理配置汽车牵引车、半挂车和冷藏集装箱，使之具有承重大、有效容积大、自重轻的特点，以及具有良好的适用性。

4. 冷藏集装箱场站

（1）冷藏集装箱场站的概念与应具备的技术条件。冷藏集装箱场站，是指设有供冷藏集装箱使用的电源插座等装置，为存放冷藏集装箱提供电源等特定条件的场地。

与一般集装箱场站相比，冷藏集装箱场站应具备如下技术条件：

1）冷藏集装箱场站的技术条件应符合《冷藏集装箱堆场技术管理要求》（GB/T 13145—2018）的规定。

2）冷藏集装箱场站应具备快速换装装备，公铁联运、公水联运、铁水联运换装用的起重机宜具备吊运45英尺冷藏集装箱的能力。轨道式集装箱门式起重机技术要求符合《轨道式集装箱门式起重机》（GB/T 19683—2005）的规定，集装箱正面吊运起重机技术要求应符合《集装箱正面吊运起重机技术条件》（GB/T 26474—2011）的规定。

3）冷藏集装箱场站应配置冷藏集装箱检修场地和设备，具备冷藏集装箱检修功能。

4）冷藏集装箱场站应配置充冷设备，以满足蓄冷式冷藏集装箱的充冷需求。充冷设备应符合《冷藏集装箱堆场技术管理要求（GB/T 13145—2018）》。

5）冷藏集装箱场站宜配建冷库，以更好地满足冷藏集装箱的联运要求。冷库应符合《冷库设计规范》（GB 50072—2010）的要求。

6）冷藏集装箱场站的电源和送配电设施应满足机械式冷藏集装箱供电需求和蓄冷式冷藏集装箱制冷设备供电需求，应保证每天24小时的电力供应。冷藏集装箱场站宜配置冷藏集装箱应急供电设施，应急供电设施应能保证满足2台冷藏集装箱供电2小时的要求。

（2）冷藏集装箱场站存在的问题与建议。

1）冷藏集装箱堆放缺乏有效管理。目前，多数铁路集装箱中心站和港口集装箱堆场都专门设有冷藏箱区，但冷藏箱在堆场存放方面，缺乏专门的管理制度，工作人员操作分工不明确、责任不清晰。由于利用不充分，有些冷藏箱区甚至已转为堆放其他箱型使用。为此，建议冷藏集装箱专用堆场电源应能够满足机械式和蓄冷式冷藏集装箱的供电和充冷需求，保证24小时电力供应，配备冷藏集装箱专业技术人员。

2）冷藏集装箱供电不及时、不充分。冷藏箱制冷分为有源制冷（主要指在联运过程中依靠电源等动力作为制冷能源的输入）与无源制冷。目前铁路集装箱中心站和港口集装箱堆场没有很好地区分这两类冷藏集装箱，导致供电不及时、不充分。为此，对于有源制冷冷藏箱应保证供电稳定，以满足运输与静止状态下的供电；由于无源制冷冷藏箱运输过程不涉及供电，其充冷设备应与有源制冷冷藏箱静止状态下的供电参数匹配。

3）冷藏集装箱公铁联运转换衔接待完善。在公铁联运中，一方面，铁路站点适合公路运载工具条件较差，且铁路站点的装卸设备并不完善，在铁路站点并未专门针对冷藏箱进行堆放设计，在大批量货物中转时，运输效率较低，可能需要重复堆放、二次搬倒；另一方面，目前铁路站点大部分在城市市区，运输冷藏箱车辆可能面临进入市区路权受限的尴尬局面，致使运输车辆只能在夜间进入市区，运输时效降低很多。为此建议为铁路站点配备专用冷藏集装箱的装卸设备，合理设计冷藏集装箱堆码作业，减少倒箱次数，同时合理调整冷藏集装箱进入市区的时间。

4）冷藏集装箱海铁联运转换衔接待完善。目前港口到铁路站点相对较远，一般没有铁路直达港口，而且铁路一般在靠近城市区域，从港口到铁路站点，必须借助汽车转运，增加了转运次数，降低了效率。同时，借助汽车运载冷藏箱从港口到铁路站点，还会面临前述公铁联运中存在的问题。因此，应进一步加强“港前一公里”建设，实现铁路与港口后方堆场直接相连，以提高冷藏集装箱换装作业效率。

5）冷藏集装箱陆空联运转换衔接待完善。冷藏集装箱在陆空联运中的通用性涉及不同部门的行业标准，各个企业相互之间存在矛盾分歧。为此，建议在制定陆空联运标准时，一方面，应考虑到航空转运铁路方面的可能性；另一方面，在航空与公路联运中，相应的设施设备应相互协调。

5. 冷藏集装箱多式联运温湿度及位置监测

（1）存在的问题与建议。目前，我国冷藏集装箱多式联运温湿度及位置监测方面主要存在以下问题：

1）冷藏集装箱多式联运过程中的温度监测是全程温度监测，发生在不同运输方式上，由于不同运输方式对温度的监测技术和要求不尽相同，因此温度监测标准不能统一。

2）冷藏集装箱铁路运输原则上途经各站都会进行温度采集和记录，通常温度记录间隔时间最长不应超过 2 小时，但是有个别相邻站之间运输时间超过 2 小时，导致车体人员无法按照要求进行温度采集记录。

基于此，建议冷藏集装箱应具有全程监控箱内温度湿度等环境参数的系统，且为独立的监测系统，温湿度监控应不受联运方式的影响，并应有区分不同运输方式的技术手段。

（2）技术要求。

1）冷藏集装箱多式联运全过程中采用的温度和湿度监测装备技术要求应符合《冷库热工性能试验方法　第 1 部分：温度和湿度监测》（GB/T 30103.1—2013）的要求。

2）冷藏集装箱多式联运全过程中宜在冷藏集装箱或者载运工具上配置位置监测装置、震动监测装置。位置监测装置宜兼容北斗定位系统，技术要求应符合《北斗/

全球卫星导航系统（GNSS）定位设备通用规范》（BD 420011—2015）的要求。

9.3.3 冷藏集装箱多式联运组织与管理

1. 冷藏集装箱多式联运组织模式

目前，海上冷藏集装箱运输较为普遍，公路运输由于监管难度大，冰块＋棉被＋泡沫箱等“土保温”仍是主要的冷藏方式，甚至还在大量使用改装车，全程温控更是难以实现。至于铁路冷藏集装箱运输在我国起步较晚，其组织模式也有其自身特点，下面予以重点介绍。

（1）铁路冷藏箱运输组织模式。冷藏集装箱和电源之间可以采取“一拖一”（一个动力装置配给一个冷藏集装箱，如自带柴油发电机组）和“一拖多”（一个动力装置配给多个冷藏集装箱，如发电箱）两种配置方式。从世界上目前的运用情况来看，两种方案都有采用，从使用方便、运用灵活的角度上看，前者较好；从费用、管理以及检修的角度考虑，后者为佳。

在国外，冷藏集装箱供电模式基本上是集中供电，成组或成列运输。而供电工具则有发电车、发电箱的区别。比如，美国南太平洋公司采用发电机组，可同时向 9 个 40 英尺冷藏集装箱供电，该机组装在 40 英尺集装箱内，铁路运输时挂于车组中部；加拿大铁路载有发电箱的平车挂于列车中部，每一发电箱可供 12～14 个 40 英尺冷藏集装箱用电；俄罗斯铁路的冷藏集装箱供电由挂在冷藏集装箱车列中间的柴油发电机供给，而在车辆拆解后，由冷藏集装箱本身的柴油发电机供给。

我国铁路冷藏集装箱供电模式主要采用“一拖多”的形式组成成组式专用车组。目前主要有两种组织形式：

1）单组联动车组，即“1＋8”模式（称为“一拖八”），车组由 1 台 B23 型机械保温车（简称“机保车”）和 8 台 BX1K 型冷藏集装箱专用平车组成，可为 8 个 40 英尺冷藏集装箱供电[①]。

2）双组联动车组，车组由 2 台 B23 型机保车（柴油发电车）和 16 台 BX1K 型冷藏集装箱专用平车组成。

中国国铁集团依托 BX1K 型车组，先后开通了防城港至北京、大连港至哈尔滨、黄岛港至漯河、库尔勒至烟台、百色至北京、上海至广州往返运输等常态化运输 6 个定点定线项目，并实现了黄岛港至漯河 3 组联运联挂、库尔勒至烟台 4 组联运联挂，按特需班列联挂运输，极大地提高了运输效率。

（2）铁路冷藏箱运输组织存在的问题。

1）单批次运量大、集结时间长。现有组织模式存在单批次运量较大、货源集结时间较长等问题，无法适应“小批量、多批次、高时效”的冷链市场需求，导致以车代库进行集货的现象时有发生，影响货物送达时间，难以保证铁路冷链物流的稳定性

---

① 对于机械冷藏车（简称“机冷车”），其组织方式是“1＋4”模式（称为“一拖四”），车组由 1 辆机保车和 4 辆冷藏车组成。

和时效性。为此，目前各地中欧班列进行冷链运输多采用外挂压缩机的单独工作冷藏箱，此种运输方式虽然满足了小批量、多批次的要求，但因其外挂柴油压缩机油箱容量的限制，不能满足远距离运输，还要承担高运输成本和压缩机故障后货物损耗的风险。为解决上述问题，可以尝试提供“个性化”定制班列冷链运输组织模式，为用户提供更多选择。如针对大批量、固定的运输市场需求，可以开行“冷链运输专列”，减少集货时间成本，提高时效性；针对小批量、时效性要求高的用户，采取冷藏集装箱方式运输；针对电商小批量、高端化需求，可以采用集货拼箱模式满足其需求。

2）冷藏箱在途持续制冷时间不足。目前冷藏箱在途可持续制冷时间为 10 天，而实际的鲜活易腐货物运输多为长距离运输，在途时间远超过 10 天。比如，以每年6～10 月的新疆葡萄运输为例，其主要到达站多为华南地区，运距长达 4 000 余公里，在途时间为 15 天左右。显然，一旦在途运输时间超过 10 天，就会产生机保车途中加油的问题，但在目前沿途可办理机保车加油作业的站点尚未确定的情况下，冷藏箱运输的适用范围将受到限制，无法充分发挥铁路长距离运输的优势。

3）冷藏箱加油作业方案尚不明确。冷藏箱发电机所用柴油属于二级易燃液体，加油作业的车站必须具有危险货物办理资质，同时应针对发送量的大小，采取不同的加油作业方案。比如，在鲜活易腐货物发送量较大的集装箱办理站，可采取办理站加油方案，即由集装箱办理站办理加油作业；在鲜活易腐货物发送量较小的办理站，可采取托运人加油方案，即由冷藏集装箱的使用人在集装箱办理站自行负责加油作业。

4）办理站内作业流程有待细化。冷藏箱在始发站和终到站的技术作业非常重要。首先，与通用集装箱相比，冷藏箱装有操作较为复杂的发电机和制冷机组，且所用柴油为易燃液体，在站内技术作业较通用集装箱有很大不同。其次，与机械冷藏车相比，冷藏箱无随车乘务员负责对设备沿途监控，考虑到未来的发展，如何将冷藏箱纳入铁路安全责任体系还需进一步明确。

5）鲜活易腐货物运输规章尚无关于冷藏箱的规定。尽管冷藏箱在装运鲜活易腐货物时，其运输条件、包装和装载方法可比照《铁路鲜活货物运输规则》（以下简称《鲜规》）办理，但是由于《鲜规》所规定的有关办理条件均是针对铁路冷藏车制定的，而冷藏车与冷藏箱在以下方面存在差异：一是容积不同。机械冷藏车的载货车辆换长均为 2.0，较冷藏箱长，相应容积也较冷藏箱大，因此，车体和货物预冷时间均有所不同。二是冷藏箱为单侧送冷，而机械冷藏车大部分为双侧送冷，而且冷藏箱的箱门在箱的端部，而冷藏车的车门位于冷藏车的侧墙上，位置不同，预冷效果也有所不同。

2. 冷藏集装箱多式联运操作流程

（1）受理托运。多式联运经营人在受理托运时应与发货人商定运输条件和特约事项，尤其应明确多式联运全程温度控制要求和联运衔接转换要求，并在订舱单中注明商定的运输条件和特约事项。

1）冷藏货物的名称、规格、包装、标识、运输时限要求。托运人订舱时必须提供详细的货物品名，最好中英文的品名一起提供，如在特殊情况下，无法提供确切品名，则至少应提供货品的类别，如水果、蔬菜、海产品、牛肉丸、鱼丸、蚕蛹等。此外，因某些港口有限重要求，还需提供货物毛重。

2）通风、温度。一般情况冻货（0℃以下）不需要通风，只有冷藏保鲜货（0℃以上保鲜的水果及蔬菜）才需要通风。在实践中，可由托运人提出或由托运人和多式联运经营人共同协商确定多式联运全程温度控制范围，以及多式联运全程（各段运输过程、转换衔接过程）中的温度监测要求，包括测温位置、测温方法、测温时间间隔等。

3）冷藏集装箱是否预冷（pre-cool）、是否适载检验（cargo worthy inspection，CWI）与检疫、是否需要多式联运经营人安排检验，以及对冷藏集装箱是否有特殊要求（如是否要除霜）。

4）货物在不同运输方式转换衔接过程中的换装场站地点及换装作业相关要求。

（2）适载检验（CWI）。适载检验是指对集装箱、船舱、飞机、车辆等运载工具是否适宜装载易腐烂变质食品、冷冻品的检验。

对装运出口的易腐烂变质食品、冷冻品的集装箱、船舱、飞机、车辆等运载工具，承运人、装箱单位或者其代理人应当在装运前向出入境检验检疫机构申请清洁、卫生、冷藏、密固等适载检验。未经检验或者经检验不合格的，不准装运。

申请集装箱适载检验时，申请人（整箱货为发货人或其代理，拼箱货为承运人或其代理）应当填写出/入境集装箱报检单，并提供买卖双方签订的合同、信用证、装箱积载单、装箱明细单、承租契约等相关资料和单据。出入境检验检疫机构按照有关集装箱适载检验的规程对集装箱进行检验，检验要求一般包括：集装箱箱号清晰，箱体完整；集装箱的活动部分、胶垫、箱门开关和风雨密状况良好；箱内清洁、干燥、无异味、无虫害、无残留有毒有害物质。经检验合格的，出具合格证明；经检验不合格，申请人可以进行整理，整理后重新申请检验，取得合格证明，凭合格证明，换取出境货物通关单。

（3）装箱管理。

1）装箱前准备工作。

①冷藏箱预检（pre-trip inspection，PTI），也称冷藏箱行前检查或预检。PTI检测是指对箱体、制冷系统等进行全面检查，保证冷藏箱清洁、无损坏、制冷系统处于最佳状态。在实践中，码头箱管人员通常根据船公司（代理）的用箱计划，会同机修车间技术人员和船公司（代理）指定的PTI技术人员安排PTI预检，经PTI预检合格的冷藏箱应贴有检查合格标签，冷藏箱PTI预检每次有效期是30天，超过有效期需要重新检测。冷藏箱预检合格后方可提出场装货。如果托运人要求未经PTI预检直接装货，则需经承运人同意，并由托运人出具书面保函，承诺对于机组故障导致的货损，承运人免责。

②冷藏箱预冷。冷藏箱出场装货前，船公司将PTI预检合格的箱号提供给码头箱管人员，箱管人员应根据用箱人要求，会同机修车间技术人员对冷藏箱进行相应的预冷（如果需要），以及设置好相应的温度和通风口。若冷藏箱有温度记录盘，机修车间技术人员还应根据用箱人要求填写好箱号、船名、航次、目的港、设定温度、风

门开启度、装货时间等。冷藏箱空箱预冷达到设定温度后方可提箱出场，检查口作业人员应会同司机检查箱体外表状况与出场温度，并在设备交接单上如实记录。对于空箱预冷温度未达到设定温度，货主为赶船期而要求提前提箱出场装货的，应由船公司（代理）提出书面申请。值得注意的是，一般情况下，冷藏集装箱不应预冷，因为预冷过的冷藏集装箱一打开门，外界热空气进入冷藏集装箱遇冷将产生水汽凝结，水滴会损坏货物外包装和标签，在蒸发器表面凝结的水滴会影响制冷量。在冷库的温度与冷藏集装箱内温度一致，并采用“冷风通道”装货时，可以预冷集装箱。

③货物预冷。因冷藏集装箱设计制冷能力有限，仅能用于保持货物的温度，如果货物温度过高，将使制冷系统超负荷工作，导致该系统出现故障，影响货物安全，因此，在实践中往往需要对货物进行预冷，使之预冷至冷藏箱设定温度方可装箱。比如，在进口货物为水果时，商检部门会要求买方提供货物冷处理记录。

④配置专业插座。冷藏箱电源插头为专业插头，与普通插座无法正常匹配连接，如果选择工厂装箱，客户需要配套专业的冷藏箱插座或配置冷藏箱转接插头，并保证所使用的插座质量以及电压的稳定性，避免因电压不稳或因插座不规范而引起的集装箱相关部位的损坏。由于人为因素造成冷藏箱插头损坏，客户应赔偿损失。

⑤其他准备工作。根据不同易腐货物应确认下述事项：最佳温度设定；新鲜空气换气量设定；相对湿度设定；运输总时间；货物体积；采用的包装材料和包装尺寸；所需的文件和单证等。

2）装箱操作。

①装箱时切断电源。在装货过程中，检查冷冻装置，确认冷冻机已停止运转。不要在打开箱门的时候启动冻柜设备，如在箱门打开的状态下对冻柜进行制冷，容易使空气中的水分凝聚在冷凝器盘管上，进而导致冷凝器盘管结霜严重，致使冻柜产生不制冷的现象。

②合理选择包装。货物的包装应该有足够强度和良好的物理性质，可以在高湿度的环境下正常工作。包装货物的纸箱、木箱及其他内部包装必须允许垂直气流的流动。易腐烂水果和蔬菜应使用能使空气在货物中间循环并带走因货物呼吸产生的气体、水汽和热量的包装。

③合理衬垫与固定。应该选用干净卫生的衬垫物，以避免对货物的污染。不要使用纸、板等材料作为衬垫物，以免堵塞通风管和通风口；冷藏货比普通货容易滑动，因此要对货物进行固定，固定货物时可以使用网格等作为衬垫材料，以确保冷气的正常流动。

④装卸货物要迅速。冷藏集装箱门打开后，外部气流将流入箱体内，将导致箱体内温度升高，因此装卸货物要迅速，而且，此时应使冷冻机组停止工作。

⑤确保箱体安全。冷藏箱箱体基本为铝材料和不锈钢材料，地板采用 T 型铝质地板，损坏后维修成本高，原则上引导人工进箱装卸货物，要轻拿轻放保护箱体，确实需叉车进箱作业的，要求为 3.5 吨以内小型叉车，严控其他大吨位叉车进箱，确保箱体安全。装卸货物原因导致箱体损坏，将面临承运人的全额索赔。

⑥保持箱体内清洁。如果货物中的盐分、脂肪及其他化学物质附在箱体内壁或门

缝，不仅不卫生，而且还会腐蚀箱体，缩短冷藏箱的使用寿命，所以务必始终保持箱体内清洁。

⑦装货时注意保持箱内冷气循环流畅。为了保持箱内温度均衡，必须充分注意货物的码放位置，不能将货物一直装至箱顶部，也不能让货物堵住冷气的出口和入口。超高或其他不规范装货因素导致气道受阻造成货损的，承运人不予赔偿。

⑧避免货物机械伤。植物性易腐货物的机械伤，给微生物的繁殖创造了条件，因此，鲜活货物在采收、包装、搬运、堆码、装卸等环节中都应予以充分的注意，防止货物的破裂、折断、压碰、磨损、摔砸等，尽量避免货物受到机械伤。

⑨装运绿色蔬菜水果要特别小心。如果箱内冷气循环不好，货物中央的温度会上升，很容易使绿色蔬菜水果等物品的质量受到损害，因此要特别注意使冷气循环流畅均衡。此外，靠近冷气出口的物品，很容易因冷气而冻伤，因此必须事先用被单等物品将货物遮挡起来。

⑩箱内堆装货物的总重量应不超过冷箱最大允许载重量，冷藏集装箱装货后总重量（包括附属设备的重量）在运输途中不应超过任一途经国的限重。

3）装箱后工作。

①装箱完毕，应在2小时内恢复通电。

②制作装箱单，应特别注明设定温度、风门开启度等。

（4）冷藏箱储存保管。

1）冷藏箱应堆放在配备有专用电力设备的专用冷藏箱场区。

2）电力设备通常以40英尺集装箱为单位设立，每一单位可以堆放一排40英尺冷藏箱或两排20英尺冷藏箱。在堆放两排20英尺冷藏箱时，应采用背靠背方式，便于使用场区的电力设备。与普通重箱一般堆放4层高不同，冷藏重箱一般堆放2层高，以便于电工进行检查、记录温度。

3）集装箱场站应优先受理、优先装卸和优先取送待转运的冷藏集装箱。冷藏集装箱联运中在不同运输方式转换衔接过程中，应为装载疫苗、生物制品等对时间温度特别敏感的冷藏集装箱提供快速转运通道。装有特种货物和温度敏感货物的冷藏集装箱待装或待卸时，宜保持制冷系统连续工作。

（5）运送与衔接。

1）温度与通风换气。依据《易腐食品控温运输技术要求》（GB/T 22918—2018）及《医药产品冷链物流温控设施设备验证性能确认技术规范》（GB/T 34399—2017），易腐食品冷藏集装箱装卸、运输过程中的货物温度变化均应不大于3℃；医药冷藏集装箱运输中的温度偏差、均匀度、波动度应不高于±3℃；在运送纸盒包装的冷冻货时，应根据室外气温及湿度情况，及时进行通风，保持箱内空气的干燥，防止包装箱外表面凝露；集装箱运送新鲜水果、蔬菜等，应及时打开通风口，进行通风换气，但运送冷冻货时，应关闭通风口。

2）箱体交接与检查。

①交接双方应凭箱号、封印和箱体外状况交接。冷藏箱交接双方应按《集装箱进出港站检查交接要求》（GB/T 11601—2000）的规定进行检查。以出口重箱进港为

例，出口重箱回场时，码头检查口作业人员应会同司机检查箱体外表状况与进场温度，具体检查内容如下：箱体、箱门、制冷设备、铅封等外表状况；箱体上的 PTI 标贴；记录纸温度、液体晶显示的设定温度与装箱单（CLP）要求温度。同时还要检查记录纸温度、液体晶显示的设定温度与装箱单要求温度是否一致，如三者一致，签发设备交接单，记录船名、航次、箱号、尺寸、进场温度、进场日期等；如三者不一致或箱内温度未保持在要求限度内，则不予收箱。

②冷藏集装箱联运转换交接时，双方除应凭箱号、封印和箱体外状况交接外，公铁联运、海铁联运时，冷藏集装箱偏载、装载加固情况还应符合《铁路货物装载加固技术要求》（TB/T 3304—2000）的规定；空陆联运时，冷藏集装箱的底板、轮廓外形还应符合航班机型货舱截面尺寸要求；公铁联运、公水联运、空陆联运时，冷藏集装箱规格还应符合《汽车、挂车及汽车列车外廓尺寸、轴荷及质量限值》（GB 1589—2016）对公路运输车辆载重的要求。

3）新增的管理单证。主要包括交接记录、冷藏箱清单、冷藏箱巡查记录表。交接记录主要记载前一程承运人提供的冷藏集装箱在前一程运输阶段的温度监控记录、货物装箱清单或货物性质说明等。冷藏箱清单主要记载船上所载冷藏箱清单，注明船名、航次、箱号、设定温度、尺寸、风门开启度、电压等内容，由船公司提供。冷藏箱巡查记录是由货主、船公司或码头等不同主体对其所掌管的冷藏箱的日常检查记录。比如，货主或其代理安排重箱入港时需要提交的冷藏箱巡查记录表，主要记载箱号、船名、航次、提单号、联系人、联系方式、设定温度、风门开启度等；港口企业根据装箱单内容制作的冷藏箱巡查记录表，主要记载船名、航次、箱号、尺寸、指定装箱区、装船时温度、设定温度、制卡人签名。值得注意的是，有关冷藏箱巡查记录中的温度采集、记录及控制应符合《易腐食品控温运输技术要求》（GB/T 22918—2018）、《冷藏、冷冻食品物流包装、标志、运输和储存》（GB/T 24616—2019）及《药品冷链物流运作规范》（GB/T 28842—2012）的要求。温度记录间隔时间宜设定为 15 分钟，温度记录间隔时间最长不应超过 2 小时。装载药品的冷藏集装箱温度记录间隔时间不宜超过 10 分钟。目前，各企业规定的定时日常检查间隔时间不尽相同。比如，港口企业一般规定每 4 小时做一次巡查记录，高温季节（每年 6 月 15 日—9 月 15 日）每隔 2 小时做一次巡查记录。船公司通常规定航行中每 4 小时检查冷藏箱温度计盘的记录温度和显示窗的温度、风门开启度、机组运行及系固情况，此外卸船前 1 小时内应检查箱温记录。

4）脱离制冷时间。各种运输方式之间的交接可能出现短途运输或制冷系统故障，造成停止制冷。对冷冻和冷藏保鲜货物短时间停止制冷状态是允许的。许多产品出现几小时的停止制冷可以接受，但并非所有货物都如此。对任何冷藏货物均不允许出现长时间的停止制冷。对特种货物和温度敏感货物应保持制冷系统连续工作，避免任何温度波动造成的货物质量下降。如果冷藏货物和冷冻货物的内陆运输时间分别大于 2 小时和 8 小时，建议在内陆运输时使用发电机组为集装箱供电。

（6）信息共享。

1）冷藏集装箱多式联运经营人宜建立或使用冷藏集装箱多式联运信息管理系统，

对货物、单据、托运人、交接人、转运场所、线路、载运工具、货物交接、货物交付、操作人员等信息数据进行跟踪管理，设定温度监测范围，实时上传和监控货物位置、温度信息、温度异常报警，并实现对上述信息的在线查询和历史数据调取，保证其数据链完整。

2）不同运输方式转换交接时，应做到信息共享，实现联运信息不断链。交接的信息应符合《食品冷链物流追溯管理要求》（GB/T 28843—2012）、《冷链物流信息管理要求》（GB/T 36088—2018）的规定，还应包括前续运输环节收发货信息、前续过程中冷藏集装箱温度和湿度监测记录、位置记录。如果不能通过信息系统实现交接手续的记录，应填写交接单，交接单应明确下列内容：

①冷藏箱箱号、货物品名；

②交箱地点、交箱时间、交箱人、接箱人；

③温度范围、交接温度；

④前续运输过程中的湿度记录、设施设备检查记录等；

⑤交接时的货物破损、设施设备故障等异常检查记录。

（7）空箱返还。

1）原则上禁止套箱操作。进口重箱拆空后原则上不允许套货回场，如确有客户要求套货，须征得承运人同意，绝对禁止冷藏箱套装散货，发现违规套装将向客户要求支付违约金（一般为每柜5 000元），并要求其承担修理费用；经批准套货的集装箱，套货客户须提供保函，如果是套回非冷冻货物，须确保箱体设备安全，承担箱体损坏赔偿责任；如果是冷藏出口货物，由于未进行PTI检测，万一箱体机组故障产生货损须签订承运人免责条款。

2）做好箱体交接。冷藏箱为高价值箱体，要求严格做好箱体交接，箱体检查包括箱体内外部、机组单元，特别是机组电源插头和电缆等易盗物品检查。所有进口冷藏箱拆空后，车队必须回到指定场地进行清洗，保持箱内清洁，因货物残留会产生大量氨气等腐蚀性气体，长时间会导致箱体机组部件腐蚀；如车队未按要求进行清洗，每次支付1 000元违约金。后续产生机组腐蚀情况，相关责任方还需承担连带责任。冷藏箱若有温度记录盘，任何人不得未经码头中控室授权而擅自取下，或涂改温度记录盘内容。冷藏重箱拆空后回场时，码头检查口作业人员应将温度记录盘从箱体上取下，在背面记录箱号、船名、航次、进场日期，并交还码头中控室单证人员保管。

3）严禁采用甩柜模式操作。如果车队采用甩柜模式操作，即重箱放在收货人仓库，待卸空后，车队再去安排拖空箱回场，因其持续时间过长，易造成箱内的残留物质腐烂，引起箱体腐蚀，产生高昂的维修成本。故原则上所有进口冷藏箱送货，禁止车队采用甩柜模式作业，车队须将卸空货柜第一时间拖回承运人指定洗箱点进行清洗后还场，以确保承运人箱财产安全。确实需要甩柜作业的货源（收货点应持续插电，确保箱体持续制冷），须征得承运人同意。车队未经承运人同意采用甩柜作业的，每次支付1 000元违约金并承担修理费用。

（8）特种情况处理。

1）冷藏危险货物集装箱。进出口冷藏危险货物集装箱，如采用车船直取方式，装卸船前 2 小时由码头通知汽车运输企业提箱，承运的汽车运输企业必须具备危险品运输资格，车辆符合规定要求。

2）冷藏箱装载普通货物。冷藏箱作为普通集装箱使用时，船公司或其代理必须在箱子进场时向码头提供书面申请书。

3）异常报警。冷藏箱均具有电脑智能控制系统，在机组运作出现故障时会进行判断并发出警报提示，显示屏会显示相应的故障代码。因此，在出现报警时，用箱人应第一时间将情况反馈给箱管人员，箱管人员应在第一时间进行应急处理。

3. 中欧班列冷藏集装箱运输组织与管理

（1）发展情况。随着国内外消费市场对温控商品总需求的日益增加和对商品品质要求的逐渐提高，国内多地中欧班列开展了冷链运输业务，以郑州铁路口岸为例，去程主要运输农产品、医药品和计算机类等对温度湿度有特殊需求的产品，回程主要运输来自欧洲的果蔬饮料、休闲食品、酒类、乳制品等。

目前，中欧班列冷链货物集疏主要分为整箱货物集疏和拼箱货物集疏两种模式。整箱货物集疏适用货物整箱运输，由班列公司派出汽车运载冷藏集装箱到达货物生产（储存）地完成货物装载，集装箱集运在班列堆场，待口岸申报查验工作完成后，搭载班列运输至目的火车站；在目的火车站办理完手续后，再由汽车运输到最终收货地。拼箱货物适用于需冷链运输的小批量货物，由班列公司安排冷藏车或客户自送将货物运至班列公司自备冷库，然后集拼至冷藏箱整箱后，搭乘班列运至目的火车站；待查验完毕在目的站拆箱后，再由冷藏车运至最终收货地。

1）出口情况。各地根据本地原有的货源优势，使用冷藏集装箱运输商品。东北、西北的沿边地区使用冷链运输运送蔬菜、水果出口到俄罗斯；我国内陆地区开行的班列使用保温箱运输花卉苗木，在冬季保障对运输温度要求较高的 IT 产品运输。2015 年 5 月开始，郑州陆港公司首次开展冷链运输业务测试，价值约 25 万美元的琥珀核桃仁经郑州铁路口岸转关运往德国，随后郑州陆港公司冷链运输业务稳步开展。2016 年 8 月 21 日，营口港开行的首列国际冷链顺利抵达莫斯科，主要的产品是蔬菜、水果。2016 年 8 月 23 日，由大连港始发的“辽满欧”全冷藏集装箱过境班列顺利抵达莫斯科，运送鲜梨、蜜柚以及大蒜等冷鲜蔬果。2016 年 9 月，长春开行冷链国际班列赴俄罗斯，运输苹果、梨、柑橘、辣椒、葡萄等多种果蔬。2016 年 12 月，中欧班列（成都）使用恒温通风集装箱运送花卉苗木出口欧洲。重庆发往欧洲的班列控温集装箱则保障了 IT 产品冬季出境运输。

2）进口情况。通过冷链运输，部分返程的中欧班列把来自欧洲的肉类产品，牛奶、红酒等食品运回国内。2015 年 5 月 3 日，郑欧班列首列恒温集装箱运输德国罐装啤酒抵郑，2016 年 1 月，又用恒温集装箱运输白俄罗斯牛奶。2016 年 12 月，我国首次通过国际铁路运输方式直接进口欧洲肉类产品，运载着 1 个冷藏集装箱共 21.9 吨德国猪肉的列车到达成都。2017 年 5 月，26.2 吨荷兰进口猪肉搭乘中欧班列（成都）抵达成都，实现第二次班列进口欧洲肉类产品。2016 年 10 月，中欧班列（武汉）首次使用冷藏集装箱进口白俄罗斯的牛奶，中欧班列（武汉）开始冷链运输进口欧洲食品。2017 年 5 月 22 日，中欧班列（重庆）利用内置式冷藏集装箱运输法国

18.2 吨冷冻猪肉抵达重庆。

完整的冷链物流产业链要由温控保温、冷链仓储、冷链传输、冷链装卸、冷链信息化控制、冷链检疫等多环节组成。而目前各地班列只提供了以冷链运输为主的有限服务，提供不了完整的冷链物流产业链服务。加上冷链运输的各类商品中，生鲜类产品大多是非标准化产品，各种商品对温度、储存要求不一，各行业没有形成标准，执行存在困难。例如三全、思念等大型食品企业，宁可依靠自己组建冷链物流来完成服务，即使运输车辆的日常维护保养费用十分巨大，而且有一定程度的运力浪费。

目前，各地中欧班列公司只提供派车装载恒温箱到工厂恒温仓库提货，提货后到车站吊装上班列，货物通关后散货装卸、冷藏车派送等服务，集货能力的辐射范围有限。

（2）中欧班列易腐货物运送条件。根据《国际货协》附件第 1 号《货物运送规则》第 4 章第 13 条“易腐货物”的规定，凡在运送中对高温或低温作用需要采取防护措施（加冷、加温、通风）、照料或照管的货物，均属于易腐货物。

1）发货人托运的易腐货物，必须符合发送国国内法律规定的应有的质量和温度状态。

2）发货人根据货物装车前的热状态和生理状态、适运期限、算出的运到期限，以及运行全程最差的气候条件，确定运送易腐货物的必要防护措施及车辆或集装箱种类。

3）允许使用同一车辆、同一集装箱运送不同品名的易腐货物，但这些货物不应散发或吸附气味，并应有相同的运送条件。

4）运送中需要采取防护措施、照料或照管的易腐货物，应装到车辆或集装箱内承运，并为装载到每辆车或每个集装箱内的货物办理运单。

5）发货人在运单“货物名称”栏内注明“易腐”。如使用棚车通风运送货物时，还应注明“通风”字样。

6）在运单“发货人的声明”栏内，发货人应根据车辆或集装箱的技术可能性注明运送全程所需的保护措施和温度工况。如果运单中没有发货人的此项记载，则认为运送该易腐货物时不需采取保护措施，也不需遵守温度工况。

（3）中欧班列冻结货物运送条件。根据《货物运送规则》第 4 章第 19 条“冻结货物”的规定，外界温度低于 0 ℃时货物颗粒因相互冻结而失去松散性并冻结在车辆地板和侧板上的堆装或散装货物，属于冻结货物。

1）发货人在托运冻结货物前应采取措施，减少含水量并使含水量达到货物不致冻结的程度。

2）如货物含水量无法减少到不致货物冻结的程度，发货人应根据国内法律在装车时采取预防货物冻结的措施（下称预防措施）。

3）冬季期间，货物运送全程均应采取预防措施。如发货人未采取预防措施，承运人有权拒绝承运货物。

4）冬季运送冻结货物时，发货人应在运单“货物名称”栏内记载“冻结”，在“发货人的声明”栏内注明货物的含水量百分比及采取的预防措施（“货物冻结”“撒入石灰数量占____%”“用油处理的数量占____%”“分层垫入锯末”等）。在运送泥土、黏土、沙土、碎石和砾石时，发货人可不在运单中注明含水量。

练习题

1. 选择题

（1）我国铁路冷藏集装箱运输组织模式包括（　　）。

A.“1+2”模式　B.“1+4”模式　C.“1+8”模式　D.“1+16”模式

（2）罐式集装箱运输需求市场包括（　　）。

A. 液体化工物流市场　B. 液体食品物流市场

C. 气体物流市场　D. 水泥等固体物流市场

（3）国际海上危险品安全申报包括（　　）。

A. 货申报　B. 箱申报　C. 船申报　D. 港申报

2. 判断题

（1）所有冷藏货物均适用于冷藏集装箱运输。（　　）

（2）国际海上危险品运输需要预订舱。（　　）

（3）罐式集装箱多式联运的承运对象是危险物流。（　　）

3. 简答题

（1）简述危险货物的概念与构成要素。

（2）简述罐式集装箱多式联运的主要运作模式。

（3）简述冷藏集装箱多式联运的概念与特点。

第 10 章

特殊多式联运：驮背运输、滚装运输与翻坝运输

引导案例　**国内首趟铁路驮背运输试验班列成功开行**

2018 年 8 月 16 日 16 时 48 分，随着机车的汽笛声响，由中车齐车公司研制的 STX1 型、STX2 型、STX3 型、STX4 型 4 种多功能驮背运输车担当主力编组而成的首列驮背运输列车驶出黄骅市沧港铁路沙胡同车站，标志着“西北地区—京津冀区域”铁路多功能车智慧公铁水多式联运示范工程成为第二批多式联运示范工程中首个落地项目。此次班列的开行试验，经国家能源集团批准，为国家示范工程智慧公铁水联运项目平推试验班列首次运行列车，运行路径为：沧港铁路—朔黄—准池—大准—巴准—包神。试验列车采用固定编组方式，全列共 38 辆，列车自重 1 129 吨，固定编组换长 64，约为 704 米，运行里程约 1 000 公里。其中，STX1 型车装载 4 辆公路货车整车，STX2 型车装载 4 辆公路半挂车，STX3 型车装载 3 辆公路半挂车和 7 个 40 英尺集装箱，STX4 型车装载 2 辆可吊式公路半挂车和 36 个 20 英尺集装箱。该试验班列正式开行后，将实现双向隔日对开 8 列次。此次班列的开行，标志着国家能源集团与沧州沧港铁路有限公司联合开启驮背式铁路运输合作新模式，将成为晋、陕、蒙地区大宗货物至出海口最便捷的通道。

10.1　驮背运输

10.1.1　驮背运输概念与构成要素

1. 驮背运输的概念

驮背运输（piggyback transport），是指公路货车或半挂车装载货物后，在始发地铁路场站自行开上或吊装至铁路专用车辆（驮背车），通过铁路完成长距离运输，

到达目的地铁路车站后，公路货车或半挂车自行开下或吊离驮背车并驶往最终目的地的公铁联合运输方式。驮背运输装卸方式包括滚装和吊装两种方式，以滚装方式为主。

2. 驮背运输的构成要素

驮背运输具备自身的特点和优势，比如，有助于提高公铁联运效率、无须铁路场站配置装卸设备等，能实现铁路货运与汽车货运之间的直接转移。但由于需要增设特殊的运输设备，加之目前仍然存在一些技术上的限制，例如，在铁路车上放置具有车轮的拖车会导致风阻力、损坏和重量问题，因此，集装箱运输必然是多式联运的主流运输组织方式，驮背运输仅适用于少数地区和特定货种。从欧美公铁联运发展实际情况看，两者不是相互替代，而是相互补充的关系。

根据欧美的发展经验，开展驮背运输应具备一定的条件，比如充足的货源及特定的运输装备、场站与线路设施。

(1) 货种与运距。在货种方面，原则上标准的汽车半挂车所能承运的货物，完全适合驮背运输承运，但考虑竞争等因素，驮背运输更适于对时效性、安全性有独特要求的货物，比如信件包裹、冷链、危化品等。比如，由于冷链运输、危化品运输的独特要求，货物不适于多次倒装，且从便于存储等因素考虑，驮背运输具有更好的适应性。由于公路冷链运输、危化品运输技术成熟，采用驮背运输技术可进一步扩大适用性，提高运输安全性、可靠性，更好地满足市场需求。

在运距方面，驮背运输适合 800 公里以上的中长距离的门到门运输。美国在短距离运输中几乎没有多式联运，77%的驮背运输线路超过 800 公里，运距越长多式联运份额越高。欧洲卢森堡—西班牙驮背运输的运输距离在 1 200 公里以上，经济效益良好。

(2) 驮背车。驮背车包括通用型驮背车、甩挂专用驮背车、小轮驮背车、冷链驮背车等。从我国铁路线路条件与欧洲相似，且驮背运输社会认知度较低等实际出发，考虑我国铁路场站基础设施条件，应先期研制具备自身起升、旋转等功能，能够同时满足汽车上/下、整车运输和半挂车驮背运输的驮背车。该种方式不依赖于场站条件，灵活性、适应性强，无须进行大量的投资建设即可满足驮背运输的需求，可降低我国开行驮背运输的初始投入成本。

2016 年 11 月，中车齐齐哈尔车辆有限公司研发的铁路驮背运输专用车通过了中国铁路总公司科技管理部和运输局组织的技术评审，运输公路汽车整车和半挂车的驮背运输车为 QT1 型，运输公路半挂车的驮背运输车拟定型号为 QT2 型，两个型号的驮背车的主要性能参数如表 10－1 所示，该车型是根据我国铁路线路、场站设施条件等实际，在借鉴欧洲驮背车技术的基础上，自主创新的产品。该车仅需铁路场站满足地面硬化、提供动力电源等要求，即可符合我国《道路车辆外廓尺寸、轴荷及质量限值》(GB 1589—2004) 对公路汽车的驮背运输的要求。

表 10－1　QT1、QT2 型驮背车主要性能参数

指标	QT1 型驮背运输车	QT2 型驮背运输车
车组载重	116t	92t
车组自重	84t	64t

续表

指标	QT1型驮背运输车	QT2型驮背运输车
轴重	25t	
换长	4.5	3.5
适用性	整车、半挂车	半挂车
自重系数	0.72	0.69
每延米重	4t/m	4t/m
最高运行速度	120km/h	
通过最小曲线半径	145m	
制动距离（重车、紧急）	≤1 400m	
转向架制动倍率	5.31	
制动缸直径	254mm	
限界	符合《标准轨距铁路机车车辆限界》（GB 146.1—1983）	

2018年5月18日，神华铁路货车运输有限责任公司委托中车齐齐哈尔车辆有限公司研制的STX1、STX2、STX3、STX4型多功能运输车样车通过试用评审，其中，STX1、STX2采用滚装模式，适用于整车和甩挂，STX3、STX4采用吊装模式。这四种车型兼顾市场需求，不仅可以上滚装式的甩挂和滚装式的整车，还可以上集装箱。除此之外，神华铁路公司也开发了适应驮背运输的吊装设备及场站牵引车。

（3）运输场站。当前，铁路绝大多数场站布局和装卸、疏运设备还比较落后，除了在北京、上海、广州、深圳、天津、哈尔滨、沈阳、青岛、成都、重庆、西安、郑州、武汉、大连、宁波、昆明、乌鲁木齐、兰州等18个城市兴建铁路集装箱中心站外，其他场站大部分不能适应大规模、高效率驮背运输，需要进行改造升级。

驮背运输需要场站具备线路两侧硬化通道、货车仓储场地、限界和称重检查区、线路供电改造等条件，场站条件需求如下：

1）作业线应选择平直地段，线路两侧有与线路等长宽度约8米的通道，通道路面标高需与轨面标高一致并按承载汽车15吨轴重进行硬化；通道任意一端应连接可满足18米长载重汽车调头的场地。

2）在作业线旁需要安装380伏交流电容量30千瓦的动力电缆桩若干个，电缆桩需有防雨、防尘、漏电保护功能。

3）限界和称重检查区要临近场站大门，需有称重（含超载、偏载检测）、安检、限界检查设备。

4）需要一个可容纳80～100辆大型载重汽车的仓储场地，单辆货车停车所需面积按100平方米计，预留车辆掉头、转向通道，仓储场地面积不得少于15 000平方米。

（4）公路半挂车。当前公路车辆车型复杂，外廓尺寸多种多样，半挂车与牵引车鞍座不匹配等问题都制约了驮背运输的发展。

1）严格按照GB 1589—2004的要求规范公路车辆。当前公路车辆车型极为复杂，给驮背运输装车环节带来不小的难度，要研究哪些车辆宽度和高度确保不超限，而且要最大化地利用驮背运输车的承载面长度，防止浪费运能。尤其是当前QT1型驮背运输车承载面长度为18 300毫米，超过此长度的超长车辆难以通过驮背运输方式进行运输。

2）解决半挂车和牵引车的鞍座匹配问题。因为公路车辆车型复杂，在甩挂运输时，可能导致半挂车和牵引车因为鞍座高度不匹配无法牵引的问题。目前，北京驮丰高新科技股份有限公司联合交通运输部公路科学研究院汽研中心、中车眉山车辆有限公司、中国重汽集团济南卡车股份有限公司、重庆红岩汽车有限责任公司进行技术研发，以解决不同生产厂家、不同型号的牵引车和半挂车鞍座匹配问题。

（5）运输线路。目前，我国驮背运输仍处于试运行阶段，为此，应选择物流量相对较大、市场示范效应明显的通道开展实际运行。其目的在于：

1）为驮背运输积累经验，包括驮背车技术经验、运营管理经验的积累和完善，也包括政府从宏观层面对驮背运输社会效益的考量，以及政策引导、细化等。

2）通过示范效应的显现，彰显驮背运输的优势，吸引快递、物流，以及社会的关注和青睐。在政府的引导和众多快递、物流等企业的参与下，促进我国驮背运输产业化进程。

目前，已有两个与驮背运输相关的项目被列为多式联运示范工程。其中，由中铁特货运输有限责任公司与北京驮丰高新科技股份有限公司、中车齐齐哈尔车辆有限公司、中国邮政集团公司联合申报的“驮背运输（公铁联运）示范工程”已被列为第一批多式联运示范工程项目，该示范工程拟首选北京—广州为驮背运输试运行通道。目前北京至广州每天的公路货车流量达 600 车（约 2 万吨），具有坚实的市场基础，示范效应显著。由神华铁路货车运输有限责任公司、贵阳货车帮科技有限公司、朔黄铁路发展有限责任公司、神华包神铁路集团有限责任公司、中车齐齐哈尔车辆有限公司、中车山东机车车辆有限公司、中物华商集团股份有限公司联合申报的“‘西北地区—京津冀区域’铁路多功能车智慧公铁水多式联运示范工程”入选第二批多式联运示范工程项目，该示范工程利用神华自有的包神、神朔、朔黄等铁路线组成的东西向铁路通道，开通晋、陕、蒙地区大宗货物至黄骅、天津等出海口最便捷的通道。

10.1.2　欧美驮背运输发展历程与现状

1. 美国驮背运输发展历程与现状

美国驮背运输于 20 世纪 20—30 年代逐步发展起来，当时集装箱还没出现，但已经出现了半挂车的多式联运。1926 年，美国芝加哥北岸及米尔基铁路公司首次将卡车拖车放在铁路平板车上进行运输；1935 年，芝加哥大西部铁路开始在芝加哥和迪比克之间经营驮背运输服务。

由于美国铁路限界高度较高、普遍轴重为 32.5～35.7 吨等，采用普通铁路平车即可实现驮背运输，美国驮背运输的主要对象是公路半挂车，一般为 53 英尺，因而，美国驮背运输也称为铁路半挂车驮背运输——TOFC（trailers on flatcar）。为了尽可能提高运输效率，20 世纪 80 年代，美国开始兴起双层铁路集装箱运输，即 COFC（container on flatcar）。COFC，也称箱驮运输（boxback style），是指省去拖车而直接将集装箱置于铁路平车上输送。图 10-1 显示了 TOFC 和 COFC 这两种火车的尺寸。

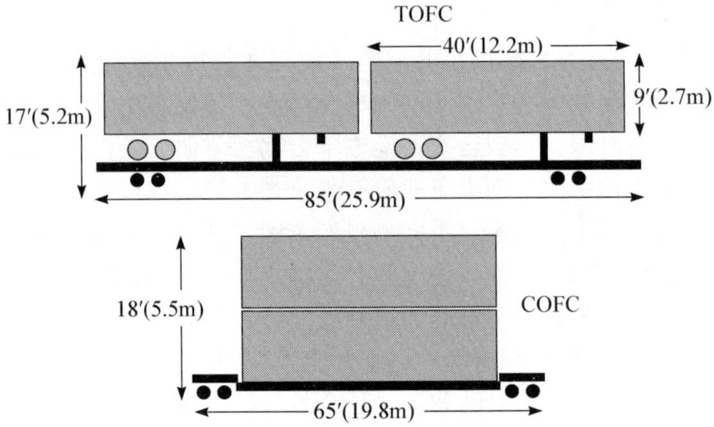

图 10-1　TOFC 与 COFC 车皮的尺寸

由于较单层集装箱运输运量更大、运价大幅下降，双层集装箱运输成本和效率均优于公路运输，大规模开行双层集装箱运输促进了美国铁路集装箱运量快速增长。美国公铁、公水、铁水联运运量占多式联运运量的比例分别为 53%、34% 和 13%。2010 年以来，COFC 和 TOFC 在公铁联运市场上的份额约为 85%～89% 和 11%～15%。显然，在美国双层集装箱运输大规模发展的背景下，驮背运输以其独特的优势，仍拥有稳定的客户群体，占据稳定的市场空间。

此外，美国还发展了公铁两用车（road railer）。公铁两用车是指一种特殊的卡车拖车底盘，它既适用于公路橡胶轮又适用于铁路钢轨，借助于公铁两用车，可大大提高公铁联运的效率，此种运输形式也称为双式联运（bimodal transportation）。由于对公铁两用挂车自重要求高，限制了货物装载量，因而此种方式只在北美特定区域和范围内有所发展。

2. 欧洲驮背运输发展历程与现状

欧洲驮背运输始于 20 世纪 60 年代末。由于欧洲各国地域狭小，国内货运距离普遍较短，使得灵活便利的公路货运具有一定优势；但欧洲人口密集且汽车普及率较高，公路拥堵情况较为严重，加之环保标准不断提升，又降低了公路货运的适用性。在这样的背景下，公铁驮背运输由于具有便捷、高效、绿色环保等优势，可解决欧洲交通运输发展面临的拥堵、排放、安全等问题，因此在欧洲尤其是在法国、德国、意大利等国政府的大力支持和推动下，得到了较快发展。

欧洲驮背运输的对象包括公路半挂车和汽车整车。欧洲驮背运输由于各国情况不同，根据车辆功能及地面配套设施的不同，形成了不同种类、形式各异的驮背运输车。

（1）卢森堡—西班牙驮背运输。卢森堡—西班牙驮背运输南北贯穿整个法国，线路全长 1 068 公里，每天对开 4 个班次，列车编组 22 辆，运行时速 100 公里/时。采用法国劳尔公司旋转式驮背运输车技术，汽车或挂车自行装卸，驮背车辆结构简单，场站配套设施较为复杂。

（2）跨越阿尔卑斯山小轮车驮背运输。为保护阿尔卑斯山地区环境，减少污染，跨越阿尔卑斯山脉的多条铁路开行驮背运输。线路最长的 500 公里、较短的 175 公里，从德国雷根斯堡到意大利都灵，每晚 11 点出发，次日早 8 点到达，运行时间约 9 小时，列车编组 22 辆。采用小轮径凹底车驮背运输技术，滚装滚卸。

（3）英吉利海峡隧道驮背（摆渡）运输。英吉利海峡隧道全长约 50.5 公里，连接英国的福克斯通站和法国的科凯勒站。1994 年，开行快速货运、客运列车，采用驮背运输方式往返运输小汽车和公路货车，运行速度隧道内 60 公里/时、隧道外 140 公里/时，每天约 20 个班列。采用专用带棚驮背平车技术，滚装滚卸。

（4）瑞典转动式驮背车。采用单端转动或两端单独转动式技术，研发单端摆动式驮背运输车或两端摆动式驮背运输车。结构相对复杂，场站配套设施简单。车辆设置液压、电气系统，平地面场站并提供电源即可完成装卸，汽车或挂车自行装卸。

（5）德国平移式驮背车。采用车辆中部平移式技术，研发承载架平移式驮背运输车。车辆结构相对复杂，场站配套设施复杂。车辆及地面均设有液压、电气系统，汽车或挂车自行装卸。

（6）吊装式驮背运输车。欧洲公路半挂车的数量约为 80 万辆，其中仅有约 20% 的半挂车具备吊装条件。车辆采用普通凹底结构，结构简单；但场站须配套重型龙门吊或正面吊。吊装时采用专用吊具或辅助托盘。

欧洲铁路限界高度较低，铁路最大轴重 22.5 吨，铁路主要采用单层集装箱运输，难以发展双层集装箱运输。目前，欧洲公铁联运中集装箱运输（含甩箱运输）比重约为 80%，驮背运输比重约为 20%，而且驮背运输占比在逐年增长。

美国、欧洲在市场需求、公路和铁路基础设施条件、政策法规等方面的不同，欧美驮背运输装备技术也不尽相同（见表 10－2）。

表 10－2　美国和欧洲铁路驮背运输技术对比表

比较项目		美国	欧洲
主要运输对象		半挂车（主要为 53 英尺）	半挂车（主要为 45 英尺）、汽车整车
运输通道特点		铁路限界大，无电气化线路	铁路限界小，有电气化线路
运载车辆特点	优点	车辆结构简单、自重轻、载重大	车辆装载面低、重车重心低，可自装卸
	缺点	车辆装载面高、重车重心高，场站须重型起重设备	车辆结构复杂、自重大、载重小，地面须配套设施
装卸作业特点		吊装吊卸，效率低	滚装滚卸，效率高
适用范围		铁路限界较高的线路	铁路限界较低的线路

10.1.3　驮背运输组织与管理

1. 驮背运输经营方式

美国铁路私有化程度高，铁路公司拥有铁路线路、场站设施和机车车辆，并部分配备驮背运输专用平车（另一部分由美国铁路车辆供应商提供），集铁路建设、运营、组织、营销业务于一身，使得铁路公司自身即可形成“一站式”驮背运输经营方式。

同时，美国铁路公司也和公路公司、货代公司合作，联合开展驮背运输业务，形成了不同的经营方式。

不同于美国铁路私有化，欧洲大部分铁路是由政府管理的公共运输网络，同时欧盟相关法律要求铁路基础设施建设与管理应从运输业务和商业活动中剥离出来，实行网运分离的管理体制，路网公司管理人员应保证对所有铁路运输公司公正、公开，并接受政府有关职能部门的监督。同时，欧洲铁路部分场站也是国家公有，与路网公司和铁路运输公司是互相独立的。因此，这种网运分离的铁路管理体制决定了欧洲不可能开展类似于美国铁路运输公司的“一站式”驮背运输。目前，欧洲各国主要采用以驮背运输班列经营人为核心的经营方式。驮背运输班列经营人在公路货运公司和铁路各专业公司之间起桥梁和纽带的作用，负责协调运输的具体操作。货主办理驮背运输业务时，通常与公路货运公司签订运输合同，然后，由公路货运公司向驮背运输班列经营人购买铁路运输能力，之后，驮背运输班列经营人则需要从铁路运输公司租赁列车车位，并协调铁路运输公司、路网公司和场站公司，共同完成铁路运输。一般而言，驮背运输班列经营人主要承担中介的角色，为追求运输成本最小化，自身并不配置具体的运输设施设备，而由公路货运公司负责两端货物接取送达作业，铁路运输公司承担站到站运输。近年来，随着欧洲铁路运输市场竞争的加剧，一些驮背运输班列经营人也在重新定位自身在物流供应链中的位置，比如自备公路货车、经营铁路场站，以增强其对运输业务和流程的管控能力。

美国与欧洲各国驮背运输经营方式的比较如表10－3所示。

（1）方式1：公路公司提供门到门运输服务。货主与公路公司办理托运及承运手续，签订运输合同，货主向公路公司一次性支付全程运输费用，再由公路公司向铁路公司办理铁路运输。两端货物接取送达业务由公路公司负责，铁路公司负责站到站运输。公路牵引车和挂车由公路公司提供，铁路平车由铁路公司提供。

（2）方式2：铁路公司提供门到门运输服务。货主与铁路公司办理托运及承运手续，签订运输合同，货主向铁路公司一次性支付全程运输费用。铁路公司负责全程运输（包括货物两端的接取送达和站到站运输）。铁路平车、公路牵引车和挂车均由铁路公司提供。该种经营方式对铁路公司的要求较高，铁路公司需要购置或租赁大量的公路挂车和牵引车，设备投资压力较大。

（3）方式3：货主承担门到站的接取送达作业，铁路公司提供站到站运输。货主承担车站两端货物的接取送达作业，铁路公司提供站到站运输。根据公路运输设备的配置不同，可细分为以下两种方式：一是公路牵引车由货主配备，公路挂车和铁路平车由铁路公司提供；二是公路牵引车和挂车均由货主配备，铁路平车由铁路公司提供。

（4）方式4：货主承担门到站或站到门作业，铁路公司提供站到站运输及站到门或门到站作业。一种是货主承担车站发送端的门到站货物接取作业，铁路公司提供站到站运输以及到达端的站到门货物送达作业。货主配置发送端公路牵引车，铁路公司提供到达端公路牵引车和全程公路挂车、铁路平车。另一种是货主承担车站到达端的站到门货物送达作业，铁路公司提供站到站运输以及发送端的门到站货物接取作业。货主配置到达端公路牵引车，铁路公司提供发送端公路牵引车和全程公路挂车、铁路平车。

表 10-3　美国和欧洲驮背运输经营方式

<table>
<tr><td colspan="2" rowspan="2"></td><td colspan="8">美国经营方式</td><td rowspan="2">欧洲经营方式</td></tr>
<tr><td>方式 1</td><td>方式 2</td><td>方式 3A</td><td>方式 3B</td><td>方式 4A</td><td>方式 4B</td><td>方式 5</td><td>方式 6</td></tr>
<tr><td rowspan="4">运输承担方</td><td>全程运输</td><td>公路公司</td><td>铁路公司</td><td></td><td></td><td></td><td></td><td>货代公司</td><td rowspan="7">前 7 种方式的融合：各方的分工需根据实际情况而定</td><td>公路公司或货代公司</td></tr>
<tr><td>发送端作业</td><td>公路公司</td><td>铁路公司</td><td>货主</td><td>货主</td><td>货主</td><td>铁路公司</td><td>货代公司</td><td>公路公司</td></tr>
<tr><td>到达端作业</td><td>公路公司</td><td>铁路公司</td><td>货主</td><td>货主</td><td>铁路公司</td><td>货主</td><td>货代公司</td><td>公路公司</td></tr>
<tr><td>站到站运输</td><td>铁路公司</td><td>铁路公司</td><td>铁路公司</td><td>铁路公司</td><td>铁路公司</td><td>铁路公司</td><td>铁路公司</td><td>班列经营人</td></tr>
<tr><td rowspan="3">公路牵引车与挂车提供者</td><td>发送端牵引车</td><td>公路公司</td><td>铁路公司</td><td>货主</td><td>货主</td><td>货主</td><td>铁路公司</td><td>货代公司</td><td>公路公司</td></tr>
<tr><td>到达端牵引车</td><td>公路公司</td><td>铁路公司</td><td>货主</td><td>货主</td><td>铁路公司</td><td>货主</td><td>货代公司</td><td>公路公司</td></tr>
<tr><td>公路挂车</td><td>公路公司</td><td>铁路公司</td><td>铁路公司</td><td>货主</td><td>铁路公司</td><td>铁路公司</td><td>货代公司</td><td>公路公司</td></tr>
<tr><td rowspan="3">铁路设备设施提供者</td><td>机车车辆</td><td colspan="8">铁路公司</td><td>铁路运输公司</td></tr>
<tr><td>运输线路</td><td colspan="8">铁路公司</td><td>铁路路网公司</td></tr>
<tr><td>场站设施</td><td colspan="8">铁路公司</td><td>铁路场站公司</td></tr>
<tr><td colspan="2">管理体制</td><td colspan="8">网运合一</td><td>网运分离</td></tr>
</table>

(5) 方式 5：货代公司提供门到门运输服务。货主与货代公司办理托运及承运手续，签订运输合同，货主向货代公司一次性支付全程运输费用，再由货代公司向铁路公司办理铁路运输。两端货物接取、送达业务由货代公司负责，铁路公司负责站到站运输。公路牵引车、挂车及铁路平车均由货代公司提供，铁路公司只提供机车。当然，货代公司也可以不拥有公路牵引车及挂车，而将公路运输业务外包给相应的公路公司。

(6) 方式 6：混合模式。在这种经营方式下，货主可以与货代公司、公路货运或物流公司签订运输合同，也可以与铁路公司直接签订运输合同。对于两端货物的接送作业，既可以由货代公司、公路货运或物流公司完成，也可以由铁路公司完成，还可以由货主自行完成。至于公路牵引车、挂车，可由货代公司、公路货运或物流公司，或者铁路公司提供，铁路公司提供机车。

2. 驮背运输组织方式

驮背运输要发挥运输效率优势，就必须提高铁路端运输时的运行速度，为此，建议铁路部门将驮背运输班列纳入高等级货运班列，按照特快、快速货物班列进行管理和运行，运行速度标尺 120～160 公里/时，铁路需要进行相应的运输组织和制定运行图。

3. 驮背运输价格

驮背运输价格涉及公路、铁路的价格。当前，两方面的价格对驮背运输存在不利因素。

（1）驮背运输全程物流参照的价格标准是当前的公路物流价格。公路物流价格由物流公司提取费用、司机利润、运输成本三部分构成，据调研，公路物流公司提取费用占到了公路物流价格的40%左右。驮背运输全程物流价格考虑到货源和社会接受度问题，由于不能影响物流公司利润，因此只能在公路物流司机利润和运输成本之间寻求合适的价格空间和平衡点。

（2）驮背运输全程物流价格由公路两端门到站、站到门和铁路端站到站两部分运费构成，这其中还包括了铁路端对驮背运输装载货车的牵引车和厢式半挂车自重收取的运费。

以北京到广州线路为例，公路成本包含过路费、油费、司机餐费、车辆折旧、保险、轮胎磨损等费用，该线路公路往返成本价约为23 000元，司机收到的运费为33 000元左右，往返的毛利润约为10 000元；铁路运费按照现行《铁路货物运价规则》的计费方式，驮背车整车按照100吨计费重量进行计费，采用汽车的6号运价，北京到广州往返站到站货车整车运费约为51 000元、半挂车甩挂运费约为42 000元。由此可以看出，铁路运价高于公路运价，如果铁路站到站价格再加上两端公路门到站、站到门费用，会进一步加大公铁运费之间的差距。

根据对物流市场现状的分析，公路方面的价格恶性竞争，导致价格体系混乱，物流公司提取费用占比较大，需规范市场以使价格及价格构成回归正常、合理的水平；铁路方面运费对比公路确实较高，可能超出货主的心理预期和承受能力，需要研究运用调整计费重量和运价号、运价下浮、部分费用减免等综合手段降低铁路运费以对接市场。

4. 驮背运输运作流程

如图10-2所示，与集装箱运输相比，驮背运输作业流程更简捷。理论上讲（实

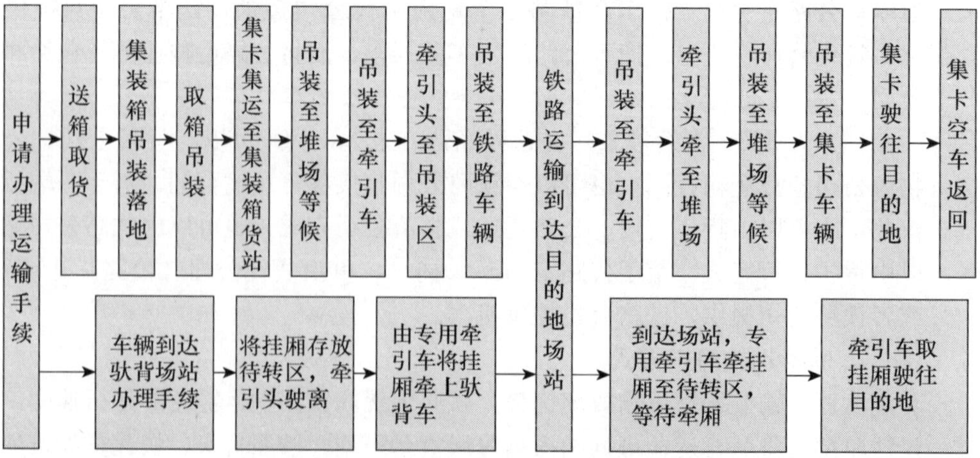

图10-2 集装箱运输与驮背运输流程图

际操作过程可能会略有差异)，集装箱运输在送箱、取箱、吊箱等环节中存在多次吊装作业，其门到门服务需要 16 个环节；驮背运输在装载、发运、卸载过程中可直接装车，其门到门服务需要 7 个环节。

10.2　滚装运输

10.2.1　滚装运输概述

1. 滚装运输的概念与分类

滚装运输（roll on/roll off transport）是汽车等载运工具不通过吊装而是靠轮式驱动或拖带上/下船舶或火车的运输组织方式。

基于不同的角度，滚装运输有不同的分类。

(1) 根据载体的不同分类。可分为水路滚装运输、铁路滚装运输。前者是指以滚装船为载体，承运汽车或火车的滚装运输，也称滚装船运输；后者是指以铁路列车为载体，承载小汽车、半挂车等，也称火车滚装运输。

(2) 根据运载单元的不同分类。水路滚装运输模式的运载单元包括小汽车、载货汽车、商品车、半挂车、火车等，根据滚装船的船型及码头不同，可分为四大类：客滚船运输、货滚船运输、商品车滚装运输、火车轮渡。以火车轮渡为例，火车轮渡是指以装载旅客或货物的火车作为一个运输单元，将火车直接驶上驶离滚装船，然后由滚装船载运火车及旅客或货物驶往目的港的运输；相应地，基于火车轮渡的陆海联运，是指借助于火车轮渡实现铁路—海运—铁路多式联运，即以火车轮渡为载体，利用水运衔接两端的铁路运输，衔接方式采用在装货港将载货列车开上船舶，船舶到达卸货港后，由原载货列车开下继续运送至目的地的陆海陆联运模式。这种模式既可节省大量货物在装卸港上装下卸的时间而缩短货物的在途时间，又在很大程度上弥补了传统水路运输的不足，但火车轮渡仍然没有摆脱水运的特点，仍然要受轮船航速和装卸时间的限制。

铁路滚装运输模式的运载单元包括小汽车、载货汽车、商品车、半挂车等。比如，驮背运输就属于滚装运输。

(3) 根据车人是否分离分类。可分为非伴随式多式联运（unaccompanied combined transport）和伴随式多式联运（accompanied multimodal transport）两种。伴随式多式联运一般是指驾驶载货（客）车辆的司机与车辆不分离，始终全程伴随的多式联运。比如，在火车轮渡、客滚船运输、火车滚装运输下汽车司机通常是全程伴随的。

2. 滚装运输发展情况

(1) 美国。尽管面临全球航运业不景气的状况，但 2006—2011 年，美国滚装船的总吨位仍增长了 5.4%，据悉美国正在开展依托内河促进滚装运输发展的公水快速通道研究（如 M-55 Marine Highway Corridor，旨在创新密西西比河和伊利诺伊河的滚装联运模式）。美国密西西比河和欧洲莱茵河中普遍使用专业的滚装船运输载货汽车或（半）挂车。值得注意的是，除了传统集装箱船舶运输，美国内河和近海发展起了以厢式半挂车为标准运载单元的公水滚装运输，且大型化、专业化特点比欧洲更突出。

（2）欧洲。与美国不同，欧洲没有发展公铁两用挂车，但发展了独特的公铁滚装运输（特指卡车整车直接开上铁路并通过铁路长途运输）。

欧美国家都有良好的内河和近海运输条件，在促进多式联运发展中注重充分利用水运优势。欧洲大力发展公水滚装运输，过去十年欧洲滚装运输运量占国内水运运量的比例从10%左右提高到13%左右，如荷兰自2009年起专门开辟了多瑙河鹿特丹—蒂尔—赞丹—霍伦的挂车滚装运输专线。

非伴随式多式联运是欧洲地区最主要的联运方式，约占总量的94.7%，而伴随式多式联运方式在欧洲的体量非常小，但独具特色。欧洲的非伴随式多式联运又可分为欧洲洲内联运（continental combined transport）和跨洲海铁联运（maritime combined transport）两种。其中，洲内联运的范围仅限于欧洲内部（包括欧洲大陆与英国、爱尔兰之间的短海运输），相关的货物托运方绝大多数都使用符合欧洲标准的联运设备，而这些设备仅限于在欧洲内陆运输工具、驳船和短海运输船舶上使用，一般只提供“站点至站点”（terminal to terminal）的运输服务。跨洲海铁联运是欧洲与其他地区间的货物多式联运方式，所运输的货物绝大多数都装载在符合ISO国际标准的集装箱内，标箱的宽度都是8英尺，长度分为20英尺、40英尺和45英尺三类，通常施行的是“港至门”（port to door）的包括公路运输、清关和空箱补给等在内的全套运输服务。从欧洲的贸易路线布局来看，其境内非伴随式多式联运最为繁忙的路线是德国—奥地利—意大利的运输通道，其次分别是比利时—瑞士—意大利和德国—瑞士—意大利的运输通道。根据国际铁路联盟（UIC）的统计，洲内国内联运（洲内一国内的联运）、洲内国际联运（洲内不同国家之间的联运）、跨洲国内联运（洲内一国的跨洲联运）、跨洲国际联运（洲内多国的跨洲联运）占整个欧洲非伴随式多式联运的比重分别为21%、26%、39%和14%。

（3）中国。与欧美国家相比，中国现阶段滚装运输主要集中在整车水路滚装运输方面，沿江沿海整车进口口岸及汽车水运枢纽及配套设施建设不断推进，推动了汽车整车物流水路运输的发展。2018年，深圳长航、上海安盛、民生轮船、中远海运、中甫航运和华嘉船务等船务公司共计拥有91艘滚装船，全年完成汽车整车运输量320万辆。至于半挂车水路滚装运输，虽然在局部地区有所发展，但范围仍较小，而半挂车铁路驮背运输、卡车整车铁路滚装运输、公铁两用挂车运输等形式，目前还处于试运行的状态。此外，我国长江目前还没有专业的半挂车滚装船运输，长江滚装运输发展潜力巨大。

10.2.2 滚装甩挂运输概述

1. 拖挂运输与甩挂运输

拖挂运输，也称汽车运输列车化，它是指利用由牵引车和挂车组成的汽车列车进行运输的一种运输组织形式。

根据集装箱牵引车拖带挂车的方式，拖挂运输可分为以下三种方式（见图 10－3）：

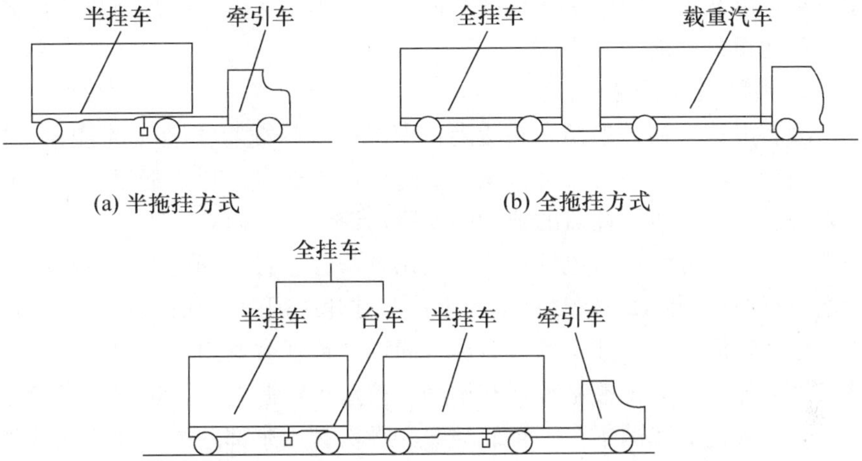

(a) 半拖挂方式　(b) 全拖挂方式

(c) 双联拖挂方式

图 10－3　集装箱牵引车拖带挂车的方式

（1）半拖挂方式。它是用牵引车来拖带装载了集装箱的挂车。这类车型集装箱的重量由牵引车和挂车的车轴共同分担，故轴的压力小；另外，由于后车轴承受了部分集装箱的重量，故能得到较大的驱动力；这种拖挂车的全长较短，便于倒车和转向，安全可靠；挂车前端的底部装有支腿，便于甩挂运输。

（2）全拖挂方式。它是通过牵引杆架与挂车连接，牵引车本身可作为普通载重货车使用。挂车亦可用支腿单独支承。全拖挂车是仅次于半拖挂车的一种常用的拖带方式，操作比半拖挂车困难。

（3）双联拖挂方式。它是半拖挂方式牵引车后面再加上一个全挂车。实际上是牵引车拖带两节底盘车。这种拖挂方式在高速行进中，后面一节挂车会摆动前进，后退时操作性能不好，故应用不广泛。

根据汽车列车的运行特点和对装卸组织工作的不同要求，拖挂运输包括定挂运输和甩挂运输两种组织形式。

（1）定挂运输（fixed transport）是指汽车列车在完成运行和装卸作业后，汽车（或牵引车）和全挂车（或半挂车）一般不予分离的定车定挂组织形式。定挂运输的组织和管理基本与单车相仿，易于推广，是我国开展拖挂运输的一种主要形式。

（2）甩挂运输（drop and pull transport），也称甩挂装卸，是指载货汽车（或牵引车）按照预定的计划，在某个装卸作业地点甩下挂车并挂上指定的挂车后，继续运行的拖挂运输组织形式。甩挂运输既保留了定挂运输的优点，又减少了装卸停卸时间，可以充分发挥运输效率，最大限度地利用运输能力。目前采用的甩挂运输形式主要有：一是两头甩挂运输，即在装卸货地点，各准备足够数量的周转挂车，列车在装卸货地点两端实行甩挂。这种形式适合大宗固定货源运输。二是一头甩挂运输，即在装卸货地点只做装车甩挂或只做卸车甩挂。这种形式适合装车困难卸车快或卸车困难装车快的大宗货物运输。三是联运甩挂运输。一般用于长距离运输，中间一段通过铁路或水路以驮背运输的形式将挂车运至预定车站或港口，吊下后再用驻在当地的牵引车将其运至目的地。

2. 滚装甩挂运输

滚装甩挂运输，是指在装货港，由牵引车将载有集装箱的挂车直接开上滚装船，停妥摘挂后离去，滚装船运行至卸货港后，等候在卸货港的牵引车上船，挂上载有集装箱的挂车，直接运往目的地的陆海联运滚装甩挂模式。

（1）鲁辽陆海货滚甩挂运输。山东省与辽宁省共同建设的鲁辽陆海货滚甩挂运输大通道于2015年12月10日正式运营，首开中国海上绿色货滚甩挂运输通道。

鲁辽陆海货滚甩挂运输大通道（简称“鲁辽大通道”），以山东的潍坊港和辽宁的营口港为陆海联运衔接基地，利用渤海湾水运资源打造我国第一条货滚多式联运黄金水道，形成连通我国华东—东北地区、纵贯我国东部地区南北方向的千余公里的多式联运通路和现代物流大通道。潍坊港至营口港海上运距约240海里（约445公里），陆上运距约100公里（潍坊市区至潍坊港约50公里，营口市区至鲅鱼圈港区约50公里），陆海总运距约545公里；潍坊与营口陆上公路运输需“D”字形绕行渤海湾，运距约为980公里，经潍坊港至营口港甩挂运输可缩短运距435公里。经测算，潍坊至东北同样的运输货物走鲁辽大通道比绕行山海关全陆路运输运费节省40%左右，比运行烟大航线节省运费30%左右。另据匡算，潍坊港的主要腹地与辽宁省的鞍山、抚顺、本溪以及吉林省长春、四平、辽源等城市之间，鲁辽大通道运营后，经由潍坊营口航线滚装运输比公路运输可缩短公路运距500～800公里，综合考虑海运价格明显低于陆运价格等情况，陆海联运对比陆路运输具有明显的运价优势。此外，该项目定位于货物滚装甩挂运输，其主要运输对象是挂车，运输过程中不涉及牵引车驾乘、油箱等，能极大地提升水路运输安全性。

潍坊—营口甩挂货运航线为定期定点货运航班，在潍坊港和营口港（鲅鱼圈）之间通行，主要承运的货物种类涉及蔬菜、轮胎、塑料、农用车、零部件、冷冻食品、粮食等。潍坊港集团山东潍营渤海重滚船务有限公司是鲁辽大通道项目的经营主体，该公司为大通道配置“潍营”号滚装货船。“潍营”号船长167.72米，型宽24米，型深9.3米，排水量12 541.8吨，主机19 660千瓦，总吨位17 137吨，载重5 963吨，设计吃水7米，设计航速25节，运行航速20节左右，从潍坊至营口航线海上航行时间约为12小时。该船能够装载甩挂车（12米长，2.5米宽）120台，货舱结构自上往下有B、C、D三层，其中C层为翘板层，通过翘板与岸基相连，船舱内无立柱，较适合拉大型车辆。

（2）中韩滚装甩挂运输。中韩滚装甩挂运输是指中韩两国运输车辆利用滚装渡轮进入对方境内后，不需要卸载换乘对方国家的运输工具，而是由原车直接将货物运送到目的地的运输方式。即两国的货运车辆搭乘船舶，按照双方商定的口岸、区域或运输线路从事的运输活动。

中韩滚装甩挂运输的最大优势在于运送蔬菜、活鱼等鲜活农产品，以及玻璃、电子仪器、精密仪器等防震要求较高的工业品。同传统海运集装箱运输方式相比，陆海联运最主要的特点就是减少了货物运输过程中的装卸次数，缩短了物流时间，节省了成本，被称为“绿色物流”。除此以外，这也意味着一个国家允许另一个国家的车辆开到自己的国土上来。

2010 年 9 月 7 日，中韩两国签署《中华人民共和国政府和大韩民国政府陆海联运汽车货物运输协定》及其第一阶段的实施议定书，标志着中韩两国的被牵引挂车可搭乘船舶，率先在韩国和中国山东指定港口口岸之间开展陆海联运甩挂汽车运输。为落实《中华人民共和国政府和大韩民国政府陆海联运汽车货物运输协定》及《中华人民共和国政府和大韩民国政府关于实施〈中韩陆海联运汽车货物运输协定〉第一阶段议定书》，2011 年 3 月 8 日，海关总署发布对山东省开展中韩陆海联运汽车货物运输项目甩挂运输试点业务有关事宜的公告（2011 年第 14 号）。2014 年 10 月 30 日，中韩交通运输与物流合作第七次会议在北京举行，双方专家围绕中韩陆海联运第二阶段合作提出设想和建议。在第二阶段，陆海联运的运输模式将由甩挂运输逐步推进至整车运输。

1）我国第一阶段适用的口岸包括威海、烟台、青岛、日照、龙眼以及石岛 6 个口岸，韩国方面适用的口岸是仁川港、平泽港和群山港。2014 年，增加连云港港为陆海联运试点口岸。截至目前，两国已经开通了 9 条陆海联运通道，率先在东北亚地区实现了陆运、港口、海运的无缝衔接。

2）经批准开展中韩陆海联运的境内运输（代理）企业，应当在经营业务所在地海关办理企业备案和运输工具备案，提交中韩陆海联运汽车货物运输（代理）企业备案申请表及中韩陆海联运汽车货物运输挂车备案登记申请表。海关审核同意后，制发××海关中韩陆海联运汽车货物运输车辆签证簿（以下简称“签证簿”），并根据《中华人民共和国海关事务担保条例》（国务院令第 581 号）的规定办理相关海关事务担保手续。

3）挂车所载货物应当按照进出口货物有关规定办理报关纳税手续。挂车随车物料应当按照《中华人民共和国海关进出境运输工具监管办法》（海关总署令第 196 号）规定办理海关手续。挂车所载货物如需办理转关手续的，按照《中华人民共和国海关关于转关货物监管办法》（海关总署令第 89 号）的规定办理。海关对进出境挂车比照《中华人民共和国海关对用于装载海关监管货物的集装箱和集装箱式货车车厢的监管办法》（海关总署令第 110 号）有关规定进行监管。

4）进境韩国籍挂车和出境中国籍挂车，未经海关批准，不得转让或者移作他用。

5）挂车在运输途中发生灭失的，除不可抗力外，应当按照进出口货物有关规定办理报关纳税手续。

6）韩国籍挂车进境、中国籍挂车出境，应填写中韩陆海联运挂车进出境申报单（以下简称“申报单”），连同签证簿一并递交海关。韩国籍挂车复出境、中国籍挂车复进境，应向海关递交签证簿和原申报单留存联。

10.3 翻坝运输

10.3.1 翻坝运输概述

1. 翻坝运输及相关术语的概念

（1）翻坝运输。当遇到长江洪水期封航或两坝（三峡大坝、葛洲坝）船闸阻塞等情况时，船舶所载货物或旅客在坝上或坝下通过铁路、公路等运输方式转运的过程，被称为“翻坝”。因此，翻坝运输是指以三峡大坝为节点，以坝上、坝下的港口为核心枢纽，通过构建便利疏港运输，实现高效联运，引导船舶所载货物或旅客上岸后经铁路进行大分流，或经疏港公路进行小转运，形成“大分流、小转运”多式联运格局，以减轻三峡船闸的过闸压力。

（2）与之相关的术语。过坝运输，是指船舶所载货物或旅客通过长江三峡大坝的过程。具体而言，过坝运输包括过闸运输、升船机运输和翻坝运输三种方式。

1）过闸运输，是指船舶通过三峡船闸和葛洲坝船闸的过程。葛洲坝船闸为三线一级船闸，20世纪80年代建成投入使用；三峡船闸为双线五级船闸，于2003年6月开始通航。自2003年建成通航以来，三峡船闸年通过量逐年攀升。2011年，通过三峡船闸的货运量达到1.003亿吨，提前19年达到年单向5 000万吨的设计通过能力；2017年，三峡过坝运输量达1.38亿吨；2018年，三峡枢纽过货量达到1.44亿吨，远超设计通过能力，且每年通过量还在增长。目前，三峡坝区核心区平均每天积压待闸船舶580艘左右，货运船舶通过三峡大坝船闸平均需要5天。如遇船闸检修，甚至会等候7～10天。比如，2018年7月份汛期及北线船闸检修期间，每艘船平均待闸时间5～7天，部分船舶待闸时间超过20天。宜昌地处长江中上游接合部，是三峡大坝所在地，也是全国性综合交通枢纽和长江经济带区域性综合交通枢纽，在宜昌江段，大量船舶锚泊待闸，平均每天600余艘，高峰期近千艘，影响了物流的时效性与便捷性，且产生大量的污染物。

2）升船机运输，是指通过升船机输送船舶过坝的过程。三峡升船机总长约5 000米，过船规模为3 000吨级，最大提升总重量达1.55万吨，最大提升高度为113米。升船机上游通航水位变幅30米，下游通航水位变幅11.8米。三峡升船机已于2017年投入运行，按照规划设计，主要适应3 000吨级大型客轮、旅游船，及部分运送鲜活快速物资货船。

2. 翻坝运输体系的构成

为解决三峡运输难题，湖北省提出翻坝运输体系的概念，以“四港（坝上的茅坪港、太平溪港和坝下的白洋港、红花套港）、三铁（江南翻坝铁路、江北翻坝铁路、紫云铁路）、两公（三峡翻坝高速公路、江北翻坝高速公路）、一管（管道运输）”为核心，建设长江港口泊位95个、铁路258公里、高速公路345公里、管道65公里，城镇土地综合开发面积 85 平方公里，最终形成以坝上茅坪港、坝下白洋港为枢纽的翻坝转运体系，可以引导货物上岸后通过铁路大分流，或经疏港公路进行翻坝运输小转运，形成“大分流、小转运”的多式联运格局。

3. 翻坝运输体系建设的必要性

目前，三峡枢纽已经成为制约长江航运发展的瓶颈。2011 年三峡船闸的过闸货运量首次突破 1 亿吨，提前达到 2030 年设计能力。为进一步挖潜三峡船闸通过能力，采取优化管理、推广三峡船型、提高船舶实载率、限制客船过闸、逐步提高小型船舶过闸限制吨位、合理利用升船机等扩能措施，可使三峡船闸实际通过能力提高到 1.6 亿吨，但挖潜空间有限，与未来过坝货运需求相比仍将存在较大能力缺口。国家发展改革委综合运输研究所基于货类预测法的过闸货运需求预测，2020 年三峡航闸水域双向货运量将达到 1.63 亿吨，2030 年将达到 2.4 亿吨，2050 年将达到 2.64 亿吨。假设远期过坝总需求达到 2.64 亿吨，既有船闸能力可提升至 1.6 亿吨，管道承担 1 028万吨过坝运量，公路承担 2 972 万吨，而铁路作为大能力环保的运输方式，可承担货运量高达 1 亿吨，这样就能使各种运输方式均较好适应各自的运输需求。

虽然翻坝转运可以在一定程度上缓解三峡船闸能力不足的问题，但无法解决低成本运输问题，同时对生态环境影响较大。从长远看，为从根本上解决三峡船闸通过能力不足问题，新通道的建设是必然选择。目前在三峡大坝左岸新建第二船闸已基本确定，长度 10 多公里，成本预估 400 多亿元，建设周期 10 年左右。三峡枢纽水运新通道的建设将从根本上解决三峡瓶颈制约问题，提升长江干线整体通过能力，完善三峡综合交通运输体系，加快长江上游港口向规模化、大型化、专业化发展，促进港口转型升级。

10.3.2　翻坝运输模式与线路

1. 翻坝运输模式

2018 年，宜昌交投公司与武汉铁路局、武汉中远海运公司联合申报的“长江三峡枢纽‘大分流、小转运’水铁公多式联运示范工程”项目入选第三批多式联运示范工程项目。项目以白洋港、茅坪港为依托，通过与行业龙头企业深度合作，积极推进长江三峡枢纽“大分流、小转运”多式联运示范工程建设，重点打造一平台（多式联运一站式服务平台）、两核心（以白洋港和茅坪港为核心枢纽）、三通道（沿江运输通道、沿海运输通道、陆桥运输通道）、四模式（江海铁、江海公、水公水、水水过驳）、五线路（以宜昌为中心向外辐射的五条多式联运线路）、六示范（运输组织示范、绿色节能示范、信息平台示范、服务模式示范、网络布局示范、基础设施示范），着力构建线上信息平台与线下运营平台于一体的一站式多式联运服务平台，构建依托长江、辐射全国、连接海外的水铁公多式联运网络体系，构建“大分流、小转运”的多式联运格局，畅通长江黄金水道。发挥西部地区货物经宜昌转运公路运距最短、水运距离最长的特点，将三峡枢纽港建设成为沿江运输通道上的水铁联运节点，同武汉港、黄石港、荆州港等沿江港口形成多点支撑、错位发展的格局，服务长江经济带建设。

（1）江海公、水水过驳模式。随着2018年8月白洋港的正式运营，江海公、水水过驳两种联运模式得以有效实施。

（2）江海铁、水公水模式。比如，锦州—宜昌—成都的散改集，从东北原产地装箱后在辽宁锦州港下水，先通过江海联运至白洋港，再经过公路短驳至宜昌东站，经水铁联运至成都青龙场站。同样，该批货物也可以从白洋港下船，经货车抵达三峡大坝上游秭归港，再通过船舶运输抵达上游重庆。其中上岸、公路运输和下水的翻坝运输，全程用时约24个小时，比经由大坝船闸节约近4天。

（3）水铁公模式。比如，货物从重庆工厂通过铁路发运到宜昌，由集卡车、运输车拖运到三峡保税物流中心，报关后由公路转运经云池港出口到上海港，再由干线海船运输到韩国釜山港，全程联运仅用18天。

2. 翻坝运输线路

（1）开辟了锦州—宜昌—成都江海铁多式联运。以江海联运、水铁联运为依托，探索“北粮南运西进”物流新体系，通过供应链金融业务，实现东北、三峡、成渝三地“粮肥互换”，为客户提供更优的全程物流解决方案，打通东北、宜昌至云贵川的物流新通道。

（2）开辟了介休—枝城港—湘潭散改集公铁水联运路线，打造“中部南北能源运输保障通道”。2018年12月，首列装载着山西地区优质焦煤的100个铁路集装箱在枝城港装船直运至湘潭钢厂专用码头，枝城港首次贯通公铁水联运集装箱专列，开辟了介休—枝城港—湘潭的散改集公铁水联运路线。相较于以往的铁路敞车运输，铁路集装箱具有运力更有保障、装卸效率更高、货物途损更少、绿色环保等明显优势。

（3）对重庆外贸出口集装箱首次定制开通了重庆—宜昌—釜山铁水联运线路，为西南地区外贸企业打造了“三峡绕坝东西运输新通道”。

（4）开辟了南昌—宜昌—成都集装箱铁水联运线路，探索集装箱铁水全程物流业务。

（5）开辟了商品车滚装翻坝多式联运线路。2019年3月27日，800辆商品乘用车从重庆走水路抵达湖北省宜昌港秭归港区茅坪作业区，换乘车辆运输车，通过公路运至宜昌港白洋港区，再由水路运抵武汉，部分商品乘用车将通过海轮出口至东南亚、南非等地。此次开通的翻坝转运为双向线路，下行路线为上游（秭归港）至下游（白洋港），上游西南地区的下行商品车，通过水路到达坝上秭归港卸船，经三峡翻坝高速、宜昌大桥、汉宜高速、宜张高速转运到坝下白洋港，装船后通过长江运往中下游地区。上行路线为下游（白洋港）至上游（秭归港），下游华中、华东等地区的上行商品车，通过长江到达白洋港卸船，再经宜张高速、汉宜高速、宜昌大桥、三峡翻坝高速转运到达坝上秭归港，装船后运往上游地区。为支持商品车水公水转运，自2019年1月1日起，湖北三峡翻坝高速公路对水公水转运的车辆运输车实行差异化收费。以一辆总重28吨的车辆运输车为例，从三峡翻坝高速公路秭归港收费站进站，宜张高速公路白洋收费站出站，通行费从300元降至240元。

练习题

1. 选择题

(1) 滚装运输方式包括（　　）。

A. 客滚船运输　　B. 货滚船运输

C. 商品车滚装运输　　D. 火车轮渡运输

(2) 在北美驮背运输中，可以提供"一站式"全程服务的企业包括（　　）。

A. 铁路运输公司　　B. 公路运输公司

C. 货运代理公司　　D. 货主

(3) 翻坝运输方式包括（　　）。

A. 水路运输　　B. 铁路运输

C. 公路运输　　D. 航空运输

2. 判断题

(1) 驮背运输的英文缩写为 COFC。（　　）

(2) 拖挂运输与甩挂运输是同一概念。（　　）

(3) 驮背运输的适用范围广泛。（　　）

3. 简答题

(1) 简述驮背运输的构成要素。

(2) 简述甩挂运输的概念。

(3) 简述翻坝运输体系的构成。

第 11 章 “集装箱多式联运＋”服务模式

引导案例 **“互联网＋”成为传统货运业的新命题**

随着互联网的飞速发展，“网购”成为新名词，应运而生的便是不同规模不同形式的货运电商平台。传统集装箱运输存在“甩柜”、物流信息无法实时跟踪等“痛点”，促使众多互联网货运平台出现。新型互联网货运平台在货主、中小货运代理和大型船公司、一级货代之间建立桥梁，减少中间环节。另外，集装箱运输业具有可压缩的多层货代结构、更为标准化、客户集中度更低的特点，更加适合海运集装箱货运代理发展电商平台业务。

近年来，受全球经济危机的影响，全球海运市场遇冷，市场格局从卖方转向买方。许多船公司开始寻求与货运代理电商平台合作，比如，2016 年底，马士基航运同时与“一达通”“运去哪”合作，货主可直接在该货运代理平台上订舱，提前锁定舱位和价格，避免爆舱和“甩柜”。

11.1 “集装箱多式联运＋”配送

11.1.1 “集装箱多式联运＋”配送概述

“集装箱多式联运＋”配送，是指通过集装箱多式联运与城市配送相衔接的全程物流服务，达到优化资源配置及提高物流效率、经济效益和社会效益的目的。

1. “集装箱多式联运＋”配送的必要性

（1）满足供应链对物流服务的要求。为了实现物流、信息流和资金流的快速流通和整合，确保供应链高效、有序运作，物流服务需要在节点效率、时效性、信息透明度和服务项目等方面满足供应链的要求。

1）节点效率。供应链涉及生产企业、物流企业和客户等环节以及配送中心、物流园区、港口、机场、堆场等节点，要求集装箱多式联运和城市配送采用智能化、标准化、信息化的设施设备和技术，实现各环节、各节点的高效衔接和配合。

2）时效性。供应链要求物流企业根据物流信息系统和自身经验预估和判断物流全过程，并及时调整物流进度，从而在指定时间范围内将货物送达客户，为客户实施即时生产创造有利条件。

3）信息透明度。供应链要求物流参与方之间及时交换和共享物流信息，并提高信息准确性，减少信息失真。

4）服务项目。供应链要求物流企业面向不同客户提供多层次、多元化的物流服务（包括基本服务和增值服务），从而使客户有充分的选择余地。

（2）满足集装箱多式联运与城市配送发展的要求。在供应链环境下，多式联运网络结构呈现极强的层次性。一方面，它由干线网络、支线网络、配送网络、末端网络四个不同层次组成（见图 11－1）；另一方面，依托于不同层次的物流节点（物流中心、配送中心等），四个层次的运输网络形成复杂的、对称或非对称的、相互关联的多式联运网络结构（见图 11－2）。

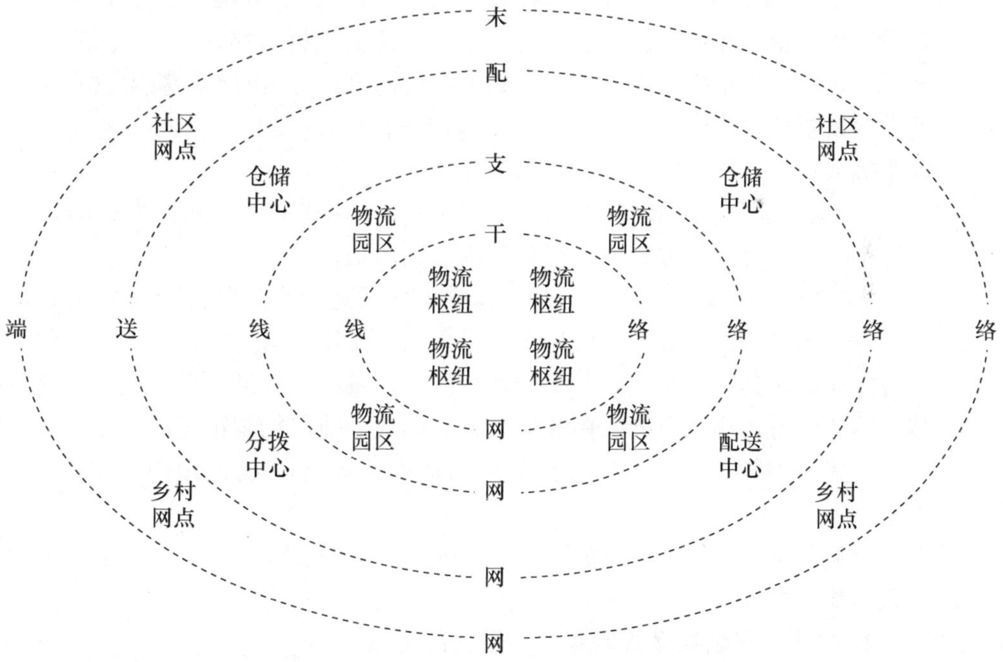

图 11－1　供应链环境下多式联运网络结构的构成

由此可见，集装箱多式联运的主要目的是为客户提供高质量、低成本的运输服务，其门到门运输服务仅限于干线运输及部分支线运输，难以延伸至城市配送，尤其是社区配送；而城市配送作为整个物流链中不可缺少的一环，担负着将货物最终送达客户的重要功能。只有两者实现干支衔接和一体化发展，才能为客户提供真正意义上的门到门全程物流服务。

在实践中，以全程是否采用集装箱为载体进行划分，门到门多式联运备选方案分为以下三类：

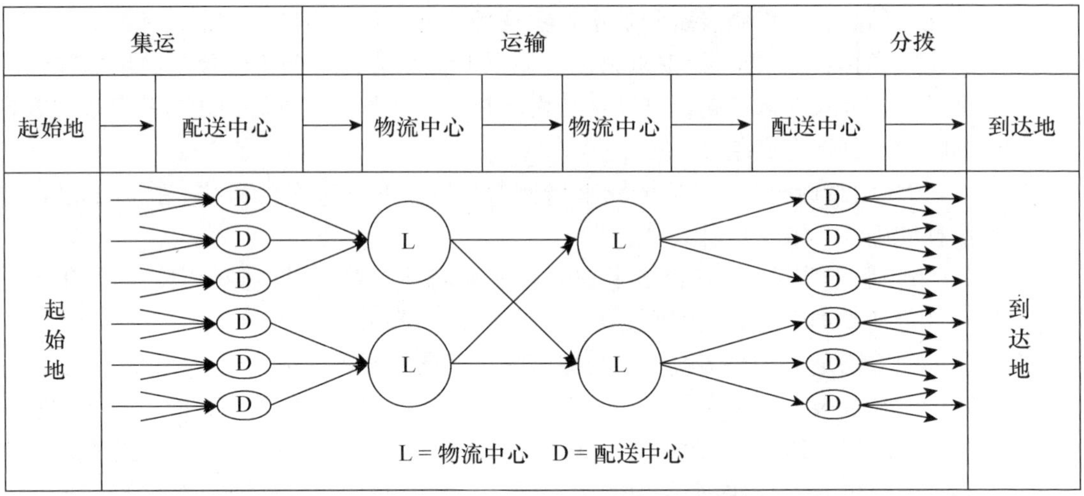

图11－2 供应链环境下复杂的、对称型多式联运网络结构

1）全程采用集装箱运输，具体可再细分为三种子方案：一是全程采用同一运输公司的集装箱（此种模式效率最高，运输中途无须拆装箱作业）；二是全程采用不同运输公司的集装箱（此种模式下，如不同运输公司之间的集装箱无法实现互换，则运输中途需要拆装箱作业）；三是全程采用不同规格的集装箱（此种模式下，运输中途需要拆装箱作业）。

2）全程采用非集装箱运输，如散货运输或厢式运输，此种模式的效率最低，而且如果采用散货运输方式，可能对环境造成污染。

3）全程由非集装箱运输（散货运输或厢式运输）与集装箱运输组成，通常在干线运输及运输条件较好的支线运输区段采用集装箱运输，而在始发及终到两端的支线运输区段，尤其是配送端，因每个客户的发货量或收货量较少，且收发货地也缺乏集装箱装卸设备，往往只能采用非集装箱运输或小吨位集装箱运输。

上述三类运输方案，反映在装拆箱地点选择上，可以是DR、内陆CFS或者口岸CFS。

可见，基于装拆箱地点的不同，在发送区段或交付区段，可形成至少七种不同的全程运输组织方案（见图11－3）。

2. 推进“集装箱多式联运＋”配送的对策

（1）释放客户需求。提高客户对集装箱多式联运与城市配送一体化运输的认知度，使客户认识到一体化运输具有安全、高效、环保等优点，从而优先选择一体化运输模式。同时，对选择集装箱多式联运与城市配送一体化运输模式的客户给予一定的运价优惠和补贴政策，优化一体化运输模式的客户体验，提升客户对一体化运输的重视和依赖程度，从而逐步扩大一体化运输的市场份额。

（2）提高物流企业供给能力。多式联运企业应通过与相关配送企业实行战略合作，开展一体化运作示范工程，开辟示范线路，同时，应通过智能化、专业化、标准化等手段，进一步提升服务水平。

（3）加大政府支持力度。支持大型物流企业对缺乏经营特色的中小型物流企业实

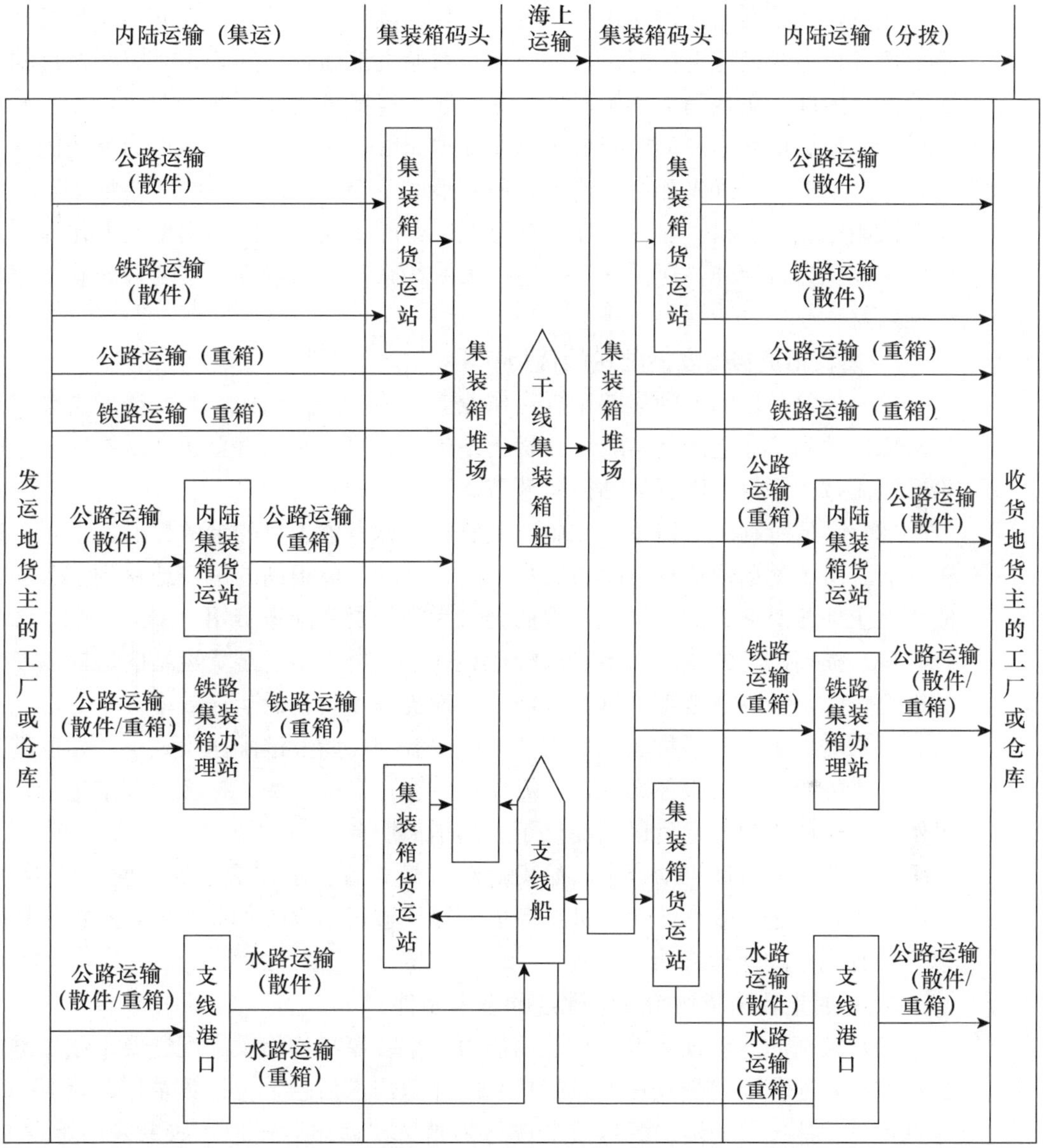

图 11－3　以海运为干线运输的集装箱多式联运集疏运形式示意图

施整合兼并，形成以多家集装箱多式联运企业为主导、以特色化和专业化运营的仓储配送企业为辅助的多层次物流产业结构，从而满足生产企业对物流服务的多样化需求；进一步完善物流服务基础设施，打通最后一公里。

11.1.2　集装箱货物始发港配送模式分析

1. 集装箱货物始发港配送的概念

集装箱货物始发港配送，是指在出口地将货物按照最终客户的需求顺序装入集装箱，重箱运抵目的地码头后直接提离，并送至各个最终客户处拆箱交付。

显然，在始发港配送模式下，省去了目的港货运站的拆箱环节，而改成从码头提箱后按客户需求进行直接配送。相应地，对始发港而言，其装箱时应考虑目的地的配送顺序。因此，集装箱货物始发港配送问题可以归纳为以下两个方面：

（1）根据最终客户的时间要求以及配送路线，来决定每个客户的配送优先等级。

（2）根据配送优先等级，确定在始发港的每个客户的货物的装箱顺序，然后在始发港按顺序进行装箱。显然，在装载过程中，除了应以空间利用率最大化和载重量利用率最大化为目标外，还需满足一些相关的约束条件，以提高集装箱的利用率，获得最佳效益。

2. 集装箱货物始发港配送的优势

（1）免除了目的地的集装箱拆箱作业。与传统模式相比，始发港配送模式是将货物从工厂运到始发港的货运站，在货运站进行装箱，然后直至送至最终客户才进行拆箱，因而减少了目的港货运站拆箱环节。

（2）降低货物配送费用。在始发港装箱时即考虑了目的港的配送需求，并进行装箱作业。由于配送作业从劳动力成本很高、土地价值很高的进口地移到了劳动力相对便宜、土地相对便宜的出口地，因而会大大降低货物配送费用。

（3）提高物流的效率。始发港配送免去了从码头堆场至货运站的运输以及货运站的拆箱作业，减少了装箱、拆箱次数，从而提高了货物的运送效率。

（4）增加了始发港货运站的物流增值服务。在始发港配送模式下，始发港货运站除了提供传统的装箱服务之外，还需要提供客户需求预测、按客户需求进行装箱作业等服务，这就为始发港货运站提供了新的增值服务。

（5）改善进口商流动资金。始发港配送模式省去了在货运港目的站的拆箱环节，提高了货物的运送效率，使得进口商能够尽快进行销售等相关业务，加快了资金回笼速度，有利于改善其流动资金。

3. 开展集装箱货物始发港配送的基本条件

（1）较高的需求预测水平与装箱能力。集装箱货物始发港配送要求始发港能够在装箱前准确地获取各个收货人（客户）的配送需求信息，包括数量、送货时间、送货地点等，并能按目的地的配送要求进行装箱。在远洋运输中，如果采用始发港配送，始发港必须具备较高的需求预测水平和装箱能力。比如，中国至欧洲的始发港配送，由于货运时间往往多于30天，就要求始发港应在30天之前掌握每件物品销售量、销售地点等信息，以便安排货物装箱。

（2）一流的信息管理水平及实现信息共享。集装箱货物始发港配送是属于跨部门、跨行业、跨地域的以现代科技管理和信息技术为支撑的新型物流配送模式。无论是装箱操作还是配送的实施，一流的信息管理水平及实现信息共享已成为提高营运效率、降低成本、提高客户服务质量的核心因素。因此，信息管理水平和是否共享信息决定了集装箱货物始发港配送的运作水平。

（3）可靠的集装箱服务。集装箱船准班率是船公司的生命线，是一家班轮船公司能否提供优质的班轮服务的体现，更是货主在综合考虑交货期和成本等因素时选择承运人的重要参考依据。显然，解决集装箱运输的准班率问题是使始发港配送满足最终客户配送需求的必要条件之一。

(4) 高效率的物流配送能力。在集装箱货物始发港配送的情况下，免除了目的港集装箱进入货运站的拆箱环节，而是采用公路运输将集装箱从码头堆场送至相关的收货人所在地进行拆箱交付，这就要求在目的地具有高效率的道路集装箱运输服务。

(5) 灵活高效的海关服务。在传统配送模式下，集装箱货物从码头堆场转关送至集装箱货运站并进行拆箱作业，待各个收货人报关后，可将货物交付各个收货人。而如采用集装箱货物始发港配送模式，集装箱货物，则由货运站报关改为工厂报关，即集装箱货物从码头堆场转关送至各相关的收货人所在地工厂进行拆箱、报关并交付。为了避免影响后续收货人提货，要求海关实行灵活、高效的查验工作，否则这种新型配送模式将无法有效地实施。

4. 开展集装箱货物始发港配送的对策

(1) 货主企业积极响应。目前，许多货主企业对集装箱货物始发港配送模式的认识还不足，不去考虑集装箱货物始发港配送对物流成本降低所起的作用。因此，应使货主企业认识到该模式的优势，并鼓励其积极选择这种新型的配送模式。

(2) 相关参与方相互协作。在集装箱多式联运货物始发港配送下，多式联运企业作为全程运输组织者，在与货主签订多式联运合同后，会根据业务需要，分别与相关的内陆运输企业、集装箱场站企业、船公司等参与方签订分包合同，以实现客户的配送需求。因此，为了确保最大限度地满足客户的配送需求，参与始发港配送的内陆运输企业、支线与干线船公司、相关码头与货运站，应在集装箱多式联运企业的统一组织与协调下，基于供应链管理的思想，实现信息共享、相互配合、相互衔接，只有这样才能充分发挥始发港配送的优势。

(3) 政府部门大力扶持。只有政府有关部门积极倡导与支持，才有可能大规模地推进集装箱货物始发港配送模式。因此，相关政府部门应提高对集装箱货物始发港配送重要性的认识，充分发挥政府的组织协调和政策引导作用，以市场为导向，以企业为主体，以高新技术为手段，以规范经营模式为重点，大力推进这种新型的配送模式，必要时给予扶持性政策。

(4) 海关等监管部门高效运作。海关等监管机构的高效运作是集装箱货物始发港配送模式得以顺利运转的关键，因此，海关等监管机构应创造良好的通关环境，简化内地通关、转关手续，鼓励企业开展集拼箱及中转业务。

11.1.3 交换箱体与甩箱运输模式分析

甩箱运输在欧洲（特别是德国、法国）广泛使用。在当地，很多货车都会拖挂一节或两节及以上的货箱，运达目的地后，货车便将随车携带的货箱甩留，再拖带其他货箱返回原地或驶向新目的地。这种运输方式称为“甩箱运输”。甩箱运输所使用的箱子称为交换箱体。

1. 交换箱体的产生与发展

交换箱体（swap body），也称可拆卸箱体，发源于德国。20 世纪 60 年代，联邦德国经济迅速膨胀，货运量急剧增加，运能运量矛盾加剧，如按传统运输方式满足运量需求，需投入大量资金购置车辆。经物流专家详细调查和分析，发现在传统运输方式中，等待装卸的时间占整个运输时长的比例很大，于是产生了交换箱体的构想。初期由于尺寸各异，各公司产品不能通用，这项技术在更大范围内发展受到限制。一直到箱体标准统一后，交换箱体才得到快速发展。截至2006年，共有26个欧洲国家将EN284作为国家标准来执行。20世纪90年代，全欧洲共有交换箱体30万～50万个，其中德国占70%，瑞典占15%，法国占10%，意大利占3%，其他欧洲国家占2%。近10年来，欧洲交换箱体的发展速度比较快，现在每年市场需求量2万个以上，并逐年上升，主要得益于公铁联运的快速发展推动了交换箱体的市场需求增加。

德国的交换箱体分为7 150毫米、7 450毫米、7 820毫米三个长度系列，宽度与公路车辆一致，可以达到2 550毫米。交换箱体的结构与标准集装箱结构相近，并设置了与20英尺的ISO国际标准集装箱角件位置尺寸相同的底角件和顶角件。由于交换箱体主要用于公路和铁路运输，不用于远洋运输，因此不要求交换箱体的强度达到标准集装箱的堆码强度要求。运输交换箱体需要使用专用的交换箱体拖车，该拖车设置可以升降的装置，将交换箱体升高，放下支腿，实现卸箱。专用拖车装载交换箱体时，先调整拖车的升降装置，使拖车的承载面下降，拖车的车架倒入交换箱体下方后，收起交换箱体支腿，锁紧交换箱体的底角锁，运载交换箱体至目的地。交换箱体与标准集装箱一样，可以装载至铁路平车进行铁路运输。

从欧洲多式联运发展历程看，交换箱体起初仅用于公路运输，随着欧洲一体化进程的推进，欧洲建成了比较发达的铁路运输网。以欧洲经济最发达的德国为中心，公路与铁路的货物运输覆盖欧洲各国。德国人发明了交换箱体，在德国推广应用，并逐渐扩展到法国、意大利、荷兰和比利时等国家。交换箱体产品种类从封闭式钢箱，逐渐发展到罐式交换箱体、冷藏式交换箱体、侧帘式交换箱体等，产品的应用范围不断扩大。运输的货物覆盖日用百货、食品、快递包裹、油品等，交换箱体成为欧洲各国之间的公路、铁路和水路联合运输的重要工具。目前，德国已经建立了以海运集装箱为标准载荷单元的外贸运输多式联运体系，以内陆集装箱、厢式半挂车和交换箱体为标准载荷单元的内贸运输多式联运体系，德国的公铁联运中，75%是集装箱，25%是厢式半挂车和交换箱体。

2. 交换箱体的优点

（1）交换箱体与甩挂运输相比的优势。与甩挂运输方式相比，甩箱运输的优势更加明显。首先，甩挂运输一般情况下是一个牵引车+一个挂车，实行“一拖一”。而甩箱运输在法律允许的情况下可以实现“一拖 n”，运输方式更加高效。其次，甩箱运输所使用的货箱拥有4条可折叠支腿，箱子可脱离车辆底盘，独立放在装卸货区，比甩挂运输更加方便、灵活。最后，由于一辆车可以拖多个交换箱体，因此箱体可以按目的地划分来实现沿途甩箱运输，大大提高运输效率。一般长途城际高效物流运输应用较多的是甩挂运输，而中短途的省际运输通常需要的就是短小灵活的甩箱运输。

（2）交换箱体与集装箱相比的优势。一方面，交换箱体的外形和结构与集装箱非常相近，但交换箱体带四个可折叠支腿，在公路运输中运载交换箱体的车辆不用等待交换箱体装卸货，且可实现自装卸，不需要吊装设备或者叉车等。而国际标准集装箱（例如20英尺集装箱）进行公路运输时，需要与半挂车一起存放货场进行装货。如果将集装箱放置仓库装货，需要使用吊具或叉车将集装箱从半挂车上取下，场站内的设备投入成本比较高，且操作烦琐。另一方面，交换箱体可以在铁路平车上运输以及在近海、内河中进行船运，从而实现交换箱体的公路、铁路和近海与内河的联运，大大提高了运输效率。铁路运输标准集装箱和交换箱体的操作基本差不多，但交换箱体更具容积优势，且可实现公路、铁路和水路的无缝对接，可大幅提高物流运输系统的效率。

3. 开展甩箱运输应具备的基本条件

（1）货源充足。甩箱运输最基本的条件是要保证两头有货，如果仅凭临时客户，采用甩箱运输既困难又不经济。

（2）技术条件要求较高。甩箱运输对于运输公司软硬件的要求比较高，比如对车辆、装卸水平以及作业地点的要求较高。其中，最重要的是甩箱运输需要作业场地，如果没有适合的作业场地，甩箱运输无从谈起。

4. 我国交换箱体推广情况

早在1995年，中国邮政即开展了利用交换箱体进行“接力运输”的研究和试验；1998年初，该项目通过当时的邮电部科技委评审，当年9月正式在郑州—武汉—长沙、武汉—合肥—上海、广州—南昌—上海等5条邮路上进行“接力运输”，并取得了良好效果。中集车辆（山东）有限公司等企业已经开发出了运输交换箱体的货运汽车和中置轴挂车，并小批量生产和应用。另外，国内已有车辆企业掌握了欧洲交换箱体的标准和核心技术，并开始批量生产出口至欧洲市场，这为交换箱体在中国的推广应用奠定了很好的技术基础。

经过对北车、中集、顺丰等相关企业的大量调研发现，目前多式联运交换箱在我国顺丰等快递与物流企业，以及黑龙江龙运集团已运行的汽车列车领域已有初步应用，且已初见成效。

2017年6月7日，交通运输部于《交通运输部关于下达2017年交通运输标准化计划的通知》（交科技函〔2017〕412号）中，正式下达了制定《多式联运交换箱技术要求及试验方法》（计划编号：JT 2017—40）行业标准的工作计划，由中集车辆（山东）有限公司、交通运输部科学研究院主持承担该标准的制定工作。2019年，交通运输部发布了《多式联运交换箱技术要求和试验方法》（JT/T 1272—2019）。

11.2　“集装箱多式联运＋”集装箱

11.2.1　集装箱共享共用

1. “海箱上路、铁箱下水”

过去由于我国铁路集装箱数量短缺、下水返回周期长等，一直以来中国国铁集团对自有铁路箱设置了“禁止下水”“用箱申请”等条件限制，这也会导致发往港口的铁路集装箱需要在铁路港站进行拆箱作业，以便将货物换装至船公司集装箱，既费时又费力。2014年3月，中国铁路总公司下发《关于大力发展铁路箱出境和下水业务的通知》，由此推动了各专业公司拓展铁路箱下水业务。同时通过降低自备箱空箱运费的方式，鼓励船公司、无船承运人、港口等企业所拥有的集装箱“上路”。

实行“海箱上路、铁箱下水”，有利于铁路部门提升集装箱的使用率、增加经营效益。对客户而言，大大地解决了长久以来困扰内陆地区的外贸集装箱严重缺乏的问题，极大地便利了客户，提高了运输效率，降低了运输成本，为企业发展降本增效。对多式联运企业而言，将铁路箱“一箱到底、原箱出口”的服务辐射到更广阔的内陆腹地，会吸引更多的内陆客户通过多式联运方式将商品出口海外，实现多方共赢，互利互惠。

（1）推进对策。

1）构建海运和铁路集装箱共享管理机制与平台。对于铁路企业或海运企业而言，是否愿意推进“海箱上路、铁箱下水”，主要取决于自身集装箱拥有量以及空箱分布情况，如果由此引发集装箱数量不足，或者收益有限，则将难以打通铁水联运的壁垒，因此，只有建立集装箱资源共享管理机制，明确双方的权、责、利，才能有效地整合海铁集装箱资源，推动铁路箱下水常态化。同时应探索建立集装箱共享平台，实现箱源共享共用。比如，可集中铁路40英尺、45英尺冷藏集装箱、自备冷藏箱资源，共同建立中欧班列冷藏集装箱共享共用平台，满足班列日益增长的冷链运输需求。

2）构建海运和铁路集装箱信息共享机制。只有实现集装箱信息共享，了解供求信息，多式联运各方才能做到科学调拨。比如，由于西部地区货物进出口不均衡，海运公司在西部地区海运集装箱空箱数量较少，长期存在出口海运箱短缺的情况。如果实行铁路箱下海出境，则能有效解决西部内陆地区海运箱匮乏、铁路箱富余的问题。当然，铁路箱下海后，还需要解决铁路箱的回程货源以及有可能造成的铁路公司集装箱用量不足等问题。显然，只有多式联运企业、铁路、船公司三方建立集装箱共享管理机制并实现信息共享，才能为客户提供更加超值的服务，实现铁路箱“一箱到底”的全程多式联运创新模式。

（2）相关案例。

1）国内海铁联运“一箱到底”。目前，铁箱下水主要集中于国内海铁联运，比如，大连铁路集装箱中心站将100TEU铁路箱从大连港装船前往烟台，完成在烟台港的装箱后返回大连港，再由大连中心站经铁路北上发运至沈阳。山东港口日照港、中国铁路太原局集团、中国铁路济南局集团和中谷物流联手合作，将山西地区上游企业的2 253吨焦炭装载于100个铁路敞顶箱，通过铁路运输至日照港后，装载于“中谷山东”轮后经海运至福建下游钢厂，实现整列发运、整列装船，货物全程不落地、不换装，最大限度降低了货物破损率、损耗率及环境影响，开创了日照港铁路箱“一箱到底”“门到门”多式联运物流新模式。敞顶箱直装上船的尝试，在技术上标志着船铁合作共同打破技术壁垒，在经济收益上则加速了敞顶箱周转，拓展了铁港船三方合作领域，实现了多方共赢。

2）国际海铁联运“一箱到底”。目前，也有部分地区开展铁路箱外贸货物“一箱到底”的多式联运全程物流新模式探索。比如，从驻马店发运，经由宁波舟山港出口至东南亚的海铁联运货物，在传统模式下，外贸货物出口需要客户从宁波舟山港调运空箱至货源地工厂装货，然后从驻马店铁路站重箱运输至宁波舟山港，再通过海运到东南亚目的港，全程运输时间需 15 天左右。基于提高运输时效、提升客户服务水平的需要，2019 年 9 月 12 日，宁波舟山港与中国铁路武汉局集团合作，采用铁路集装箱下水运输的新模式，允许客户在当地直接用铁路集装箱装货，运至宁波舟山港后直接装船出海，省去了以往铁路箱换装成海运箱和空箱调运的环节，运输时长缩短至 10 天，提升了约 30％的运输效率，同时降低了成本。此外，“陆海新通道”铁海联运也首次实现了铁路箱下海出境，该出境专列于 2019 年 9 月 2 日在团结村车站顺利发车。该班列载运 23 个铁路集装箱，主要货物品类有汽车零配件、电子产品等，到达钦州港后再出口至越南、泰国、印度尼西亚等东南亚国家。按传统模式，货物到重庆后需要换装海运集装箱，耗时需两三天，且资金成本也高。实行“一箱到底”后，时间和资金成本都降低了。

2. 国际铁路联运集装箱共享共用

我国仅与俄罗斯、哈萨克斯坦两国签署过大吨位集装箱相互使用协议。

（1）中俄集装箱互换。1999 年和 2006 年，中俄双方分别签订了中俄间大吨位集装箱相互使用协议，与 1999 年签署的协议相比，2006 年新协议取消了相互使用集装箱（简称“互使箱”）免费回空的条款，实质是以双方铁路箱为基础和前提，互为唯一集装箱代理公司。经中俄双方铁路商定，自 2018 年 1 月 1 日起，涉及中俄铁路所属大吨位集装箱相互使用的相关规定停止执行，中俄铁路所属大吨位集装箱在对方境内运送均按自备箱办理。

互使协议的废除，对中俄间铁路运输直接影响为：

1）俄铁箱（RZDU 箱）从中国出境，不再需要申请铁路箱出境（下水）提箱单。

2）RZDU 箱起票，不再按铁路箱的标准支付运费，改为按照自备箱的标准支付铁路运费。

3）铁路进口至中国车站的 RZDU 箱，还箱不再是还到到站，而是还到俄铁指定堆场。

4）中铁箱（TBJU 箱）出境俄罗斯，到站后需还到中铁指定堆场或返箱回中国，不再是还箱到俄罗斯目的站。

（2）中哈集装箱互换。1998 年，哈萨克斯坦铁路股份公司与我国铁道部签订了《中华人民共和国铁道部和哈萨克斯坦共和国国家企业“哈萨克斯坦铁路”关于铁路所属大吨位集装箱相互使用的协议》（以下简称“中哈互使协议”）。2006 年，两国铁路部门又重新签署并完善了中哈互使协议，并由哈萨克斯坦运输服务股份公司与中铁集装箱公司签署具体协议，解决集装箱使用和清算问题。

11.2.2　海运箱与内陆小型箱高效衔接

1. 中国铁路总公司 1.5 吨小型箱

近年来，随着国家对宏观经济的调控，铁路的大宗货物运输量不断减少，中国铁路总公司（以下简称“总公司”）为拓宽运输市场，提升运输服务质量，创新物流服务品牌，最大限度满足货主多样化物流服务需求，扭转铁路运输量下降的困境，加快了铁路运输市场的布局与创新，拓宽了在零散货物运输上的市场营销。2016 年初，总公司为适应零散货物快速发展的运输需要，向铁路货物运输市场投放了 10 万只 1.5 吨小型集装箱（以下简称“小型箱”）。此外，昆明铁路局还增购 400 只 2.5 吨小型集装箱扩大试运规模，昆明铁路局货物快运已形成以 1.5 吨、2.5 吨小型集装箱为主型箱的运输格局。

（1）小型箱的主要技术参数。总公司购置的小型箱是为适应零散货物的运输需要而设计的，它的额定质量1 500千克，自重 180 千克，允许最大载重质量 1 320 千克，内部长度 897 毫米，内部宽度 1 254 毫米，内部高度 1 140 毫米，容积大于或等于 1.28 立方米。

（2）小型箱的优势与适用范围。小型箱的投入使用是总公司针对零散白货的运输需要购置的，其优点是安全、高效、便捷、货损低、实重计费。

采用集装箱运输，由于箱体结构牢固、耐压、耐湿，能有效保证货物完整，大大降低货物破损、湿损，尤其是一些精密、易碎货物，安全效果更为显著。小型集装箱更能实现货物露天存放，可以节省仓储物流的费用。

1.5 吨铁路小型集装箱便于机械化装卸，加快了货物运输的速度，降低了运输费用。箱子规格统一，降低了物品破损率，为货主省去不必要的麻烦和经济上的损失，不仅使企业在运输成本方面有明显缩减，而且使铁路在向企业提供运输服务时有了更多的选择方式。

在简化包装方面，很多货物甚至无须任何包装，只需要放进集装箱里面就可以了，大大降低了包装的成本。集装箱铅封后货物能够稳定地保持在箱内，不用担心潮湿、货物丢失等，非常适合长途搬运。

1.5 吨铁路小型集装箱可吸纳 90%以上的零散货物，包括玩具、百货、皮革制品、食品等，实现集零为整、分户定箱，简化原有的“批批点件数，件件看标签”的理货手续，大大提高作业站作业效率。测算显示，如果货物是“散装”进货物车辆的，装卸一个整车一般需要 2～3 小时，使用小型集装箱后，则只需 15～20 分钟。

小型箱是铁路专用化用具，是针对铁路零散货物运输的需求量身定做的仅限于装载零散货物运输的用具，在总公司范围内的零散货物快运中心站、作业站间运输。根据客户的需要，可办理零散货物的“门到站、站到门、站到站、门到门”的货物运输服务。

（3）小型箱的调配。小型箱由总公司运输局统一管理，根据各铁路局市场的需求，按运输量分配给各铁路局使用，由各铁路局调度部门统一指挥。

1）小型箱的跨局调配。小型箱的跨局调配由总公司调整，总公司根据各铁路局实际市场需求、小型箱的分布、零散货物快运动态、运用情况、运用效率，实时调整各铁路局的小型箱的保有量。

2）小型箱铁路局管内的调配。小型箱的铁路局管内调配由物流调度员通过集装化用具管理信息系统了解在站空箱数量、运用效率、装箱情况、在途情况等，通过铁路货运信息系统掌握货源结构、主要装车站，确保小型箱空箱合理分布在零散货物作业站。

(4) 小型箱的网上办理流程。小型箱的申请，客户可以根据自己的需要通过电话或者网上办理。以下为网上办理流程：

1) 客户发货申请。客户登录“中国铁路 95306 网”点击“我要发货”，按照要求输入客户信息、发运信息以及货物信息等有关信息，提交生成发货申请。

2) 铁路受理发货。铁路局客户中心接到网站订单后及时与客户联系，了解清楚货物的品名、性质、重量、体积后，将客户申请需求单发送至接取送达物流调度员处。接取送达物流调度员对取货地址标注，通过 GPS 定位跟踪系统向距离最近的司机派单，配送司机通过手持机接取送达 App 接单，通知业务员联系客户，约定时间地点上门取货、收费。

2. 中日 JR12 英尺集装箱海铁联运

日本 JR 公司成立于 1987 年，在日本已建成完整的运输网络，正在推动中日海铁联运。中日 JR12 英尺集装箱海铁联运线路利用国际渡轮、铁路和卡车运载 12 英尺集装箱。货物可从中国宁波、杭州、苏州、南通、无锡、南京、合肥、武汉等地装箱，由卡车运到上海、青岛、厦门等，用国际渡轮运往日本博多或下关，然后通过日本铁路运往日本各目的地。反过来，在日本始发的货物将通过其覆盖最广的铁路网络进行运输，继而通过渡轮海运至上海、青岛、厦门等，最终由卡车运往中国各目的地。

在这项服务中使用的 12 英尺集装箱，是一种能够装 5 吨货物的小型铁路运输集装箱。在结构上，该箱两侧面或端部开门，无须卸车，可直接装卸货物；箱体中部下方设置锚结构，与日本铁路货运机车或是公路运输车辆上特有的锚座相配，通过锚和锚座的锁扣，可快速固定、卸下箱体；箱内四周衬有经过特殊处理的木衬板，达到日本卫生标准。12 英尺集装箱与通常的 20 英尺或 40 英尺集装箱相比较小，通常可将 3 个 12 英尺箱装在一个特殊的框架集装箱内，使其大小与 40 英尺集装箱相同，可在集装箱船上装运和用装卸桥作业。它通常用于日本国内铁路、公路运输和短期储存干货以及不需要保鲜的蔬菜、水果类货物。

11.2.3 海运箱与内陆宽体箱高效衔接

目前，世界主要发达国家逐步形成以 ISO 标准集装箱运输为主体、内陆集装箱运输为辅助的集装箱运输格局。

1. 内陆集装箱的概念与适用范围

所谓内陆集装箱，就是与国际标准 ISO 规格不同的新系列标准的集装箱，其核心特点是有效增加集装箱长度及宽度，比如 48 英尺、53 英尺集装箱，便于集装箱装载机械作业，提升集装箱运输效率。

内陆集装箱通常用于一个国家或地区的陆路运输，此外，目前我国内河集装箱船绝大多数是开敞式集装箱船，因此，此类集装箱也可以无障碍地在内河集装箱船舶上使用，但一般不参与国际海运，主要由于大型专业化集装箱船均是按国际标准箱设计相应的隔栅结构，因此，此类船舶无法装载内陆集装箱。

2. 推广内陆集装箱的必要性

我国内陆集装箱运输是伴随着外贸集装箱运输发展起来的。我国目前几乎全部采用的是国际标准集装箱，与我国运输设备不匹配，在运输环节中存在一些突出的问题，主要表现在：

集装箱外部尺寸与铁路等运输工具冲突。如我国的铁路车皮货载限宽 3 000 毫米，公路运输车辆的限宽是 2 550 毫米（根据 GB 1589—2016），而国际标准集装箱的宽度是 2 438 毫米，铁路和公路运输存在着运能浪费的现象，特别是在运力紧张的情况下，浪费运能被广泛诟病。

ISO 标准集装箱与我国现阶段交通运输设备不匹配的问题，客观要求建立符合我国铁路、公路、水路以及货场基础设施条件的内贸集装箱新箱型技术标准和托盘标准。

3. 内陆集装箱标准化情况

目前已发布三项标准：国家质量监督检验检疫总局国家标准化管理委员会发布的国家标准《系列 2 集装箱　分类、尺寸和额定质量》（GB/T 35201—2017），交通运输部发布的两项交通运输行业标准《系列 2 集装箱　技术要求和试验方法　第 1 部分：通用货物集装箱》（JT/T 1172.1—2017）、《系列 2 集装箱　吊具尺寸和起重技术要求》（JT/T 1173—2017）。上述三项标准是内陆集装箱运输的重要基础性技术标准，填补了内陆集装箱运输领域标准的空白，使我国内陆集装箱标准体系初具雏形，对于有效支撑和保障我国内陆集装箱多式联运发展，推动我国集装箱物流降本增效等，具有重要意义。

4. 内陆集装箱技术参数

2017 年底参照欧美内陆箱标准，我国发布了适用于大容量、大载重的内陆集装箱国家标准《系列 2 集装箱　分类、尺寸和额定质量》（GB/T 35201—2017）。系列 2 集装箱的宽度统一为 2 550 毫米，内部宽度为 2 435 毫米，系列 2 通用货物集装箱额定质量由 30.48 吨提高到 35 吨，提高了 14.8%，可有效提高多式联运集装箱运输效率。

5. 海运箱与内陆箱衔接

由于内陆箱无法装船，一般情况下海运箱与内陆箱在港口需要进行换装作业。当然，如果采用无隔栅结构的开敞式集装箱船，也可以实现内陆箱海陆“一箱到底”。比如，中国铁路研发的 20 英尺 35 吨敞顶集装箱（宽度为 2 550 毫米，高度为 2 896 毫米，长度为 6 058 毫米，载重为 32.22 吨，自重 0.278 吨，容积 39.4 立方米），因系宽体箱，受船舶装载条件限制，敞顶集装箱运输物资到达港口后，需要卸货换装海运箱或散装上船，增加了港口掏装箱等作业环节。为此，铁路部门与相关船公司、港口探索敞顶集装箱“一箱到底”公铁水联运新模式。2019 年 9 月 18 日，中国铁路太原局集团与唐山港、钦州港、安通控股股份有限公司合作，将 43 组 86 箱（中国铁路 35 吨敞顶集装箱）共计 2 752 吨货物，由山西安塘站发出，运达唐山港聂庄站，在唐山港卸箱不卸货，直接吊装到安通控股“仁建贰”集装箱轮，从唐山港出发前往钦州港，再短驳至当地企业。2019 年 11 月 11 日，日照港与中国铁路济南局集团、中国铁路太原局集团、中铁集济南分公司、上海中谷物流、曲沃闽光焦化合作，将山西地区上游企业的 2 253 吨焦炭装载于 100 个铁路敞顶箱，通过铁路运输至日照港后，装载于“中谷山东”轮，然后运至福建下游钢厂，实现了整列发运、整列装船，货物全程不落地、不换装，最大限度降低了货物破损率、损耗率及对环境的影响，满足了客户一票直达的“门到门”需求。

11.2.4 集装箱高效利用——集装箱内衬袋模式

1. 集装箱内衬袋的概念与类型

集装箱内衬袋（container lined bag）又称集装箱干料袋、干包装，用于 20 英尺/30 英尺/40 英尺标准集装箱中，装载大宗有流动性的散装颗粒状、粉末状产品。

（1）拉链式内衬袋。适用于装鱼粉、骨粉、麦芽、咖啡豆、可可豆、动物饲料。

（2）倒三角门挡内衬袋。适用于糖等高密度散货。

（3）信箱式卸料口内衬袋。适用于装载炭黑等粉末状产品。

（4）全开式内衬袋。适用于装载托盘货或动物毛皮。

（5）顶部装货内衬袋。适用于用重力装货的干散货。

2. 结构与材质

集装箱内衬袋的结构是根据客户所装货物和使用的装卸设备而设计的。按照客户的装卸方式，集装箱内衬袋可以配有装卸货口（袖子）、拉链口等设计。

集装箱内衬袋材质构成：

（1）主体材料：PE/PP 编织布——140 克/平方米或根据客户要求。

（2）PE 膜：0.10～0.15 毫米，或根据客户要求。

（3）料口：圆筒形进料口，配合一个出气口，适合用吹风机装料；长方形进料口，带拉链（可延伸至敞口），适合用传送带装料。卸料口数量，根据客户要求。

（4）挡板：PE/PP 编织布或 PE 膜，根据客户要求。

（5）方钢：40 毫米×40 毫米×3 毫米×2 420 毫米，4 根/5 根/6 根，根据客户要求。

3. 优势

集装箱内衬袋使用食品级材料，使货物在运输途中保持干燥、卫生。与传统包装袋相比，集装箱内衬袋具有单位运量大、装卸容易、减少劳动力、货物无二次污染等优点。

（1）低成本。增加了装货容量，减少了工作时间和人力成本，降低了包装成本和包装袋的处置费用，集装箱柔性包装可以作为仓库使用，降低仓储成本。

（2）减少污染。完全密封的柔性包装袋由工厂直接运送到客户的仓库，可以有效避免环境污染，在打开包装的过程中也减少了污染。

（3）适用范围广。适用于粉末和颗粒状的产品，适合所有收货人，适用于海运和火车运输。

4. 适用范围

（1）非危险可自由流动产品。大豆、咖啡豆、大麦、小麦、玉米、可可粉、鱼粉、面粉、奶粉、花生、扁豆、坚果、豌豆、水稻、食盐、种子、淀粉、糖、茶叶、家畜饲料、混合谷物饲料等。

（2）颗粒状或粉末状散货。PTA、锌粉、聚乙烯颗粒、聚丙烯颗粒、尼龙聚合体、ABS 树脂、聚碳酸酯颗粒、铝粉、肥料、玻璃珠、聚酯颗粒、PVC 颗粒、苏打粉、清洁剂、瓷土、二氧化钛等。

5. 安装步骤

（1）将内衬袋置于清洁的集装箱内并将其展开。

（2）将方钢放入袖子中，并置于地板上。

（3）将内衬袋上的松紧环和绳子牢固地系在集装箱内的铁环上（从一边开始，先上后下，由里到外）。

（4）用拉绳将位于箱门处的袋子底端与地板上的铁环固定，防止装货时内衬袋移动。

（5）将四条方钢通过挂环和悬带固定在箱门槽中。灵活悬带可以按高度调整。

（6）将左门锁紧，用空压机充气为装货做准备。

11.2.5 集装箱高效利用——散改集模式

1. 散改集的概念与特点

所谓“散改集”，就是将原来散装运输的煤炭、焦炭、矿石、粮食等大宗货物装入集装箱进行运输。

散改集使用的集装箱，既可以是专用集装箱，也可以是普通集装箱，实践中所称的散改集通常是指回程或去程的空集装箱载运散货，既实现了“重去重回”，提高了集装箱利用率，同时又具有环保的作用。因此，散改集是物流行业发展的重要方向，也是物流行业绿色变革的重要标志。采用集装箱装运散货具有不撒漏、无扬尘、无货损、限超载、效率高、成本低等明显优势。但散改集的最大瓶颈在于“装货难、卸货难”，这严重制约了散改集的推广普及。

2. 装卸工艺

散改集装卸工艺不断改进，经历了 1.0 时代到 4.0 时代。

散改集 1.0 时代，在集装箱上面开“天窗”，用抓斗将铜精矿、煤矿等货物放入其中；2.0 时代，用皮带将货物运输进集装箱内；3.0 时代，将集装箱竖立起来，再用皮带输入；4.0 时代，操作场地从陆地搬到了外海，在外海泊位，货物由一抓斗车抓起，落入一台改装的两用料斗后，通过 5 米长的皮带机输送至可控流量的三通落料口，落入由翻箱机操纵的集装箱内。

3. 主要模式

（1）粮食散改集。以粮食入箱为重点，着力打造船运（水路）—港口卸货（管道）—散粮入箱（铁路）—卸箱入库（公路）的多式联运体系。2017 年 6 月 30 日，锦州港—防城港粮食直航班轮停靠在防城港集装箱码头，标志着防城港货运粮食的直航航线班轮正式开启；12 月 12 日，防城港至昆明的“北粮南运”集装箱专列开通，开启了粮食运输新模式。通过海运到达防城港港口的散装粮食，经管道运输卸船，进入粮食筒仓直接储存，不仅实现了粮食物料专业化、自动化、封闭化的装卸一条龙服务，还确保了粮食物料运输的高效、无污染和低货损。卸船效率由原来的 700 吨/小时提升至 2 000 吨/小时，相对传统汽车运输工艺提高 2 倍多。通过粮食装车楼直接将粮食灌装到车辆上的集装箱内，每箱装运仅需 15 分钟左右，一车（两箱）的装运时间为 30 分钟，极大地节省了散装粮食装袋打包包装环节及人力搬运装卸时间。

（2）煤铝散改集。2017 年 6 月 8 日，防城港市开通首趟开往百色市靖西的煤炭专列，开启了煤炭采用新型集装箱敞顶箱运输的海铁联运模式新时代。首趟煤炭班列试运成功后，积极通过敞顶箱回流铝产品至防城港，目前已形成防城港至百色“煤铝对流”专列的常态化开行。

（3）硫黄化肥散改集。2016 年 1 月 1 日，防城港开通至昆明读书铺海铁联运“五定班列”。其去程货物为进口硫黄，返程货物为出口化肥，即从读书铺出发时装出口的化肥，实现重去重回，大幅降低综合成本，每趟比原来普通列车节省 30 小时。

（4）钢材散改集。2019 年 12 月初，驶入唐山港京唐港区的“天祥 62 轮”成功装载了 100 个 40 英尺半高硬开顶重载集装箱（以下简称“半高箱”），在唐山港京唐港区顺利接卸落地。半高箱由营口港研发成功，与传统集装箱比，高度上低一米多，外高仅为 1.717 米，箱货总重可达 40.5 吨，最大载重 36.75 吨，比以往普通箱型载重量多近 9 吨。半高箱主要针对型材、螺纹钢、线材、中厚板等钢材货种散改集业务。集装箱在铁路运输时受到高度、宽度、长度、重量方面的限制，特别是高度和重量上的限制，以 20 英尺标箱为例，高度和重量的利用率分别为 59.5%和 80%。由于半高箱的单箱载重已经达到 36.75 吨，因此只要合理配置，两箱堆叠时可做到车板 100%的载重利用率；传统 40 英尺箱重载起吊易变形，难以装载更多的货物，半高箱采用 8 个角柱的设计，为重载时安全起吊提供了更可靠的保证。

（5）散改集+集改散。针对长江流域部分内河港口不具备集装箱船舶靠泊作业条件的情况，太仓港推出北粮南运“集改散”新模式。该模式是将北方的玉米、大米等货物通过营口、锦州等港口集装箱海运到太仓港后，在太仓港将集装箱货物改成散货装上内河分流船运往浙北、苏北、湖南、江西、四川等地。该模式因采用长距离集装箱海运、近距离散货船驳运的联运方式，既有效控制了运输成本，又方便企业就近提货，受到腹地企业的欢迎。

11.2.6 集装箱高效利用——滚改集模式

1. 滚改集的概念与优点

滚改集，即商品车集装箱运输，指将商品车装入集装箱，以集装箱为单位进行运输。以陆海联运为例，承运单位按约定时间到达商品车仓库，将商品车通过运输车运至码头堆场，当天完成装箱作业，装船后运至不同目的港，商品车分别运抵目的港后，在码头堆场完成拆箱作业，并送抵 4S 店。

商品车集装箱运作模式的出现，是商品车运输滚改集的重要探索，这将扩大商品车物流多样化运输的方式和渠道，并将有力助推中国汽车制造企业“走出去”。目前，我国商品车运输的80%依赖公路运输，其中又以双排车运输最为普遍，滚装船运输和铁路运输分别占比仅为10%。但是，随着《整治公路货车违法超限超载行为专项行动方案》及《汽车、挂车及汽车列车外廓尺寸、轴荷及质量限值》（GB 1589—2016）的发布与实施，从2018年7月起，国家全面禁止不合规车辆运输车通行，轿运车单车装运能力，从20～24辆减少至6～8辆，运输效率下降70%，同时，不合规车辆的更新改造，也使公路运输成本大幅提高。

滚改集具有批量灵活、航班密集、交货及时、覆盖面广等优势，还可以为汽车厂商制定灵活的运输方案，既降低成本，又提升了运输效率。因此，滚改集成为继公路运输、火车运输和水运滚装船运输三种模式以外的“第四种商品车运输模式”。

（1）相较于滚装船运输，滚改集不需要专业的汽车滚装码头，4～5名操作人员即可完成装卸作业，同时在运输时效、装卸效率、安全性方面优势明显。以商品车从重庆运到上海为例，仅在武汉过闸阶段，集装箱运输模式就能节省2天时间，全程约为7～9天。通过滚改集，集装箱装卸效率平均在20～30分钟/箱（2～4辆商品车）。

（2）集装箱可堆叠的特性，使其可以成为临时的车辆仓库，且不占用更多空间。比如，在港区的集装箱码头，通过该模式，可以为汽车制造企业免费提供10天左右的整车堆存期，从而可有效缓解厂家的库存压力。

（3）与铁路运输相比，滚改集以集装箱为运输载体，运量灵活，可以实现小批量、定制化，极大降低启运门槛，多流向货物可同时操作，同船装载。

（4）与公路运输相比，虽然在运输时效上，滚改集有所滞后，但可降低30%的成本。

（5）滚改集更易实现运输中的无缝对接。商品车集装箱运输模式提供拖车从工厂将车辆运输、装船并运抵4S店的全程“门到门”服务，大大节省了时间成本。

（6）滚改集能有效减少物流环节，大幅降低环境污染。

2. 滚改集运输设备

（1）汽车集装箱。汽车集装箱，简称“汽车箱”，是专门用来运输各种类型汽车的一种特种集装箱。由于集装箱在运输途中常受各种力的作用和环境的影响，因此集装箱的制造材料要有足够的刚度和强度，应尽量采用质量轻、强度高、耐用、维修保养费用低的材料，并且材料既要价格低廉，又要便于取得。

1）海运汽车集装箱。20世纪80年代初，人们已开始对集装箱进行汽车堆码技术的研究，1995年英国CSA公司推出了世界上第一台折叠式专用汽车集装箱。目前，通常国际航运线上每一艘班轮至少可以有40只装有汽车的特种集装箱。

2）铁路汽车集装箱。目前，铁路部门已开发了20英尺和50英尺双层汽车集装箱，25英尺和50英尺板架式汽车集装箱。以中铁50英尺双层汽车箱为例，该箱可装载6辆高级轿车，回空时可以用作普通干货集装箱使用。

（2）汽车专用车架。汽车专用车架利用了汽车的迎风角，整体为梯形结构，分上下两层，上层平台连接支承在前立柱、后立柱上，并倾斜一定角度，且倾斜角度可作调整，上层平台、前立柱、后立柱均可折叠放于下层平台上。通常情况下，每层装载一辆汽车，40尺标准集装箱可装载两个车架，共4辆汽车。比如，中远海运集运在吸收日本专利技术的基础上，独立研发的汽车专用车架，单体重量1.24吨，使用寿命可达13年，可实现“一箱四车”。当然，汽车专用车架也可以将原来的“一箱两车”升级为“一箱三车”模式，比如，大连港集团自主创新研发的集装箱专用汽车运输架，最大载重2.3吨，使用寿命5年以上，可实现“一箱三车”。

3. 滚改集的安全监管

汽车类货物不同于普通货物，是多种危险货物的特殊组合，比如，整装汽车通常包含燃油、蓄电池、灭火器、安全气囊等组件或属具，其中，燃油属于第3类危险货物，蓄电池属于第8类危险货物，灭火器属于第2类危险货物，安全气囊属于第9类危险货物。作为集多种危险货物于一身的特殊货物，众多国际公约、行业规范及地方性法规对汽车类货物运输都制定了严格的规定和要求。因此，对集装箱装运汽车类货物，在托运前务必检查是否满足特殊规定要求，严格按照危险货物运输要求进行运输。

（1）《国际海运危规》的规定。根据《国际海运危规》的规定，汽车类货物海运须满足以下条件：

1）蓄电池、发动机、燃料电池、压缩气瓶、储能器或燃料箱（使用时）没有任何泄漏迹象。

2）所安装蓄电池或电池组已采取防短路措施。若要按照普通货物运输汽车类货物，须满足SP 961规定的以下任一条件：第一，积载于滚装船或主管机关（船旗国）非特别指定用于运输汽车类货物的处所；第二，由易燃液体燃料驱动的汽车类货物，其燃料箱是空的；第三，由易燃气体燃料驱动的汽车类货物，其燃料箱内的液体或压缩气体已被清空，箱内正压不超过2帕，燃料截止阀或隔离阀已经关闭紧固；第四，单纯以湿电池、干电池或钠电池驱动的汽车类货物，其电池已采取防短路措施。

从上述规定可知，除滚装船运输的汽车类货物或者单纯以湿电池、干电池或钠电池驱动的汽车类货物外，其他通过集装箱运输的汽车类货物应将燃料箱内的燃油或燃气清空，并对所安装的蓄电池采取防短路措施。若汽车类货物不符合SP 961的规定，则须按照SP 962的规定，将由内燃机、燃料电池或蓄电池驱动的汽车类货物归为第9类危险货物，其海运须满足以下要求：一是对于由易燃液体驱动的汽车类货物，燃油箱中的易燃液体量不得超过其容量的1/4，且在任何情况下均不得超过250升；二是对于由易燃气体驱动的汽车类货物，燃料箱的燃料截止阀须关闭紧固；三是对其所安装蓄电池须采取防损坏、防短路和防意外启动措施，且除非主管机关批准，锂离子或锂金属蓄电池须满足联合国《关于危险货物运输的建议书：试验和标准手册》第III部分第38.3节的要求；四是灭火器、压缩气体充灌器、气囊充气机等操作车辆所需的危险货物须牢固地安装在汽车类货物上。

（2）规范汽车类货物集装箱运输的安全措施。首先，应从源头入手，加强航运企业的安全责任意识，使其在订舱环节加强对货物的核查，确保货物运输符合新版《国际海运危规》的规定。比如，根据新版《国际海运危规》的要求，对不符合SP 961规定的汽车类货物按照第9类危险货物申报出运。但在实际操作中，大多数航运公司在接受客户订舱时，并未对汽车类货物是否符合 SP 961 的规定进行审核，只要客户按要求出具书面保函，保证所托运汽车类货物的燃料箱已清空且蓄电池已进行防短路保护措施，便允许其以普通货物集装箱办理汽车类货物集装箱的运输手续。

其次，应增强码头应急处理能力，加快专业队伍和专属查验场地建设，提高对特殊货物的拆装箱能力，确保对积载要求高、作业难度大或具有特殊危险性质货物的开箱查验工作能够安全、顺利地进行，以保障和提高汽车类货物集装箱海上运输安全性。

4. 滚改集运作流程

滚改集运作流程与采用的运输方式、业务内容等有关。比如，上海泛亚航运公司升级集装箱整车运输方案，在目的港至最终销售地间，提供集中化、标准化管理的商品车前置库服务，实现集装箱整车运输＋商品车前置库管理的全程“端到端”一体化服务。所谓前置库服务，是指在靠近港区的堆场等地，设立整车存储设施，随时根据市场需求，将车辆通过集装箱运输方式，运送至终端市场如4S店等。这样既可以快速响应市场需求，确保销售资源的及时供应，又可以利用靠近港口的优势，提高物流响应时效。同时，通过集装箱大批量运输，成本更优，效率更高，物流环节全程受控。此外，停在仓库中的商品车，全部施行精细的“库”式管理。从驳运入库到交车出库，都有完善的车辆检测流程，专业的技术人员全程跟踪，确保商品车在前置库中始终保持销售品质。

限于篇幅，以下重点介绍商品车的装箱流程。

（1）验收车辆，确认无误。“当面清”是商品车验收的重要原则，当商品车运抵集装箱作业场地后，理货人员会按照送货单号接收商品车，双方对车辆外观以及随车物品进行点检，确认外观无损伤、随车物品齐全后，才可交接签认。

（2）检查集装箱，确保细节工作到位。车辆验收后，理货员应对汽车的重要承载体——集装箱做细致检查，检查集装箱箱体有无破损、凹陷，箱门及把手是否完好，而装箱人员则应检查支架、插销、紧固带是否完好，如有异常及时更换，确保无误。

（3）汽车入箱，严谨缜密。如前所述，一般来说，一个40英尺集装箱通常使用两个汽车车架，每个车架装两台车。

1）组装汽车车架，使用车架符合所装运汽车；

2）第一台车驶上车架，停稳后，作业人员使用紧固带将车辆轮胎与汽车车架轮胎固定器进行固定；

3）叉车将车架抬高至相应位置后，作业人员使用插销固定车架，确保车辆与集装箱保持安全距离，同时支架下方车辆可正常驶上车架；

4）将第二台车驶上车架，停稳后，作业人员使用紧固带将车辆轮胎与汽车车架轮胎固定器进行固定；

5）调整车架前后两端限位器，并用插销固定，确保车辆与箱体及车架间保持安全距离；

6）叉车将装好汽车的车架整体推入集装箱前端。

重复上述操作，可将另外两台车装于第二个车架。

（4）汽车加固，确保安全。

1）车辆移上车架后，使用紧固带将车辆 4 个轮胎与汽车车架的轮胎固定器进行捆绑，固定牢固，紧固带需在汽车轮胎中心线位置。

2）车架推入集装箱后，调整汽车车架纵向支撑杆，使车架与集装箱、车架与车架之间纵向支撑杆互相靠拢，且保证车架上的汽车间有足够间隙，防止车架在集装箱内窜动。

3）车架与托盘推入集装箱后，在汽车车架两侧使用紧固带与集装箱底部绳环拉紧固定，防止汽车车架在集装箱内移位。

4）固定完毕，经工作人员检查完毕之后，将集装箱关闭并施封。

（5）整理照片，信息留存。工作人员应将装箱照片进行系统整理，分箱号存档，同时将照片递交公司，以审核是否与装载加固方案相符。

11.3　“集装箱多式联运＋”互联网

11.3.1　“集装箱多式联运＋”互联网概述

1.“互联网＋”概述

（1）“互联网＋”的概念。“互联网＋”代表一种新的经济形态，即充分发挥互联网在生产要素配置中的优化和集成作用，将互联网的创新成果深度融合于经济社会各领域之中，提高实体经济的创新力和生产力，形成更广泛的以互联网为基础设施和实现工具的经济发展新形态。

基于企业的角度，“互联网＋”是传统企业完成互联网转型后实现的一种高级形态。传统企业通过互联网转型，将原有组织、业务与互联网思维、互联网技术有机融合，形成更为先进的组织形态和业务形态。因此，“互联网＋”是传统企业在进行互联网转型之后的一次蜕变，是传统企业不再“传统”的一个必然发展阶段，是传统企业在互联网时代生存的必需形态。

（2）“互联网＋”的层次。企业“互联网＋”可分为三个层次：

“初级互联网＋”，即简单利用互联网技术或者互联网平台作为工具或渠道。

“中级互联网＋”，即将互联网能力植入现有产品之中，使产品本身升级为“互联网＋产品”。

“高级互联网＋”，即企业本身升级为“互联网＋企业”，企业的经营管理模式兼具产品研发和产品运营的双重能力。

2.“＋互联网”概述

（1）“＋互联网”的概念与内涵。一般而言，“＋互联网”，是指传统企业在原有运营模式不变的情况下，通过互联网的渠道和平台，实现销售量的增长，乃至用户的增长。

表面上看，“＋互联网”是传统企业考虑如何用好互联网这个工具和手段。但实际上，“＋互联网”的核心是企业思维模式的转变，而非各种工具的利用。“＋互联网”的目标是实现互联网转型。所谓互联网转型是指传统企业使自身具备互联网能力的一种过程。传统企业通过借助互联网技术、互联网思维、互联网平台完成自身转型升级，从而改善或创新产品业务，实现业绩增长。互联网转型的主体是传统企业，互联网转型是传统企业学习和实践互联网思维的过程，其目标是改善现有业务，或是结合原有业务找到新的增长点。互联网转型不是传统企业转型成为互联网企业，而是传统企业增补过去不具备的互联网能力，是一次升级，而不是切换。如果失去主业，失去原本擅长的领域，那么原有优势也将不复存在。

（2）“互联网＋”与“＋互联网”的比较。

1）站位不同。“互联网＋”更多强调“逆袭创新”，产生新业态；“＋互联网”则更多强调“顺势创新”，主要是传统行业以既有业务为基础，利用互联网技术和理念，提高为用户服务的效率和质量。

2）优势不同。“互联网＋”具有新技术优势、体制机制优势和更广泛的社会支持，容易产生爆发性增长；“＋互联网”拥有的是存量优势、行业标准优势和公信力优势。基于外部特别是互联网企业的压力以及内部问题导向的压力，传统企业利用互联网技术提高自身服务客户的能力，是符合“继承—创新—再继承—再创新”这条历史逻辑的。

3）主导者不同。“互联网＋”的主导者往往是互联网企业；“＋互联网”主要是传统企业在主导着融合进程。

以上仅仅是从行文顺序不同，对二者的差异进行了比较。事实上，“＋互联网”与“互联网＋”本质上是相同相通的，其实质都是“传统行业结合互联网行业”。也就是说，“＋互联网”本质上与“互联网＋”是同一概念，都是围绕传统产业升级这个问题，而这个问题并不是由“＋”的位置，即“互联网＋”还是“＋互联网”的名称决定的，而是由行业和企业自身决定的。在当今各行业发展中，“互联网＋”的双方实际上是共同发力的，互联网行业在向传统领域进军，传统行业也在积极吸纳互联网技术并建设自己的互联网能力。可以想见，未来的“互联网＋”是一个大融合的局面，各行各业都具备了互联网能力，纯粹的互联网行业将越来越少。

3.“集装箱多式联运＋”互联网的概念

综上所述，“集装箱多式联运＋”互联网是指充分发挥互联网在生产要素配置中的优化和集成作用，将互联网的创新成果深度融合于多式联运行业之中，提高多式联运企业的创新力和生产力，用互联网手段助推多式联运行业转型升级。

11.3.2 “互联网＋”对多式联运行业的挑战

未来，充分利用“互联网＋”等新业态、新模式，促进“多、小、散”的货运资源集约整合，加快促进多式联运行业转型升级和高质量发展将是大势所趋。对多式联运行业而言，既面临“互联网＋”带来的巨大机遇，也同时面临以下挑战：

1. 单个企业无法满足客户日益增长的个性化需求

随着一些大的商品交易平台如阿里巴巴（Alibaba）、环球资源（Global Source）、中国制造网（Made-in-China. com）等的出现，网上贸易量激增，国际多式联运的客户对货物进出境的运输服务越来越要求实现一站式服务，也越来越需要通过量身定制的方案来实现合理可控的运输成本，以及长期、稳定、省心的多式联运服务。

面对客户个性化需求的爆发式增长，互联网环境下，竞争的特质化和服务的强化，使得一些没有竞争实力的企业被逐步挤出市场，或被迫与平台企业整合，或被其他竞争对手所并购。带有垄断性的企业将逐步出现，成为这个行业中的大型竞争对手或食肉者，为抵御这种大型竞争对手，中小型多式联运企业抱团取暖将是唯一选择。由于在信息化投入和满足客户个性化需求方面的投资成本相当大，企业个体无法承受，必然要借助某一平台或企业间的联盟才能做到。

2. 没有平台的企业无法参与竞争

传统多式联运企业的主要利润来源，基本分为三大部分：海运订舱差价、陆运运输差价、码头场站报关报检各类费用差价。在残酷竞争的薄利时代，传统多式联运企业的主要利润都来自差价，而差价存在的原因是信息不对称。因此传统多式联运企业服务价值的根本是信息资源，而且这种信息资源从诚信、品质、时效等多方面来说都是不对称的。而互联网是一种信息透明、信息共享的技术，在互联网时代，商业社会中信息不对称的情况很难再像以往那样大量存在，传统多式联运企业根本价值正在逐渐消失。比如，在互联网上，许多船公司与外贸企业都建立了自己的网站，只要获得任何一点儿关于船舶或船公司背景的信息，利用航运软件或网络搜索引擎就可能查到相关租家或船东的联系方式。互联网时代，有人提出“得平台者得天下”，因此，获取合适的平台将是今后多式联运企业在竞争中快人一步的行业制高点，脱离互联网平台的企业将最终被市场所淘汰。

3. 信息技术发展对企业提出更高的要求

由于多式联运行业属于服务业，基本上不存在什么行业壁垒，市场进入门槛低。我国很多多式联运企业规模不大，企业的信息化往往只是使用电子邮件、即时通信软件以及利用办公软件制作简单的表单文档，甚至利用计算机进行信息的收集、存储、管理和利用方面的能力都比较弱。由于信息化投入成本高，中小型多式联运企业大多停留在传统的作业模式，没有建立系统的业务信息平台，业务信息散落各处，企业仅凭印象做决策，更不用谈为客户提供价值较高的增值服务。未来，电商平台化运营后，包括与上下游客户的业务往来和企业内部流程都将标准化到电商平台，每一个环节出现疑点都可追溯到问题根源，通过综合各个侧面数据可以准确判断客户动态、企业内部存在的问题等，这些问题的解决将从根本上改善多式联运企业的行业发展环境，标志着多式联运企业向第三方物流甚至第四方物流的有效转变。移动互联网已经深刻改变着我们的生活，移动互联网市场正进入高速发展通道，未来多式联运企业客户不仅需要适时的货物跟踪服务或登录平台获得更多服务，更需要这些服务的简捷化，例如通过智能手机下载企业客户端即企业的物流 App，就可以轻松下单、在线订舱、获取资讯等等，这无疑是信息技术的发展给多式联运行业提出的新要求。

11.3.3 多式联运平台

1. 多式联运平台的概念

多式联运平台是由与多式联运相关的各类参与者通过通信网络平台连成的网络体系。它包括整个多式联运活动过程中各个领域的信息，是由计算机、应用软件通过全球通信网络连接起来的系统，同时还与多式联运相关的其他系统对接，构成统一的多式联运信息管理平台。

2. 多式联运平台的功能

（1）多式联运平台的建设目的主要在于满足多式联运系统中各个环节的不同层次的信息需求和功能需求，这就要求信息平台不仅要满足货主、多式联运企业等对多式联运过程的查询、设计、监控等直接需求，还要满足他们对来自政府管理部门、政府职能部门、工商企业、各类运输与场站企业等各类组织的与多式联运过程直接相关的信息需求。

（2）多式联运平台在通过对运输公共数据的采集、处理和公共信息交换为多式联运企业信息系统完成各类功能提供支撑的同时，还起到了政府相关职能部门信息沟通的枢纽作用，为政府的宏观规划与决策提供信息支持。

（3）一个有效集成的多式联运平台，应该能够为多式联运服务提供商、货主/制造商、交通、银行及海关、税务等提供一个统一高效的沟通界面，为客户提供完整、综合的多式联运服务解决方案。因此，有必要建立一个区域性甚至全国性的多式联运公共信息平台，并且该平台应该具有综合信息服务、异构数据交换、多式联运业务交易支持、货物跟踪、行业应用托管服务等相关功能。

3. 多式联运公共信息平台建设

目前，交通运输部拟建设多式联运公共信息平台，通过实现多式联运公共信息的开放共享和互联互通，为政府管理部门和承运人提供与货物运输相关的信息服务。

（1）平台定位。以推进交通运输结构调整、支撑现代化综合交通运输体系和交通强国建设为宗旨，围绕政府“经济调节、市场监管、社会管理和公共服务”职能，坚持“统筹规划、重点突破、政策引导、系统推进”的原则，推动不同运输方式间、不同运输主体间的信息衔接和资源整合。面向政府，为行业管理部门提供决策支持服务，实现对多式联运全过程的运行监测、统计分析、绩效评估和指数发布，形成信息资源开放与共享机制；面向行业，为多式联运参与主体提供“公益性”“共享性”服务，实现铁路、公路、水路、民航、邮政各级相关管理部门、协会和企业等主体的信息资源的开放共享、高效协同、灵活应用。构建跨部门、跨运输方式、跨区域、跨国界的信息高效共享的“信息枢纽”以及多式联运一体化信息服务平台。

（2）平台服务对象。多式联运公共信息平台服务对象包括政府部门和承运人，为政府部门提供决策支持服务，为承运人提供资源信息共享和交换服务。

（3）平台功能。多式联运公共信息平台从功能上划分为应用服务层、功能支撑层和数据支撑层。

在应用服务层，平台面向政府部门提供运行监测、统计分析、绩效评估和指数发布服务；面向承运人提供政策动态、资源查询和全程跟踪服务；同时，作为国家物流平台的基础支撑平台，通过国家物流平台的数据资源为多式联运各方参与主体提供综合信息服务。

在功能支撑层，通过数据交换、服务交换、建模分析和指数计算等功能，实现对系统上层应用服务的支撑。

在数据支撑层，平台对接铁路、港口、航空、公路、邮政、船公司、物流园区等多式联运参与主体，汇集运力计划数据、运力资源数据、电子运单数据、仓储资源数据、作业状态数据、运载工具数据等数据资源。

11.4 “集装箱多式联运+”无船承运人与无车承运人

11.4.1 无船承运人与无车承运人制度概述

1. 无船承运人制度

(1) 无船承运人的概念。

1) 美国无船承运人的概念。“无船承运人”(non-vessel operating carrier，NVOC)，最早见于美国 1984 年的《航运法》，其全称为“无船公共承运人”(non-vessel operating common carrier，NVOCC)，《航运法》第十七条第三款规定：无船公共承运人是指并不经营提供远洋运输船舶业务的公共承运人。1998 年，美国《远洋航运改革法》将远洋货运代理和无船公共承运人统称“远洋运输中介”。无船公共承运人是指不实际操作运输船舶，在与远洋公共承运人的关系中相当于托运人的公共承运人。远洋货运代理是指在美国为托运人订舱或安排货物舱位，同时为远洋公共承运人装运货物提供服务、处理与运输有关的文件资料的实体。由此可见，美国《航运法》中将货运代理规定为仅以纯粹代理人的身份出现，而将以运输合同当事人身份出现且承担承运人责任，但又不拥有、不经营船舶运输服务的提供者称为无船公共承运人是十分清晰而自然的。有船承运人并不是无船承运人命名时直接相对的概念，这一命名更不是为了将承运人划分为有船承运人与无船承运人。

2) 中国无船承运人的概念。我国《海商法》中没有关于无船承运人的规定。2002 年 1 月 1 日施行的《中华人民共和国国际海运条例》(以下简称《国际海运条例》) 首次采用了“无船承运业务”的概念。《国际海运条例》第七条规定，经营无船承运业务，应当向国务院交通主管部门办理提单登记，并交纳保证金。前款所称无船承运业务，是指无船承运业务经营者以承运人身份接受托运人的货载，签发自己的提单或者其他运输单证，向托运人收取运费，通过国际船舶运输经营者完成国际海上货物运输，承担承运人责任的国际海上运输经营活动。

综上所述，无船承运人可以定义为以承运人身份接受托运人的货载，签发自己的提单或其他运输单证，向托运人收取运费，通过班轮公司（实际承运人）完成国际海上货物运输，承担承运人责任，并依据法律规定设立的企业。

（2）无船承运人的特点。以下从运输工具、法律地位、服务领域、行政管理四个方面，分析我国无船承运人的特点。

1）运输工具：不拥有或不经营船舶。

“无船”是无船承运人与船公司（实际承运人）的本质区别。从《国际海运条例》第七条对“无船承运业务”的界定看，无船是指无船承运人对船舶无实质的占有或控制权，这表明无船承运人是合同承运人或契约承运人，其经营的是运输，而不是船舶，在受理货主托运后，无船承运人需要通过“国际船舶运输经营者”（实际承运人）完成实际运输。因而，无船承运人既不是船舶所有人，也不是船舶管理人。

2）法律地位：承运人。

对货主而言，无船承运人是承运人，具有承运人的责任、义务与权利，这是无船承运人与海运代理人、海运经纪人的本质区别。对于实际承运人而言，无船承运人是托运人，享有托运人的权利并承担相应的义务。可见，无船承运人作为承运人，有权制定并公布自己的运价表，签发自己的运输单证，收取运费，但同时也应对货物运输承担责任。

3）服务领域：国际班轮运输。

在英美法系中，通常将承运人分为公共承运人（common carrier）和合同承运人（private carrier），并将无船承运人界定为公共承运人，故称之为无船公共承运人。

在大陆法系中，并无公共承运人和合同承运人之分，因而通常称为无船承运人。当然，在大陆法系中，尽管不再强调“公共”二字，但正如我国《国际海运条例》所规定的，无船承运人的服务范围为国际海上运输经营活动。

4）行政管理：取消行政许可和保证金制度，实行备案制。

我国对无船承运业务的监管经历了由审批制到备案制的过程。2001年12月发布的《中华人民共和国国际海运条例》第七条和第八条规定：经营无船承运业务，应当向国务院交通主管部门办理提单登记，并交纳保证金80万元人民币；2013年9月交通运输部发布的《关于试行无船承运业务经营者保证金保函制度操作办法的通知》和2016年2月发布的第二次修订的《中华人民共和国国际海运条例》规定：经营无船承运业务，应当向国务院交通主管部门办理提单登记，并交纳保证金。根据2019年2月发布的《国务院关于取消和下放一批行政许可事项的决定》的规定，2019年5月15日发布的《交通运输部办公厅关于国际船舶运输及内地与港澳间海上运输业务相关审批备案事项的通知》的规定，从事无船承运业务的企业应当在相关经营活动开始后15日内，向注册所在地省级交通运输主管部门备案企业基本信息（包括公司名称、注册地、法人代表、联系方式等）。终止无船承运业务的企业，应向注册所在地省级交通运输主管部门办理终止经营的备案。无船承运企业为境外注册企业的，可任选一个经营业务实际发生口岸所在地省级交通运输主管部门办理相关备案手续。至此，我国《国际海运条例》中无船承运人的管理制度由审批制改为备案制，各省级交通运输主管部门的主要职能是定期对外公布本省无船承运企业名单，实行动态管理。

2. 无车承运人制度

（1）无车承运人的概念。

1）美国的无车承运人。美国道路货运市场主体有三类：卡车承运人（motor carrier）、货车经纪人（track broker）、货运代理（freight forwarder）。传统上，卡车承运人不允许将承揽到的货物进行转包或分包；货车经纪人是一个运输居间服务商，不承担货物运输组织工作；货运代理则可以组织全程运输，并且可以把其承揽的货物依法转交给卡车承运人承运。目前，货车经纪人和货运代理这两个概念在美国已经趋于一致，其最大的共同特点就是允许整合各种运输方式的资源，从事全程道路运输的服务。具备上述资格需要具备三个条件：第一，在联邦汽车运输安全管理局取得注册代码；第二，在每个营业的州有诉讼代理人；第三，提交不少于 7.5 万美元的保证金或者是相应的保险。实际上，美国的一些货车经纪人、货运代理本身就具有“无车承运人”（non-truck operating carrier，NTOC）或“无车公共承运人”（non-truck operating common carrier，NTOCC）资格，即允许他们以承运人身份从事道路运输业务。

2）中国的无车承运人。2015—2016 年，国务院先后印发了《国务院关于加快构建大众创业万众创新支撑平台的指导意见》《国务院办公厅关于推进线上线下互动加快商贸流通创新发展转型升级的意见》《国务院办公厅关于深入实施“互联网＋流通”行动计划的意见》三个文件，都提出鼓励依托互联网平台的“无车承运人”发展。交通运输部为贯彻落实国务院的文件组织开展道路货运无车承运人试点工作，推动建立无车承运物流组织运营模式。开展无车承运人试点工作主要有两个目的：第一，探索完善无车承运人新业态的管理制度和标准规范，包括许可准入、运营监管、诚信考核、税收征管、运营服务等；第二，培育壮大一批具有示范引领带动作用的无车承运企业来引领行业的转型升级和高质量发展。

根据《交通运输部办公厅关于推进改革试点加快无车承运物流创新发展的意见》（交办运〔2016〕115 号）的规定，“无车承运人是以承运人身份与托运人签订运输合同，承担承运人的责任和义务，通过委托实际承运人完成运输任务的道路货物运输经营者”。

2019 年 9 月 6 日，交通运输部、国家税务总局发布了《网络平台道路货物运输经营管理暂行办法》（交运规〔2019〕12 号，以下简称《办法》）将“无车承运”更名为“网络平台道路货物运输经营”，并对其定义和法律地位进行了明确界定。

根据《办法》第二条规定，网络平台道路货物运输经营（以下简称“网络货运经营”），是指经营者依托互联网平台整合配置运输资源，以承运人身份与托运人签订运输合同，委托实际承运人完成道路货物运输，承担承运人责任的道路货物运输经营活动。网络货运经营不包括仅为托运人和实际承运人提供信息中介和交易撮合等服务的行为。实际承运人，是指接受网络货运经营者委托，使用符合条件的载货汽车和驾驶员，实际从事道路货物运输的经营者。

（2）无车承运人的特点。以下从运输工具与载体、法律地位、服务领域、行政管理四个方面，分析我国无车承运人的特点。

1）运输工具与载体：不拥有或不经营车辆，但应以互联网平台为载体，整合配置资源。

“无车”是无车承运人与道路运输公司（实际承运人）的本质区别，这表明无车承运人是合同承运人或契约承运人，其经营的是运输，而不是车辆。在受理货主托运后，应以运输合同的方式委托实际承运人完成道路货物运输任务，并以承运人身份承担全程运输责任。无车承运人虽不拥有或不经营车辆，但《办法》明确要求无车承运人应以互联网平台为载体，整合配置运输资源。《办法》强调无车承运人应以互联网平台为载体，通过互联网平台在更大的范围内整合资源，目的在于培育互联网与道路运输融合发展的新业态。至于那些不以互联网平台为载体的无车承运人，至少不是我们国家现阶段鼓励发展的无车承运人。

2）法律地位：承运人。

对货主而言，无车承运人是承运人，具有承运人的责任、义务与权利，这是无车承运人与道路货运中介、货运代办、经纪人的本质区别。无车承运不包括仅为托运人和实际承运人提供信息中介和交易撮合等服务行为。对于实际承运人而言，无车承运人是托运人，享有托运人的权利并承担相应的义务。可见，无车承运人作为承运人，有权签发自己的运输单证，收取运费，但同时也应对货物运输承担责任。

3）服务领域：道路货物运输。

无车承运人应从事道路货物运输经营活动。这表明推动无车承运人的发展不能脱离道路货物运输经营这个发展的根本。无车承运人一定要脱虚向实，道路货物运输是无车承运人发展依托的实体经济，主要体现在货源组织、运力调度、全程管理等方面，这些都是无车承运人必须要抓住的根本。

4）行政管理：实行行政许可制度，并实施严格管理。

无车承运人属于道路货物运输经营者，应纳入行业许可的管理范畴。《办法》第六条规定：需要申领道路运输经营许可证的，可向所在地县级负有道路运输监督管理职责的机构提出申请，县级负有道路运输监督管理职责的机构应按照《中华人民共和国道路运输条例》《道路货物运输及站场管理规定》的规定，向符合条件的申请人颁发道路运输经营许可证，经营范围为网络货运；《办法》第七条规定：从事网络货运经营的，应当符合《互联网信息服务管理办法》等相关法律法规规章关于经营性互联网信息服务的要求，并具备与开展业务相适应的信息交互处理及全程跟踪记录等线上服务能力。

此外，《办法》基于市场公平、运输安全、服务品质等方面的考虑，明确了无车承运人从事网络货运的行为要求。

①经营范围。无车承运人应在许可的经营范围内从事经营活动，严格按照实际承运人核定的经营范围委托运输，不得运输法律法规规章禁止运输的货物。

②安全管理。一是无车承运人应对实际承运车辆和驾驶员资质进行审查，确保实际承运人资质合法有效，车辆、驾驶员线上线下一致；二是无车承运人应落实安全生产主体责任，从事零担货物运输经营的，应对托运人身份进行查验登记，并督促实际承运人实行安全查验制度；三是无车承运人经营行为要符合相关规范的要求，不得指使或强令实际承运人超载超限运输。

③风险管控。无车承运人不得虚构交易、运输、结算信息，不得虚构运输交易相互委托运输服务，要加强对运输交易全过程的实时监控和动态管理；采取承运人责任保险等措施，有效规避风险。

④网络安全。无车承运人应按照《电子商务法》《税收征收管理法》的要求，做好信息记录和保存；遵守国家网络和信息安全的有关规定，严格数据保密管理。

⑤税收征管。无车承运人不得虚开虚抵增值税发票，应依法履行纳税或扣缴税款义务。

3. 多式联运经营人与无船承运人、无车承运人、运输代理人的比较

（1）共同点。多式联运经营人、无船承运人、无车承运人、运输代理人，具有以下相同之处：

1）行业归属相同：均是运输中间商组织。即具有双重身份，对货主而言，他们是代理人或承运人，对实际承运人而言，他们是托运人、收货人。

2）资产购置要求相同：均是轻资产运营，不需要专门购置运输工具。

3）基本作用相同：均是为承托双方提供运输组织服务，不从事具体的运输活动。

4）基本盈利模式相同：利用信息不对称而盈利，换言之，收取的费用都是“信息资源费”。

（2）不同点。

1）多式联运经营人、无船承运人、无车承运人与运输代理人的差别。

①法律地位方面。多式联运经营人、无船承运人、无车承运人是承运人，而运输代理人是代理人。

②服务内容方面。多式联运经营人、无船承运人、无车承运人属于传统运输代理人的高级形态，他们一般不从事具体的运输代理业务，而是从事集中订舱、货物分拨、运输方式和运输线路的选择等全程组织工作，其收入来源主要是规模化地“批发”运输舱位而产生的运费差价，而不仅仅是所谓的“信息资源费”。显然，无船无车不是关键，能否高效地组织运输并承担全程运输责任才是多式联运经营人、无船承运人、无车承运人生存的关键。

2）多式联运经营人、无船承运人、无车承运人的比较。

1961 年 10 月 15 日，铁道路和交通部共同发布了《铁路和水路货物联运规则》（铁运条〔61〕字第 2657 号），此规则是我国最早的有关国内铁水联运的规定，但因属于计划经济的产物，已难以指导多式联运的发展。1997 年 3 月 14 日，交通部、铁道部共同发布了《国际集装箱多式联运管理规则》（交通部、铁道部 1997 年第 2 号令），该规则仅适用于我国水路、公路和铁路的国际集装箱多式联运。由于国际集装箱 ISO 668 标准与航空集装箱的标准不同，国际上航空参与国际集装箱多式联运的很少，我国也尚未开展此类多式联运，故该规则不适用于航空运输。此外，鉴于我国国际海运与国内水运实行不同的管理和责任制度，考虑到我国海上国际集装箱运输的发展现状，该规则规定将国内水运和国际海运视为两种不同的运输方式，这就规定了经营国内水运与国际海运的国际集装箱水水联运按照多式联运进行管理，凡经营此类联运的企业必须按该规则的规定事先经过批准。随着《国际海运条例》的颁布实施以及无船承运人制度的推出，该规则名存实亡。由此可见，现阶段我国缺乏规范多式联运的法律法规，当然也就没有有关多式联运经营人准入条件等方面的具体规定。

多式联运经营人、无船承运人、无车承运人的共同特点：一是均为运输合同的主体，均是承运人本人而非代理人，既对全程运输享有承运人的权利，又负有履行运输合同的义务，并对责任期间所发生的货物的灭失、损坏或迟延交付承担责任。二是其职能主要在于承担运输组织工作，而具体运输工作则由实际承运人承担。

①业务范围方面。多式联运经营人从事由多种运输方式组成的多式联运业务，无船承运人、无车承运人则只能分别从事国际海上运输业务和道路运输业务。不过，如前所述，由于我国现阶段缺乏规范多式联运的法律法规，因而，无船承运人依托国际海上运输开展海陆联运、海空联运，无车承运人依托道路运输开展公铁、陆空联运，应该属于合法经营范畴。

②载运工具方面。多式联运经营人既可以拥有运输工具从事一个或几个区段的实际运输，也可以不拥有任何运输工具，仅负责全程运输组织工作。当国际多式联运经营人以拥有的运输工具从事某一区段运输时，它既是契约承运人，又是该区段的实际承运人。无船承运人不得拥有或管理船舶，无车承运人不得拥有或管理汽车，但必须拥有互联网平台。

表11-1是多式联运经营人、无船承运人、无车承运人与运输代理人的比较。

表11-1　多式联运经营人、无船承运人、无车承运人与运输代理人的比较

比较项目	多式联运经营人	无船承运人	无车承运人	运输代理人
服务领域	多式联运	国际海运	道路运输	海陆空一种领域
法律地位	承运人	承运人	承运人	代理人
收入性质	运费	运费	运费	代理费或佣金
资金占用	较高	较高	较高	很少
拥有载运工具	未限定	禁止有船	禁止有车	禁止拥有
互联网平台	未要求	未要求	要求	未要求
签发运输单据	可以	可以	可以	不可以
运价表	有	有	有	无
行政管理	未规定	备案制	许可制	备案制

4. 无船承运人、无车承运人的核心价值

无船承运人或无车承运人的核心竞争力应该是提供全程物流解决方案和组织精细化物流。

（1）对托运人、收货人的核心价值是提供物流解决方案，包括优化业务流程、遴选优质供应商、进行线路优化和配载优化等，促进货主企业实现物流降本增效。

（2）对于实际承运人的核心价值是增加货源，提高船舶或车辆的利用效率，让承运人专注运输，减少其他投资，防范财务风险等。

也就是说，无船承运人或无车承运人通过资源的优化整合，帮助上下游提高效率、降低成本，在这个过程中赚取运费差价，实现其自身价值。

11.4.2 “集装箱多式联运＋”无船承运人与无车承运人概述

1. “集装箱多式联运＋”无船承运人与无车承运人的概念

“集装箱多式联运＋”无船承运人与无车承运人，是指无船承运人与无车承运人以海运业务或陆运业务为依托，开展集装箱多式联运业务，实现由单一运输方式下的无船（车）承运人向多式联运经营人和第三方物流经营人的转型。

2. 实施“集装箱多式联运＋”无船承运人与无车承运人的必要性与措施

（1）必要性。交通运输部发布的数据显示，目前经批准的无船承运企业接近 9 000 家，其数量是国际班轮公司的近百倍。2017 年 3 月交通运输部发布的《交通运输部办公厅关于做好无车承运试点运行监测工作的通知》显示，现有 29 个省、市、区共筛选确定了 283 个无车承运人试点企业并报部，通过审核的无车承运人试点单位包括三方物流企业、互联网平台、园区类企业等。我国现有的无船承运人或无车承运人大多处于偿付能力差、服务保障能力差、责任模糊不清、无序的低价竞争等状态，还难以体现出自身的核心价值。因此，通过实施“集装箱多式联运＋”无船承运人与无车承运人，实现由无船（车）承运人向多式联运经营人和第三方物流经营人的转型，以壮大我国集装箱多式联运主体。

（2）措施。就政府而言，应在以下三个方面采取鼓励措施：

1）战略转型。开展“集装箱多式联运＋”无船承运人与无车承运人的目的在于培育多式联运市场主体。因此，应重点支持无船（车）承运企业延伸服务链条，向多式联运经营人和综合物流服务商转型。

2）联盟合作。鼓励企业联盟合作发展，实现优势互补、合作共赢。比如，鼓励不同运输方式企业通过资产重组、参股入股等方式，形成资源共用、利益共享、风险共担的多式联运经营主体，扶持培育一批多式联运龙头骨干企业。鼓励传统运输企业与供应链管理企业、第三方物流企业、国际货代企业、互联网平台企业、金融保险服务机构等建立广泛的关系，实现在更大范围、更广领域的资源共享和管理协同。

3）提升能力。鼓励无船（车）承运人企业创新发展，扩大业务范围，组织开展多式联运经营活动，充分发挥企业管理和技术优势，强化对不同运输方式、不同物流环节的资源整合力度。

11.4.3 “集装箱多式联运＋”无船承运人与无车承运人典型模式

以无车承运人为例，主要包括以下几种模式：

1. 传统货运＋网络货运

该模式的优点在于企业线下物流经验丰富、模式成熟、货运稳定，以互联网平台为载体，向客户提供“品牌统一、标准统一、规则统一”的一站式物流服务。代表性企业是镇江的诺得物流，通过一手货源＋运力直采的模式，对监控、技术预警等环节进行了全流程标准化改造，提高了物流服务品质，同时降低了客户的综合物流成本5%～10%。

2. 多式联运＋网络货运

这种模式是企业以多式联运经营人身份，为客户提供多式联运解决方案并组织实施，为客户提供跨运输方式、全程的实时追踪和在线查询服务，能降低客户的结构性运输成本。比如，中铁铁龙开发了多式联运供应链服务平台，可将铁路集装箱的运输轨迹信息和公路车辆的轨迹信息结合在一起，为客户提供更多的服务。

3. 园区基地＋网络货运

通过互联网平台联通线下实体园区，实现不同园区间的信息联通与交互共享，实行网络化经营。依托实体园区，延伸服务链条，提供流通加工、金融保险以及汽车后市场服务等物流增值服务。典型企业是传化、天地汇等企业。

4. 物流平台＋网络货运

这种模式是指一些科技型公司，把物流科技植入传统货运行业。优势一是拥有强大的物流信息网络和大数据运行平台，具备对线上线下零散资源整合的技术手段。优势二是具有明确的运营管理规则和物流服务标准，能够为货主提供规范化、个性化物流服务产品。优势三是具有较强的融资能力和风险防控能力，可以为上下游企业提供物流金融、保险理赔等增值服务。代表企业是天津的运友物流。天津运友物流通过大数据分析计算返程线路、三角线路、岛型线路，利用智能匹配系统为货主推送“待返程”车辆，为司机推送“待返程”货源，每单降低运输成本300～500元。

5. 电子商务＋无车承运

依托电子商务发展无车承运，优点是能够提供多频次、个性化、定制化的物流服务，货运优势非常强。代表企业是河南的中钢慧运，依托中钢网，一头连接钢材的采购商贸流通商，另一头连接个体运输业户，把网络平台嵌入上游企业的ERP中，这样从订单采购开始就获悉了物流需求，在订单生成的一刹那，就已经有相应匹配的车辆为其提供运输。

11.5 “集装箱多式联运＋”金融

11.5.1 “集装箱多式联运＋”金融概述

1. “集装箱多式联运＋”金融的概念与产生动因

“集装箱多式联运＋”金融，是指多式联运企业在业务运作的过程中，借助银行的支持和帮助，向客户（主要是中小商贸企业）提供结算、融资等金融增值服务。

“集装箱多式联运＋”金融产生的根本原因在于可以满足货主企业、多式联运企业、银行各自的需求，并能形成三方共赢的局面。

（1）中小企业亟须化解融资难的问题。我国中小企业是国民经济和社会发展的生力军，但融资难融资贵的问题一直制约着企业的发展。“集装箱多式联运＋”金融以多式联运企业为中心，对相关合作成员进行整体资信评估，降低了中小企业的融资门槛，是解决中小企业融资难题、降低融资成本、防控中小企业信用风险的有效手段。

(2) 多式联运企业面临竞争压力。对于多式联运企业而言，通过实施“集装箱多式联运＋”金融，一方面，可以有效地留下客户，保证货源不流失，同时也相应地增加了监管收入；另一方面，可以协助企业拓展融资渠道，降低融资成本，提高资本的使用效率。

(3) 银行需要拓展新的业务品种和防范风险。当前金融机构面临的竞争越来越激烈，银行的贷款资产质量不高，呆坏账比例居高不下，如何提高贷款质量、控制贷款风险，发展新的业务成为银行关注的首要问题。通过实施“集装箱多式联运＋”金融，可以帮助银行吸引和稳定客户，扩大银行的经营规模，增强银行的竞争能力，同时，多式联运企业可以协助银行解决质押贷款业务中银行面临的“物流瓶颈”——质押物的仓储与监管以及质押物评估、资产处理等问题。

2. “集装箱多式联运＋”金融的类型

基于不同角度，其类型有所不同，按业务内容划分，可分为质押金融、授信金融和结算金融。

(1) 质押金融。质押金融是指货主企业把货物存储在多式联运企业的仓库或装载于载运工具之中，然后可以凭多式联运企业开具的仓单或提单向银行申请贷款，银行根据货物的价值向货主企业提供一定比例的贷款，同时，由多式联运企业代理监管货物。

(2) 授信金融。授信金融是指金融机构根据多式联运企业的规模、经营业绩、运营现状、资产负债比例以及信用程度，授予多式联运企业一定的信贷额度，多式联运企业直接利用这些信贷额度向相关企业提供灵活的质押贷款业务，由多式联运企业直接监控质押贷款业务的全过程，金融机构则基本上不参与该质押贷款项的具体运作。

(3) 结算金融。结算金融是指利用各种结算方式为多式联运企业及客户融资的金融活动。目前主要有代收货款、垫付货款、承兑汇票等业务形式。

11.5.2 提单质押

1. 提单质押的概念及特征

提单质押是指债务人将提单移交债权人占有，将提单作为质权的标的而成为债权的一种担保方式。

我国《民法典》第四百四十条规定：“债务人或者第三人有权处分的下列权利可以出质：(一) 汇票、本票、支票；(二) 债券、存款单；(三) 仓单、提单；(四) 可以转让的基金份额、股权；(五) 可以转让的注册商标专用权、专利权、著作权等知识产权中的财产权；(六) 现有的以及将有的应收账款；(七) 法律、行政法规规定可以出质的其他财产权利。”显然，提单作为权利质权，是可以办理质押的。不过，提单与一般的有价证券如汇票、支票等不同，其本身具有我国《海商法》规定的特有属性，其质押的特征与汇票、本票也不尽相同。根据我国《民法典》及《海商法》的有关规定，提单质押具有以下特征：

（1）提单质押主体的任意性。由于提单是承运人交付货物必须具备的条件之一，占有提单即有了提单项下货物的提取权。因此，提单作为质押的标的，其质押主体应当是任意的，无论任何人，只要其持有提单，均可以成为提单质押主体，以提单来设定债的担保。

（2）提单质押权自权利凭证交付之日起设立。《民法典》第四百四十一条规定："以汇票、本票、支票、债券、存款单、仓单、提单出质的，质权自权利凭证交付质权人时设立；没有权利凭证的，质权自办理出质登记时设立。法律另有规定的，依照其规定。"显然，提单质押权自提单交付质权人时设立。

（3）提单质押不产生货物所有权的转移。这是因为出质人通常以较大价值的货物担保较小数额的债权，如果允许货物所有权转移为债权人所有，则债务人到期不能清偿债务时，质权人可以不经任何程序就成为该货物的所有权人，这对出质人是不公平的，违反了担保活动应当遵循的平等、自愿、公平、诚实信用原则。提单质押也是如此，同样存在上述问题。

（4）提单质押权利必须是以该提单上所载货物折价或者以拍卖、变卖该货物的价款优先受偿来实现。提单质押的质押权人在实现其质押权时，应遵守我国《民法典》第四百三十六条第二款的规定，"债务人不履行到期债务或者发生当事人约定的实现质权的情形，质权人可以与出质人协议以质押财产折价，也可以就拍卖、变卖质押财产所得的价款优先受偿"。由于提单只是对提单上载明货物有一定权利，占有提单并不意味着实际占有货物，这就产生了提单权利与实际占有者之间的矛盾。显然，与动产质押相比，提单质押作为权利质权，提单质押权人在实现其提单质押权利时面临更大的困难。

2. 提单质押的表现形式

提单质押最典型、最具有法律意义的应用是体现在现代银行的信贷工具—— 信用证的流转业务之中。

（1）发生于卖方与议付行之间的押汇业务。根据《中国工商银行出口押汇暂行办法》（1990年），出口押汇是根据信用证受益人的要求，凭其提交的符合信用证条款的全套单据作为质押，按照票面金额扣除从议付日到估计收到票款之日的利息，将现汇净额或按议付日外汇牌价折成人民币，付给受益人，然后凭单向开证行收回贷款的一种融资业务。质权人为议付行（通常兼任通知行），与提单一起出质的还有汇票，因此这种方式常被称为跟单汇票质押。但汇票质押行使的是票据法上的权利，与提单质押很不相同，每一后手均可向其前手追索；而提单的所有背书人均不承担连带责任，最后受让人只能依据提单条款向承运人索赔。质押合同的形式通常表现为出口商与押汇银行订立的质押书（letter of hypothecation）。

（2）发生于卖方与开证行之间。多数情况下议付行兼任保兑行，此时保兑行承担与开证行相同的责任。卖方在保兑行倒闭时，可直接向开证行进行押汇。

（3）发生于买方与开证行之间。开证行在向议付行付款后即取得了质权人的地位，买方则为名副其实的债务人。

3. 提单质押的种类及其实现方式

提单作为重要的贸易单证，依照其收货人的不同，我国《海商法》第七十九条将其分为记名提单、指示提单及不记名提单三种。根据我国《海商法》对提单种类的这种划分，提单质押也相应地分为三种，即记名提单质押、指示提单质押和不记名提单质押。

我国《海商法》之所以将提单划分为记名提单、指示提单和不记名提单三种。一方面是从提单是否可转让、是否需背书来考虑的，即记名提单不可转让，指示提单经过背书或者空白背书转让，不记名提单无须背书即可转让；另一方面也为承运人交付货物提供明确的相应依据和保证，即提单是载明了特定记名人的，承运人应收回正本提单，向记名人交付货物；指示提单按照指示人的指示交付货物并收回正本提单；不记名提单向提单的合法持有人交付货物并收回正本提单。提单质押则不同，由于提单质权人享有的只是一种权利质押，其只是象征性地占有了提单，对该货物没有所有权。所以，无论是记名提单、指示提单，还是不记名提单的质押，提单质押权人仅能享有提单上的权利，而不能以提单质押权人的身份，依我国《民法典》的规定，以行使质押权的方式来实现其提单质押权利，即其对提单出质人来说是请求其质押担保物权，也就是一种物上请求权，不是所有权。

涉及权利实现的具体方式可做如下考虑：

（1）提单提货日期先于债务履行期的，提单质权人可以在债务履行期届满前提货，并与提单出质人协议将提取的货物用于提前清偿已担保的债务或者向提单出质人约定的第三人提存。

（2）提单出质人到期不履行债务的，提单质权人有权依我国《民法典》规定，以该提单载明的货物折价，或者以拍卖、变卖该货物的价款优先受偿。

（3）提单质押权因提单项下货物灭失而消灭，因灭失所得的赔偿金，应当作为出质财产。

（4）提单质押权与其担保的债权同时存在，债权消灭的，提单质押权也消灭。

从上述提单质押及其权利实现过程可以看出，提单根本不具备物权凭证的基本性质，其没有对世的绝对权利。提单质权人也仅对承运人享有请求其交货的权利。另外，我国《海商法》第七十八条规定：“承运人同收货人、提单持有人之间的权利、义务关系，依据提单的规定确定。收货人、提单持有人不承担在装货港发生的滞期费、亏舱费和其他与装货有关的费用，但是提单中明确载明上述费用由收货人、提单持有人承担的除外。”从该规定不难看出，提单持有人并不承担运输合同中的相应义务。

综上所述，依我国《海商法》的规定，提单持有人并不绝对地对提单上所载明的货物享有所有权。谁持有提单谁就享有提单上货物所有权的观点并不符合我国《海商法》的相关规定，对此应当引起足够的注意。根据物权法的基本原理，所有权具有绝对的对世权，即所有人依法对自己财产所享有的占有、使用、收益和处分的权利（不仅包括权利人全面支配标的物，也包括排除他人干涉的权利），但提单不具有所有权的这一特征。由于货物的交付必须提交正本提单，也就意味着提单的转让（记名提单除外）能够转让对记载的货物进行主张的权利，提单是对其载明货物的一种权利凭证。

11.5.3 中欧班列铁路运单物权化

1. 铁路运单物权化的必要性

在实践中，国际铁路运单仅具有铁路运输合同和货物收据的性质，而不具备物权凭证属性，无法像海运提单一样用于信用证结汇和融资，从而限制了银行等机构提供金融服务，增加了进口商的资金压力，也使出口商面临回款风险。具体来讲，铁路运单不是物权凭证，铁路运单正本需随货流转，因而无法转让、无法质押，无法凭运单实现对货物的占有和处分等权益。出于风险控制的考虑，银行不愿将铁路运单作为信用证下的议付单证，买卖双方也就无法通过铁路运单实现融资结汇。为此，买方需提前支付货款，面临巨大的资金压力，而卖方则可能无法及时快速收回货款。同时，因铁路运单无法转让，也就无法实现在途货物的买卖，影响了货物的流转和交易效率。这都在一定程度上制约了各国陆上贸易的进一步发展。

显然，解决因铁路运单不具备物权凭证属性而带来的贸易障碍，可以减少交易风险、降低交易成本、促进经济持续发展和贸易长期繁荣，这不仅有利于内陆国家，也有利于世界各国。

2. 铁路运单物权化的实践

中国企业与相关贸易国的企业之间就解决铁路运单不具备物权凭证属性带来的相关问题进行了探索，主要是通过合同约定的方式，由承运人或货代在铁路运单之外签发提单，将提单作为唯一提货凭证并由承运人或货代全程控货，托运人凭提单向银行办理议付、结汇、押汇等融资结算服务，进口方履行相关义务后从开证行取得提单并据此向签发人提货。

虽然上述做法在部分贸易中得以应用，但这种合同约定的提单所具有的“物权凭证”属性的效力范围只能及于合同主体，不仅相关方的权利义务处于不稳定的状态，而且提单的流通性及融资担保功能也受到很大限制。同时，有关签发人资格、签发条件、签发对象、签发格式、签发效力等问题也无法通过合同得以解决。因此，亟须在法律规则层面提供相应的制度保障。

3. 现有可选方案的评估

目前，主要有双轨制和单转制两种方案。

（1）双轨制。中欧班列平台公司向货主签发铁路提单，而各国铁路承运人仍旧依据《国际货协》《国际货约》的规定，向班列平台公司签发铁路联运运单。值得注意的是，采用此种方案，班列平台公司将面临与签发多式联运提单相同的“无单放货”风险，为了规避风险，班列铁路联运运单上的收货人应该记为班列平台公司或其代理人，以便控制提货权。

案例 11-1

四川多式联运“一单制”探路　解决提单唯一性问题和物权效力

2017年4月1日，四川自贸试验区挂牌，“试点签发具备物权凭证性质的多式联运提单，探索多式联运‘一单制’”，被写入国务院印发的《中国（四川）自由贸易试验区总体方案》。改革首先是制定出统一标准的多式联运提单，解决提单唯一性问题；核心是要制定陆路贸易规则，让提单具有物权效力。为此，成都国际陆港运营有限公司、成都国际铁路班列有限公司、中国银行四川省分行等企业，成为推动此项改革的主力军。为降低资金风险，陆港公司与中行商议决定，从货值较大且相对容易评估的平行进口汽车入手。2017年4月6日，蓉欧德源进口的两辆路虎车被运到荷兰蒂尔堡站指定的监管仓后，首张“一单制”提单即由陆港公司签发。这张提单，有效连接了中欧班列收货和送达环节——陆港公司对外联合DHL（敦豪），对内整合蓉欧班列公司等物流资源，使得货物从荷兰蒂尔堡站通过中欧班列运抵成都国际铁路港，实现“门到门”运输“一单到底”。陆港公司作为货物承运人，负责对货物全程运输、监控。其间，第三方无法接触货物，确保陆港公司对货物的控制权，包括遭遇违约风险时对货物的处置权，从而形成了交货—运输—监管—提货全链条闭环，解决了中欧班列在实现铁路运输单据物权上的关键难题。在此基础上，多式联运提单成为企业贸易结算、融资、提货的唯一凭证。货物从荷兰蒂尔堡站离港不久，蓉欧德源就收到了陆港公司开出的货运提单，企业凭单向中国银行锦江支行申请信用证，银行完成审核后，荷兰企业通过信用证到中国银行法兰克福支行申请议付。与传统模式相比，发货方的收款周期缩短20天左右，进口商的资金压力也大大缓解。

虽然多式联运“一单制”改革已迈出国际铁路运输创新第一步，但目前的试点，是基于市场主体协议互认形成的个案处理，尚未形成国际通用规则，缺乏国际公约和国内法律支持。按成都国际铁路港的计划，试点之后，第二步将加快完善以多式联运提单为牵引的规则规范，逐步形成被市场多方认可的商业惯例。在此基础上，研究推进陆路国际贸易结算规则，加快形成可复制可推广的经验，推动国家层面立法。第三步，与“一带一路”沿线国家互认规则，推动中国标准引领国际陆路物流与贸易规则。

(2) 单轨制。通过修改《国际货协》等铁路公约，明确铁路提单的法律地位，由各国铁路承运人向中欧班列货主签发铁路提单。

《国际货协》规则修改，需要组织成员全票通过，目前国际货协成员有几十个国家。各国的经济水平不一、铁路设施水平不一，对于运单物权化后的责任划分和管理水平也各有看法。而且，在需要投票修改规则时，还要考虑地缘政治因素。因此，短期内难以实行单轨制。

双轨制的优点是未改变铁路联运运单的法律性质与地位，仍维持现有国际铁路联运规则不变，因而易于为铁路部门所接受，这也是目前唯一可行的办法。但由于目前仅仅是通过合同约定方式，将“铁路提单”明确为唯一提货凭证，因而，需要进一步完善国际规则与国内法律。一方面，在国际上，参照1991年《联合国贸易和发展会议/国际商会多式联运单证规则》的方案加以调整完善，直接解决铁路国际联运运单物权化的问题。另一方面，在国内，推动交通运输法、多式联运法立法工作，从法律层面解决铁路运单物权化问题。

目前，根据《国务院关于支持自由贸易试验区深化改革创新若干措施的通知》（国发〔2018〕38号）支持有条件的自贸试验区研究和探索赋予国际铁路运单物权凭证功能，将铁路运单作为信用证议付票据，提高国际铁路货运联运水平的要求，商务部、银保监会、铁路局、中国铁路总公司等部门正在开展铁路运单物权化推进工作。

11.5.4 海陆仓——“提单＋仓单”融资模式

海陆仓模式最早由中远物流于2008年推出。针对客户企业在商品生产和贸易过程中普遍存在对商品流转的空间和时间上的融资需求，结合中远物流传统海运业务，借用仓单质押理念，发展成为基于海上在途货物质押，连带发货地和目的地仓库质押的全程点对点质押融资模式。该种模式横跨时间和空间，可以更大限度地满足供应链中各环节企业的融资需求。

这种模式下，中远物流负责从生产地到消费地，以及中间的海运和陆运全程的质押监管。海陆仓模式的实质是“点对点”的控货。货物的所有权在第一收货地点就转移给物流公司。发货人是物流公司而非客户，比如，提单上显示的发货人是天津中远物流，收货人也是天津中远物流，通知方为客户。显然，对于物流公司而言，除了可以赚取相应的利润之外，也可免除关联的海运与陆运公司的揽货之忧，当然与陆上的仓单质押相比，此种模式也将面临更大的风险。

根据客户的需求，海陆仓模式可演化出多种操作方法，比如，根据延伸方向不同，可以分为“进口海陆仓”和“出口海陆仓”两种。基于营运方式不同，可分为集装箱模式与散货模式。

下面对内贸集装箱模式、内贸散货模式、非信用证下进口模式、出口模式的操作流程做简要分析。

1. 内贸集装箱模式

图11－4系天津至广州的内贸集装箱运输模式的海陆仓运作流程。

（1）中远物流、银行和融资企业签订三方协议后，融资企业向银行交纳一定保证金。

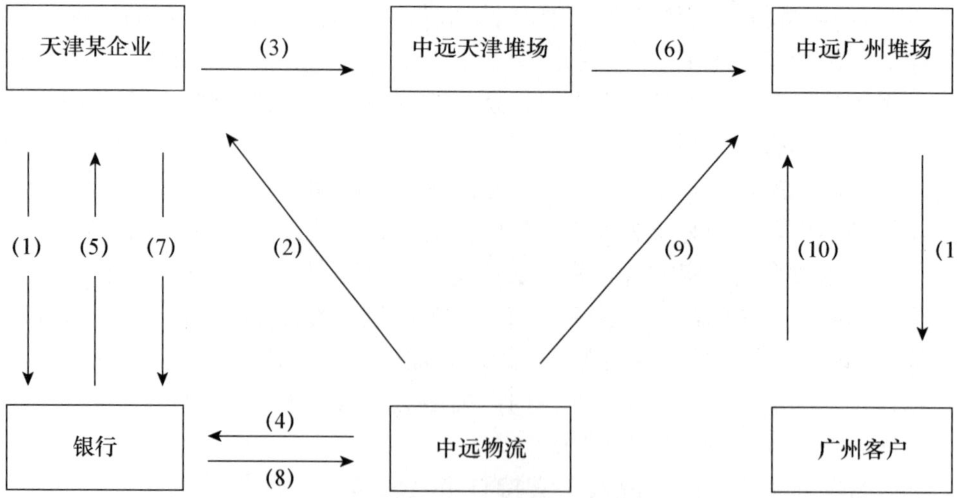

图11－4 内贸集装箱运输模式的海陆仓运作流程

（2）中远物流监管人员开始进入融资企业生产厂实施监装，保证货物品质，卡上铅封，做好相关记录。

（3）中远物流安排好舱位后，该企业开始分批向中远天津堆场发货。

（4）当进入中远天津堆场、中远船上及到达目的地中远仓库的货物累积到一定数量后，中远物流向银行提供仓单（提单）等单据。

（5）银行根据中远物流提供的仓单，结合具体信贷政策以汇票或贷款形式对融资企业做出授信并出账。

（6）中远物流全程监管海运到广州中远堆场。

（7）融资企业还款或补货。

（8）银行通知中远物流放货额度。

（9）中远物流向所属广州堆场下达可放货数量。

（10）广州客户提货。

（11）广州堆场按操作流程开始放货。

2. 内贸散货模式

在实践中，贸易公司支付上游供应商的货款及收取下游购货商的货款往往存在时间差，因此需要向银行融资。图 11－5 系内贸散货运输模式的海陆仓运作流程。

（1）在签订三方合作协议以后，贸易公司支付一定比例预付货款给选矿厂。

（2）选矿厂按品质要求发货到启运地港口的中远公司控制的堆场。

（3）启运地中远公司将堆场内铁粉商检结果和货物数量传达至天津中远物流。

（4）根据上述信息，中远物流给银行开出仓单。

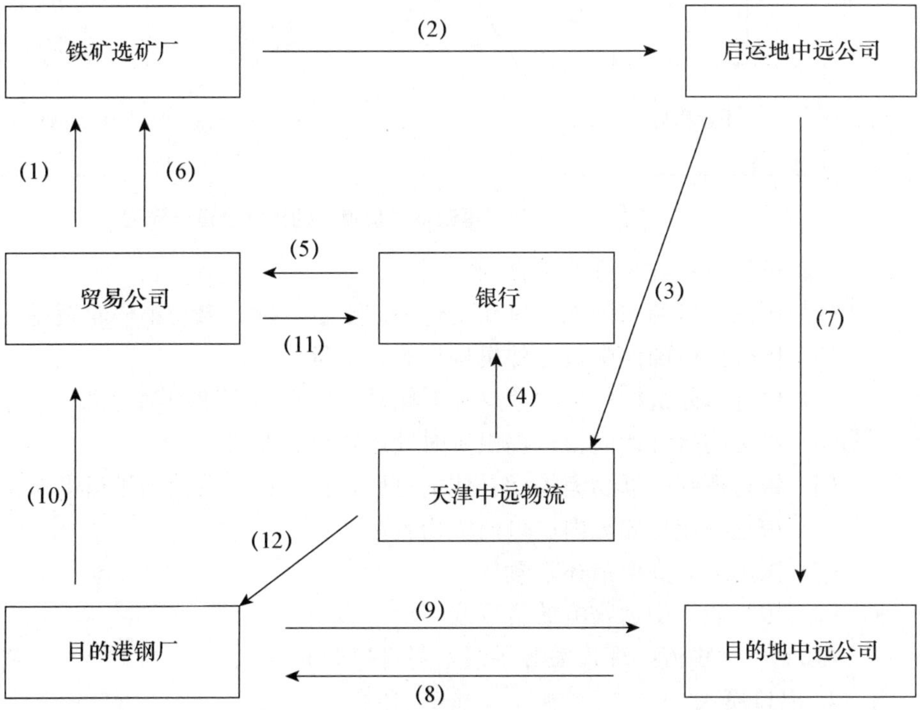

图 11－5 内贸散货运输模式的海陆仓运作流程

（5）银行根据货物情况和信贷政策贷款给贸易公司。

（6）贸易公司向选矿厂支付未付货款。

（7）货物装船启运，进入海上监管。

（8）目的地中远公司通知钢厂货物已经到港。

（9）钢厂到堆场验货。

（10）钢厂支付货款给贸易公司。

（11）贸易公司还款给银行。

（12）根据银行的通知，天津中远物流放货给钢厂。

3. 非信用证下进口模式

图 11－6 系非信用证下进口模式的海陆仓运作流程。

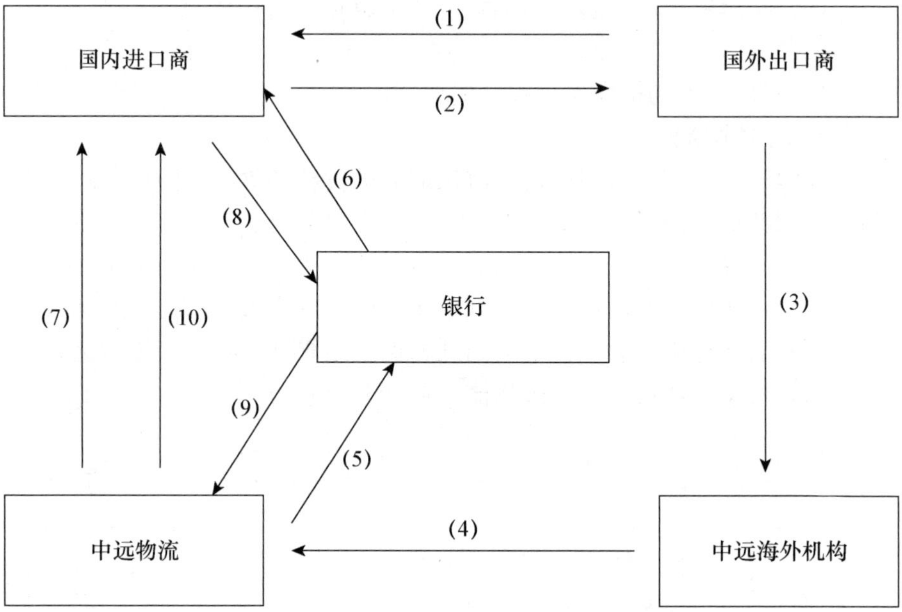

图 11－6　非信用证下进口模式的海陆仓运作流程

（1）进出口双方签订贸易合同。

（2）国内进口商向国外出口商支付一定数量货款，启动第一轮贸易。

（3）国外出口商向中远海外机构订舱、发货。

（4）中远海外机构将货物信息和船舶动态发送给天津中远物流。

（5）中远物流开始向银行提供实时动态，全程监管。

（6）银行得到中远物流控货具体信息后，依据信贷政策向进口商做出授信。

（7）中远物流通知国内进口商货物到港。

（8）国内进口商申请还款赎货。

（9）银行通知中远物流放货额度。

（10）中远物流办理报关等手续，对进口商放货。

4. 出口模式

在当前中国出口货物中后电汇（T/T）结算比例居高不下的前提下，大量的出口商受流动资金短缺所困，急需新的融资渠道。出口海陆仓业务模式非常适合解决海运远距离运输的物流融资。出口模式的海陆仓运作流程如图 11－7 所示。

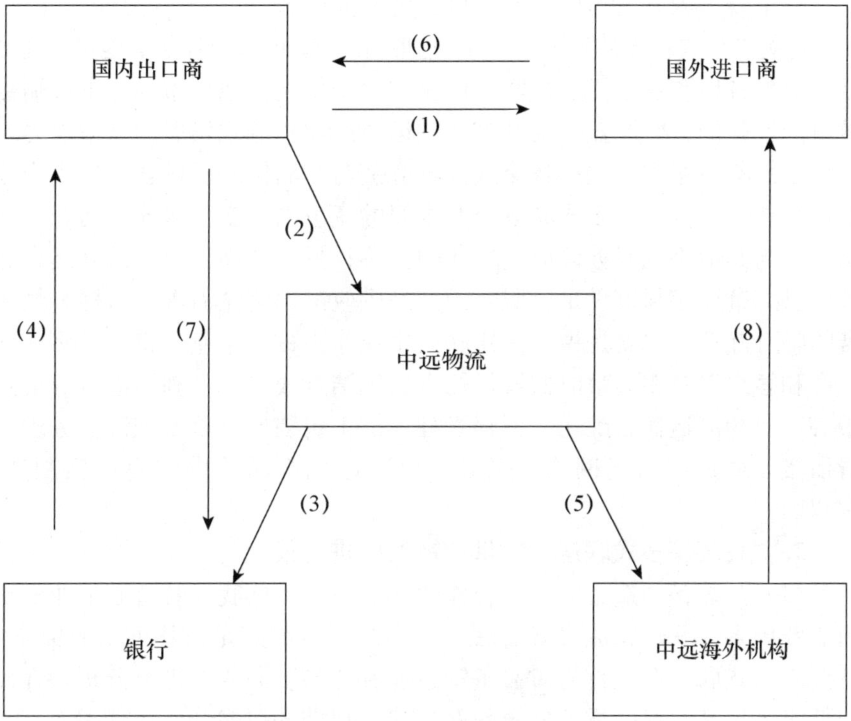

图 11－7　出口模式的海陆仓运作流程

（1）进出口双方签订贸易合同，约定付款方式等内容。

（2）国内出口商与中远物流签订委托协议后开始向指定堆场发货。

（3）中远物流开始监管并向银行开具仓单。

（4）银行向出口商发放一定额度的贷款。

（5）中远物流全程监管海运。

（6）国外进口商向国内出口商支付货款。

（7）国内出口商向银行还款。

（8）中远海外机构开始向国外进口商放货。

11.6　“集装箱多式联运＋”供应链

11.6.1　“集装箱多式联运＋”供应链概述

1.“集装箱多式联运＋”供应链的概念与类型

所谓“集装箱多式联运＋”供应链，是指多式联运企业通过与供应链相关企业实现战略合作，促进多式联运与其他产业融合发展，以便更好地服务客户，进一步释放多式联运需求。

基于合作内容与程度不同，可分为两大类。

（1）“集装箱多式联运＋”产业集群。比如，可结合本地区产业结构调整布局，鼓励引导各地政府依托多式联运枢纽和大型物流基地，布局一批运输需求量大、上下游协同性强的关联产业，提升多式联运对产业集群式发展的支撑能力。

（2）集装箱多式联运物流服务供应链与产品供应链融合发展。当今已进入供应链管理时代，一方面，多式联运企业之间的竞争已转变为多式联运企业参与的物流服务供应链与其他物流服务供应链之间的竞争；另一方面，以多式联运企业为核心的物流服务供应链还必须以满足所服务的产品供应链的物流需求为目标，最大限度地实现二者的融合互动。也就是说，多式联运企业作为核心企业，将各类多式联运物流服务供应商和客户以及相关政府监管机构有效地结合成一体，利用港口等节点作为重要物流中心，将物流运输、配送、库存管理、加工包装、订单处理等业务进行整合，实现平滑衔接，通过集疏运网络，正确、快速地把产品从供应商送到制造商直至最终的客户。

2. “集装箱多式联运＋”供应链的推进对策

（1）与装备制造企业建立合作伙伴关系。目前我国装备制造业资源潜力巨大，但由于我国多式联运物流发展滞后，短期内不可能满足市场的所有需求，这种情况下，就要求多式联运企业首先对装备制造业资源与服务成本进行分析。在此基础上，首先与低投入、高回报的成熟期金牌客户建立长期的战略合作伙伴关系；其次对处于高开发投入、高回报的成长期的上等型客户有计划有步骤地进行开拓；最后对处于高开发投入、低回报的开拓期风险客户有选择地合作，以实现服务成本最小化。同时要对多式联运企业与客户发生的各种关系进行全面管理以提高服务质量。

（2）组建多式联运物流服务供应链。一方面，应加强与航运企业、第三方物流企业以及铁路、公路运输部门的合作，以完善集疏运体系，有效地实现各种运输方式之间的衔接。另一方面，应加强与海关等口岸单位的合作，不断改善通关环境，提高效率，为整个物流过程创造良好的环境。

（3）加快信息平台的建设与共享。除了建立面向各自的上下游客户的公共信息服务平台，还应尽快建立装备制造业和多式联运物流信息管理相结合的多式联运物流服务供应链公共信息平台，以实现“两链”的融合互动。

（4）创新多式联运物流服务理念。多式联运物流服务商以市场为导向，通过创新提高物流服务绩效，满足客户的多元化需求，激发客户的隐性需求。多式联运物流服务除了为装备制造业提供诸如全球性的物流服务咨询、流通加工、报关报检等个性化的增值物流服务外还应介入制造业的生产运营，不断刺激客户产生新的需求。

11.6.2 LNG 物流服务供应链与产品供应链融合模式

1. LNG 产业链概述

如图 11－8 所示，从上游的天然气田开发、天然气输送、天然气液化到中游的液化天然气运输，直至下游的液化天然气接收/再气化、天然气输送、最终用户的发电和燃气利用，形成了一个完整的 LNG 产业链。

为了保证整个产业链各个环节相互协调、有效衔接，在多式联运环节，需要综合运用管道运输、海上运输和陆上运输等多种运输方式，并与产业链其他环节协同运作。

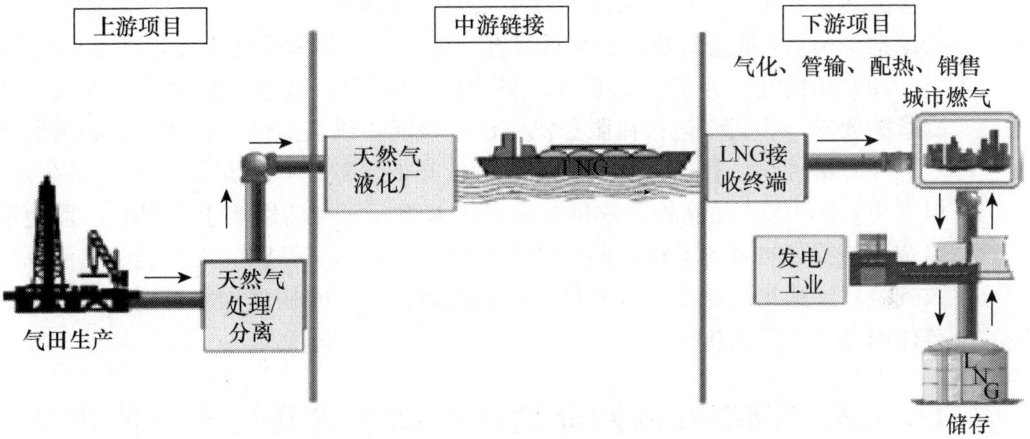

图 11－8　LNG 产业链的组成

2. 两链融合模式

如图 11－9 所示，基于供应链管理理论，多式联运的终极目标是通过供应链环境下的 LNG 产品供应链与 LNG 物流服务供应链融合，实现商流、物流、信息流、资金流的四流合一。

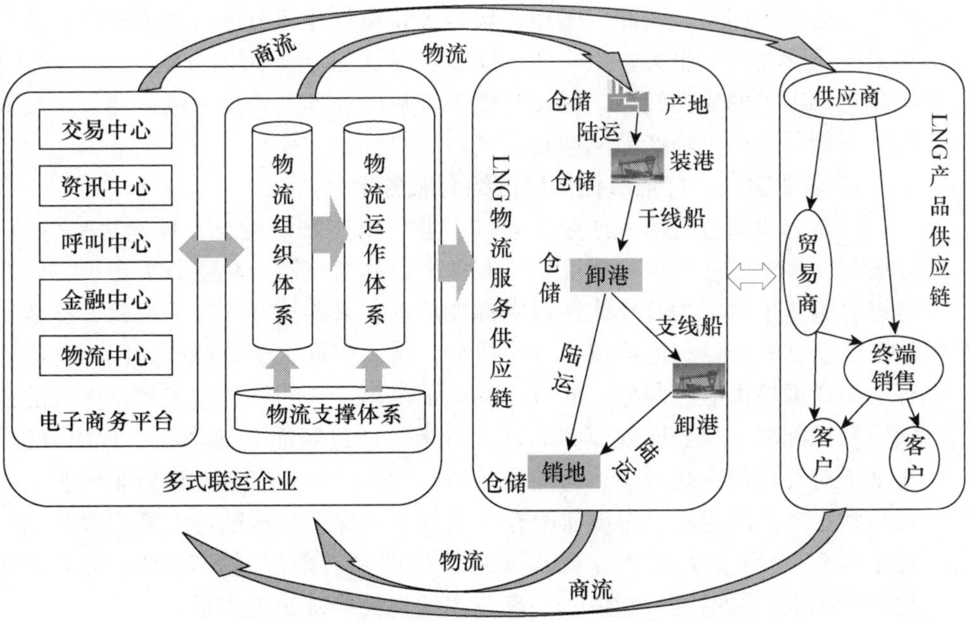

图 11－9　LNG 物流服务供应链与产品供应链的融合互动示意图

多式联运企业，就是要以客户满意为中心，向其提供全方位一体化的物流服务，通过港口、港口腹地以及港口与港口之间的全部供应链节点，实现跨区域的运作，从整个多式联运物流服务供应链的角度提出最优的物流解决方案。这种物流服务具有以下特点：

（1）差异化。多式联运物流服务供应链之间企业形成有机整体，统一调配资源，将物流运输、配送、库存管理、订单处理等资讯进行整合，通过网络传输，及时、有效地把LNG从供应商处运送至最终客户处，能提供差异化服务，满足市场需求。

（2）敏捷化。为了满足LNG用户对产品质量、数量、交货时间以及某些不确定因素的要求，多式联运物流服务供应链应该能提供灵活性、敏捷性的物流服务。

（3）柔性化。目前多式联运企业所依托的港口、铁路运输的生产系统是刚性的，但LNG用户对产品品种、数量、质量技术指标等灵活性要求的提高，促使港口、铁路企业应提高自身的柔性，即生产灵活性。而港口、铁路的柔性经营促使系统信息有效到位，迅速组织链体内部各环节的协调运作，同时构建预警机制，快速反应，确保链体内部各环节的价值实现。

11.6.3 “前端互联网分销＋全球多式联运＋一体化供应链服务＋供应链金融”模式

河南鲜易控股有限公司（以下简称“鲜易控股”）由众品食业、鲜易供应链、鲜易网络科技等公司重组成立。近年来，鲜易控股依托国际供应链平台、冷链物流平台以及国内领先的生鲜F2S2B电商交易平台——鲜易网，打造跨境贸易综合服务平台，积极探索多业融合、多网协同、多式联运模式，通过“海、铁、公联运”将原本分散的码头运输、储存、装卸、搬运、包装等物流作业环节进行集中处理，转变为“国外集采＋国际物流＋报关报检＋海、铁、公多式联运＋国内分销”等一站式集成服务，实现进口肉品的成功转运，保障跨境生鲜从国外到国内这一流通环节中高效、无缝衔接，开创了跨境生鲜产品流通新模式。

1. 多业融合，打造温控供应链综合服务平台

鲜易控股通过将第一产业、第二产业、第三产业融合，构建集采分销服务平台、仓运配一体化服务平台、跨境贸易服务平台和供应链金融服务平台于一体的温控供应链综合服务平台，为合作伙伴提供标准认证、采购执行、报关报检、冷链物流、流通加工、仓储管理、国内物流、分销执行、技术咨询、金融服务、国际物流、跨境电商等一站式温控供应链服务；同时，构建了全国统一的、分布式和路由式的云仓网、运输网和城配网，云仓网规模237万立方米，通过智能仓储系统、智能分拣系统应用，实现了对存货的在线管理；运输网实现5 910台冷链车辆全部装配智能物流系统，对运行状态及产品温度、湿度实时在线监控，确保全程冷链可追溯和食品安全；城配网在全国56个城市9.85万个网点实现了生鲜品智能配送，初步形成了全链条、网络化、严标准、可追溯、新模式、高效率的现代冷链物流体系。

2. 多网协同，打造全国领先的生鲜电商平台和冷链资源交易中心

鲜易控股将大数据、云计算、物联网等先进技术与生鲜供应链融合，打造了垂直生鲜 B2B 电商平台鲜易网和智慧冷链物流综合服务平台冷链马甲。鲜易网依托食品产业链和温控供应链，集成生鲜食品交易能力、集采能力、食品安全保障能力和配送服务能力，解决了交易信息不对称、流通环节多、成本高等问题，提升了生鲜品流通效率。冷链马甲为用户提供信息发布、交易撮合、供应链优化、食品安全追溯、在线支付、金融保险等服务，带动线下冷链运输、冷链仓储、冷链多式联运的投资建设和运营。通过供应链活动数据化，促进货源、库源、车源和物流服务高效匹配，降低用户成本。

3. 依托全球生鲜供应链综合服务平台，发展冷链多式联运

鲜易控股依托河南自贸试验区、郑州航空港区和跨境电商综试区等开放平台，发挥河南省肉类口岸和鲜易在华东、华北等区域保税仓优势，与全球 26 个国家 118 家厂商合作，为 1 368 家餐饮团膳、KA 商超、服务商、分销商提供海外产品集采、国际物流、报关报检、冷链仓储、流通加工、保税仓配、国内分销、供应链金融等跨境生鲜供应链一站式服务，实现了生鲜食品“全球采购、全国分销”。

练习题

1. 选择题

(1) 在集装箱货物始发港配送下，集装箱无须进出（ ）。

A. 装港堆场 B. 始发货运站 C. 卸港堆场 D. 目的地货运站

(2) 宽体集装箱主要适用于（ ）。

A. 铁路运输 B. 公路运输 C. 内河运输 D. 海上运输

(3) 无船承运人是（ ）。

A. 合同承运人 B. 实际承运人 C. 代理人 D. 经纪人

2. 判断题

(1) 中俄、中哈之间实行集装箱相互使用制度。（ ）

(2) 中欧班列铁路运单物权化的主要目的在于融资。（ ）

(3)“滚改集”与“散改集”均需要使用特殊集装箱。（ ）

3. 方案设计

济南某企业计划每月从济南工厂将 1 000 台冰箱运往欧洲鹿特丹的某商品经销中心，现寻找合适的承运商。假设你是一家国际集装箱多式联运企业，欲外包此业务。请你在做合理假设的基础上，回答如下问题：

(1) 列出可能的运输方案。

(2) 根据运输方案评价标准对各种候选方案进行评价，并给出你认为的最佳方案。

(3) 简要说明你所选定的运输方案的运作流程。

参考文献

[1] 孙家庆，靳志宏. 国际物流. 北京：科学出版社，2019.

[2] 孙家庆. 物流风险管理. 4 版. 大连：东北财经大学出版社，2019.

[3] 孙家庆. 集装箱运输实务. 北京：北京大学出版社，2014.

[4] 孙家庆，徐丽群. 运输代理理论与实务. 北京：人民交通出版社，2018.

[5] 孙家庆. 物流运输管理. 大连：大连海事大学出版社，2016.

[6] 李金龙. 国际多式联运理论与实务. 北京：清华大学出版社，2016.

[7] 杨淑丽. 铁路集装箱运输与多式联运. 北京：人民交通出版社，2019.

[8] 郭文超. 中国铁路集装箱运输. 北京：中国铁道出版社，2014.

[9] 孙明，王学锋. 多式联运组织与管理. 上海：上海交通大学出版社，2011.

[10] 严季.《危险货物道路运输规则》实用指南. 北京：化学工业出版社，2019.

[11] 汪利虹，冷凯君. 冷链物流管理. 北京：机械工业出版社，2019.

[12] 赵峻，韩伯领，郎茂祥，等. 铁路集装箱运输创新实践. 北京：中国铁道出版社，2019.

[13] 刘丽艳. 集装箱运输与多式联运. 北京：清华大学出版社，2017.

[14] 朱晓宁. 集装箱运输与多式联运. 3 版. 北京：中国铁道出版社，2016.

[15] 王鸿鹏，胡昊，邓丽娟. 集装箱运输与多式联运. 3 版. 北京：人民交通出版社，2015.

[16] 单靖，张乔楠. 中欧班列：全球供应链变革的试验场. 北京：中信出版社，2019.

[17] 丁金学. 综合运输通道发展理论与实践. 北京：人民交通出版社，2018.

[18] 武中凯，尹传忠. 内陆型集装箱中心站中欧班列运输组织与优化. 上海：上海交通大学出版社，2019.

[19] 国家铁路局. 国际货约/国际货协运单指导手册（国际铁路货物联运协定附件第 6 号）. 北京：中国铁道出版社，2015.

[20]《2015 版国际铁路货物联运操作实务》编写组. 2015 版国际铁路货物联运操作实务. 北京：中国铁道出版社，2016.

[21] 王德占. 关于集装箱铁路国际联运发展的定位与思考. 大陆桥视野，2013（8）.

[22] 刘建军. 集装箱运输的协调方法. 集装箱化，2006（3）.

[23] 范海清. 1.5 吨小型集装箱在铁路货运市场的使用与发展前景分析. 中国市场，2017（7）.

［24］常中彦，刘善超. 从提单质押看提单的性质.（2014－04－15）. http：//tjhsfy. chinacourt. gov. cn/article/detail/2014/06/id/1309025. shtml.

［25］张雯. 集装箱海铁联运港口枢纽站运输组织优化研究. 成都：西南交通大学，2014.

附录 1　集装箱多式联运提单

1. Shipper

B/L　NO.

中海集装箱运输有限公司
CHINA SHIPPING CONTAINER LINES CO. , LTD.
Cable：001　　Telex：33200　　COSCO CN
Port-to-Port or Combined Transport
BILL OF LADING

2. Consignee

3. Notify Party (Carrier not to be responsible for failure to notify)

4. Pre-carriage by*

5. Place of Receipt*

6. Ocean Vessel Voy. No.

7. Port of Loading

RECEIVED in external apparent good order and condition. Except otherwise noted, the total number of containers or other packages or units shown in this Bill of Lading receipt said by the shipper to contain the goods described above. Which description the carrier has no reason means of checking and is not part of the Bill of Lading. One original Bill of Lading should be surrendered, except clause 22 paragraph 5, in exchange for delivery of the shipment. Singed by the consigned or duly endorsed by the holder in due course. Whereupon the order original (s) issued shall be void. In accepting this Bill of Lading. The Merchants agree to be bound by all the terms on the face and back hereof as if each had personally signed this Bill of Lading.
WHEN the Place of Receipt of the Goods an inland point and is so named, any notation of "ON BOARD" "SHIPPED ON BOARD" or words to like effect on this Bill of Lading shall be deemed to mean on board the truck, trail car, air craft or other inland conveyance (as the case may be), performing carriage from the Place of Receipt of the Goods the Port of Loading.
SEE clause 4 on the back of this Bill of Lading (Terms continued on the back hereof Read Carefully).

ORIGINAL

8. Port of discharging	9. Place of Delivery*	10. Final Destination (of the goods-not the ship)

Particulars Furnished by Merchants

11. Marks & Nos. Container seal No.	12. No. of Containers or P'kgs	13. Kind of Packages: Description of Goods	14. Gross Weight kgs	15. Measurement
		16. Description of Contents for Shipper's Use Only (CARRIER NOT RESPONSIBLE)		

17. TOTAL NO. CONTAINERS OR PACKAGES (IN WORDS)

18. FREIGHT & CHARGES	19. Revenue Tons	20. Rate	21. Per	22. Prepaid	23. Collect

24. Ex. Rate	25. Prepaid at	26. Payable at	27. Place and Date of Issue
	28. Total prepaid in	29. No. of Original B (s) /L	Singed for the Carrier

DATE
BY………………………
03324982　　CHINA SHIPPING CONTAINER LINES CO. , LTD STANDARD FROM 9701

* Applicable Only When Document Use as a Combined Transport Bill of Lading.

附录 2　集装箱货物托运单

▽

委托号：
Forwarding agents

B/L NO.（编号）

第一联

Shipper（发货人）

Consignee（收货人）
Tel：

Notify Party（通知人）
Tel：

集装箱货物托运单
船代留底

Pre-carriage by（前程运输）　Place of Receipt（收货地点）

Ocean Vessel（船名）　Voy. No.（航次）
Port of Loading（装货港）

Port of Discharge（卸货港）	Place of Delivery（交货地点）	Final Destination for the Merchant's Reference（目的地）

Container No.（集装箱号）	Seal No.（封志号） Marks &. Nos.（标记与号码）	No. of containers or P'kgs.（箱数和件数）	Kind of Packages; Description of Goods（包装种类与货名）	Gross Weight 毛重（千克）	Measurement 尺码（立方米）

TOTAL NUMBER OF CONTAINERS OR PACKAGES (IN WORDS) 集装箱数或件数合计（大写）	

FREIGHT&CHARGES（运费与附加费）	Revenue Tons（运费吨）	Rate（运费率）	Per（每）	Prepaid（运费预付）	Collect（运费到付）

Ex. Rate（兑换率）	Prepaid at（预付地点）	Payable at（到付地点）	Place of Issue（签发地点）
	Total Prepaid（预付总额）	No. of Original B（s）/L（正本提单份数）	货值金额：

Service Type on Receiving □—CY，□—CFS，□—DOOR	Service Type on Delivery □—CY，□—CFS，□—DOOR	Reefer Temperature Required（冷藏温度）	°F	℃

TYPE OF GOOGS（种类）	□Ordinary,（普通）□Reefer,（冷藏）□Dangerous,（危险品）□Auto（裸装车辆） □Liquid,（液体）□Live Animal,（活动物）□Bulk,（散货）□________	危险品	Class: Property: IMDG Code Page: UN No.

发货人或代理名称地址：			联系人：	电话：
可否转船：	可否分批：	装期：	备注	装箱场站名称
有效期：		制单日期：		
海运费由　　支付 如预付运费托收承付，请填准银行账号				

附录3　场站收据

▽

Shipper（发货人）

Consignee（收货人）

Tel：

Notify Party（通知人）

Tel：

Pre-carriage by（前程运输）
Place of Receipt（收货地点）

委托号：
Forwarding agents

B/L NO.（编号）

第四联

场站收据
DOCK RECEIPT

Received by the Carrier the Total number of containers or other Packages or units stated below to be transported subject to the terms and conditions of the Carrier's regular form of Bill of Lading (for Combined Transport or port to port Shipment) Which shall be deemed to be incorporated herein.
DATE（日期）

Ocean Vessel（船名）	Voy. No.（航次）	Port of Loading（装货港）	场站章
Port of Discharge（卸货港）	Place of Delivery（交货地点）		Final Destination for the Merchant's Reference（目的地）

Particulars Furnished by Merchants

Container No.（集装箱号）	Seal No.（封志号）Marks &. Nos.（标记与号码）	No. of containers or P'kgs.（箱数和件数）	Kind of Packages; Description of Goods（包装种类与货名）	Gross Weight 毛重（千克）	Measurement 尺码（立方米）

TOTAL NUMBER OF CONTAINERS OR PACKAGES (IN WORDS)
集装箱数或件数合计（大写）

Container No.（箱号） Seal No.（封志号） P'kgs.（件数） Container No.（箱号） Seal No.（封志号） P'kgs.（件数）

	Received（实收）	By Terminal clerk/Tally clerk（场站员/理货员签字）

FREIGHT & CHARGES	Prepaid at（预付地点）	Payable at（到付地点）	Place of Issue（签发地点）
	Total Prepaid（预付总额）	No. of Original B (s) /L（正本提单份数）	货值金额：

Service Type on Receiving	Service Type on Delivery	Reefer Temperature Required（冷藏温度）	°F	℃
□—CY，□—CFS，□—DOOR	□—CY，□—CFS，□—DOOR			

TYPE OF GOODS（种类）
□Ordinary，（普通） □Reefer，（冷藏） □Dangerous，（危险品） □Auto（裸装车辆）
□Liquid，（液体） □Live Animal，（活动物） □Bulk，（散货） □________

危险品
Class：
Property：
IMDG Code Page：
UN No.

发货人或代理名称地址：　　联系人：　　电话：

可否转船：　　可否分批：　　装期：

有效期：　　制单日期：

海运费由　　支付
如预付运费托收承付，请填准银行账号

备注

装箱场站名称

附录 4　提货单

大连中海船务代理有限公司
CHINA SHIPPING AGENCY DALIAN CO. , LTD
提货单　　　　NO.
DELIVERY ORDER

致：________港区、场、站

收货人：________________

下列货物已办妥手续，运费结清，准予交付收货人

<table>
<tr><td colspan="2">船名</td><td>航次</td><td>启运港</td><td>目的港</td><td colspan="2">到站</td></tr>
<tr><td colspan="2">提单号</td><td colspan="5">标记（唛头）</td></tr>
<tr><td>交付条款</td><td></td><td>集装箱号</td><td>箱尺寸</td><td>货名</td><td>件数</td><td>备注</td></tr>
<tr><td>到付运费</td><td></td><td></td><td></td><td></td><td></td><td></td></tr>
<tr><td>第一程运输</td><td></td><td></td><td></td><td></td><td></td><td></td></tr>
<tr><td>卸货地点</td><td></td><td></td><td></td><td></td><td></td><td></td></tr>
<tr><td>到达日期</td><td></td><td></td><td></td><td></td><td></td><td></td></tr>
<tr><td>进库场日期</td><td></td><td></td><td></td><td></td><td></td><td></td></tr>
<tr><td>件数</td><td></td><td></td><td></td><td></td><td></td><td></td></tr>
<tr><td>重量</td><td></td><td></td><td></td><td></td><td></td><td></td></tr>
<tr><td>体积</td><td></td><td></td><td></td><td></td><td></td><td></td></tr>
<tr><td rowspan="2">集装箱数</td><td>20 英尺</td><td></td><td></td><td></td><td></td><td></td></tr>
<tr><td>40 英尺</td><td></td><td></td><td></td><td></td><td></td></tr>
<tr><td colspan="7">请核对放货。
大连中海船务代理有限公司
年　月　日
凡属法定检验、检疫的进口商品，必须向有关监督机构申报。</td></tr>
</table>

收货人章	海关章（一）	海关章（二）	
1	2	3	4
5	6	7	8

附录 5 交货记录

交 货 记 录

NO.

港区、场、站

收货人	名称	收货人开户银行与账号
	地址	

船名	航次	启运港	目的港	到站
提单号	标记（唛头）			

交付条款			集装箱号	箱尺寸	货名	件数	备注
到付运费							
第一程运输							
卸货地点							
到达日期							
进库场日期							
件数							
重量							
体积							
集装箱数	20 英尺						
	40 英尺						

交 货 记 录

日期	货名或集装箱号	出库数量			操作过程	尚存数		经手人签名	
		件数	包装	重量		件数	重量	发货员	提货人

备注	收 货 人 章	港 区 场 站 章

附录 6　设备交接单

中海集装箱运输有限公司
CHINA SHIPPING CONTAINER LINES CO. , LTD.

IN 进场

集装箱发放/设备交接单
EQUIPMENT INTERCHANGE RECEIPT

NO.

用箱人/运箱人（CONTAINER USER/HAULIER）		提箱地点（PLACE OF DELIVERY）	
来自地点（WHERE FROM）		返回/收箱地点（PLACE OF RETURN）	
船名/航次（VESSEL/VOYAGE NO.）	集装箱号（CONTAINER NO.）	尺寸/类型（SIZE/TYPE）	营运人（CNTR. OPTR.）
提单号（B/L NO.）	铅封号（SEAL NO.）	免费期限（FREE TIME'PERIOD）	运载工具牌号（TRUCK，WAGON，BARGE NO.）
出场目的/状态（PPS OF GATE-OUT/STATUS）		进场目的/状态（PPS OF GATE-IN/STATUS）	进场日期（TIME-IN）
			月　日　时
进场检查记录（INSPECTION AT THE TIME OF INTERCHANGE）			
普通集装箱（GP CONTAINER）	冷藏集装箱（RF CONTAINER）	特种集装箱（SPECIAL CONTAINER）	发电机（GEN SET）
☐ 正常（SOUND） ☐ 异常（DEFECTIVE）	☐ 正常（SOUND） ☐ 异常（DEFECTIVE）	☐ 正常（SOUND） ☐ 异常（DEFECTIVE）	☐ 正常（SOUND） ☐ 异常（DEFECTIVE）

损坏记录及代号（DAMAGE & CODE）	BR	D	M	DR	DL
	破损（BROKEN）	凹损（DENT）	丢失（MISSING）	污箱（DIRTY）	危标（DG LABEL）

左侧（LEFT SIDE）

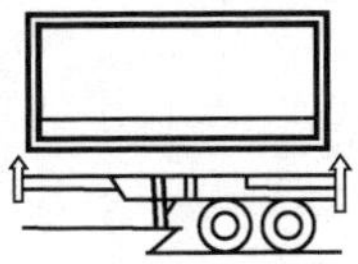

右侧（RIGHT SIDE）

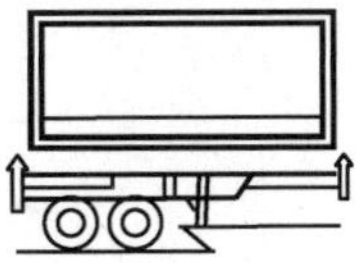

前部（FRONT）

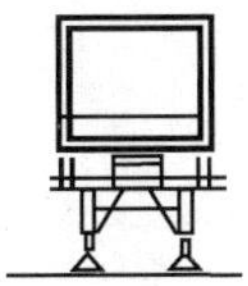

集装箱内部（CONTAINER INSIDE）

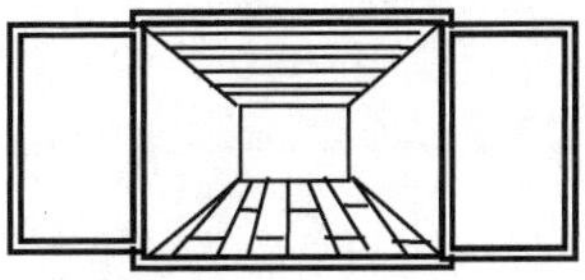

顶部（TOP）

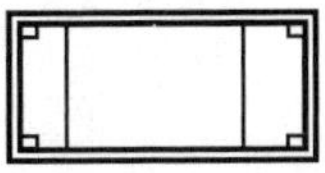

底部（FLOOR BASE）

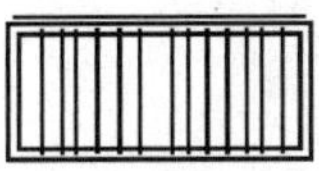

箱门（REAR）

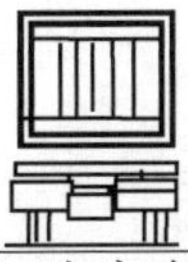

如有异状，请注明程度及尺寸（REMARK）

除列明者外，集装箱及集装箱设备交接时完好无损，铅封完整无误。

THE CONTAINER/ASSOCIATED EQUIPMENT INTERCHANGED IN SOUND CONDITION AND SEAL INTACT UNLESS OTHERWISE STATED.

用箱人/运箱人签署（CONTAINER USER/HAULIER'S SIGNATURE）　　码头/堆场值班员签署（TERMINAL/DEPOT CLERK'S SIGNATURE）

教师教学服务说明

中国人民大学出版社管理分社以出版经典、高品质的工商管理、统计、市场营销、人力资源管理、运营管理、物流管理、旅游管理等领域的各层次教材为宗旨。

为了更好地为一线教师服务，近年来管理分社着力建设了一批数字化、立体化的网络教学资源。教师可以通过以下方式获得免费下载教学资源的权限：

在中国人民大学出版社网站 www. crup. com. cn 进行注册，注册后进入“会员中心”，在左侧点击“我的教师认证”，填写相关信息，提交后等待审核。我们将在一个工作日内为您开通相关资源的下载权限。

如您急需教学资源或需要其他帮助，请在工作时间与我们联络：

中国人民大学出版社　管理分社

联系电话：010－82501048，62515782，62515735

电子邮箱：glcbfs@crup. com. cn

通讯地址：北京市海淀区中关村大街甲 59 号文化大厦 1501 室（100872）